警 察 法 学 文 库

湖北省社科基金项目（2018079）成果
湖北省教育厅人文社会科学研究项目（17Y096）成果
受"荆楚卓越警务法律人才协同育人计划"资助

# 清末湖北警政问题研究（1902—1911）

邹俊杰 著

WUHAN UNIVERSITY PRESS
武汉大学出版社

图书在版编目(CIP)数据

清末湖北警政问题研究:1902-1911/邹俊杰著.—武汉:武汉大学出版社,2019.11
警察法学文库
ISBN 978-7-307-20928-2

Ⅰ.清… Ⅱ.邹… Ⅲ.警政—研究—湖北—1902-1911 Ⅳ.D693.65

中国版本图书馆 CIP 数据核字(2019)第 090360 号

责任编辑:李　程　黄河清　　　责任校对:汪欣怡　　　版式设计:马　佳

出版发行:**武汉大学出版社**　　(430072　武昌　珞珈山)

　　　　　(电子邮箱:cbs22@whu.edu.cn　网址:www.wdp.com.cn)
印刷:武汉中远印务有限公司
开本:720×1000　　1/16　　印张:21.5　　字数:307 千字　　　插页:1
版次:2019 年 11 月第 1 版　　　2019 年 11 月第 1 次印刷
ISBN 978-7-307-20928-2　　　定价:79.00 元

# 目　　录

# 绪　　论

## 第一节　选题缘由与意义

中国早期国家形态的特点，与先民的物质生活条件有关。其一是"家国同构"，国家在形成过程中保留了浓厚的氏族血缘关系。无论是思想观念上，还是国家组织形式上，一般按照血缘关系的亲疏远近来确立权力、财富、地位等资源的分配，这种宗法原则贯穿国家政治与社会生活诸领域，使中国早期国家形态呈现"家国同构"的"宗法国家"特征。其二是形成了"君权至上""君为政本"的统治模式。自称"受命于天"的天子是国家的化身，维护君主的统治利益与维护国家利益被认为是一致的。君权有"权力独操、势位独尊、决事独断"等特征，具有垄断性、暴力性、扩张性，君权是中国古代国家的最高统治权，生杀予夺的权力是君权最直观的表现，且以暴力或强制力为内核。

由于警察与国家在起源上有着密切的关联，中国早期国家形态中内在的君权、族权、神权因素，亦渗透于中国古代警察职能以及中国古代警政的具体内容、具体面貌之中。军警不分、政警不分是其时代特征。

"警察乃社会之缩影"[1]，透过警察这个独特的路径，有助于认识和了解社会发展的政治、经济、文化环境等。清末时期的警察作为封建保

---

[1]　胡存忠：《中国警察史》，中央警官学校 1935 年版，第 8 页。

甲、警察与近代警察的过渡，其变革对以后警政的发展产生了很大影响，在中国警政史上占有重要地位，具有相当的研究价值。

本书力图将政治史、法制史和社会史结合起来，进行多角度跨学科的综合性研究，希望解决以下三个问题：第一，通过对史料的系统梳理，厘清1902—1911年湖北警政建设的实际具体状况。包括这十年间警察组织机构的沿革、管理制度的规范、警察群体的规模与素质，警察教育状况、警政人员的选任与考核、警察经费、警察职能与运作、警察与社会的关系等。第二，探讨国家、警察与湖北地方社会之间的互动关系。第三，通过研究清末湖北警政问题力图总结出其实效与困境、时代特征与历史地位，探讨传统与现代的冲突与融合。基于国家层面上的政府控制社会的内在需求与普通民众对社会自身安宁的需要而促使近代警察制度的引入与发展，警政发展的实际作用反过来又会影响政府意志的表达与执行效果，同时也可以在一定程度上对地方社会产生规范和约束的作用。地方社会也能通过一些方式抵制和侵蚀警政权力，运用自身的方式来应对政府的行为。通过考察清末最后十年湖北的警政建设情况，可以明晰国家权力对湖北社会渗透与控制的强化，以及警政与地方社会的整合和冲突的历史境况。另外，本书试图以湖北近代警政作为研究切入点，从政治史、法制史和社会史的角度考察近代警察制度在湖北传播、建立、发展及演变的历史过程和产生的实际效果，以此从整体上把握和认识传统中国治安制度体系向近代转型具体在湖北地区的区域特点。

从理论上来看，"与现代化和民族形成交织在一起的中国模式的国家权力的扩展，预示着20世纪新兴的发展中国家的成长道路与18世纪欧洲不同"①。中国近代国家政权建设则是在民族主义和"现代化"的旗帜下进行的。清末时期，中国政治中心对于暴力的相对不稳固的掌握，意味着实行现代意义上的"警察制度"难度很大，盗匪、秘密帮会的广泛存在意味着对国家权力的挑战。与传统国家相比，大多数国家依靠法律、对内外部暴力工具的直接控制以实现"行政力量的内部绥

---

① ［美］杜赞奇：《文化、权力与国家 1900—1942 年的华北农村》，江苏人民出版社 2006 年版，第 3 页。

靖",从而维护其统治。① 由传统向近代社会转型的清末时期,处于从传统国家兵警不分、政警不分的体制转变为职业警察体制、民间社会警察转变为国家警察的过程中,警察权力的逐步规范和统一,体现了现代国家垄断暴力的趋势,因此,对警政问题的探讨是中国近代化进程研究的一部分。

警政史是中国政治制度史、中国法制史的重要组成部分,因此政治制度史、法制史的研究方法、理论依据对警察史的研究具有借鉴意义。

目前,警政史研究虽成果颇多,但作为一个全新的领域,其仍然处于起步阶段,尤其清末警政建设问题的专门研究还不多。因此以治安问题为起点,具体考察该时期内中国警察职能的发展演变过程,分析警察职能的行使与政治、经济、社会变迁等的相互关系,揭示其产生与发展的规律,具有重要意义。

近代的警察制度是传统中国社会向近代转型发展过程中的重要产物。它不仅是中国传统封建法制的延续,更是近代西方警政制度的移植,是清末以来中国社会艰难转型中所引进和吸收的西方法制体系中成效较为明显的部分。

1840年后,中国社会变化显著。在剧变的背景之下,传统社会的治安体系趋于瓦解,而新的治安体系又尚未建立。农耕社会和工业化社会在治安上的重要区别在于传统的聚居演变为流动性人口的增加,传统社会治安体系的失范导致社会治安状况的恶化,这是治安体制在中国传统社会转型过程中落后的重要体现。

在晚清以来的社会剧变中,近代西方的警政制度实效逐渐为中国人所了解、认可和实践。近代早期的资产阶级维新派认为警政是"诚泰西善政之一端也"②,"意美法良"③,由此着力加以提倡。但西方的警政

① [英]安东尼·吉登斯:《民族-国家与暴力》,三联书店1998年版,第6页。

② 夏东元编:《郑观应集·巡捕·上册》,上海人民出版社1982年版,第512页。

③ 《隋书·外篇卷上·巡捕》,赵树贵、曾丽雅编:《陈炽集》,中华书局1997年版,第98页。

制度在中国从理论到实践的过程则非常曲折。在具体的实践层面是从地方到中央的自下而上的过程，这明显区别于西方的从中央到地方的警政推行模式。

透过警政在中国近代的发展轨迹可以看出，警政在很多方面都影响到了近代的中国社会。研究近代警政在中国的发展历程以及对近代中国社会生活的影响无疑是有一定学术意义的。转型社会的治安问题一般都比较突出，它不可避免地影响到社会的发展与稳定。因此，研究转型时期的警政，特别是研究在清末最后十年具有重要地位的湖北警政建设历史状况，探究其实效与困境，归纳其特点、规律，论述其历史地位，对当前湖北警政的建设，也不无借鉴意义。

自警察制度引入我国以来，学术界在很长时间里对警政史的研究都比较薄弱，"关于警政史的研究，在一般学者的心目中，总觉得算不上是一门大学问，故多不屑一顾"①。1949 年之前，警政史研究主要集中在清末、民国的一些警察教育机构内，主要涉及警察知识的介绍，专著等成果较少。1949 年以后，大陆学术界关于近代中国警政史研究呈现出起步晚、进展缓、成果数量少等特点。从警政史研究的整体来看，目前该领域的研究还处于初始阶段，尚有不少有待进一步拓展的研究空间。特别是不同时间段、不同地域内、不同背景下基于警政实证的研究更是有所缺乏。

纵观近代中国警政史的研究，宏观方面的研究较多，主要集中于对近代警察制度如何引入、形成及发展历程的整体性研究。这些综述性的研究关注整体而缺乏具体，对近代中国警政史具体而细微的部分则关注和研究较少。比如对不同时间和区域内，尤其是内地和偏远地区的警察制度的引入、创建、发展历程，于特定的时间和区域内究竟起到了什么作用、产生了哪些影响、有哪些特征等方面尚较少有深入和细致的研究，以至于警政建设的诸多情况尚不明晰，甚至成为研究者少有涉及的

---

① 王家俭：《清末民初我国警察制度现代化研究（1901—1928）》，商务印书馆 1984 年版，第 2 页。

学术死角。这在一定程度上影响了中国警政史研究的发展，也使得中国近代警政史的研究成为政治史、法制史和社会史领域内相对薄弱的环节。同时期港澳台地区和国外有关中国近代警政史的研究状态也不容乐观。基于中国近代警政史研究的此种现状，笔者决定将清末最后十年湖北的警政建设问题作为研究的对象，以期能有所作为。

纵观清末最后十年，湖北在很多领域具有明显的时代特点。张之洞主政下的洋务运动和新政举措，诸如警政建设，同样在全国范围内具有一定的典型性。在警政建设方面，清政府就曾以北方的直隶和南方的湖北作为模板在全国推行。

尽管近代湖北的警政建设有不少弊病，但湖北的警政建设对近代湖北社会发展影响很大。以警政建设作为历史论述和学术研究的视角，探讨近代湖北警政建设的实效与困境，归纳湖北警政建设的特点和历史地位，实为了解和评价近代湖北社会历史发展状况的有效途径，这对进一步深化有关近代湖北历史的认知，具有一定的积极意义。再者通过对近代湖北警政状况的系统梳理，也能加深对警政在中国社会发展历程中总体发展状况的了解，为当前中国近代警政史的研究提供一些新的视角，有助于开拓警政史研究的范围，在完善近代警政史、法制史和社会史的研究结构方面都有一定的学术意义。

# 第二节　核心概念与研究对象的界定

## 一、"警察"的概念

基于"警察"语源分析"警察"的中文词源，学界有两种认识。

其一，"警察"的中文词源在日本。明治五年九月，川路利良考察欧洲警察制度回国，提出的建议书内有："夫警察者，国家平时之治疗也，犹人之养生，以保护良民、培养国力者也。"① 1875 年，日本制定了行政警察规则。主张"警察"是来自日语的回归汉字借词，这是目前较有影响力的观点。②

其二，认为在中国本土语词中"警察"一词古已有之。警，《说文》："戒也。"《玉篇》："敕也。"《左传·宣公十二年》："且虽诸侯相见，军卫不彻，警也。"疏曰："戒之至也。"《周礼·天官·小宰》："正岁则以法警戒群吏，令修宫中之职事。"注曰："敕戒之言。"《广雅》："警，警不安也，又通作'儆'。"《古今注》："警跸所以戒行徒也。"《汉书·梁孝王传》："出称警，入言跸。"颜师古注："警者，戒肃也；跸，止行人也。"察，《说文》："覆，审也。"《广韵》："谛也，知也。"《增韵》："考也，廉视也。"《周礼·秋官·士师》注："士，察也，义取，察理狱讼之事也。"《尚书大传》："祭之为言，察也；察者，至也，人事至然后祭。""国之大事，在祀与戎"③，在古代，祭祀及军事活动对国家具有重大意义。在语源上，"警"具有军事属性，"察"则与祭祀有关。维护与祭祀及军事有关的公共秩序，是起源时期警察职能的重要内容。

"警""察"二字的连用现象，在中国古代典籍中较多。如《汉书·武五子传》颜师古注："密令警察，不欲宣露也。"此处的"警察"意为"观察、侦察、监视"，有警戒、预察危害之义。五代时，广顺三年诏："……其婚田争讼、赋税丁徭，合是令佐之职。其擒奸捕盗、庇护部民，合是军镇警察之职。今后得守职分，专切提撕，如所职疏遭，各行按责，其州府不得差监征军将下县。"④ 这一诏令是君主对地方行政机构职权的确认，其中明确了"擒奸捕盗、庇护部民"为军镇的"警察"职能。"隐帝时，河中李守贞、凤翔王景崇、永兴赵思绾等皆

---

① 转引自《警察学大纲》，商务印书馆 1946 年版，第 3 页。
② 参见［意］马西尼：《现代汉语词汇的形成——十九世纪汉语外来词研究》，黄河清译，汉语大词典出版社 1997 年版，第 222 页。
③ 《左传·成公十三年》。
④ 《旧五代史·卷一百一十三·周书·太祖纪第四》。

反，关西用兵，人情恐惧，京师之民，流言以相惊恐，（史）弘肇出兵警察，多行杀戮，罪无大小皆死。"① "诸京警巡院，使一员，正六品，掌平理狱讼、警察别部，总判院事。副一员，从七品，掌警巡之事，判官二员，正九品，掌检稽失，签判院事。"② 在正史中，"警察"通常被用作动词，代表由一定国家机构与人员实施的察奸捕盗、维护治安之类的强制行为。

唐宋之际，随着中国古代国家官僚制度理性化水平的提升，"警察"已逐渐呈现出被专门用于指代国家机构行使特定职能的趋势。这种职能的基本内容，以国家强制力为后盾，维护社会基本秩序，保障君权的绝对稳固。本土的"警察"一词，随着中国古代政治文明的演进与发展，逐步具备了与现代社会科学所界定的警察职能相符合的语义。

"警察"的外文来源，一是希腊语 Polics，二是拉丁语 Polita，其原初含义中有"社会秩序和公民权"的内容，所以亚里士多德对"警察"有如下论断："良好的秩序，城市的管理与组织，对人民的支持，是给予人民的所有礼物中最伟大的、最首要的。"③ 这两个词源向"警察"的英文单词"police"演变大体经历了三个阶段：首先是名词，含义为城堡，并由城堡延伸为国家或城市；其次是演变为动词，含义为城市管理、行政管理及对人民权利的支持；最后是到 1829 年，罗伯特·比尔创建了伦敦大都市警察，此时，"police"一词的现代警察含义——职业化、专业性维护治安和秩序的组织及过程才正式确立。④ 可见，"警察"的英文表述"police"的字形、语义也经历了一个漫长的演进过程。

从中西文化差异的角度考察，"police"在各个历史时期侧重指向宏观、抽象的政治理念或统治模式。"警察"这一简单称谓，实则凝聚着

---

① 《新五代史·汉臣传第十八·史弘肇传》。

② 《金史·百官志三》。

③ 转引自王大伟：《英美警察科学》，中国人民公安大学出版社 1995 年版，第 48 页。

④ 参见王智军：《警察的古代源流及其与国家的产生》，《警史钩沉——湖北警官学院学报 2007 年专刊》，2007 年，第 24 页。

多层次的、丰富的意蕴，从中折射出中西政治文明的异同。在揭示"警察"作为国家权力的表现形式、与国家强制力的密切联系这些内在属性方面，中西"警察"语义存在着明显的一致性。

## 二、"警政"的概念

"警政"简言之就是中国警察史研究的对象，概括地说，就是以治安问题为起点，以警察职能为核心，具体考察相应研究时间和空间内，中国历史上各种有关警察的思想、机构、人员、措施的演变过程，分析警察职能的行使与政治、经济、文化等因素的相互关系，揭示中国警察制度的产生、发展规律。

本书所论述的是 1902 年张之洞创立武昌警察总局后，湖北警政所表现出的职业化、专业化的近代警政特征，这与中国传统社会的警政有着千丝万缕的联系和本质的区别。

## 三、时间的界定

本书选定的时间段为 1902 年至 1911 年，是清末最后十年。之所以选择这个时间段，首先从起点上看，1902 年张之洞在武昌创办中国历史上第一个以"警察"二字命名的近代警察机构，开启了湖北近代警政建设的序幕，与其他同时期的创警活动相比较而言，张之洞建警具有中国近代警政首创之意义，在中国近代警政史发展上留下了浓墨重彩的一笔。1902 年至 1911 年这段时期内，湖北警政建设的外部政治、经济条件总体上相对稳定，其间虽有中央机构改革与地方督抚变化等因素的影响，但湖北警政建设总体上具有连贯性，警政发展中的政治生态、经费来源、管理制度等尚在一致的环境下进行。1911 年，辛亥武昌首义爆发后，警察中的革命党人创建隶属于湖北军政府的湖北临时警察筹办处，其作为民国第一警局具有划时代的意义。南北议和后湖北军政府被裁撤归并于中华民国南京临时政府，至此警政建设发展的环境发生明显变化，这在一定程度上割裂了研究的连续性。

在清末最后十年，湖北的警政建设经历了三个阶段，1902—1907年为主要由湖北地方自主进行警政建设阶段；1907—1911年为主要由中央与地方共同进行警政建设阶段，其标志便是1907年在中央官制改革下于湖北创设巡警道；1911年辛亥革命武昌首义爆发后，原晚清警察队伍中的革命党人创办民国第一警局——湖北临时警察筹办处，并投身于革命战争中一系列维护首义革命成果的警政活动为第三阶段。

从空间上看，之所以以湖北为中心进行考察，是因为清末最后十年湖北警政建设具有很多近代警政的特色。诸如张之洞建立的武昌警察总局为中国近代警政史上第一个以"警察"二字命名的警政机构、张之洞所委派的留日警察留学生为清末地方最早的公派警察留学生、湖北军政府所创设的湖北临时警察筹办处为民国第一警局等。再者，清末的湖北是清政府内地重要的省份，鄂督张之洞于湖北进行的包括警政建设的一系列洋务运动和新政举措是湖北在清末中国社会转型中的突出表现与回应。最后，通过警政所表现出的传统与现代的冲突与融合在湖北地区也非常明显，清末湖北警政建设经历的改良维新、新政、革命战争等有很强的地域性与时代特征。

# 第三节　学术前史

自清末新政开创了中国的警政制度，至1949年中华人民共和国建立，中国警政经历了曲折复杂的发展道路，有许多值得研究的问题。然而研究者却很少，基本上是一块少有人涉足的领域。在通史专著方面，直至1935年，当时的中央警官学校警政高等研究班《讲演汇集》第一集中，收入了胡存忠所撰的《中国警察史》，尽管篇幅不大，体例也多有问题，但这毕竟是中国第一部警政通史类的专著，有学科开创之功。这一时期，也陆续出现了一些警察学方面的著作，其中一些涉及近代中

国警政史。如胡存忠的中国警政通史著作《中国警察史》①、陈允文的
《中国的警察》②，闻钧天的《中国保甲制度》③，余秀豪的《现行警察
行政》④ 和《警察学大纲》⑤，李秀生的《中国警察行政》⑥，阮光铭的
《警政概论》⑦，李士珍的《现代各国警察》与《警察行政之理论与实
际》⑧ 等。此外，在各警官学校出版的杂志如《警务旬刊》《警高月
刊》《警察月刊》《警光季刊》《中央警官学校季刊》中，还存有警政
问题的相关文章。这一时期的著作多停留在介绍警政制度及警政学问题
上，没有充分显示其应有的研究性质，但是可以将其作为现阶段对清末
和民国警政史研究的历史参考资料。

　　1949 年以后的大陆学界，在相当长的一段时间里，对近代中国警
察史的研究不大重视，加上各种原因，这一领域实际上成了学术死角，
仅有少量专门机构的人士有所涉足，相关成果未予公开，学术交流极
少。

　　20 世纪 80 年代以后，情况有了比较大的变化，一些有较高质量的
专著次第问世。到目前为止，有关近代中国警察史的代表专著有：

　　（1）《中国警察制度简论》（1985 年）。该书是一部有关中国历代
警察问题的论文集，其中论述了中国古代警察职能的萌芽、发展以及秦
汉至近代的警察机构、刑事侦查、治安管理、宫廷警卫及边防管理制
度。该书缺乏统一体例与严密体系，详古略今，关于近代警察制度的研
究主要是全书 28 篇的最后 3 篇。⑨

---

　　① 　胡存忠：《中国警察史》，中央警官学校 1935 年版。
　　② 　陈允文：《中国的警察》，商务印书馆 1934 年版。
　　③ 　闻钧天：《中国保甲制度》，商务印书馆 1935 年版。
　　④ 　余秀豪：《现代警察行政》，中国文化服务社东北区社 1946 年版。
　　⑤ 　余秀豪：《警察学大纲》，商务印书馆 1946 年版。
　　⑥ 　李秀生：《中国警察行政》，商务印书馆 1947 年版。
　　⑦ 　阮光铭：《警政概论》，商务印书馆 1930 年版。
　　⑧ 　李士珍：《现代各国警察》，商务印书馆 1937 年版；李士珍：《警察行政之
理论与实际》，中华警察学术研究社 1948 年版。
　　⑨ 　中国社会科学院法学研究所法律史研究室编著：《中国警察制度简论》，
群众出版社 1985 年版。

（2）《中国警察史》（1993年）。该书是一部中国警政史通论性著作，论述了中国警察制度的发展源流，体系粗备，但在研究的深度、广度及表述的规范性方面均存在着一定的局限性。①

（3）《中国近代警察制度》（1993年）。全书分中国近代警察制度的初创（1898年1月—1911年10月）、中国近代警察制度的形成（1912年1月—1928年6月）、中国近代警察制度的发展（1927年4月—1949年月9月）三编，大量利用档案等原始资料，较为系统地论述了近代警察制度在中国的产生、形成和发展，探究近代中国警察制度的性质、结构、职能及其主要规章制度。该书称得上是一部对近代中国警察史具有开拓意义的专著，对认识包括湖北警政在内的近代中国地方警政的建设、发展有重要意义。但该书注重对中国近代警察史做整体研究，虽然也专门列有篇章对近代地方警政有所论述，但大多为概述性的，缺乏深入细致的研究，且主要集中于警政发展较早、成效较好的一些省份如广东、直隶、天津、四川等地，有关其他各省，特别是湖北的近代警政发展与建设等问题则鲜有论及。②

（4）《中国近代警察史》（2000年）。该书分清末警政的创建、民初警政的发展、南京国民政府的警政建设三大部分，内容与上一本书无多大差别，实际上是上本书的改作。③

（5）《中国警制近代化研究——以法文化为视角》（2006年）。该书试图以法文化为视角，主要从中国传统警察之特征、近代警制的引进与警察法制的创建、中国近代警制的统一化、中国近代警制的法治化、中国近代警制的社会化几个方面，考察中国警察法制及其环境，论证中国近代警察的现代化。④该书意图在视角方面创新，但材料方面有颇多不足，所据文献多为转引，且一些立论、观念有值得商榷处。

---

① 林维业：《中国警察史》，辽宁人民出版社1993年版。
② 韩延龙：《中国近代警察制度》，中国人民公安大学出版社1993年版。
③ 韩延龙、苏亦工：《中国近代警察史》，社会科学文献出版社2000年版。
④ 孟庆超：《中国警制近代化研究——以法文化为视角》，中国人民公安大学出版社2006年版。

（6）《中国警政史》（2006 年）。该书对警察的词义、警政的概念、中国警政史的研究对象及研究范围进行了考释、探讨与界定，并据此依次对先秦直至当代中国的警政进行了论述。① 该书是北京警察学院 2004 年度院级科研成果，也是供本科公安类各专业使用的中国警政史教材。在此期间，有关近代中国警政方面的研究文章日渐增多。整体而言，这些文章对近代警察制度均有不同层面的论述，但就材料与结论来说，均似无所突破。

（7）《清末民初我国警察制度现代化的历程（一九〇一——一九二八）》（1984 年）。该书主要分我国传统保安制度的探讨、国人对于近代警察之认识及我国警察的萌芽、警察制度的创立、巡警部与巡警道的设置、各省警政之建立及其发展、民国初年警务之发展与演变等几个部分，论述了 1901—1928 年中国警察制度产生、发展的一些情况。② 本书是台湾地区学者王家俭有关近代警政问题研究的代表作。

另外，警政史研究的专著还有穆玉敏的《北京警察百年》，考察了北京警政近百年沿革的变化，尤其关注中华人民共和国成立后的北京警察发展状况。③ 赵志飞的《首义警事》对辛亥革命武昌首义中的警察群体进行了描绘，认为警察为辛亥革命武昌首义做出了历史功绩。④ 黄晋祥、邹丽霞的《晚清的警政》运用了大量报刊和档案资料，对晚清警察的社会生活有细致的描写。⑤ 董纯朴的《中国警察史》也是一部通史性的著作，旨在向广大读者展示出一个较为完整的中国警察史体系，分古代社会治安形态、近代中国警察、现代中国警察、中华人民共和国警察和港澳台警察五编，勾勒出中国警察的发展历程。⑥ 陈鸿彝的《中国治安史》则站在国家治理和社会管理的宏观角度上，对历代治安体制、

① 万川：《中国警政史》，中华书局 2006 年版。
② 王家俭：《清末民初我国警察制度现代化研究（1901—1928）》，商务印书馆 1984 年版。
③ 穆玉敏：《北京警察百年》，中国人民公安大学出版社 2004 年版。
④ 赵志飞：《首义警事》，群众出版社 2011 年版。
⑤ 黄晋祥、邹丽霞：《晚清的警政》，群言出版社 2005 年版。
⑥ 董纯朴：《中国警察史》，吉林人民出版社 2005 年版。

治安思想、治安法理、治安方略、治安措施加以重点关注，尤其是对近代治安管理制度多有精辟的论述。① 马洪根的《中国侦查史》论述了中国自奴隶社会以来几千年的侦查演变发展历程。② 刘振华的《八一前后的南昌公安局：人民公安机关初创阶段的研究》运用大量的档案史料论述朱德、杨达、彭干臣等创建和领导人民公安参加八一南昌起义前后的史实。该书史料丰富、考据详实、论述严谨，堪称一部论述人民公安历史的力作。③

港台地区及国外学界对中国警政史的研究起步也比较晚，且进展缓慢。《中国警察制度的产生及其发展》一文，是港台地区较早出现的一篇有关中国警察史的专题论文。该文从地方保安制度与警察的产生、传统警卫制的军事色彩、特察制和秘密警察、经济演进和警政费用与警察制度的发展等方面对中国警察制度的产生与发展进行了论述，认为中国警察制度的产生和发展，与地方保安制、传统普卫制、特察制三者都有渊源，从警察制度的产生和发展过程，可得出以下两个结论：第一，中国警察富有传统色彩；第二，近代警察的产生是由晚清以来经济、社会与政治剧变所致。④

国外警政史研究也涌现出了不少成果。从 20 世纪下半叶开始，国内外学术界就分别对清末民初中国社会的警政建设进行了较为深入的探讨，也涌现了很多相关成果。美国学者魏斐德在整合广泛的档案和史料基础上创作的"上海警察三部曲"⑤，勾画了一幅精彩的近代上海社会与警察图景。这三部书是国外学者对南京国民政府和中华人民共和国成

---

① 陈鸿彝：《中国治安史》，中国人民公安大学出版社 2002 年版。

② 马洪根：《中国侦查史》，群众出版社 2007 年版。

③ 刘振华：《八一前后的南昌公安局：人民公安机关初创阶段的研究》，江西高校出版社 2001 年版。

④ 罗炳绵：《中国警察制度的产生及其发展》，《食货月刊》1935 年第 18 卷第 8 期。

⑤ 魏斐德：《上海警察（1927—1937）》，人民出版社 2011 年版；魏斐德：《上海歹土：战时恐怖活动与城市犯罪（1937—1941）》，人民出版社 2011 年版；魏斐德：《红星照耀上海城（1942—1952）》，人民出版社 2011 年版。

立后早期警政研究的代表性论著，对海外中国近代警政问题的研究起到了推动作用。海外学者哈佛法学院的维克托·李（Victor H. Li）先生撰写了《晚清及共和国早期中国警察的发展》（*The Development of the Chinese Police During the Late Ching and Early Republican Years*）一文，对我国近代警察的演进做了一些探究性的研究；英国学者 John Brewer 在警察、公共秩序与政府关系层面有论及近代中国警察制度的内容，给警政史的跨学科研究带来一定的启发；剑桥大学的斯泰普莱顿（K. E. Stapleton）先生以 1902—1911 年成都的警政变革为研究对象，撰写博士论文《清末成都警察变革（1902—1911）》（*Police Reform in a Late-Imperial Chinese City：Chengdu，1902—1911*），对 1902—1911 年成都的警政改革的背景、演进路径与历史作用等予以了探究；英国学者诺维（A. D. Novey）则以北京为研究对象，撰写了论文《帝国北京的治安与警察》（*Spatial Order and Police in Imperial Beijing*），着重对清代北京的治安状况及"警察"概略予以了论述。海外著名华裔学者王笛的《茶馆——成都的公共生活和微观世界（1900—1950）》《街头文化——成都公共空间、下层民众与地方政治（1870—1930）》，就有描绘清末民初成都丰富多彩的街头文化和底层生活的内容，其中涉及警政与公共空间的描写突出了鲜明的原生态特色。①

　　警政史料方面，中央档案馆、中国第二历史档案馆、吉林省社会科学院合编的《日本帝国主义侵华档案资料选编——伪满警宪统治》对抗战期间日伪警察、宪兵的机构编制、人员组成、方针政策、罪恶活动等有较为详细的介绍，对研究伪满警政有重要的学术价值。② 台湾地区学者曾荣汾编著的《中国近代警察史料（初编）》则收集了清光绪年间（1902—1908）关于警察的法规、教育、编制、经费等方面的史料，

---

　　① 王笛：《茶馆——成都的公共生活和微观世界（1900—1950）》，社会科学文献出版社 2010 年版；王笛：《街头文化——成都公共空间、下层民众与地方政治，1870—1930》，中国人民公安大学出版社 2006 年版。

　　② 中央档案馆、中国第二历史档案馆、吉林省社会科学院编：《日本帝国主义侵华档案资料选编——伪满警宪统治》，中华书局 2001 年版。

对研究近代中国警政初创阶段的历史具有一定的参考价值。① 台湾"国史馆"编撰的五卷本《警政史料》由档案资料组成,是研究民国时期警政不可或缺的重要史料。②

清末湖北警政问题研究专著与论文成果不多。赵志飞主编的《湖北警察史》一书对清末湖北的警政建设有一定程度的介绍,但不够系统和缺乏力度。③ 涉及清末湖北警政的相关史料多见于社会调查、回忆录、武汉城市史研究等一些著作,专题论文也极少,处于起步阶段。如茅复山的《暑期社会调查报告——武汉社会调查》④ 对南京国民政府时期武汉市社会状况及警政制度予以了初步介绍。澳大利亚人 C. P. 菲茨杰拉尔德的《为什么去中国——1923—1950 年在中国的回忆》中有对他遇到的汉口警察的初步印象介绍。⑤ 皮明庥的《武汉近百年史》《武汉史稿》《近代武汉城市史》,将警察放入武汉政治史研究范围来论述。⑥ 尽管有关湖北警政的专题研究很少,但与警政问题相关的清末民国时期警政制度、国家政权建设的研究,学术界已有不少成果。

近年来,国内专家学者对晚清民国时期的警政制度、警政思想教

---

① 曾荣汾编:《中国近代警察史料（初编）》,台湾"中央警官学校"1989年版。

② 朱汇森编:《警政史料——整建时期》第一册,台北俊人印刷厂1989年版。朱汇森编:《警政史料——整建时期》第二册,台北俊人印刷厂1989年版。赖淑卿编:《警政史料——改进时期》第三册,台北华泰印刷厂1990年版。赖淑卿编:《警政史料——改进时期》第四册,台北华泰印刷厂1990年版。赖淑卿编:《警政史料——复员时期》第五册,台北华泰印刷厂1993年版。

③ 赵志飞:《湖北警察史》,武汉出版社2009年版。

④ 茅复山:《暑期社会调查报告——武汉社会调查》,《警高月刊》1935年第2卷第4期。

⑤ 菲茨杰拉尔德 C P 著,郇忠、李尧译:《为什么去中国——1923—1950年在中国的回忆》,山东画报出版社2004年版。

⑥ 皮明庥:《武汉近百年史》,华中工学院出版社1985年版;皮明庥:《武汉史稿》,中国文史出版社1992年版;皮明庥:《近代武汉城市史》,中国社会科学出版社1993年版。

育、警政现代化及警政经费问题方面的专题研究，也取得了一些重要成果，为后人研究提供了借鉴。

　　有关警政制度方面的研究成果有：林琳的《关于中国警察制度史》①，陈兴建的《警察的产生初探》②，郑晓红的《中国近代警政的滥觞：湖南保卫局》③，夏敏的《晚清时期中国近代警察制度建设》和《北洋政府时期的地方警政建设》④，赵平的《论近代警察制度在中国的形成与发展》⑤，杨玉环的《论中国近代警察制度的开创》⑥，黄晋祥的《论清末警政演变的历史轨迹》⑦，帅建祥的《清末巡警制度述论》⑧，沈晓敏的《清末广东巡警（警察）制度述略》和《清末民初的广东警察》⑨，郭华清的《孙中山第三次在广州建立政权时期广州的警察》⑩，黄霞、李德彪的《20 世纪 20 年代末 30 年代前期南京国民政府基层警政建设浅论》⑪，唐国军的《新桂系广西警政史略》⑫，孟庆超、

---

　　① 林琳：《关于中国警察制度史》，《中学历史教学参考》1997 年第 8 期。

　　② 陈兴建：《警察的产生初探》，《河南公安高等专科学校学报》1996 年第 1 期。

　　③ 郑晓红：《中国近代警政的滥觞：湖南保卫局》，《安庆师范学院学报》2003 年第 5 期。

　　④ 夏敏：《晚清时期中国近代警察制度建设》，《江苏警官学院学报》2003 年第 4 期；夏敏：《北洋政府时期的地方警政建设》，《江苏警官学院学报》2003 年第 6 期。

　　⑤ 赵平：《论近代警察制度在中国的形成与发展》，《郑州航空工业管理学院学报》2004 年第 4 期。

　　⑥ 杨玉环：《论中国近代警察制度的开创》，《辽宁大学学报》2003 年第 6 期。

　　⑦ 黄晋祥：《论清末警政发展的历史轨迹》，《安庆师范学院学报》2003 年第 2 期。

　　⑧ 帅建祥：《清末巡警制度论述》，《四川师范学院学报》1997 年第 2 期。

　　⑨ 沈晓敏：《清末广东巡警（警察）制度述略》，《政法学刊》，1997 年第 3 期；《清末民初的广东警察》，《广东史志》2001 年第 2 期。

　　⑩ 郭华清：《孙中山第三次在广州建立政权时期广州的警察》，《广东省社会主义学院学报》2006 年第 1 期。

　　⑪ 黄霞、李德彪：《20 世纪 20 年代末 30 年代前期南京国民政府基层警政建设浅论》，《宜宾学院学报》2006 年第 1 期。

　　⑫ 唐国军：《新桂系广西警政史略》，《广西地方志》2004 年第 1 期。

牛爱菊的《试论近代中国警员警管区域制》① 等。

有关警政思想教育方面的研究成果有：丘华东和史群的《张謇的警政思想及其实践》②，吴沙的《论郑观应的警政思想》③，袁小红的《黄遵宪警政思想述略》和《中国近代警察教育考略》④，田玉洪的《黄遵宪的警政思想及其实践活动探析》⑤，王飏《袁世凯与近代巡警制度》⑥，苏全有的《徐世昌与中国军警近代化》⑦，穆玉敏的《中国近代警察诞生在哪里》⑧，徐乃龙的《中国近代警察高等教育述论》⑨，黄晋祥的《日本与清末警政》⑩，孟庆超、牛爱菊的《中国警政近代化过程中的阻力——兼论落后教育的影响》⑪。其中袁小红的《中国近代警察教育考略》一文，从地域角度将中国近代警察教育分为中央警察教育和地方警察教育两个系统，并分别对每一个系统的历史沿革、教育方针、教学内容等进行了深入考察。孟庆超、牛爱菊的文章认为，作为宪政运动组成部分的中国警察近代化是以移植西方警察制度为基本路径的，但近代中国等级特权观念依旧牢固，个人主义依然发达，"官本位"观念

①　孟庆超、牛爱菊：《试论近代中国警员警管区域制》，《江西公安专科学校学报》2005 年第 2 期。

②　丘华东、史群：《张謇的警政思想及其实践》，《南通大学学报》（社科版）2006 年 9 月。

③　吴沙：《论郑观应的警政思想》，《公安研究》2001 年 7 月。

④　袁小红：《黄遵宪警政思想述略》，《公安大学学报》1999 年第 1 期；袁小红：《中国近代警察教育考略》，《湖南警察高等教育专科学校学报》1999 年第 2 期。

⑤　田玉洪：《黄遵宪的警政思想及其实践活动探析》，《山东教育学院学报》2002 年第 4 期。

⑥　王飏：《袁世凯与近代巡警制度》，《湖南公安高等教育专科学校学报》2001 年第 5 期。

⑦　苏全有：《徐世昌与中国军警近代化》，《福建论坛》1999 年第 6 期。

⑧　穆玉敏：《中国近代警察诞生在哪里》，《人民公安》2002 年第 2 期。

⑨　徐乃龙：《中国近代警察高等教育述论》，《公安教育》2003 年第 12 期。

⑩　黄晋祥：《日本与清末警政》，《历史教学》1998 年第 3 期。

⑪　孟庆超、牛爱菊：《中国警政近代化过程中的阻力——兼论落后教育的影响》，《湖南公安高等教育专科学校学报》2005 年第 4 期。

仍极浓厚，教育水平也很落后，国民文化素质普遍不高，致使作为社会进步表征的中国近代警察很难有所作为。

有关警政现代化的研究成果有：吴沙的《清末传统治安制度向近代警察制度的转变》①，公一兵的《北京近代警察制度之区划研究》②，郭玉家、马学春的《清末新政与中国警政近代化》③，王先明、张海荣的《论清末警察与直隶、京师等地的社会文化变迁——以〈大公报〉为中心的探讨》④，王良胜的《清末警察与天津城市管理的近代化》⑤，宋青的《南京国民政府时期警察职能的历史考察》⑥，孟庆超的《论近代中国警察权力行使的统一化》和《战争环境对中国警察近代化的遏制》⑦。孟庆超的后一篇论文比较了传统和现代的警政模式的差异，他认为，"在长期的专制主义政治与封闭保守自傲的农业文化熏染下，中国传统警察呈现出以下特色：警察机构多元化；警察内容的军事化；传统警察的'官治'化；传统警察的'纯秩序化'；传统警察的政治化，其他如传统警察的非科学化、非职业化"，而"宪政运动背景下直接受到大陆派国家观念与行政法学理论影响的近代中国警察无论在形式抑或实质内容方面，均表现出与中国传统警察相异的特色，即统一化、社会化与法治化"。他还进一步将警察的近代化与近现代中国社会状况相结

---

① 吴沙：《清末传统治安制度向近代警察制度的转变》，《公安研究》2001年第2期。

② 公一兵：《北京近代警察制度之区划研究》，《北京社会科学》2004年第4期。

③ 郭玉家、马学春：《清末新政与中国警政近代化》，《许昌学院学报》2003年第3期。

④ 王先明、张海荣：《论清末警察与直隶、京师等地的社会文化变迁——以〈大公报〉为中心的探讨》，《河北师范大学学报》2005年第3期。

⑤ 王良胜：《清末警察与天津城市管理的近代化》，《乐山师范学院学报》2007年第1期。

⑥ 宋青：《南京国民政府时期警察职能的历史考察》，《山东警察学院学报》2007年第2期。

⑦ 孟庆超：《论近代中国警察权力行使的统一化》，《武警学院学报》2006年第2期；孟庆超：《战争环境对中国警察近代化的遏制》，《江苏警官学院学报》2005年第3期。

合，试图论证战争环境对中国警察近代化的阻碍作用。他认为，"近代警察制度与宪政息息相关，而以工业文明的存在、发展为依存条件，以先进的民族精神和高素质的国民为推动力量，也以所在社会的相对稳定为基本前提，即需要一个由相对成熟、先进的政治、经济、文化、教育等条件组成的常态的和平社会"。但自清末至民国的中国，却无论如何也称不上"常态的和平社会"。可以说，近代中国在移植西方警察制度之先，尚不具备发育、滋养这一先进制度的环境，移植过程不注意积极创造应有的条件，反而充满各种阻碍与破坏性的力量、元素。这使得以统一化、社会化、法治化为标志的中国警察近代化不过呈现出一种趋向而已，实践层面的中国警察近代化是大打折扣的，许多场合下，甚至是某种意义上传统警察的复活。在经济、政治、社会等诸多因素中，连绵不绝的战争环境对中国警察近代化的阻遏非常显著。

有关经费问题与警政建设方面成果有：黄晋祥、毕苑的《绅商与清末的办警方式及其经费问题》①，刘增合的《鸦片税收与清末警政改革》②，孟庆超、牛爱菊的《试论近代中国警政》③ 等。这几篇文章均指出中国警政缺乏有力的经济支撑，政府财政必须依靠毫无计划的"就地抽捐"以及加强对商绅的依赖。一方面，商绅对地方公共领域事务的控制力不断提高，商绅参与办警，警察官署受制于绅董，造成了警政效能的低下与腐败的滋生，损害了警察应有的社会形象，加剧了警察与民众间的对抗。另一方面，警察经费的匮乏逼迫警政当局庇护社会丑恶并滥收滥罚，使得必要的职业训练无法保证，装备的齐全与科学更无从落实。基层长期恶劣的待遇则强化了警察职业低贱的社会认识，同时经济上的贫困增加了民众遵守警察法令的难度，使得中国警政建设困难重重。

---

① 黄晋祥、毕苑：《绅商与清末的办警方式及其经费问题》，《晋阳学刊》2002 年第 6 期。

② 刘增合：《鸦片税收与清末警政改革》，《江苏社会科学》2004 年第 4 期。

③ 孟庆超、牛爱菊：《试论近代中国警政》，《山东警察学院学报》2005 年第 1 期。

对近代地方警政建设的研究也逐渐展开，但主要局限于直隶、广东、四川等几个警政开展较好的省份。如沈晓敏在《清末广东巡警（警察）制度述略》《清末民初的广东警察》两文中，考述了近代广东巡警制度的沿革。① 尤其值得一提的是，在近几年各高校的硕士、博士学位论文中，出现了不少对地方近代警政创建展开研究的文章。如黄霞的《二十世纪三四十年代四川警政建设》、彭雪芹的《1927—1937年河南警政研究》、徐胜的《民国武汉城市警政研究（1927—1937）》、谢明刚的《清末直隶警政述论》、张利荣的《清末民初甘肃的警政建设》、金泽憬的《清末东北奉天警察制度研究》、贾蕊华的《试论清末广东警政》等，这些文章史料翔实、论述深入，填补了地方警政研究的空缺。②

上述这些成果的主要特色有以下几个方面：第一，警政制度史论文成为现有成果的主要表达方式，专著较少；第二，在时间段上，警政问题研究比较集中在清末；第三，在内容上，学术界的研究基本上是从政治制度、思想、近代化等方面的某一个角度来剖析近代警察制度；第四，以地方城市警察作为对象的研究已经开始，总的来看多集中于沿海开放城市，对传统城市和内陆城市警察研究较少；第五，将警察作为城市社会的一个特殊群体，其在国家政权与地方社会之间所起到的作用尚未有过深入研究；第六，对档案资料的发掘还不够。

有关近代警察制度的著作、论文，基本上很少涉及湖北警政史。当然，从总体上说，许多内容对研究近代湖北警政的建立、发展与演变提

---

① 沈晓敏：《清末广东巡警〈警察〉制度述略》，《政法学刊》1997年第3期。沈晓敏：《清末民初的广东警察》，《广东史志》2001年第2期。

② 黄霞：《二十世纪三四十年代四川警政建设》，四川师范大学硕士学位论文，2006年；彭雪琴：《1927—1937年河南警政研究》，河南大学硕士学位论文，2006年；徐胜：《民国武汉城市警政研究（1927—1937）》，湖北大学硕士学位论文，2006年；谢明刚：《清末直隶警政述论》，河北师范大学硕士学位论文，2002年；张利荣：《清末民初甘肃的警政建设》，暨南大学博士学位论文，2006年；金泽璟：《清末东北奉天警察制度研究》，北京师范大学硕士学位论文，2006年；贾蕊华：《试论清末广东警政》，暨南大学硕士学位论文，2006年。

供了必要的背景知识与整体认识，对本书的形成多有帮助。此外，当代人所编撰关于湖北近现代史的著作，其内容或多或少都涉及了近代的湖北警政，其中关于近代湖北警政的记载、论述，同样是研究清末湖北警政建设的重要参考资料。

综上所述，对清末湖北警政建设，目前实际上尚无专门的学术论著对之做深入、细致、全面的研究。有关近代湖北警政的研究成果，著作较少且多为概述性论述。尤其对其中的关键问题缺乏深入细致的研究，主要包括近代西方警察制度进入湖北的过程；当时湖北筹办警政的相关人士如何理解、接受、运用警政制度；近代警察制度与湖北旧有制度如保甲制度等有什么区别和联系；近代警察制度在湖北确立后其形式与内容上有哪些特点；近代警察制度在清末的湖北社会中发挥着怎样的实际功效，产生怎样的实质性影响等。这些问题对认识近代湖北社会有着重要的意义。

因此，从学术史来看，近代湖北的警政研究尚有很大的学术探索空间。与其他已有大量警政研究成果地区相比，近代湖北历史文献本来就不多，而有关湖北警政的文献资料遗存更是稀缺，且相当零散，这自然使得这一研究课题有很大难度。

以往警政及相关问题研究的丰硕成果，成为笔者继续深入研究的基础。

# 第四节　研究思路、方法及创新点

## 一、研究思路

本书的主体思路主要是从中国传统警政思想的特征、近代警政思想的传播与兴起；清末从中央到地方警政的创办；从绿营、差役、保甲、团练到警察：湖北警察近代化的发展轨迹；清末新政与近代湖北警政的创办；清末湖北警察的组织与机构；清末湖北警察的人员与经费；清末湖北的警察群体面貌与职能运作、警察与社会的关系、警察留学教育、辛亥革命武昌首义与民国第一警察局等几个方面作系统的叙述，重点考察其历史渊源、创建、发展，以及警政的运作、实效与困境，警察与社会关系等情况。

## 二、研究方法

基于国内外对于清末湖北警政建设问题研究的现状，笔者力图选择不同于他人的研究视角和路径。既不能纯粹从政治史的角度来探究清末湖北警政建设问题，也不能完全从警察学和社会史的路径来演绎清末湖北警政建设的变迁。因此本书力求从警政史、社会史等多种学科的角度，佐以详实的史料和理论分析，力求客观真实地展现清末最后十年湖北警政建设的情况与转型过程，着重于结合具体的历史背景，不是孤立、片面地研究清末湖北警政建设，而是将其置身于社会发展和变迁的大环境中，在历史的变迁中考察清末湖北警政的发展变迁，同时将清末湖北警察作为城市社会的一个特殊群体，研究其在国家政权与地方社会之间所起到的作用。在对史料进行分析梳理的基础上综合运用历史学、社会学、法学等学科的方法与理论，采用宏观叙述和微观分析相结合的方法，加以代表性的事例考察，在实证考察、个案分析和制度叙述的基础上，对清末最后十年湖北警政的状况进行归纳，总结出其主要特点、作用以及存在的主要问题，给予实事求是的历史评价以及对现代警政制度的启示，最后得出研究结论。

## 三、创新点

（1）史料的运用。注重将档案、报刊、清代笔记小说等资料进行对比运用。诸如在1902年张之洞建警和辛亥革命中警政的研究上，本书采用了对比的研究方法，对张之洞建警兴起的背景、联系、差异以及移植等进行比较，在历史叙述上，力求对湖北警政建设近代化问题进行客观的解读。

（2）近代警政标准的提出与中国近代第一警局、民国第一警局的界定。在探讨几种近代中国最早警察机构学说的过程中，通过对比研究，笔者发现近代警政标准尚未有专门界定，故各种近代第一警局之说莫衷一是。有鉴于此，笔者提出了四个近代警政标准：一是警政机构国家层面的开办；二是警政经费有政府制度性的保障；三是警政人员与制度建设的持续性；四是警察管理市政与社会服务职能的体现而不仅仅是作为传统纯粹军事力量的补充。以此为标准，笔者提出武昌警察总局为中国历史上最早的警察机构的结论，由此说明张之洞建警的历史贡献。同时，笔者通过考证也提出了武昌首义中革命党人所创办的湖北临时警察筹办处为民国第一警局的观点。

（3）地方史路径的突破和警政建设"自下而上"概念的提出。争取突破地方史的研究路径，把近代湖北警政的发展置于中国警政近代化历程中去，而不仅仅将其定义为狭隘的湖北地方警政发展史。一方面清末最后十年湖北警政的发展受到中央的影响；另一方面由于湖北地方警政的建设在某种程度上早于中央，其警政建设的实效与困境甚至对中央警政建设的整体构思产生了一定影响。这种清末警政建设最早源于地方发展而逐渐为中央认同接受并反过来影响地方的由被动到主动态势，笔者将其定义为警政建设"自下而上"模式。"自下而上"的警政建设与清末新政的"自上而下"有何联系？互相之间产生了哪些影响？这些问题都有待进一步研究。

（4）晚清湖北警政建设中传统与近代因素的并存导致警政兼备新旧二元特质观点的提出。本书采用大量原始材料论述近代警政制度在湖北建立与运行的过程中与传统治安体制有着千丝万缕的联系。传统与近代因素的冲突与融合使得清末湖北的警政制度具备新旧二元特征。

# 第五节　深入研究的资料

　　近代湖北警政史的研究，史料的相对缺乏是诸多重要困难之一，这也是此领域研究一直较为薄弱的重要原因。笔者投入大量的时间与精力，从相关档案、报刊、文集、传记、地方志中广泛搜求史料，从而力图为清末湖北的警政建设研究建立基本的史料基础。这是笔者所希望达到的首要目标，也是本书的突破点。本书的完成，也在一定程度上为清末湖北警政建设的研究打下史料文献的基础。

　　清末湖北警政史料不但遗存较少，而且十分零散。史料的收集与整理实为不易，尤其是档案这类原始文献。但研究清末的湖北警政建设状况，如无档案史料，则史实的建构几无可能。湖北本省所保存的档案中，有关清末的警政史料很少。笔者通过在湖北省档案馆和武汉市档案馆仔细搜索，也有一些非常重要的收获。目前查知的仅武汉市档案馆就有警政档案八千余卷，而其中清末时期的却寥寥无几，湖北省档案馆也有很多涉及警政的档案，但同样集中于民国时期。另外湖北省图书馆内有湖北省政府公告、武昌公安局业务纪要、汉口市公安局业务纪要、湖北水上公安局业务纪要等重要警政史料。但实际可用到的清末最后十年湖北警政的档案资料却很少。

　　文物资料是笔者于资料收集中最大的收获之一。藏于湖北省公安厅档案馆和湖北警官学院湖北警察史博物馆中的一些珍贵的警政文物史料对本书的写作有很大的帮助。

　　湖北省内档案馆所藏警政方面的档案十分有限。笔者又奔赴第一历史档案馆查阅了大量清末的原始档案资料，第一历史档案馆的巡警部档案、民政部档案都是研究清末湖北警政建设不可或缺的珍贵史料。此外，笔者在公安部工作期间，查阅了公安部档案馆和中央档案馆的一些珍贵档案资料，也有不少收获，其中最有价值的莫过于一些清末湖北警方的告示和湖北警务公所编辑的《湖北警务杂志》原刊。

报刊也是记录清末湖北警政建设的重要史料。其中《湖北官报》《申报》《大公报》《时报》等是本书报刊史料的重要来源。此外，清末很多地方记录办理警政事务的警察杂志，如《江南警务杂志》《直隶警察杂志》等亦大量记载了清政府建警的方略和湖北警政建设情况。在方志方面，清末、民国以及中华人民共和国成立后湖北各地编修了很多地方志，其中就有很多关于湖北各地警政建设的史料。

不少资料汇编里也有清末时期湖北的警政建设的史料。民国时期的《警高月刊》《警声月刊》《警务周刊》等杂志就有大量涉及清末湖北警政建设的史料。一些已出版的文集、史料选辑及档案汇编也在笔者的收求之列，如《张之洞全集》《袁世凯奏议》《北洋公牍类纂》《湖北文史资料选辑》《清末筹备立宪档案》等也有大量珍贵史料。

# 第一章　湖北近代警政的创行

　　"警察者，警其未然而察其已然，乃为纳民轨物之策。"近代警察之制，发端于西欧，为清末之"舶来品"。① 1902 年，在张之洞创设近代湖北警察制度于武昌之前，湖北社会依然处于传统的治安体系控制之下，传统治安制度的特点是军警不分，政警不分，其百弊丛生之态在清末社会内外交困的时局下表现得尤为明显。

## 第一节　湖北近代警政创行的历史背景

### 一、从绿营、差役、保甲、团练到警察

　　清代中前期，政府尚未设立专业的治安管理机构和颁布专门的治安法律，社会治安秩序的维持和法条律令的执行主要由绿营、各级地方政府和保甲、团练等共同承担。关于清末近代警察制度引入中国之前湖北传统社会的治安状况，时人记述道："当时各大都市和各府厅州县城镇，设有保甲局的地方，则有几个局丁跑跑差事，夜里则有几名更夫，轮班敲梆打更，多住城楼上。官府衙门，除规定有差役、民壮听用外，则有

---

　　① 警学界公认近代警察制度的创立者是英国政治家罗伯特·比尔，其于1829年创立了伦敦大都会警察局并提出组建警察的十二条原则，此举被誉为世界警察史上的第一次警务革命。

绿营兵勇穿着号褂子、排成小队，间或在街上查查街。至于绿营的节制，则有参将、游击、守备、千把总和外委官弁，随县府辖境之大小，分别驻扎以资弹压而维治安。前清绿营的腐败无用，几乎中外皆知。"①下面就近代警察制度引入湖北社会之前的传统治安力量加以论述。

## （一）绿营

绿营兵制实行操差合一的模式，其职责包括操练以备战时军事征调之用和平日承应各种差役。其各种差役又包括解送钱粮、银饷、人犯、守卫仓库、监狱、城门、缉捕盗贼、乱党、侦察邪教、会盟、秘密会社，查禁聚赌、娼妓，巡稽私盐、清道、捕蝗等。② 其中维护社会治安的职能占有相当的比重。"国家设官定制各有职司，文以抚民，武以除暴。"③ "州县额设捕役，多者不过十名，少者数名，侦缉势难周到，是以责令营兵协缉。"④ 时人评价道："从来除盗贼之法，有治之于其源者，有治之于其流者，衣食之，教诲之，使民化而不为盗，此治之于其源也；防闲之，缉捕之，使民欲为盗而不敢，此治之于其流也，二者不可偏废。然治之于其源者，弭盗贼于未形之先，其效深而迟，大而难，当委之于文官，而宽之以岁月；治之于其流者，弭盗贼于既起之后，其效浅而速，小而易，当责之于武官，而课之以功罪。"⑤ 在清政府的制度设计者看来，绿营"原为稽查奸匪，缉拿盗贼，护送差使"。⑥ 如绿营营伍对于盗贼疏于防范、缉捕不力、隐匿不报者，严加处分。绿营赏罚条例规定，各地营汛，每年需统计盗贼等案件，根据拿获盗贼之数目和破获盗窃案件之多寡分别加以赏罚。绿营各官查盗不严、缉盗不力、讳盗不报者革职。若地方被盗失事，则专汛官停俸，兼辖官罚俸半年，

---

① 陈师：《旧时警政与我的经历》，《武汉文史资料》1993 年第 2 辑，第 22 页。

② 罗尔纲：《绿营兵制》，中华书局 1984 年版，第 252 页。

③ 瞿同祖：《清朝地方政府》，法律出版社 2003 年版，第 313 页。

④ 辅德：《请定将弁协缉事宜疏》，《清朝经世文正续编》卷 80。

⑤ 王銮：《拟除盗贼策》，《清朝经世文正续编》卷 80。

⑥ 昆冈等：《大清会典事例》卷 626。

限一年之内缉拿，否则革职。① 由此可知，绿营实则承担着社会治安治理的重任。据苏云峰先生估算，湖北之绿营在 1841 年之前约为 14000 人，其主要功能为社会治安的维持。咸丰年间，因镇压太平天国运动之需，湖北绿营一度增加至 20000 余人，后在胡林翼的整顿下大力裁汰，仅留 10000 余人。②

绿营是湖北军队和治安力量的主力。清政府为加强中央对军队的控制，防止将领专权，将绿营兵设为固定职业，一般世代为业，但承平日久，长期以来由于缺乏训练，军纪废弛，几无战力，太平军所向经常一触即溃，这便是有力之证据。胡林翼认为绿营怯懦、浮报正额、无营制、无纪律，往往"闻警先惊，接仗即溃"，是一支抗敌不足，扰民有余的军队。③ "（绿营）饷项虽加，习气未改，亲族相承，视同世业。每营人数较多，更易挟制滋事……至于调派出征，则闻风推诿。其不能当大敌御外辱，固不待言，即土匪盐枭，亦且不能剿捕。"④ 绿营在承担维护社会治安之责时，轻则敷衍塞责，重则以身试法而为非作歹、扰害一方，屡为舆论所诟病。

> 鄂省防营甚多，其中勇丁强悍性成，往往聚众滋事。营务处司道闻之，特于日前会卫出示，严行查禁。略谓："兵勇之设，本以卫民。近闻各营勇丁，每三五成群，游行街市，动辄打架斗殴，实属不成事体。"⑤
>
> 鄂省营勇众多，动辄逞强滋事。前经营务处司道会街出示，严切告诫，意细柳中人，当无不闻风警惕矣，乃若辈性成强悍，依然怙恶不悛。本月某日，有武防营勇多名，在汉口某妓院争闹，突出

---

① 昆冈等：《大清会典事例》卷 634，上海古籍出版社 2003 年版，第 156 页。
② 参见苏云峰：《中国现代化区域研究（湖北省 1860—1916）》，商务印书馆 1983 年版，第 17 页。
③ 胡林翼：《胡林翼集》卷 14，岳麓书社 1999 年版，第 3~4 页。
④ 朱寿朋编：《光绪朝东华录》第 3 册，中华书局 1958 年版，第 3632~3633 页。
⑤ 《营勇斗殴》，《申报》，1902 年 3 月 8 日。

利刃斫伤五人。夏口同知冯少竹司马，以情节重大，立即禀明督宪
张香涛宫保，请饬彻底根究，而统领某君，意存袒护，辩称勇丁亦
受重伤，不肯交出。①

有鉴于此，张之洞认为："绿营制兵积习积弊，已入膏肓，无论原
营未练之兵穷苦羸弱，无可整顿，即挑练之兵亦狃于积习，非但战守断
不足恃，即巡警亦万不可用，只有分年尽数裁撤之一法。"② 张督鄂后，
逐年将绿营加以裁汰，用结余之饷创办警察，后湖北编练的警察和新军
逐渐取代了绿营。

## （二）差役

湖北各级政府自督抚司道至府厅州县各级官吏，都有维持所辖地方
治安之责，并设有佐职官协助督捕盗匪、审理案件和维持秩序。③ 督抚
处理全省政事、布政使督促各属编练保甲事宜、按察使督理各属捕务，
皆有监管治安之责。道府各官皆有"决讼检奸"④ 之任，各府设有同
知、通判等附属佐贰官，协助知府处理所辖各属捕务。州县是清政府官
僚系统中的最下层，是地方治安的最直接负责组织，州有州同、州判，
具体负责"分掌粮马巡捕之事"⑤，有专吏"司奸盗、察狱囚、典簿
录"⑥。县有县丞、主簿等附属佐贰辅助官，"分掌钱马、征税、户籍、
缉捕诸务"⑦。其中具体案件的侦查、缉捕事宜则由主管官吏交由游离
于正式行政系统编制之外的差役负责执行，捕快、马快、民壮等差役都
具有侦缉捕盗之责，有些地方将马快与民壮合为一役，"名曰壮快，一

---

①　《营勇滋事》，《申报》，1902 年 3 月 9 日。

②　《鄂督奏陈裁汰绿营折》，《申报》，1902 年 5 月 3 日。

③　关于清代治安问题，可参见朱绍侯《中国古代治安制度史》、陈鸿彝《中
国古代治安简史》、万川《中国警政史》等著作。

④　赵尔巽：《清史稿》卷 116 志 91，中华书局 1998 年版，第 476 页。

⑤　嵇璜等：《清朝通志》卷 69，浙江古籍出版社 1988 年版，第 163 页。

⑥　赵尔巽：《清史稿》卷 116 志 91，中华书局 1998 年版，第 476 页。

⑦　赵尔巽：《清史稿》卷 116 志 91，中华书局 1998 年版，第 477 页。

体操练，分班巡缉"①。另外，在基层的一些要津和繁华之市镇设巡检司，"掌捕盗贼"②，就近负责当地的社会治安。清代的巡检司巡检为从九品，各地所设多寡不一，湖北为 74 人。巡检在治所之地建有衙署，内驻扎差役几人至几十人不等，差役一般为弓兵，设有定额，由招募承充，在巡检督率下，巡逻盘查行人、巡缉关道、缉拿盗贼。

在州县治辖之下的广大乡村，由于地域广袤，绝大多数乡民分散居住在农村，且交通不便，政令传达不仅耗时日久，且耗费大量人力物力财力，这极大地限制和削弱了州县政府对基层的控制。因此，州县政府对基层的治理和控制仅仅依赖职官、佐贰附属辅助官员和差役是远远不够的，还需要借助民间的力量。在究缉奸宄、打击犯罪、维持当地社会治安秩序等领域，保甲、团练等乡里制度发挥了重要的作用，在一定程度上弥补了政府层面的力之不逮。③

基层系统里负责缉捕事宜的差役不仅身份低微、没有正式编制而游离于帝国的官僚体系之外，而且社会地位甚至低于普通百姓，当时法律规定捕役及其子孙都不能参加科举考试和入仕为官。"在所有的衙役中，捕役的地位最低"④，捕役不仅薪资微薄，官府甚至连工食亦不提供，他们只能通过陋规、赏金等收入为生。为提高办案效率和防止捕役勒索扰民，雍正年间，政府曾下令州县衙门为捕役提供工食，"每捕役一名，将他役工食量为供给，使其养赡充裕"⑤。但仍远远不能满足养家糊口、

---

① 刘锦藻：《清朝文献通考》卷 23《职役考三》。

② 嵇璜等：《清朝通志》卷 69，浙江古籍出版社 1988 年版，第 163 页。

③ 关于清代保甲、地保、里甲、团练等乡里制度之研究，可参考瞿同祖：《清朝地方政府》，法律出版社 2003 年版；费孝通、吴晗：《皇权与绅权》，天津人民出版社 1988 年版；[美] 孔飞力：《中华帝国晚期的叛乱及敌人》，中国社会科学出版社 1990 年版；杨国安：《明清两湖地区基层组织与乡村社会研究》，武汉大学出版社 2004 年版；王先明：《晚晴保甲制的历史演变与乡村权力结构》，《史学月刊》2000 年第 5 期；刘道胜：《清代基层社会的地保》，《中国农史》2009 年第 2 期；赵丽娜：《民国时期湖北保甲制度研究（1927—1937）》，武汉大学硕士学位论文，2005 年。

④ 瞿同祖：《清朝地方政府》，法律出版社 2003 年版，第 104 页。

⑤ 刘锦藻：《清朝文献通考》卷 24《职役考四》。

维持生计之资，故收效甚微。捕役虽人微言轻、地位卑微，但其人数不仅很少而且职责颇为繁重。州县捕盗缉贼不得不主要依赖捕役，为提高捕役的积极性，官府亦只能通过严定赏罚以约束和激励其勇，"其捕盗有限，轻则加以扑责，重则质其妻子，能获要盗，赏亦随之"①。然充当捕衙之人多为市井无赖之徒，或为土棍游民之类，甚至狡盗黠贼亦混身其间，官府平日依靠此辈办案，虽时常催促、重其赏罚，亦颇难对其约束。此类捕役因积习难改，故平日欺压良善、仗势欺人、横行霸道，遇有案件或敲诈勒索，或逼良为盗，或敷衍塞责，"除暴则不足，扰民则有余，索贿则争先，逐贼则居后"②。甚至罪大恶极者，与盗贼狼狈为奸，内外勾结，"故每一案出，往往获真盗难伤其类，诬良民亦不患无辞"③，"各属州县无不知差役害民，而不能去之者，马快则缉捕倚之，各役则奔走传呼倚之。公费无多，不能养其所欲，于是有票规、赌规等名目，与家丁书吏分肥"④。另一方面，"差役之为民害，各省皆同。必乡里无赖，始充此业，传案之株连、过堂之勒索、看管之凌虐、相验之科派、缉捕之淫掳、白役之助虐，其害不可殚述。民见差役无不疾首蹙额，视如虎狼蛇蝎者"⑤。差役逼良为贼、勾盗分赃、假公济私、贪得无厌，以此为业，乐此不疲。时人认为，"（差役）盘踞最久，爪牙最多，能施其伎俩无所不为"⑥，"差役不去，则官民隔膜，上下之气永不能通"⑦。更有甚者，将差役称为积弱积贫而亡国之首，"古今可以亡国者，曰女宠、曰宦寺、曰外戚、曰强诸侯、曰权大臣、曰匹夫横行，而不曰胥吏。实则胥吏之祸，烈于女宠、宦寺、外戚、强诸侯、权大臣、匹夫横行"⑧。"差役之为民害，各省皆同。必乡里无赖，始充此

---

① 刘锦藻：《清朝文献通考》卷23《职役考三》。
② 赵树贵、曾利雅编：《陈炽集》，中华书局1997年版，第247页。
③ 刘锦藻：《清朝续文献通考》卷27《职役考一》。
④ 《直督札饬推广巡警裁革差役》，《申报》，1906年3月4日。
⑤ 朱寿朋编：《光绪朝东华录》第4册，中华书局1958年版，第4742页。
⑥ 《四川官报》1905年第29册。
⑦ 陈炽：《仿设巡捕说》，《清朝经世文新编》卷3。
⑧ 尹耕云：《胥吏论一》，《清朝经世文正续编》卷28。

业。传案之株连、过堂之勒索、看管之凌虐，其害不可殚述。"甚至清政府官方亦不得不承认，"今天下之害民者，州县差役其最著者也"①。由于捕役腐败，故其所破获之案件甚少，社会治安难以维持安宁，其他各类差役莫不如此，差役之弊积习甚深，已难以适应由传统向近代大变革背景下的社会治安治理之需。

### （三）保甲

清代自入关以来便沿用了明代的保甲制度，保甲的主要功能在于维护基层社会治安和控制人口流动，里甲则为田赋与劳役之征召。"保甲之设，所以使天下之州县复分其治也。州县之地广，广则吏之耳目有不及；其民众，众则行之善恶有未详。保长、甲长之所统，地近而人寡，其耳目无不照，善恶无所匿，从而闻于州县，平其是非，则里党得其治，而州县亦无不得其治。"② 保甲制度的产生可以一直上溯至周代，但清政府所采用的保甲制度主要参仿王安石于 1070 年变法时期所设之制，王安石采用保甲制度的目的在于通过保甲侦查信息和控制犯罪，以达到维护社会秩序之效。清代采用保甲之制的目的亦在于此，其方法是强化乡村人口流动的登记与控制，以防范犯罪事件之发生。入关以后，清政府视保甲制为弭盗安民之良规，因袭明制大力推行保甲制，编练保甲以利控制。政府规定：十户为一牌，设牌长；十牌为一甲，设甲长；十甲为一保，设保长。"城中曰坊、近城曰厢、在乡曰里，各有长。凡造册入户，各登其丁口之数而授之坊厢里各长，坊厢里长上之州县，州县合而上之府，府别造一总册上之布政司。民年六十以上开除，六十以下增注。凡籍有四：曰军、曰民、曰匠、曰口……督抚据布政司所上各属之册达之户部，受直省之册汇疏以闻，以周知天下生民之数。"③ 汉人、旗人甚至无业游民、僧侣、船户等都被编列造册，无论城乡都需办理保甲之制。胡林翼任职湖北巡抚时规定"应有门牌、有册籍。分乡、

---

① 朱寿朋编：《光绪朝东华录》第 4 册，中华书局 1958 年版，第 4742 页。
② 沈彤：《保甲论》，《清朝经世文编》卷 74。
③ 刘锦藻：《清朝续文献通考》卷 19。

分团、分里，首列地名即四至八到；继列户口、田亩、漕粮、户柱、邻右、行业、丁口、男女、老幼。择一人长十户，择一人长百户，以一人副之；择一人长千户，以二人副之。以平日保正、甲长为之役，能进退赏罚之。所择必正直严明之人，官隆礼貌以待之，仿古三老、啬夫、游檄之义。钱粮、刑名、词讼案件皆以此为根，不下堂而一县治"①。牌长、甲长、保长由辖区民众推举稍有学识、品行端正及有一定身家者，报与官府，由官府任命。凡发觉甲内有偷盗、聚赌、谋逆、邪教、窝逃、奸拐、私铸、私销、私盐、会党等事及形迹可疑之徒，牌甲保各长及邻里，皆有向有司报告之责，倘有袒护奸宄、隐匿不报，一经核实，必严加惩处。此外，倘若户数增减和户口迁移变动，均需向牌甲保长随时报明，并将门牌填明换给。保甲之制的主要功能在于究诘奸宄、弭盗惩贼，但随着社会的发展，特别是清中叶摊丁入亩之后，里甲的主要功能已不复存在，故逐渐为保甲制所取代。保甲制的职能亦因此扩张，由弭盗安民渐渐承充各种差役。另外，在传统的中国社会里，家庭与宗族在社会生活中占有重要的地位。"聚族而居，丁口众多者，择族中有品望者一人，立为族正，该族良莠，责令查举"，族长、族正亦具治安之责。② 家庭与宗族的社会控制职能寓于传统的纲常伦理之中，同时亦为政府所支持，以达到将政府的社会控制职能延伸之目的。

保甲的主要职能为"清内奸"，但保甲之制发挥效用的前提是掌握人口信息，只有对人口施以及时、准确的编查才能确保其健康正常的运行，以便发挥其最大的功效。地方官吏如能实力奉行保甲之制，则"人类良莠，平时举可周知，惰游匪类，自无所容，外来奸宄更无从托迹，于治理最为切要"③。将所编练之民，置于邻佑之彼此监督之下，施以连坐之法震慑，迫使普通百姓不敢犯事妄为。相较于周代时期突出"欲其出入相友，守望相助，疾病相扶持，是教其相率而为仁厚辑睦之君子

---

① 郑敦谨、曾国荃编：《胡文忠公遗集》第85卷"抚鄂批札"，全国图书馆文献缩微复制中心2007年版，第19页。
② 昆冈等：《大清会典事例》卷158，上海古籍出版社2003年版，第158页。
③ 昆冈等：《大清会典事例》卷158，上海古籍出版社2003年版，第164页。

也"，清代的比闾之法、保甲之制则强调"一人有奸，邻里告之，一人犯罪，邻里坐之，是教其相率而为暴戾刻核之小人也"。① 二者形虽相似，然意却迥然不同。

保甲的执行方面，自清代中叶以后，吏治渐坏，地方官长往往玩忽职守，将保甲视为具文，习惯于敷衍了事，甚至置之不理，即便上司下札申斥，不过虚编故事，而在具体编练保甲时则"造册有费，立牌有费，择派甲长、保正，亦莫不有费"②。在一些地方州县甚至出现"一县之大，每岁仅报滋生口数……岁岁数目一律雷同"③ 之事，"地方有司，向来视为具文，而历任督抚亦任其随意填造，不复加查"④。时人对此亦深有体会，认为保甲之制办理成效鲜有者，是因为"地方官疲于案牍，不能不假手书差，而一切工料、饭食、夫马之资不无费用，大约书役取给于约保，约保集之甲长，甲长索之牌头，牌头则敛之花户，层层索费，在在需钱，而清册门牌任意填写，以至村多漏户，户有漏丁，徒费民财，竟成废纸"⑤。此外，由于保甲一般都掌握在士绅之手，故使得"保甲作为一种国家权力控制基层社会的制度，在本质上与乡村社会业已存在的民间权威——绅权之间存在着深刻的矛盾，清王朝将士绅阶层置于保甲控制之下的企图在实际生活中很难切实执行"⑥。

> 我之保甲法有不同，而除暴安良初意，何尝不美，乃奉行日久，已成具文。夫役日疲，已成积习，吸食洋烟者十之八九，认真办事者，百无几人。于是，人人要钱，事事有弊，敛百姓之财，不能理百姓之事，治盗不足，扰民则有余矣，索贿争先，捕贼则落后

① 马端临：《文献通考》卷12职役考一。
② 刚毅：《牧令须知》，官箴书集成编纂委员会编：《官箴书集成》第九册，黄山书社1997年版，第223页。
③ 刘锦藻：《清朝文献通考》卷19职役考一。
④ 刘锦藻：《清朝文献通考》卷19职役考一。
⑤ 方宗诚：《鄂吏约》，《清朝经世文正续编》卷25。
⑥ 杨国安：《明清两湖地区基层组织与乡村社会研究》，武汉大学出版社2004年版，第220页。

矣，尔百姓试思，远而上海租界，近而汉口洋街，果如此乎?①

保甲之制原为惠民之举，从材料可窥探保甲已然成虚有其表之制，"事实上，保甲制度总的来讲是没有效率的"②。

### （四）团练

团练主要是在动乱加剧时期产生的一种地方自卫组织，平时为民，战则为兵，但与保甲等乡里制度密切相关。史载湖北地区最早兴办团练可追溯至唐代，"湖北之有乡团，盖始于唐乾符末，黄巢乱江南永兴（今兴国州），民皆亡为盗，刺史崔绍募民强雄者为土团军，贼不敢犯，于是人人知兵，即今日团练也"③。嘉庆初年，川楚白莲教起义席卷之际，湖北地区即为主战场之一，当时清政府为镇压起义，即鼓励民间自办团练，协助绿营作战以卫桑梓，湖北西北部地区即有兴办团练之举。迨至太平军起，局势糜烂之际，清廷多次谕令各直省大吏，督饬地方官会同绅士"仿照嘉庆年间坚壁清野之法，办理团练，以资保卫"④。咸丰帝"叠降谕旨，令各省督抚晓谕绅民，实行团练，自卫乡间……绥靖地方"⑤。朝廷鼓励士绅举办团练，以团勇守望相助，同力抵团贼，以卫乡里。咸丰二年，湖广总督张亮基檄文下令各府州县举办团练，于是湖北各地团练大兴。

> 应山县：（咸丰二年）应邑正当冲要，知县聂光銮督办团练，编查保甲，严惩土匪，地方赖以清。⑥
> 黄冈县：（咸丰年间）钱家堡以从九邱振声、庠生喻九芝等为

---

① 《鄂垣创行警察示》，《申报》，1902 年 6 月 9 日。
② 瞿同祖：《清朝地方政府》，法律出版社 2003 年版，第 253～254 页。
③ 民国《湖北通志》卷 74 武备志十二·兵备八·乡团。
④ 刘锦藻：《清朝续文献通考》卷 215 兵考 14。
⑤ 刘锦藻：《清朝续文献通考》卷 215 兵考 14。
⑥ 同治《应山县志》卷 21 兵荒。

团长，李集区以举人张百揆、廪生游鸿远为团长，张集区以千总张改清、监生胡廷根为团长……余氏族团则武生余献芳领之……严守待敌。①

咸宁县：（咸丰年间）三六都之众推邑绅章蔺室为团长，立保康局……章复纂团练条约二十款，刊布乡阅……其分局之制，自一都至十三都各有局……三局有事则首尾相应，又联武昌、马乡八里局为东南屏障，江夏三二局为东北唇齿，辅车相依，彼此相恃以无恐。②

团练再度兴起，并与保甲互为表里，是士绅阶层借以自保的地方自卫组织。胡林翼任湖北巡抚期间，为镇压太平军起义，严格例行保甲、团练，借以控制基层地方。胡林翼认为"不先办团练则匪类之根不除"③，但"办团练必先清保甲"④，"团练所以御外辱，保甲所以除内患"⑤。曾国藩在给胡林翼的信中也认为"弟意办团与保甲，名虽不同，实则一体"⑥。

需要说明的是此种特殊时期的保甲与团练之关系。台湾地区的王尔敏先生认为团练是在保甲制度的基础上繁衍而来的地方性质之防卫武力，这可以从保甲制度的社会功能上找到根源。正如王先生所言："团练与保甲不但并非两歧两物，而实是一体之两种转化，可谓平时之保甲，即为战时之团练。"⑦ 杨国安先生认为"两者往往是密不可分的：或在保甲组织中纳入团练的内容，这种保甲往往是对原有保甲做了改革，其范围和职权均已扩大；或以保甲为基础组建团练，同样这种团练

---

① 光绪《黄冈县志》卷24杂志·兵志·团练附。
② 民国《湖北通志》卷74武备志十二·兵事八·乡团。
③ 汪士铎：《胡文忠公抚鄂记》，岳麓书社1988年版，第65页。
④ 汪士铎：《胡文忠公抚鄂记》，岳麓书社1988年版，第146页。
⑤ 汪士铎：《胡文忠公抚鄂记》，岳麓书社1988年版，第148页。
⑥ 《皇朝经世文编续编》卷81。
⑦ 王尔敏：《清季军事史论集》，《清代勇营制度》，台北联经出版社1990年版，第4~5页。

并不是简单地在保甲制度基础上组成的……从保甲到团练的变化实际上表现为士绅阶层在乡村社会控制体系中角色和地位的转变。团练的兴起即意味着绅权的扩张，同时也意味着政府对基层社会直接控制力的削弱以及基层乡村权利结构的改变"①。

胡林翼在组织和编练团练时规定"于州（县）治五乡遴选正士为正副团总，由团总结保团佐，由团佐结保什长，由什长结保团勇，其从前从贼之人概不准充"②。其再三强调"团练全在访举人才……必择正直严廉之人为之长……否则流弊最多，而御辱打仗又不可恃……平时团首借事敛钱，恃众逞凶，散遣尤多需索。且已养其骄倨安佚之有素，不能别操勤苦，后亦聚而生事"③。据罗福惠先生研究，湖北团练在太平天国初步兴起的 1852 年到 1853 年新增 47 个，在胡林翼抚鄂的初年（1854 年）便新增 10 个，1855 年新增 6 个，1856 年新增 7 个，至 1866 年，湖北地区共编练团练 60 余个。具体数据详见表 1.1。

表 1.1　　　　　　　　　　1866 年湖北编练团练情况表

| 区域 | 团练编练数量 |
| --- | --- |
| 黄州府 | 12 |
| 武昌府 | 11 |
| 襄阳府 | 9 |
| 郧阳府 | 7 |
| 荆州府 | 7 |
| 德安府 | 6 |
| 汉阳府 | 5 |
| 安陆府 | 4 |

① 杨国安：《明清两湖地区基层组织与乡村社会研究》，武汉大学出版社 2004 年版，第 237 页。

② 汪士铎：《胡文忠公抚鄂记》，岳麓书社 1988 年版，第 138 页。

③ 汪士铎：《胡文忠公抚鄂记》，岳麓书社 1988 年版，第 149 页。

续表

| 区域 | 团练编练数量 |
|------|------------|
| 荆门府 | 1 |
| 宜昌府 | 1 |
| 总计 | 63 |

资料来源：罗福惠：《湖北通史·晚清卷》，华中师范大学出版社 1999 年版，第 95 页。

咸同时期，湖北地区的团练与太平军进行了旷日持久的战争，伤亡超过数万人。① 团练中有驻守地方者、有随营征剿者，后者以湘军和淮军为代表。由于八旗腐败、绿营废弛，战后不少由团练转化而来之军队成为清政府的经制之军。发捻平息之后，清政府为免大权旁落，军队形成尾大不掉之局面，下令裁撤团练，然晚清之时，社会不宁，治安混乱，驻地各团练虽屡经裁撤，不少团练仍得以保存，清政府为统治计，亦不得不妥协。晚清时期，在不少治安形势严峻之地，团练实际上起到了重要的保境安民的效用。

"御外盗"② 也是团练的主要职责之一，但效果有限。编练团练，需要定期操练才能具备一定的战斗力，如此才能担负起保卫闾阎之重任。实际情况却大相径庭，清末湖北地区许多地方团练战斗力较弱。有的团练"一闻贼至，即溃散奔遁，间有一二率众守隘者，辄为贼所败；不安分者，则大肆淫抢，比贼尤甚"③。一些团练"未能专打一股或专守一城者，不过随官兵之后，胜则贪财，败则先奔"④。由于团练主要由士绅领导，在特殊战乱时期为奉行保卫地方之军事力量，湖北地区的团练在清政府平定发捻之乱后已几乎被裁撤尽净，加之团练的种种弊

① 参见苏云峰：《中国现代化区域研究（湖北省 1860—1916）》，商务印书馆 1984 年版，第 86 页。
② 民国《巴县志》卷 17 保甲团练。
③ 《重庆府札发整顿团练指陈厉害以励民团告示》，同治朝微缩号 5 卷 601。
④ 《皇朝政典类纂》卷 338。

端，故已不能满足维护社会治安秩序的重任。

清代延续传统中国社会实行城乡合治的管理体制，地方政府、军队、民间势力代表的地方士绅都参与其中。在具体参与管理地方社会治安的过程中，三者是一种合作与冲突并存的对立统一关系，三者作用各不相同但都发挥了积极作用。地方政府全权负责地方社会治安事务，扮演最为关键的角色；军队一般在地方政府的要求下协助地方政府维护社会治安秩序，在地方治安管理中往往能起到中流砥柱的作用；三者之中士绅因与百姓关系最为亲近，故地方士绅一般参与地方社会治安的治理效果更佳。士绅居于官府和百姓中间，时常担任调解人的角色，加之士绅与官府和百姓都有天然的联系，这使得他们更易于获得两方的信赖，因此很多情况下通过地方士绅向百姓传达朝廷的旨令往往比通过官方的政府渠道更容易且效果更好。① 对此，时人亦多有评论："巨室者，众民所取信也。州县虽曰亲民，而仁信未孚，愚众岂能尽晓，官之贤否取于绅士之论。"② 政府竭尽全力将控制力向社会基层延伸，士绅为自身利益计亦不可避免地会与官府争权。当清末民变迭起、局势恶化之际，清政府亦只能以牺牲权力为代价换取士绅的支持。因此，官方与士绅对地方控制力的强弱是此消彼长的关系，地方士绅为保卫自己的身家性命势必会注重对地方社会治安的治理。关于士绅对维持社会秩序的重要性，胡林翼曾言："自寇乱以来，地方公事，官不能离绅士而为。"③ 实际上，清政府一直对士绅采取利用与猜忌并存的态度，湘军和淮军在平乱之后被大量裁撤即为例证，作为朝廷经制之军尚且如此，地方士绅所编练团练的命运便更是如此了。

在近代意义上的警察机构出现之前，清代尚无专门的治安管理机构，其治安之责分散在各级政府、绿营、保甲、团练等机构之中。首先，由于职责不分、权责不明，且各机构所辖职责颇为宽泛并各有偏重，维护社会治安实则是其职能中的一部分，容易导致人浮于事、隐匿

---

① 瞿同祖：《清朝地方政府》，法律出版社 2003 年版，第 306～307 页。
② 《清朝经世文编》卷 23。
③ 胡林翼：《胡林翼集》卷 68。

不报、相互推诿、粉饰太平的局面。这种管理体制的制度性缺陷不可避免地抑制了其效能的发挥。其次，管理过程中制度、人为因素和实际运作不符甚至相悖的现象十分普遍，这直接导致其治安效能逐次递减。最后，清代中叶以降，社会矛盾丛生，统治者一直致力于政权的稳固，故将目光多停留在上层，而对于下层的安民之举往往心有余而力不足。以往推行的各种保境安民的治安措施多为因循守旧、故步自封的条文，缺少变通，加之奉行日久，很多早已成为具文，其种种弊病已显而易见，故实际效用已大打折扣，社会治安有逐渐失控之势。

自鸦片战争以后，中国社会内忧外患、创剧痛深，社会呈现急剧变化之势，"实为数千年未有之变局"[1]。此时清政府上层仍应循守旧而不敢大步向前，外敌入侵、政治腐败、吏治庸贪导致民变四起，社会治安日趋恶化，原有的社会治安体系经已不能适应社会剧烈变化的发展而面临巨大危机。据不完全统计，清末最后十年湖北有记录可查的较大规模的民变就有88起。[2] 道咸以降，以太平天国和捻军起义为代表的农民起义此起彼伏，席卷大半个中国，各地不堪其苦的底层人民纷纷揭竿而起。战乱波及，一片百业萧条之景，流离失所的百姓因生计所迫铤而走险者多如牛毛，战后因裁撤军队导致各种散兵游勇充斥民间，如此种种使社会不安定之因素急剧膨胀。此外伴随着近代化的历程，外国侵略者的剥削与掠夺，传统的自给自足自然经济逐渐解体，大量农民涌向城市，人口的大规模流动进一步加剧了社会治安秩序的紊乱。科举的停废又致使士绅阶层的离心力加强，一定程度上又进一步削弱了政府对基层的控制力。在诸多不利因素的影响下，晚清的社会治安状况出现种种新的问题，而政府的治安体系仍旧墨守成规、几无变更，社会治安有越来越恶化的倾向。

清末湖北的社会结构和社会阶层出现剧烈的变化。1861年汉口开埠，通商口岸的开辟为资本主义的生产方式进入湖北提供了前沿阵地，

---

　　[1]　李鸿章：《李文忠公全集·奏稿》卷24。
　　[2]　参见郭坤杰：《辛亥革命前十年间湖北民变问题研究》，华中师范大学硕士学位论文，2012年。

各资本主义国家相继在武汉、沙市等地投资工厂。湖北最早的一批买办就出现于这些外资企业之中。自开埠以来，汉口作为传统的码头城市，伴随着贸易的发展、流动人口的剧增、城市面积的扩大，逐渐成为当时内陆地区经济发展的重要中心。日本驻汉口领事水野幸吉描述道："与武昌、汉阳鼎力之汉口者，贸易年额一亿三千万两，凤超天津，近凌广东，今也位于清国要港之二，将进而摩上海之垒，使观察者艳称为东方之芝加哥。"① 清末的武汉是典型的商业城市，眼见有利可图，不少官僚和商人投资近代工业，他们便是湖北最早的一批资本家。商品经济和市场贸易的发展使得传统的自然经济逐步解体，许多因天灾人祸破产的农民为谋求生计而进入工厂以谋食。广大农民不可避免地被卷入商品经济市场，由此湖北城乡社会的演变加速发生。

武汉开埠后，伴随着城市化步伐的加快，人口迅猛增长。光绪十四年（1888）汉口居民有 26685 户，人口 180980 人，比 1861 年开埠之前增加了近一倍。② 据 1908 年的统计，夏口厅共有居民 47941 户，人口 244892 人，人口密度达到了每平方公里 703.7 人，远远高于同期的武昌每平方公里 168 人和汉阳的每平方公里 210.1 人，而此时湖北省的平均人口密度为 124.2 人每平方公里。③ 到 1911 年，汉口人口数量则又增长至 59 万人之多。④ 新增人口中，外来务工的体力劳动者和四方汇聚而来的商贾占相当大的比重。据统计，这一时期汉口近代企业所雇佣的工人达三四万之多，在码头、车站、工地、仓库等处从事搬运的工人，总数不少于十万人，⑤ 这些工人中的大部分是因谋生而流入汉口的外来农村剩余劳动力。外来商贾亦是新增人口的重要因素，叶调元的《汉口

---

① ［日］水野幸吉：《中国中部事情：汉口》，昌明公司 1908 年版，第 1 页。
② 侯祖畲修，吕寅东纂：《夏口县志》卷 3 丁赋志，民国九年刊本，第 1 页。
③ 谭崇台主编：《中国人口·湖北分册》，中国财政经济出版社 1988 年版，第 55 页。
④ 以上数据来自《中国地方志集成·湖北府县志辑·夏口县志·丁赋志》，江苏古籍出版社 2001 年版，第 1 页；李权、皮明庥主编：《武汉通览》，武汉出版社 1988 年版，第 213 页。
⑤ ［日］水野幸吉：《中国中部事情：汉口》，昌明公司 1908 年版，第 12 页。

竹枝词》记载："茶庵直上通硚口，后市前街区似鳞。此地从来无土著，九分商贾一分民。"① 武汉发展成为近代都市并迅速崛起，给城市的环境、治安、卫生、交通、公共安全、社会救济、市场管理等方面带来了一系列问题。日本驻汉口领事水野幸吉写到"街路颇为狭窄，无论马车之通行，往来为难。即人力车，亦只得以二辆并列……特两侧商店之招牌、于道路之上，有为渡桥之奇观"②。城市化带来的诸多弊端亟待解决。

清代原有的治安体制，为巩固清政府的统治、维护社会治安秩序发挥了积极的作用。但承平日久，这些体制早已百弊丛生，伴随着欧风美雨的侵蚀和内外忧患"千年未有之变局"的冲击，其固有的治安体制已经无法适应晚清时期社会剧变下的治安急剧恶化、新生社会矛盾不断涌现的局面。因此，为有效地加强对社会治安秩序的控制，适应不断发展的新形势对社会治安治理的新要求，就必须突破原有体制的藩篱，破旧立新。

## 二、警学传播与刺激反应

### （一）警学思想的传播

近代警政的引入是在列强逐渐将中国变为半殖民地半封建社会，中国被纳入资本主义世界体系的背景下发生的。鸦片战争以后，面对国内越来越恶化的治安形势和列强入侵后所产生的新治安问题，原来的传统治安体系已无法适应社会发展的需要，在内在制度更新的需求和欧风美雨的影响下，一批先进的中国人开始改变传统的夷狄观念，将目光转移到西方，了解西方的先进制度并提倡学习模仿，以谋求富强之道。其中

---

① 叶调元著，徐明庭、马昌松校注：《汉口竹枝词》，湖北人民出版社 1985 年版，第 4 页。

② ［日］水野幸吉：《中国中部事情：汉口》，昌明公司 1908 年版，第 75 页。

近代警政便很快为时人所了解和传播，开启了近代警学东渐的曲折历程。

西方的近代警察制度分为两大模式，即以法国为代表，德国、日本受其影响的大陆派和以英国为代表，美国和英联邦国家受其影响的海洋派。两者在集权与分权、警察机关的职责、警察履行职责的方式、警察的权限、警察教育等方面都不尽相同，其中最主要的区别为前者强调中央集权，后者注重地方分权。即使在两派内部，限于各国不同的具体国情和政治、法律、行政体制的影响，其警政理念、风格、制度、形式也迥然不同，故很难用统一的量化标准来衡量和评判优劣。

西方近代警察制度在中国的传播经历了几个阶段。从早期清政府驻外使节、宦游官员、绅商的初步了解与介绍，到早期改良派的提倡鼓吹，再到资产阶级维新派的主张与实践，直到提倡新政的地方督抚大员的建议条陈，清政府最后才以新政谕令的形式晓谕全国举办巡警。国内关于西方警政最早的记载是 1866 年清政府派往欧洲考察政情的官员斌椿，他在日记中记载："（伦敦）街衢弁兵，皆穿红衣黑裤，服饰新鲜，马匹雄壮，各持杖巡守无间。"① 1901 年 7 月，清政府发布上谕，号召各省筹建巡警军。近代警政从初步引入到中央层面的推行，在中国经历了 35 年的曲折历程。②

从斌椿、王韬、郭嵩焘、黄遵宪、葛元煦、何启、胡礼垣、郑观应、陈炽、康有为、胡燏芬、盛宣怀到地方大吏的袁世凯、张之洞、刘坤一等人，一批批仁人志士和官宦士绅或介绍、或鼓吹、或提倡、或条陈，他们通过各种方式为警政制度在中国的传播和实践发挥了重要的宣传媒介者和实践支持者的作用。其中黄遵宪是对西方警政制度考察最系统、了解最深入并最早进行警政实践的先行者。

---

① 斌椿：《乘槎笔记》，钟叔河主编：《走向世界丛书》，岳麓书社 1985 年版，第 112 页。

② 彭雪琴：《近代中国早期警察观念探析》，《河南大学学报》（社会科学版）2009 年第 6 期。

　　黄遵宪（1848—1905），字公度，号人境庐主人，广东嘉应州（今梅县）人，出生于官宦家庭，光绪二年举人，是晚清著名的思想家、外交家、教育家，也是蜚声文坛的爱国诗人。历任清政府驻日本参赞、驻美国旧金山总领事、驻英国参赞、驻新加坡总领事，多年的驻外外交生涯使其对西方社会多有了解，黄遵宪谙悉西方各项政治典章制度，尤其对日本的警察制度颇有研究并极为赞誉。黄曾写诗赞誉日本警察："时检楼罗日历看，沈沈官屋署街弹。市头白鹭巡环立，最善鸠民是鸟官。"① 在解释诗句中关于鸟官——日本警察的注释时，黄进一步说明："警视之职，以备不虞，以检非为。总局以外，分区置署。大凡户数二万以上，设一分署，六十户巡以一人。司扞者持棒巡行，计刻受代，皆有手札，录报于局长。"在《日本国志》中，黄将警政誉为"西法之至善者"②。为此，黄遵宪用心良苦地提出了"欲治国人其必自警察始"③的建议。

　　1877 年，黄遵宪以参赞身份出使日本，在日本生活 4 年多，其间他广泛涉猎日本明治维新的革故鼎新之举，用心学习日本政治制度的演变和风土人情的沿革，甚至在工作之余刻苦学习日语，搜集新政资料，获得了广泛而丰富的资料，其中对日本的警察制度记叙尤为详细。1882年，黄又奉命调任清政府驻美国旧金山总领事，在美 3 年多时间里，黄遵宪考察美国的民主制度颇为周密，并深为赞许。1885 年，黄返国后即远离官场，潜心研究所记之资料而编写《日本国志》，"家居有暇，乃闭门发筐，重事编纂，又几阅两载，而后书成"④。《日本国志》于

　　① 《日本杂事诗》卷一，见黄遵宪著，钱仲联笺注：《人境庐诗草》，中国青年出版社 2000 年版，第 1110 页。
　　② 《日本杂事诗》卷一，见黄遵宪著，钱仲联笺注：《人境庐诗草》，中国青年出版社 2000 年版，第 1110 页。
　　③ 《甲午以前日本游记五种》，钟叔和：《走向世界丛书》，岳麓书社 1985 年版，第 361 页。
　　④ 黄遵楷：《先兄公度先生事实述略》，陈铮编：《黄遵宪全集》（下），中华书局 2005 年版，第 1577 页。

1887 年完成，全书共 40 卷，50 余万字，以一个外国人的身份系统而详细地介绍了日本的历史和现实，特别是自明治维新以来日本积极学习西方推行新政的步骤措施和强国富民之举，警察制度也位列其中。

黄遵宪对日本明治维新之后警察的规划与设置过程、机构建制始末、警察法律法规之内容与执行等进行了深入而细致的考察。日本警察制度受德国影响较大，施行的是大陆派的中央集权警政制度。在中央警视厅，"受内务卿命统司全国警察之事"①，在地方州县设立警部，"受知事之命主管警察"②。警察的职责是"保护人民，一去害、二卫生、三检非违、四索犯罪"③。在《日本国志》中黄遵宪详细叙述了日本警察的权责、勤务、经费、待遇、奖惩、抚恤、法律准则、机构、警区、人员等。他还结合自己驻外多年对西方国家警察制度的了解，将日本的警察制度与西方国家的警察制度进行对比，认为造成欧美等国政治稳定、国富民强的原因是"警察吏之功"。可见黄遵宪对警察制度的推崇备至，极力号召清政府施行之。这些都为黄后来在湖南按察使任上积极推行新政而举办警务并创办湖南保卫局打下了坚实的基础。然而具有讽刺意味的是《日本国志》经黄遵宪呕心沥血地完成，在日本被誉为奇书，争相传阅，引起了强烈的反响，但在国内却呈否定性的评价和几乎无人问津的现象。《日本国志》在完成 8 年后的 1895 年，中日甲午战争中国惨败，才再次引起了国人的关注而正式获得清政府官方的许可公开出版发行。④ 这不仅是黄遵宪个人的不幸，更是国家、民族的悲哀。

1897 年，黄遵宪被清政府任命为湖南长宝盐法道，并署理湖南按察使。时值维新变法期间，湖南巡抚陈宝箴在湖广总督张之洞的支持下积极推行新政，湖南社会气象为之一新。黄遵宪利用职务之便向开明的陈宝箴力陈推行警察制度之善政，后在陈宝箴和湖南维新派谭嗣同、江

---

① 黄遵宪：《日本国志·职官志二》，天津人民出版社 2005 年版，第 390 页。
② 黄遵宪：《日本国志·职官志二》，天津人民出版社 2005 年版，第 394 页。
③ 黄遵宪：《日本国志·职官志二》，天津人民出版社 2005 年版，第 393 页。
④ 李长莉：《黄遵宪〈日本国志〉推迟行世原因解析》，《近代史研究》2006 年第 2 期。

标、唐才常等人的支持下创建湖南保卫局。湖南保卫局仿日本警察之制，为减小社会阻力乃采取官商合办的方式，开启了近代中国警政建设实践的序幕，也使得黄遵宪的警政建设构想从理论变为现实。学界对湖南保卫局已经进行了比较充分和系统的研究，取得了不少的成果。① 维新失败后，清政府顽固势力反攻倒算，湖南保卫局最终未能幸免，黄遵宪被革职罢官，后在英国、日本等国领事的干预下才得以保全性命。黄遵宪披肝沥胆的警政革新实践之举虽最终夭折，但其却在中国警察史上留下了浓墨重彩的一笔，黄遵宪实为近代倡导引进并实践西方警察制度的先行者。

### （二）　湖北租界警察机构的出现与运行

湖北地区最早的近代警察机构出现于汉口英租界。1861 年汉口开埠，英国最早在汉口建立租界，不久俄、德、法、日相继在汉口建立了租界，其中英、德、俄、日设有工部局，其巡捕房（或称警察科）即附属于工部局管辖，法租界则在工部局外单独设立巡捕房以示对巡捕之重视。② 1862 年，英租界的巡捕房正式建立，这是汉口租界的第一个近代警察机构。汉口英租界巡捕房最初房址设于工部局内，设有几间大拘留所，可容纳 100 多人，据记载其每天平均捕获"人犯"30 名左右。③ 英租界巡捕房亦称警察科，其官长科主任又叫大保正（最高警监），巡官（警监）又叫洋保正，都为英国籍。警察科具体负责管理租界内治安、消防等事宜。巡捕房建立不久即颁布了《英租界捕房章程》对租界行使警政管理职能。该章程规定：

---

① 参见韩延龙、苏亦工：《中国近代警察史》（上册），社会科学文献出版社 2000 年版，第 24~48 页。

② 《汉口志》编纂委员会：《汉口租界志》，武汉出版社 2003 年版，第 227 页。

③ 《汉口志》编纂委员会：《汉口租界志》，武汉出版社 2003 年版，第 226 页。

未经许可领有执照而私运军火、炸药于本租界内，处以 50 两以下罚金。凡在本界私藏军火、军器、炸药者，除处以 1000 两以下之罚金外，并没收其军器等，或处以 6 月以内之监禁。凡居家人民于家中私藏者，亦照前例惩办。除中国政府而外，有敢售军器、军火、炸药于中国人民者，除没收其货物外，并处以 1000 两以下罚金，或处以 6 月以内监禁。界内除陆海军、领事府、本局各官职以及保卫兵士外，无论何人不得携带武器或开放枪弹。违者处以 10 两以下罚金，或一星期以内监禁，但携带猎枪者不在此列。

界内畜、马、犬、驴或备自动等车，以自用或租人者，须向本局领取执照。是项执照每年正月一日一换。本局对于此项得加以适宜限制，索取适当担保，征收规定捐税。违者处以 25 两以下罚金。街市车马规则务须凛遵，违者即行追究，处以 25 两以下罚金，或一星期以内之监禁。

凡中国人民因丧礼或婚礼结队游行本界时，须于该项礼节举行前 3 日向警察监督请求执照。苟有军队同行时，其执照须有领事官签名。违者处以 25 两以下罚金。

未向工部局领取由领事官签名之执照而私买或私藏鸦片者，除处以 1000 两以下罚金外，并将所有鸦片没收，或处以 6 月以内监禁以代罚金。

人民在街道故意滋事者，处以 10 两以下之罚金或一星期内之监禁。工部局于滋扰之时，得本国领事府批准后，得令中国人民夜晚于一定时间经过街道时须携带手灯。违者处以 10 两以下罚金，或一星期以内之监禁。

界内不准乞丐乞讨，违者处以一星期以下监禁。

无论何人不得在厕所、墙上或房屋上招贴，违者处以 10 两以下罚金。但本局及领事府之告白不在此列。

凡虐待畜牲或运载畜牲时使受极重痛苦者，第一次处以 25 两以下罚金，或两星期以内监禁。继续违犯时处以 50 两以下罚金，或一月以下监禁。有时将其畜牲着交旁人看管，或使人杀之以免长受痛苦，所用各费由畜牲主人立刻交还。

凡在租界内印刷发行报纸者，须先向工部局请求，经领事府签名之执照。是项执照每年一换。其请求执照之手续，由报馆主人、印刷人、发行人，于每年正月，将其报纸名目、主人姓名、印刷人姓名、发行人姓名与其办事处、居家处一一开明送工部局备案，并缴纳一定之费用。违者处以 500 两以下罚金，或两月以内监禁。

为防止工厂、客栈、居家等处火灾起见，工部局经该工厂、客栈等主人或他人请求后，得贴告白于该厂栈等之门面或墙上，禁止该厂栈等不得在内吃烟，或使用其他易发生火灾之料。违者处以 100 两以下罚金，或两月以内监禁。

界内不准开设妓院、赌场以及其他扰乱秩序之场所。违者处其主人或头目以 500 两以下罚金，或半年以内监禁。

凡中国人民或其他无领事国人民，违犯本章程附则条项者，本局各办事员均得命人捉拿追究。但犯者系有领事各国人民，本局即引渡该领事惩办。①

从章程所列对巡捕房所设定的权责和执法范围可以看出，巡捕房实际是一个集治安、市政、卫生、消防、交通、舆论监管等方面功能于一体的综合管理部门，它明显反映出早期警政机构作为市政管理机构专业化程度不高、权责不明的特征。

按照西方警政法制原则，汉口英国巡捕房有检察权但无处理权，其因事所拘留之人犯必须在 24 小时之内移送工部局之会审公堂依法审理。1862—1927 年，汉口英租界巡捕房的人员情况构成演变详见表 1.2。

---

① 《汉口志》编纂委员会：《汉口租界志》，武汉出版社 2003 年版，第 226~227 页。

表 1.2 　　　　　　　　　汉口英租界巡捕房人员情况表

| 时间 | 1862 年 | 1901 年 | 1905 年 | 1911 年 | 1925 年 | 1927 年 |
|---|---|---|---|---|---|---|
| 巡捕房人员情况 | 初创之时，共有警政人员10余名 | 两名巡官、两名侦探、32名印度籍巡捕、38名华籍巡捕 | 印度籍巡捕42人、华籍巡捕45人 | 3名巡官、5名侦探、30名印度籍巡捕、65名华籍巡捕 | 7名印度籍警官、33名印度籍巡捕、两名华籍警官、3名华籍侦探、3名华籍翻译、93名华籍巡捕 | 武汉国民政府收回汉口英租界时，共有华籍巡捕80人、印度籍巡捕30人 |

资料来源：《海关十年报告·江汉关·1892—1901》；［日］水野幸吉：《中国中部事情：汉口》，1908 年版，第 167 页；《汉口志》编纂委员会：《汉口租界志》，武汉出版社 2003 年版，第 227 页。

关于近代西方国家在湖北租界巡捕房的情况，《湖北公安志》记载：

咸丰八年（1858），第二次鸦片战争以后，列强相继侵华，清廷丧权辱国，与之签订一系列不平等条约，开重要商埠，让列强设立租界，有约之列强纷纷在汉口建界设馆。到清朝末年，先后在汉口建领事馆的有英国、法国、俄国、日本、德国、意大利、比利时、丹麦、荷兰、瑞典、墨西哥等 12 国，其中英、德、俄、法、日在建立租界的同时，还设立了巡捕房，搞"治外法权"，并与各种反动势力勾结，在湖北、武汉地区犯下了罪行。①

汉口各国租界巡捕房的机构设置、人员构成、武器装备和历史沿革各不相同，具体情况详见表 1.3。

---

① 《湖北公安志》，2010 年。

表 1.3 汉口各国租界巡捕房情况表

| 国籍 | 英国 | 德国 | 法国 | 日本 |
|---|---|---|---|---|
| 巡捕房情况 | 建于 1862 年，内设拘留所、会审公堂、商团（即义勇队）和治安总部。内置英籍巡长 1 人、警官 3 人、翻译 3 人、华捕 80 人、印捕 30 人和一批便衣侦探；配备大炮 4 门、机关枪 16 挺，还有步枪、手枪等大批武器。1927 年 1 月，英租界由武汉国民政府收回 | 建于 1895 年，内置巡长 1 人、副巡长 1 人、巡捕 50 人、便衣侦探多人。1919 年，因德国在第一次世界大战中战败，由国民政府收回租界 | 建于 1896 年，内置法籍正、副巡长各 1 人、法籍监察 1 人，下设治安、消防、户口管理、情报搜集科、便衣室、窃案科，武装侦缉自行车队以及安南籍武装巡捕 4 班 108 人，华籍徒手巡捕 86 人；配有坦克 2 辆、小钢炮 2 门、机关枪 4 挺、步枪 94 支、手枪 18 支。1945 年撤销 | 建于 1898 年，"九一八"后，改为汉口市警察总署，内置正、副署长各 1 人，正、副巡官若干、日华籍巡捕各 30 人、便衣巡捕多人。署下设特高、司法、保卫、警务科和消防队。还有武昌、汉口、汉阳、大冶、铁山、岳阳、沙市、宜昌 7 个分署及两个派出所，1945 年撤销 |

资料来源：《湖北公安志》，2010 年，第 62 页。

1900 年庚子之役后，中国的半殖民地半封建化程度进一步加深，社会治安形势进一步恶化，清政府为挽救危局，不得不下令改弦更张，令各督抚条陈富国强兵之策以振兴国脉，裁军建警在此背景下应运而生。各地督抚的条陈聚焦于对外编练新军增强国防实力以御外辱和对内创建巡警军增强社会控制力以维治安秩序。此时，受警政理念的普遍传播和早期警政实践（如湖南保卫局、京师工巡总局等机构的设置）一系列实效的影响，加上部分地方督抚的大力倡导以及列强普遍对清政府改革所持欢迎态度的鼓励等因素都推动了清政府裁军改警的进程。1901

年9月12日，清政府正式下旨严令各直省将军、督抚"将原有各营严行裁汰，精选若干营，分常备、续备、巡警等军，一律习新式枪炮，认真训练，以成劲旅……"① 编练巡警军的基本方式则是"将旧有各营，裁去老弱浮惰，饷或仍旧、或酌增，另定操章，酌量并归若干营，分拨各处，兼归州县钤束，专为巡防警察之用"②。清政府新政实为因庚子之役的屈辱惨败而进行的军事变革，此时尚将警察命名为巡警军，实际是将警察作为准军事力量。在上谕颁布的诏书中虽对军事改革编练常备、续备、巡警各军的方向有了明确的指示，但未能就具体的编制、规模、规制、营章、经费、后勤等予以具体的界定。不久以后，各地方大员对于如何编练巡警先是各抒己见，然后在执行各过程中更是因朝廷无统一之具体旨令而根据对上谕的不同理解，结合各地具体的实际情况各行其是，虽各省创建巡警的具体情况各异，但一场在中央政府号令下轰轰烈烈的裁兵改警运动便在全国陆续展开，各地警察机构纷纷建立。

需要补充说明的是由于清政府的建警谕令对警察概念的理解模糊、称谓又没有统一的规定，因此各地督抚大员在进行警察的创办活动时，"巡警军""巡警""警察""巡军"等名称纷纷涌现，对于警察含义的理解有混乱之趋势。河南巡抚陈夔龙在省城开班办警察时，直接将保甲局改为巡警军，"除挑留安定营勇外，添募足五百人，改为巡警军"③，此处"巡警军"实为巡警。山东巡抚周馥在条陈清政府裁兵改警的奏折中就将"巡警"与"巡军"混用。④ 闽浙总督李兴锐在福州创建福州警察局时，下令直接从负责守城之中军副将所率的

①　《清德宗实录》卷485，中华书局1987年版，第1356页。

②　苑书义等编：《张之洞全集》第六册，河北人民出版社1998年版，第4139~4141页。

③　陈夔龙：《庸菴尚书奏议》，沈云龙主编：《中国近代史料丛刊》第51辑，台湾文海出版社1982年版，第368页。

④　周馥：《秋浦周尚书（玉山）全集》，沈云龙主编：《近代中国史料丛刊初编》第82辑，台湾文海出版社1982年版，第169~173页。

巡警军中拨出一队人，"悉除其绿营兵籍，充任警察"①，此处即将巡警军直接转化为警察。这在一定程度上反映了警政在晚清时期发展的时代特征。

## 第二节 张之洞与湖北近代警政的创设

张之洞作为洋务派的代表性人物之一，其地位的确立突出表现在担任湖广总督期间在湖北大力推行新政所取得的一系列成就。目前学术界对张之洞在湖北的新政多有研究，也取得了很多成果，但对于张在湖北建立近代警察制度却研究不够，且深度尚有待提升。② 清末，张之洞对于提倡建立近代警察制度不遗余力，其间既有支持和力保近代中国警察制度的萌芽机构——戊戌变法期间的湖南保卫局的举动，又有与两江总督刘坤一在"江楚会奏三折"中提出"去差役，建警察"的条陈。不仅如此，张还身体力行，于1902年创办武昌警察总局，此为中国近代史上第一个以"警察"命名的近代警政机构，在中国近代警察史上留下了厚重的一笔。纵观张之洞不遗余力地提倡建立近代警政的各种活动，由湖南保卫局所引发的一系列风波对其警政理念的形成产生了重要影响。

### 一、张之洞与湖南保卫局风波

清末戊戌维新期间，在张之洞的支持下，由陈宝箴、黄遵宪等人创

---

① 《江西巡抚李奏为闽省设立警务局实行警察之政谨将办理情形摺》，《申报》，1904年7月20日。

② 关于此方面的成果，可参见周章琪、何峰：《张之洞创办近代湖北警察》，《湖北警官学院》2005年第3期；赵志飞：《1902·张之洞建警》，《武汉公安干部学院学报》2007年第3期；邹俊杰：《近代武汉警察制度发展述评》，《湖北警官学院学报》2013年第4期；赵志飞：《首义警事》，群众出版社2011年版。

办的湖南保卫局被誉为中国最早的近代警政机构。①

张之洞对陈宝箴、黄遵宪等积极投身于近代警政实践的湖南维新人士之举荐和对湖南保卫局的支持与保护等活动，客观上对其近代警政意识的形成有着深远的影响。陈宝箴（1831—1900），谱名陈观善，字相真，号右铭，晚年自号四觉老人，江西义宁州（今修水县）客家人，为1851年举人。早年陈入湘军席宝田幕参赞军务，因功授知县、同知、知府，后保举为道员，然皆为湖南候补官衔。王文韶任湖南巡抚后，爱其才，对其颇为倚重，1875年，王任命其为实授署理辰永沅靖道，翌年，陈宝箴丁母忧而回乡守孝，期满后回原任。1881年，陈调任河南省河北道，两年后补浙江按察使。1882年，陈宝箴因受清末四大案之一的河南"王树汶案"牵连而受降三级调任的惩处后辞官回乡。因陈宝箴有湘军的背景，加之在湘入仕多年，故与湖南的渊源颇深。1886年12月，陈宝箴在张之洞的数番邀请下出仕两广，陈抵达广州后，张之洞先后委任其总理营务处、省城内外缉务总局事宜。未及一年，陈宝箴被河南巡抚倪文蔚奏调赴河南协助塞堵黄河决口事宜，张之洞不得不忍痛割爱。1888年，陈宝箴因在堵塞黄河决口事宜中忧劳成疾，致目疾复发，不得不向朝廷请假回籍调理。②

1890年11月，陈宝箴起复被授以署湖北按察使，到1894年11月清政府下旨令其接任实授直隶布政使的近四年间，张之洞与陈宝箴关系相处融洽，陈之子陈三立回忆道：

---

① 参见专著：韩延龙、苏亦工：《中国近代警察史》，社会科学文献出版社2000年版；万川：《中国警政史》，中华书局2006年版；论文：郑晓红：《中国近代警政的滥觞：湖南保卫局》，《安庆师范学院学报》2003年第5期；王宏伟：《中国最早的近代警察机构——湖南保卫局》，《职业时空》2007年第9期；蔡开松：《湖南保卫局述论》，《近代史研究》1990年第1期；宫言：《中国近代警察制度的萌芽》，《文史杂志》1990年第5期。

② 陈宝箴在其履历中写道："十三年九月，奉旨发往河南随同办理河工事宜，十二月到工。十四年八月，因患目疾请假回籍调养。"唐国经等编：《清代官员履历档案全编》第六册，华东师范大学出版社1997年版，第4~5页。

　　　　时总督为张公之洞，而谭公继洵为巡抚，两公颇异趣，要皆倚
　　府君为助，府君亦益发舒，用职事自效。然有不合，必力争，皆犯
　　颜抗辩，不少绌，两公初不怿，卒辄从府君议也。①

　　1895 年 9 月，陈宝箴升任湖南巡抚，陈宝箴虽有单独直接上奏之
权，然湖广总督在理论上有管辖湖南之权责，因此陈第三次成为张之洞
之下属。陈宝箴上任后，积极推行新政，在此过程中陈与张二人互通声
气、相互配合，在很多重要事宜上相互倚靠、互为奥援。陈在湖南之维
新运动期间，多有大力支持黄遵宪等人举办湖南保卫局的措施，虽多遭
人非难，但陈仍不遗余力地加以支持。
　　黄遵宪因擅长外交且被誉为干吏，故为张之洞所赏识。1896 年 2
月，张之洞再次被调回湖广总督任所，其在向清政府上保举荐其在署理
两江总督任内人才的奏折中写道：

　　　　奏调江南差委分省补用道黄遵宪，学识赅通，心思沈细，洋务
　　素能精心考求，近日委办五省教案，先办江省各案，皆系积年胶葛
　　之件，与法领事精思力辩，批邻道歉，该领事颇就范围，挽回甚
　　多，已咨明总署有案。是其长于洋务，确有明证。②

　　后黄遵宪留在苏州与日本代表商讨通商事宜，在此交涉过程中亦涉
及日租界警政归属权的问题。③ 后由于保守势力之责难，黄为自保乃以
"请假名义"赴天津，王文韶委以"总理北洋水师营务处并随同办理洋
务"之差委。其中复杂曲折的过程亦对张之洞与黄遵宪的关系有所影
响。后不久黄即受光绪帝两次召见，被赏以"四品卿大衔"，被任命为

---

　　① 汪叔子、张求会编：《陈宝箴集》下册，中华书局 2006 年版，第 1999～
2000 页。
　　② 赵德馨：《张之洞全集》第三册，武汉出版社 2008 年版，第 340 页。
　　③ 参见李少军：《甲午战争后六年间长江流域通商口岸日租界设立问题述
论》，《近代史研究》2016 年第 1 期。

驻德公使，为德所拒后，黄仍回直隶任所。在此期间，黄、张仍旧相互通电联系不断。半年后，黄遵宪被补授湖南长宝盐法道。黄抵达湖南不久，陈宝箴即向张之洞发电推荐黄遵宪署理湖南按察使，后清政府下旨准奏。1896年六月初五日，张之洞再次保举黄遵宪：

> （黄遵宪）该员学富才长、思虑精细、任事勇往，曾充日本及出使英、法大臣参赞及新嘉坡总领事等官，深悉外洋各国情形，著有成书，于中外约法、西国政事，均能透彻。①

后因黄遵宪受光绪帝之命查办梁启超与汪康年因《时务报》之争中倾向于梁启超，且黄与梁相交甚密，为张之洞所厌恶，黄张矛盾激化。《时务报》之争实则是两种政治倾向的斗争，以康有为、梁启超为首的维新派极力鼓吹效仿西方之政治制度，而张之洞虽然亦倾向于改革，但坚持"中学为体、西学为用"的观念，故梁启超与汪康年之争乃为张之洞与康、梁在政治上的分歧。黄遵宪因接触西方较多，在政治上赞同效仿西方，故与康、梁观点相近，而实际上黄遵宪从未接触过康有为。再者，黄遵宪在戊戌变法期间曾多次受到光绪帝的单独召见，被保守派誉为维新党而有所忌惮，这些都为此后张与黄决裂埋下了伏笔。

戊戌政变后，湖南籍御史黄均隆上奏攻击湖南新政人士，其中指名陈宝箴、黄遵宪为首犯。② 慈禧盛怒之下严令："湖南巡抚陈宝箴以封疆大吏滥保匪人，实属有负委任。陈宝箴着即行革职，永不叙用。伊子吏部主事陈三立招引奸邪，着一并革职……出使大臣黄遵宪因病请开去差使。"③ 后清政府又下令两江总督刘坤一秘密看管黄遵宪。同时，慈禧又严令军机处给张之洞发电："湖南省城新设南学会、保卫局等名目，迹近植党，应即一并裁撤……着张之洞迅即遵照办理。"张奉旨后当即执行，马上电告湖南巡抚陈宝箴、布政使俞廉三、按察使李经羲：

---

① 赵德馨：《张之洞全集》第三册，武汉出版社2008年版，第499页。
② 《戊戌变法档案史料》，中华书局1985年版，第472~473页。
③ 戊戌政变发生时黄遵宪正奉光绪帝旨由湘赴京，因病滞留上海。

　　总署来电，奉旨……自当钦遵裁撤销毁。查南学会应即日停办，保卫局详细情形，未据湖南臬司详晰禀报。该局意在仿照洋街巡捕，究竟有无植党情事，近日绅民议论若何，每年实需经费若干，筹款是否有着，今裁撤以后应否改归保甲局，应如何另定章程，即请台端妥筹电示，并饬该司等妥筹速覆。①

　　在电文中张之洞并未屈从清政府严旨而立刻裁撤保卫局，相反他为了能保留保卫局的基本建制和人员，乃变通提出了保卫局改归保甲局的方案。不久，陈宝箴回电，以大量篇幅介绍了保卫局的具体情况：

　　湘省向设保甲总局，委道府正、佐各员及大小城绅数十人，合同办理，而统于臬司，几縻金钱三万余串，久成虚设，痞匪盗贼充斥市廛。现在西人往来络绎，倘被激成巨变，必致贻误大局。乃与署臬司黄遵宪议仿欧洲法，设创巡捕。该司久历外洋，参酌中外情势，竭数月之力，议定章程数百条，至为精密。惟以臬司事繁，万难兼顾遽办，及交卸回任，乃令以长宝道专办此事，且预为岳州自行通商设立巡捕、挑选备用之地。惟当积重难返、人情极玩之时，非改易观听，不能有功，乃尽汰向办员绅，改名保卫局，而谣谤起矣……箴力持，决令试行三四月再定行止。开办之日，痞匪竟聚众哄毁城外三局，亦坚不为动。布置既定，匪徒无可混迹，相率散遁。逾一月，盘获拐带窃盗甚重，交新设迁善所分别收管羽艺。迄今三月，城市肃清，商民无不称便。②

　　从电文可以看出陈宝箴对保卫局颇多正面评价，且极力赞誉黄遵宪等人开办保卫局的成效。

　　与此同时，湖南布政使俞廉三和按察使李经羲亦联合电奏张之洞：

---

① 赵德馨：《张之洞全集》第九册，武汉出版社 2008 年版，第 347 页。

② 赵德馨：《张之洞全集》第九册，武汉出版社 2008 年版，第 347~348 页。

　　督宪张宪台钧鉴：电谕敬悉……保卫局细情，已由右帅电覆。初办时，议论不一，近尚相安，每月局费需洋银万余元，公款难筹，捐集尚无把握。今既遵旨裁撤，似应改归保甲，加以整顿，另定章程，庶臻周密。是否有当，伏候宪台定议，谕饬遵办。本司廉三、经羲。①

　　由此可见，作为湖南地方大员的俞廉三、李经羲为了平息朝廷方面的指责，原则上支持了张之洞将保卫局改为保甲局的建议。

　　自戊戌政变中张之洞颇为欣赏的学生杨锐作为七君子之一不审而诛以来，朝廷上下已然开始了反攻倒算维新人士的运动，力倡维新而创办湖南保卫局的黄遵宪等人恐也难免受牵连。此时，保卫局的创始人黄遵宪，因光绪下旨令其为驻日本公使而赴京觐见。政变发生时，黄仍在进京的途中而免遭劫难。黄遵宪得知光绪被囚禁后，便自知新政已不可为。

　　不久，黄遵宪被清政府革职，其境况曾一度十分险恶。黄被革职后，清政府乃令两江总督刘坤一对其秘密看管。危急时刻，驻华英、日两国公使分别向清政府施压，最后清政府不得不下旨让黄"即行回籍"。

　　此时张之洞对黄遵宪的态度则出现了耐人寻味的逆转。张之洞因《时务报》之争，已对黄遵宪心生芥蒂，此时他发电身处北京的黄绍箕，"黄遵宪实是康党，都有议者否"②，颇为戏剧的是黄遵宪此刻已被张之洞划为康党了。迨至 1899 年 9 月，此时黄遵宪已经革职回籍一年有余，因朝廷顽固派一再针对湖南保卫局，甚至进一步弹劾原湖南保卫局会办、左宗棠第三子左孝同。为此，张之洞在给湖南巡抚俞廉三的奏

---

　　① 《张之洞存各处来电》戊戌第六册，中国社会科学院近代史研究所图书馆，档号：甲 182—137。
　　② 《张之洞电稿》光绪二十五年二月，中国社会科学院近代史研究所图书馆，档号：甲 182—457。

折中写道：

> 来函示及左孝同被参各节，深为骇异。去年，湘省开保卫局，因保甲局有绅士、大府委左随同办理，一切皆黄遵宪主持。①

从电文可知，张之洞为保全左孝同，索性将所有开办保卫局为顽固派所不容的责任归咎于黄遵宪。

陈宝箴在获悉其父子俱遭朝廷革斥后，自知戴罪之身已在所难免，因此他并未就强加于父子二人莫须有的罪状而辩解。相反，陈宝箴致电张之洞申明保卫局为善政之基，希望张能设法保全湖南保卫局以留为他日维新之一线希望：

> 奉敬电，具蒙勤注，感刻零涕。湘中三年，幸叨广荫，获免颠隮而溺职辜恩，复以从疢之身，辱当世之士，为可痛耳。保卫局足为商埠程式，即预创行新政，如印花税等类，亦非此不行。其法用意精深，实为一切善政始基，弃之良可痛惜。愿宪台派见信晓事之人，与湘密察事实及商民向背。不行于湘，犹冀得行鄂汉，以闲执谗匿之口，留他日维新一线之机也。热血乍冰，忍勿能已，辄为我公一倾吐之。②

在电文中陈宝箴未言个人荣辱得失却心系新政之事，他不仅希望能保全湖南保卫局，而且还寄厚望于张之洞能将保卫局推广至湖北，可见其对保卫局是十分肯定的。随后不久，张之洞回电：

> 保卫局似不能有植党情事，惟严旨令撤，不能不撤。已电饬两

---

① 《张文襄公电稿墨迹》第二函第十一册，中国社会科学院近代史研究所图书馆档号：甲182—219。
② 赵德馨：《张之洞全集》第九册，武汉出版社2008年版，第349页。

司，改归保甲局。①

此后，张之洞又专门给俞廉三、李经羲发电论及保卫局情形：

> 保卫局即是洋街巡捕，其详章敝处未能深悉，广询湘人，钧
> （均）言近来颇有成效，尚无植党情事。至兼办迁善习艺、教养穷
> 民等事，乃地方应办之事。惟经费稍多，不易筹。窃谓若商民以为
> 有益，自愿捐资，似可仍用旧日保甲局之名，而力扫冗滥糜费、敷
> 衍具文之积习，采取保卫局章，参考民情，斟酌妥善……明春岳州
> 开埠，系我自设巡捕，此项章程留为岳州开埠之用，亦甚有益……
> 至原定章程数百条，敝处未得见，望速寄并转达陈中丞为感。②

纵观张之洞电文之意，其在经过一定调查了解的情况下有为保卫局
开脱之意，然朝廷严旨不可违，于是张采取了改保卫局为保甲局的办
法，这也是不得已的周旋，可见张之洞的良苦用心。在张的潜意识里，
有改保甲局之名而行保卫局之实的意图。

此时陈宝箴虽已被革职，但张之洞仍与其往来电文商讨保卫局事
宜，甚至令俞廉三、李经羲将保卫局的章程转发陈宝箴商议。陈在接到
章程后又发电张之洞：

> 武昌督帅张：查保卫局章程，该局已详奉批示，想收文人因有
> 册数本，未列入提要，故偶未见耳。仍饬检呈为速。此事实大善
> 政，将有夜户不闭之效。失火五次，未燃。举一即可例余。若能行
> 之汉口，为益愈大矣。③

---

① 赵德馨：《张之洞全集》第九册，武汉出版社 2008 年版，第 349 页。
② 赵德馨：《张之洞全集》第九册，武汉出版社 2008 年版，第 349 页。
③ 《张之洞存各处来电》第三十五函第七册，中国社会科学院近代史研究所
图书馆，档号：甲 182—137。

在电文里陈宝箴将警政誉为善政，建议张之洞将警政推行至湖北。而此时俞廉三、李经羲、夏献铭亦联名再次回电张之洞对保卫局的情况加以说明：

> 武昌张督宪钧鉴：电谕知悉。保卫局裁撤，应改循保甲名目，查考昔行局章，扫除疲玩积习，参用保卫新规。惟筹费为难，实缴方能作准。现由绅董向商民集议，出于自愿，每年捐款若干，合原有保甲常年经费二万余串，量入为出，酌核办理。大致裁并局所，省节浮费，从缓抽裁巡丁，汰惰留勤，方臻周密。闻民间亦有愿出费者，数目恐不能多。俟有端倪，即行会详。将来岳州开埠，即仰此项巡丁为教习，甚为便宜。章程、版片，另详，派员送鄂。本司廉三、经羲、献铭谨禀。①

从张之洞到原湖南巡抚陈宝箴、继任湖南巡抚俞廉三、布政使李经羲、署按察使夏献铭，都对湖南保卫局多持肯定之态度，故只是将机构名称由保卫局改为保甲局而已。奈何朝廷之中的顽固人士因仇恨维新党人，将保卫局不加区分地视为乱源，非除之而后快。不久，湖南籍山东道监察御史张荀鹤上折，指责张之洞等人以改保甲局之名而行保卫局之实：

> 窃查已革抚臣陈宝箴，前任湖南巡抚任内创设南学会、湘报馆、保卫局，皆属流毒无穷，贻害地方。近闻湖广督臣张之洞奉旨裁撤南学会、湘报馆、保卫局等事。现在仅将学会、报馆撤去，而保卫局余毒犹留。查保卫局章程仿洋巡捕法，设巡捕二百四十人，用洋衣冠，手持短棍，设大小三十六局，每年费银十余万两，勒捐商民，莫不怨恨。当本年六月开局时，道员黄遵宪勾结汉口英人，乘小火轮船来长沙照料开局。此等举动已骇听闻。巡捕屡次滋事，

---

① 《张之洞存各处来电》第三十五函第七册，中国社会科学院近代史研究所图书馆，档号：甲182—137。

激变百姓，打毁分局三处。陈宝箴饬拿重办严讯，实非为首之人，陈宝箴必欲杀之，幸藩司、臬司力阻而止。自此民怨沸腾、人心摇惑，城中居民迁移入乡，会匪乘机蠢动。七八月间，长沙新康都地方，匪徒聚集数百人，将有入城戕官劫库之举。皆因保卫局巡捕扰害之故，以致商民含恨，匪徒借此作乱。今既奉旨裁撤，岂可仍留？闻保卫局皆陈宝箴所用邪党劣绅，希图薪水，而候选道左孝同把持尤甚，不愿虐民敛怨，酿成乱端……将保甲之名，仍行保卫之实。臣虑将来会匪藉端生事，与官为仇，地方必至糜烂，贻朝廷南顾之忧。臣籍隶湖南，不忍缄默，相应仰恳天恩饬谕湖南抚臣俞廉三，将保卫局章程概行销毁，仍复保甲局旧章，认真落实，从严整顿。左孝同依附奸邪，罔顾大义，以后不准干预地方公事，以清奸宄而安民心，并请饬谕抚臣选派老成稳练官，严密查拿长沙各县会匪头目惩办，以除隐患……①

由奏折可知，顽固派由于痛恨维新派而因人废事，始终想裁撤保卫局。张之洞为此上奏力陈保卫局情况并非御史所言，有意保留保卫局。其在奏折中写道：

> ……至保卫局之设，饬两司切实查覆。经升任湖南抚臣俞廉三在布政使任内，会同署按察使夏献铭详称：前署臬司黄遵宪以原设保甲局员绅懈弛，因参酌各通商码头捕房条规，添设大小各分局，派委员绅设立巡捕，更名保卫局，拟定章程，均以缉捕盗贼、清查户口为主。其附于保卫局之迁善所，凡失业流氓、犯有赌窃等事，即收入所内看管，延致工匠教习手艺，令其改过自新，艺成限满察看保释，与他省之自新所章程相同。惟湘省民情与洋教素不相能，开办之初，人以仿照洋场办法，不免惊异，浮议颇多。殆试办数月，城厢内外昼夜有人逡巡，凡宵小之徒皆为敛迹，廛市一清，商

---

① 《戊戌变法档案史料》，沈云龙主编：《近代中国史料丛刊续编》第 32 辑，台湾文海出版社 1982 年版。

民翕然安之。惟与保甲名异实同，实属多立名目，且设局太多，经费过巨，劝令民捐，力有未逮。现拟裁归保甲局，撙节用款，核实办理等情，详请核办前来。臣复于湘省来鄂官绅详加询考，据称：保卫局系变保甲之名而行保甲之实，颇有成效，尚无植党情事等语。臣查保卫局既系办理保甲局务，其兼办迁善习艺、教养难民，亦地方应办之事，原不必另立保卫之名，且办事期在核实，亦不必仿照洋场文饰之观，以示奇异，自应仍用旧日保甲局名，而力扫滥支敷衍之积习。现在迭次钦奉谕旨整顿保甲，臣已严饬该司，将所有局章参考民情斟酌妥善，酌减捐数，督饬员绅认真巡缉，期事有实效、款不虚糜，仰副朝廷绥靖闾阎之至意。①

光绪帝见张之洞论之有据，而保卫局更是留之有用，乃下令"着严饬湖南保卫局认真办理，毋得有名无实"。自此，湖南保卫局被保甲局所取代，但其规模、经费等都已大不如前，主管官员更担心为人所攻讦，故更名后的保甲局渐行废弛。保卫局在被裁撤一年以后，湖南当地的媒体感叹："街上列团丁，南正街共八人，归团总统带，房租一月抽一日为用费，与保卫局亦相近，而事权不逮，规模太小。何必当初败乃公事耶？"② 逾七年，迨至端方为湖南巡抚，乃正式在湖南筹办警察。端方在给朝廷的奏折中论述："湘省自前抚臣陈宝箴略参西国规制，于省城地方试办保卫局，一时盗贼敛迹，闾阎又安，嗣后陈宝箴去官，渐行废弛，仍沿保甲旧名。"③ 从日后各方对湖南保卫局的评价可以看出，作为湖南维新运动的成果，湖南保卫局在维护地方治安等方面确实发挥了积极的作用。

湖南保卫局风波使张之洞了解到近代警政的相关情况，也使他明白保卫局被裁撤的根本原因在于保守派主要基于对维新派的仇恨而并非完

---

① 苑书义等编：《张之洞全集》第二册，河北人民出版社 1998 年版，第1339 页。
② 《湖南历史资料》第 2 期，1981 年。
③ 《筹办湖南警察情形折》，《端文忠公奏稿》卷 5。

全仇视保卫局这一新生事物。张之洞由于这一段经历，对近代警察制度有了进一步的了解，这为其警政理念的逐步形成打下了一定的基础。其后张之洞在"江楚会奏三折"中提出"去差役、设警察"，亦受此事件的影响。不久，张之洞在武汉三镇创立警察，使湖北成为中国早期开展近代警务活动的地区之一。

## 二、张之洞与"江楚三疏"中的建警主张

1900 年庚子事变后，京津地方治安秩序大乱。在侵略军与京内绅商的联合下，安民公所于 1900 年 7 月分段在京设立。8 月，合议达成后安民公所即被撤销。因安民公所此前于地方维持治安秩序效果较好，经善耆等人奏请，清政府下令于北京创设京城善后协巡总局。开办后的善后协巡总局于地方社会秩序之维持效果并不理想，但这一治安机构所施行的类似于西方的警察之制给京城上下的官员和百姓留下了深刻的印象。1901 年，联军从北京撤军后，善后协巡总局随之被裁撤。经此事变，朝廷内外要求改革的呼声再次迸发。从朝廷到民间，不少有识之士呼吁自强和变法。各地方督抚大员亦彼此声援，乃相互通电商议变法之策，力倡变法求强，这其中革除旧有差役、裁撤绿营，建立新式警察便是重要的内容，时任湖广总督的张之洞便是这些主张的大力提倡者之一。张之洞对于警政的提倡在很大程度上是对当时武汉城市发展所带来一系列问题的回应。

自开埠以来，武汉城市发展迅猛，而就近代市政管理而言，警察所扮演的角色十分重要。作为国家层面主导的维护秩序和打击犯罪的社会控制力量，早期的警察扮演了多重的管理角色，承担了极为广泛而复杂的社会职能。张之洞自督鄂以来，推行一系列新政变革，使得湖北日趋开放和发展。但是，社会的发展与管理的模式只有互相适应才有可能产生良性的互动。此时，在政府的行政管理中，社会治安的管控显得越来越重要。

以武汉为例，自 1861 年汉口开埠以来，由于张之洞的一系列新政，

武汉的城市化进程明显加快。近代化城市的迅速发展伴随着现代文明的进步，而发展的副产品如人口膨胀、环境污染、交通拥堵、治安混乱、火警频仍、痾病横行等问题随之而来。与此同时，武汉的治安体系仍是传统的保甲、坊厢等制度，不仅市政管理者于近代城市管理茫然无知，而且基层执法人员素质堪忧，市政管理效率也很低，这已经无法满足近代城市发展和市政管理的需要。

为此，张之洞亦多次痛陈旧有保甲的弊端：

> 查省垣暨有汉镇，各处尚俱设有保甲总局，又复分立各铺卡，委员延伸以资襄助。原期大小相维、奸宄屏迹，乃积久懈生，并不认真稽查，虽按季册报，亦不过陈陈相因之故事，其实铜有几户，户有几人，耳目未能周，善恶未能辨，以致奸人混迹，宵小生心，贻害良民，谁执其咎？苟欲亟图整顿，徒存保甲之名，不见保甲之效，将实事求是之谓何？①

> 我之保甲，法有不同，而除暴安民初意何尝不美，乃奉行日久已成具文。夫役日疲已成积习，吸食洋烟者十之八九，认真办事者百无几人。于是人人要钱，事事有弊，敛百姓之财，不能理百姓之事，治盗不足，扰民则有余，索贿争先，捕贼则落后矣。②

与此相对照，汉口租界的市政面貌、环境氛围、治安状况与华界有着天壤之别。在清末一批仁人志士的推动下，国外的近代警政思想观念逐渐得以在国内介绍、传播且最终为时人所接受并付诸实践。

当时汉口的租界和华界相比较已出现强烈的反差。自1861年英国在汉口建立租界，其后俄、法、德、日先后在汉口沿长江建立起五国租界。虽然在传统意义上租界被称作"国中之国"，但不能否认其在市政管理方面的近代化导向作用。当时汉口租界与华界的状况，有文章描述道：

① 《札兴警察》，《申报》，1902年2月5日。
② 《鄂垣创行警察示》，《申报》，1902年6月9日。

　　　汉口各租界房屋清洁整齐，治安秩序良好，并设有巡捕房，轮
　派巡捕日夜守望……反之，武汉华界的街道里巷，人极复杂，漫无
　秩序，甚至当街便溺、当街晒衣，毫无交通卫生的讲究，一到夜
　间，盗贼充斥，暗无天日。如以日间与夜间来比，纯似"阳世界"
　与"阴世界"之分。要以中国街巷和租界街巷来比，则是"天堂"
　与"地狱"之别。①

　　从材料中我们可以看出华、洋两界由于在市政管理方面的异同因而
社会治安秩序存在着明显的差距。

　　张之洞经过考察，也认识到"租界洁清整肃，条理分明，民乐其
生，匪匿其迹，几乎野无奥草，路不拾遗，明效昭彰，万目共睹"②。
因此，他认为"警察一事，实为吏治之实际，教养之初基，立法甚严而
用意甚厚，东西洋各国视为内政之第一大端，凡稽查户口、保卫生民、
清理街道、开通沟渠、消除疫疠、防救火灾、查缉奸宄、通达民隐、整
齐人心诸善政，无不惟警察是赖……今日讲求新政，采用西法，此举询
为先务"。③ 张在给下属官员的信中写道："须知警察为推广新政之根
基，责任所关，极为重要。"④

　　1901 年，张之洞与刘坤一往返电商，"荟萃众说，断以己意，日撰
一、二条，月余始就"，随即张、刘二督便联名向清政府连发要求变法
的三奏，此即"变法三疏"。其中第二折《筹议变法谨拟整顿中法十二
条折》提出"去差役、建警察"的主张，极言应仿效西方建立现代警
察制度以取缔旧式差役之必要：

---

①　陈师：《旧时警政与我的经历》，《武汉文史资料》1993 年第 2 辑。
②　张之洞：《省城创办警察折》，苑书义等主编：《张之洞全集》卷 56，河北
人民出版社 1998 年版，第 1474 页。
③　张之洞：《省城创办警察折》，苑书义等主编：《张之洞全集》卷 56，河北
人民出版社 1998 年版，第 1474 页。
④　张之洞：《札委双寿带同两湖等书院学生及护军营勇前赴日本学习师范、
警察各学》，苑书义等主编：《张之洞全集》卷 148，河北人民出版社 1998 年版，
第 4195 页。

> 差役之广为民害，各省皆同。必乡里无赖始充此业，传案之株连、过堂之勒索、看管之凌虐、相验之科派、缉捕之淫掳、白役之助虐，其害不可殚述。民见差役，无不疾首蹙额，视如虎狼蛇蝎者。差役扰民之事，其报官者不过什之一，其报官而惩办者，不过什之五。师徒相承，专习为恶之事，良由换官而不换差役，故根株蟠结，党羽繁滋，旋革旋复。虽有良吏，只能遇事惩儆，稍戢其暴而已，而终不能令种种扰民、害民之弊一概杜绝。盖官署事事需差，州县不皆久于其任，势不能锄而去之，别筹良法……惟繁缺州县差役多至数百人，骤行革除，虑其流而为盗，应请限以五年次第裁革，并给以三年役食，令其各谋生计。去此巨害，则民气渐纾，教养有所施矣。①

奏折在历数旧式差役制度之扰民、病民、害民等弊端后，建议将差役分年裁撤，补偿适当的役食以令其谋生计而免沦为贼盗。在谈及进一步的解决之法时，奏折顺势提出利用西方的警察以代替差役的主张：

> 各国清查保甲、巡街查夜、禁暴诘奸，皆系巡捕兵之责，其人并非下流猥贱之人，其头目即系武弁。日本名为警察，其头目名为警察长，而统之以警察部，其章程用意，大要以安民防患为主，与保甲局及营兵堆卡略同，然警察系出于学堂，故章程甚严，而用意甚厚。凡一切查户口、清道路、防火患、别良莠、诘盗贼，皆此警察局为之。闻京城现拟设立巡捕，将来外省自可仿办。兹拟令州县用勇即与用巡捕兵之意相近，当于繁盛城镇采取外国成法，并参酌本地情形，先行试办，以次推行。警察若设，则差役之害可以永远革除，此尤为吏治之根基，除莠安良之长策矣。②

---

① 张之洞：《遵旨筹议变法谨拟整顿中法十二条折》，苑书义等主编：《张之洞全集》卷53，河北人民出版社1998年版，第1415页。

② 张之洞：《遵旨筹议变法谨拟整顿中法十二条折》，苑书义等主编：《张之洞全集》卷53，河北人民出版社1998年版，第1415页。

"江楚三疏"实际上是清末地方督抚对中央所提出的应当实行新政改革的纲领性意见,代表了帝国官僚系统中地方实力派的呼声,代表了相当一部分人的意见。尽管在奏折中不乏理想主义的成分,但其言凿凿、其情恳恳、其意昭昭,具有鲜明的时代特征。再者,在当时贪腐成风的官场中,张、刘为不可多得的地方实干大员,且一直对清政府忠心耿耿并为朝廷所倚重,故而他们的意见颇具分量。在此背景下,1901年7月,清政府发布上谕,宣告实行新政,而新政的基本框架便是"江楚三疏"的基本内容。由此,在中央的推动下,各地兴起了声势浩大的"裁兵建警"运动。张之洞随即闻风而动,在湖北地区正式创建并推行近代警察制度。

## 三、张之洞与武汉三镇的警政建设

湖北警政,始于武汉,武汉警政,源自稽查、保甲。"洪杨之役,往来蹂躏者亦阅岁,居民流亡转徙,闾舍萧然,于时开办保甲。"[1] 1856年,武昌设立稽查总局,旨在"查诘奸宄"[2]。1883年,武昌设保甲总局于武昌南楼前街,统管里、坊,预防和维持治安,主要负责户籍、捐税、募兵、办案等事宜。武汉地区传统的保甲等治安制度此时已是问题频出,已不能完全适应工业社会人口流动的状况和城市管理职能扩充的需要。当时有媒体描述道:

> 旧有保甲局各铺保正、差役人等,平日藉端讹索百姓,实堪痛恨,今将重重陋规列后:一、各铺保正到铺散帖开贺,向各铺民户索取贺仪,或百文、或数十文。二、各铺保正每年做生两次,每次向各铺民户索取寿钱,或百文、或数十文。三、各铺保正每逢三节向各铺民户索取节钱,或百文、或数十文。四、各铺保正遇有典卖

---

① 王葆心:《汉口小志·户口志》,商务印书馆1915年版,第1页。

② 中国人民政治协商会议武汉市武昌区委员会编:《武昌百年资料·大事记》第13辑,1997年,第12页。

房地，向各铺民户索取中保费，或数千文、或数百文。五、各铺保正遇有人命、斗殴、田土、户婚各项争讼之事，从中调处和息，向各铺民户索取谢钱，或数千文或数百文。六、各铺捕役到铺散贴开贺，向各铺民户索取贺仪，或百文、或数十文。各铺捕役每年做生四次，每次向各铺民户索取寿钱，或百文、或数十文。七、各铺捕役每逢三节，向各铺民户索取节钱，或百文、或数十文。八、各铺捕役查获赃物给还原主，索取谢钱，或数千文、或数百文。九、各铺巡役每逢三节，向各铺民户索取节钱，或数十文、或数文。十、各铺更夫每年向各铺民户索取梆锣钱两次，每次或数十文、或数文。十一、各铺更夫每逢三节，向各铺民户索取节钱，或数十文、或数文。①

从材料中我们可以看出，铺户要应付保甲局之保正、捕役、巡役、更夫各种贺仪、寿钱、节钱、谢钱、棒锣钱等费用，这些陋规实则是建立在权力基础上的潜规则，它既腐蚀了传统的治安体系又遭到百姓的痛恨。因此，改变传统的治安机构和力量成为张之洞加强社会管控而不得不考虑的现实问题。

经过多方筹划，张之洞首先将目光投向保甲局，武汉警政之起步便是从裁撤保甲入手的。对于武汉的保甲之制，张之洞多次痛陈其弊端：

> 我之保甲，法有不同，而除暴安民初意何尝不美，乃奉行日久，已成具文。夫役日疲已成积习，吸食洋烟者十之八九，认真办事者百无几人。于是人人要钱，事事有弊，敛百姓之财，不能理百姓之事，治盗不足，扰民则有余，索贿争先，捕贼则落后矣。②

由此可见，保甲制已不能完全胜任维护社会治安的重任了。

---

① 《鄂垣警察局除弊章程》，《申报》，1902 年 6 月 12 日。
② 《鄂垣创行警察示》，《申报》，1902 年 6 月 9 日。

关于当时武汉地区裁撤保甲拟建警察的情况，当时有媒体多有论及：

> 鄂省城内保甲总局，向委候补知府为总办，城外总局，则委候补州县统筹。城内外分局共设十八处，皆以候补佐杂人员管之，棋布星罗，部署颇为周密，无如奉行日久，渐成具文。近来窃案繁多，间阎颇难安枕。武昌府梁集庵太守，下车伊始，即拟将城内外十八分局，一律裁撤，仿照日本警察章程，于大街小巷编设巡捕队，以资警卫。湖广总督张香涛制军，力赞其成，现已檄饬臬司李少东廉访，督同太守妥议章程，克日开办。闻太守之意，拟将原设十八分局分则裁并，移驻要隘，择候补杂佐中勤慎耐劳者委之，惟须一律改着短衣，仿照租界中捕房仪制，所需薪水则格外从优，大约不日即当开办也。①
>
> 鄂省五方杂处、良莠不齐，虽有保甲各局，然积习相沿，有名无实。前经武昌府梁集庵太守禀商大府，请仿照日本章程，试办警察。湖广总督张香涛宫保允之。遂会同抚宪端午桥中丞，札委太守总司其事，候补府金峄生为之副。闻太守之意，拟将保甲局原有胥役一概裁革，并于护军、武备各营，遴选干练勇丁充当巡捕，悉以兵法部勒，刻已拟具章程，禀请宪示矣。②

报道先是介绍武昌保甲总局的情况，且将其弊呈现无余。后述武昌知府梁鼎芬拟裁保甲而仿日本之制创办警察，这一主张得到了张之洞等人的支持。同时，张之洞、端方委任梁鼎芬、金鼎为新设警察局总办和会办。梁鼎芬拟在人员方面裁撤保甲、循吏，将裁撤后结余的经费用于从绿营中挑选兵弁、勇丁充任警察。

关于张之洞在建立警察之前裁撤保甲事宜，《申报》在1902年2月5日刊载其告示：

---

① 《保甲改章》，《申报》，1902年3月29日。
② 《委办警察》，《申报》，1902年4月13日。

照得整治间阎，禁戢奸宄，稽古昔之方则有游徼，征外国之法则为警察。湖北拟兴各新政，如学堂，依制皆已则著成效，将次举办警察局，章程一切尚待求详。武汉水陆要卫、五方杂处，向易藏匿奸宄。近者，盗风益炽，且有暗地放火之事。警察局务，既未能旦夕成功，惟严行保甲一端，尚易消弭内奸，清察外匪，如能办理得法，即将来举行警察，亦有蹊径可蹈。查省垣暨汉镇各处，向俱设有保甲总局，又复分立各部卡，延伸以资襄助。原期大小奸宄屏迹，乃积久懈生，并不认真稽查，虽按季册报，不过陈陈相因之故事。其实，铺有几户，户有几人，耳目未能周、善恶未能辨，以至奸人混迹、肖小心生，贻害良民，唯执其咎？苟欲亟图整顿，徒存保甲之名，不见保甲之效，将实事求是之谓何？本部堂院相知最深，此举关系地方，实无旁贷，归心所事，自不待言。至汉镇华洋杂处、商贾毕集，靖内绥外，实任尤重。仰按察司，会同江汉关道，妥详议章程，督同部委认真办理。总之，保甲一事，于异时之警察为始基，于今日之地方为急务，法良意美，事在必行，承奉员绅，亦当振刷精神，共勤此举，法有难遵者，务须雷厉风行。令有害廋者不可蹈常袭，故期于斟酌尽善，纲举目张，本部堂院有厚望焉！①

该告示首先介绍了古今中外的治安制度，认为国外的警察与中国古时的游徼在治安职能上是一致的，接着又论述武汉地区严峻的治安形势和保甲的诸多弊端。在论及保甲与警察时，文中认为保甲是警察的基础，举办警政是"事在必行"之新政急务，号召官绅等要雷厉风行地协助官方办好警察之事。

先是张之洞于 1902 年 2 月正式裁撤武昌保甲总局，在武昌三佛阁同知署（今武昌区书院路武昌区公安局左侧）设立警察局公所。张之洞原拟武昌警察总局在 1902 年 5 月 8 日开局办公，而在开局办公之前

---

① 《札兴警察》，《申报》，1902 年 2 月 5 日。

拟先清理沿街售卖的摊贩后再建造市场。

> 鄂省自设保甲局为警察局所后，督宪张香涛宫保，札委署武昌
> 府梁集庵太守为总办、候补府金峙生太守为会办，涓吉四月初一日
> 开局办公。旋由两太守督同在事各员，选择旷地，建造市场，凡籍
> 小贸易营生者，均迁入其中，不准沿街设摊售物，并饬地甲、差役
> 肩牌鸣钲、大声疾呼，令各铺户速将冲天招牌及有碍官路之栅栏一
> 律除去。①

由于武昌警察总局的办公房屋没能如期建成，故开局办公日期被推
迟。最终武昌警察总局于光绪二十八年五月初一（1902 年 6 月 6 日）
开局办公，至此中国历史上第一个以"警察"二字命名的近代警察机
构正式成立，其办公地址在省垣阅马场演武厅（1907 年武昌警察总局
更名湖北警务公所，其地址迁移到武昌彭刘杨路白寿巷今湖北省水产局
处）。

> 鄂垣警察局，本示期四月初一日办公，嗣局屋尚未落成，前后
> 山搭盖市场亦未竣事，至包探、巡捕人等虽经招雇，尚须委员察
> 验，故已改期至五月朔日办公矣。②

在武昌警察总局开局办公后不久，张之洞即将开办情况上奏：

> 窃查警察一事，实为吏治之实际、教养之初基，立法甚严而用
> 意甚厚，东西洋各国视为内政之第一大端，凡稽查户口、保卫生
> 民、清理街道、开通沟渠、消除疫疠、防救火灾、查缉奸宄、通达
> 民隐、整齐人心诸善政，无不惟警察是赖。姑就最近处征之日本全
> 国、上海租界，洁清整肃，条理分明，民乐其生，匪匿其迹，几于

---

① 《警察新猷》，《申报》，1902 年 5 月 14 日。
② 《警察改期》，《申报》，1902 年 5 月 16 日。

野无奥草，路不拾遗，明效昭彰，万目共睹。今日讲求新政，采用西法，此举洵为先务。考东西洋各国警察所需经费，皆系出自本处民户，无论商民一律抽捐，盖以本地居民生命产业既受保卫之益，自应输保卫之资，即如上海租界收巡捕保卫经费以养巡捕弁兵，又收工部局经费以修治桥道。上海中国界内设立巡捕处所，亦抽巡防经费，皆系专取之房捐铺捐，凡月租银元十元者捐一元五角，下及茶坊、酒肆，亦各有捐，统计所收约十分之一五，而居民从无怨其苛者，其受益乐输亦可概见。查前准部议筹措赔款案内，原有房捐一条，江苏、安徽、浙江、广东各省多已先后举行。鄂省现在筹凑赔款，并不取之于房捐。惟省城现在筹办警察，所有巡勇饷项、修理街道、开通沟渠、建造市亭、扫除芜秽、安设路灯，以及华洋员弁夫役薪粮、器具、局费等项，需费甚多。除以原有保甲经费充用外，不敷尚巨，其经费自应出自民间。拟即将省城房捐一项，作为警察经费，以免重累商民。其收捐之法，无论官员公馆、绅商士庶，凡赁屋而居，并开设店铺者，均按房租抽十分之一，如每月租金二十元，即捐银元二元，余悉准此类推。业主、租客各任其半，若系己屋自住，仍估计所值之多寡，以定抽捐之等差。至于住屋不及三间，及草房、棚户暨空闲暂无人赁者，免捐。查外国警察捐，专取于民，凡衙署局所一切办公之地，皆不出费。兹因此事乃中国创举，特以官捐首为提倡，所有省城文武衙署，以及书院、学堂、局所、祠庙、会馆均照民间一律输捐，其捐数约分十三等，头等月捐银元二十元，末等月捐银元二角，如有不敷，统由本地商民劝谕筹足。以上各捐款，即名曰警察经费，专作保卫地方之需，不令移作别用，一切收支数目，每月除榜示局门及通衢外，并刊本布散，俾众周知，并将从前汛兵、差役、地保需索扰民之事，尽行禁革。现已于省城内，分中、东、西、南、北五局，城外分设东、西、水、陆四局，酌采外国章程，于五月初一日开办。先募练警察步军五百五十名、警察马军三十名、清道夫二百零二名，以后体察情形，应否增加随时酌办。即委署武昌府知府梁鼎芬、试用知府金鼎

总办警察局务，委臬司督理局务，并由上海雇募曾充捕头之英国人
珀蓝斯来省，充当警察头目，以资熟手。俟省城办有成效，即以次
推行汉口、沙市、宜昌等处口岸繁盛之区，再次及各府州县，既可
以养民善俗，尤可为将来广学堂、定兵制、息教案、行印花税诸事
之根。①

在这封奏折中张之洞将创办警察的重要性、必要性、可行性和具体
开办武昌警察局的情况以及将来在湖北全省推广警政的计划进行了说
明。同时，这份奏折也包含了张之洞在湖北的警政建设的初步构想。

在湖北全省的建警规划方面，张之洞先在武昌进行试行，然后逐步
加以推广至汉口和汉阳。武汉三镇的建警基本仿照日本警制，这也是早
期湖北警政建设的鲜明特点。在创办的时间上，以 1902 年创办的武昌
警察总局为最早，1904 年创办的汉口警察局次之，汉阳警察局于 1904
年 10 月创办。武昌的办法是将保甲总局裁撤，吸收其中的部分精干人
员和面向社会择优招募警员后再创设警察局；汉口则是在裁撤保甲局
后，先于 1903 年改保甲局为清道局，然后再进行试办警察局的尝试，
最后于 1904 年 9 月改清道局为汉口警察局；汉阳则是在 1904 年 10 月
直接由汉阳保甲局裁撤建立汉阳清道局而试办警察局，1905 年 10 月汉
阳清道局更名为汉阳警察局。在三镇警局中汉阳警察局带有较强的保甲
局色彩，且士绅因素在三镇警察局中也最为突出。1903 年，张之洞改
夏口保甲局为清道局，按城市地段划分设由义、居仁、循礼、花楼、大
智、河街 6 个分局，同年汉口地区的襄河水师也改编为水上警察。翌
年，夏口清道局更名为警察局，因当时夏口厅隶属汉阳府，故张之洞委
汉阳知府为总办，夏口警察局下设 5 区，每区设区长 1 人，区官 3 人。
1904 年，张之洞改汉阳保甲局为汉阳清道局，进行警察局的试办。
1905 年 10 月，汉阳清道局再被改为汉阳警察局，其局办公地址设于府
城隍庙，其下设东阳坊、西阳坊、建中东坊、建中西坊、上鹦鹉洲、上

---

① 张之洞：《省城创办警察折》，苑书义等主编：《张之洞全集》卷 56，河北
人民出版社 1998 年版，第 1474 页。

崇信坊、下崇信坊 7 个分局。至此，武汉三镇的近代警察机构正式建立。

当时的媒体和士人对武汉地区的警政多有评论：

> 今者都城（警察局）既由王大臣督同各员首先创办，此外如保定等处亦渐次仿行，而湖北之武昌府尤办理认真，不肯稍涉苟且。倘各省俱能闻风兴起，逐渐推行，则行旅皆愿出其途、闾阎皆相安其业，新政之肇兴当可于此觇之矣。①

> 予今者自汉上来，见夫汉口地方街道清洁，往来之人虽多，而无争夺嚣陵之气，此非无故而然也。予就询之，乃设清道局也，清道局与警察局同。②

从评论可以看出，时人对于张之洞创警时期在武汉地区的警政建设成就多有褒奖肯定之词。

张之洞首创武昌警察总局，对湖北警政的近代化起了不可忽视的推动作用，但作为初创期的近代警察制度，不可避免地存在着一些问题。诸如警察的专业化程度很低，初创时期武汉地区警察的职责十分广泛，不仅包括站岗、巡逻、守望相助、指挥管理行人和交通工具，受理各种治安、刑事案件以及有关户籍、婚丧、土地、习俗、债务纠纷等民事案件，而且凡涉疏浚沟渠、修筑道路、防火防洪、卫生防疫、监督舆论、镇压民变等事务都在其管辖的权限范围之内。这些警察职能在当时颁布的《鄂垣警察章程》二十四条中有较为详尽的说明：

> 一、户口。每街几户，每户几人，按次清查，以别良莠。如有来历不明之人，不准容留。客店、烟馆最易藏匿奸宄，别有清查之法刊行。

> 二、门牌。编号发给，便于寻觅，悬挂门首，易于稽查。如有

---

① 《论今日之警察》，《申报》，1902 年 6 月 9 日。
② 武汉新洲李森林藏 1903 年晚清河东书院秀才考卷。

过客留宿，随时知照警察勇，报明分局，有过三日者，添注牌上人数，与牌不合者，即时根究。

三、迁移。铺户有迁移者，先一日告警察勇，报知分局，即于原领门牌上注明迁至某处。其新迁之处，亦于报明分局，请领门牌时，声明由某处迁来，以便互相考核。

四、通沟。沟渠不通，每雨积水，不特来往不便，且湿气上蒸，居人易致疾病，必须大为开通。其沟路在屋内者，定系当时侵占官街，自应听官疏浚，事毕乃可铺地。如敢阻挠，即将此屋拆毁，归还官路。

五、防火。如有火患，本段局员、局勇全来救护，甚者总局、他局全来，并由局勇督率，先将左右邻屋拆毁，开出火路，免致延烧多家。所拆者，事后查系实在寒苦之人，无力重造，由南北两头二十家助资造回。如不拆此屋，延烧必多，所费何止此也。

六、招牌。过街者应令横挂檐下，通长者应令平树自己店旁，务需即日改动，限四月底一律遵办，违者罚。

七、街棚。席棚、板片易引火，不准搭盖，此后准用布棚随时收卷，违者仰令拆去。

八、路灯。安设路灯以照行人，既经捐有警察经费，不另取民间一文。

九、货摊。各项货摊，俟菜鱼售尽、空出市亭再行摆列，不准仍摆街旁，违者罚。

十、筐担。卖菜者、卖鱼者各挑至市亭售卖，南货、海菜、水果等铺各种扁筐只准排列自己檐下，皆不准仍摆街旁，违者罚。

十一、炉灶。菜馆、酒肆及熟食店各炉灶，往往横置街中，最为无理，且使无赖、游民有躲藏之地，均即拆毁，违者罚。

十二、肉案。准设铺内，不准沿街摆列，其无力不能开铺者，准在市亭售卖。小户养猪应各圈禁，不准沿街喂养，违者罚。

十三、鸡鸭。只准在铺售卖，木桶不准摆出铺外，其无力不能开铺者，准在市亭零卖，挑担者同。

十四、僧道。凡在街募化者，应令僧侣、司道、纪司查问实际真心修行，发庙挂单，否则勒令还俗，并令充当苦工，有饭食无工钱。

十五、相命，占卦、看相、拆字等摊最多，不准沿街摆列，违者逐；设在庙门内者，听庙主允肯，乃准摆列。

十六、茶馆。茶馆、酒肆往往有人成群结队，连坐三四桌，俗谓之吃讲茶、请酒讲和，最为恶习，各该店主如敢贪利容留，查出将店发封，仍行严责。

十七、乞丐。有残疾者拨送广仁堂；年老者拨送养济院；年力稍壮不习正业者分给各局充当苦工，有饭食、无工钱；妇女无依者拨送敬节堂，按名补入。

十八、街车。东洋车只准随到随行，不准沿街乱摆，争先驰逐，致碍行人，尤不准与人打架，违者罚。另有详细章程刊行。

十九、造屋。砖瓦、木料只准随时挑过，不准存放街边有碍官路。如地小难以安放者，准随时报局认捐，自限几日工竣，逾限再捐。倘未经报局，查出议罚，并将各料充公。

二十、瓦木，砖瓦、缸缶、木料、寿木等件，不准存放街边有碍官路。如屋小难以存放者，准随时报局认捐，自限几日，逾限再捐。倘未经报局，查出议罚，并将各料充公。

二十一、晾衣。沿街晾衣最为恶习，惟屋小无院落者，准晾己屋檐下，不准横出街心。倘妇女有犯，该家主是问。

二十二、渣草。渣草、垃圾不准沿街倾泼，每日早晨俱扫置门口，候本段清道夫经过，挨户挑运出城，置之江流，违者罚。

二十三，粪桶。粪桶一律置盖，每日清晨挑送出城，十点钟后不准上街，粪缸不准安置街头，巷尾小户无院落者，应俟挑粪担过时唤令挑去，违者罚。

二十四，厕屋。沿街大小便最为无礼，今另设厕屋，不许随意，违者罚款。①

---

① 《鄂垣警察章程》，《申报》，1902 年 6 月 10 日。

诚然，在清末的警政制度设计者看来，警察实际上就是一个整治武汉近代城市化病症和社会问题的行政管理机构。而该时期武汉的警政还存在着诸如机构不稳定、法规不健全、职能划分不清、经费紧缺、警政人员素质低下等诸多缺陷，甚至在某种程度上可以说新式警察仍是新瓶装旧酒，传统因素成为制约警政良性发展的重要因素。

## 四、中国近代警政首创之争辨析

中国近代警察制度何时建立，学术界素有争论。湖南建警说依据戊戌变法期间的湖南保卫局；保定、天津建警说源于袁世凯在保定建立，在天津发展的巡警制度；北京建警说则发端于清政府 1905 年成立的中国历史上第一个中央警察机关——巡警部；武汉建警说植根于张之洞创建的武昌警察总局。这些都曾被学者认为是近代警察制度的首创之举。有鉴于此，笔者提出了四个近代警政的标准，一是警政机构国家层面的开办；二是警政经费由政府政策性的保障；三是警政人员与制度建设的持续性；四是警察管理市政与社会服务职能的体现而不仅仅是传统纯粹军事力量的补充。以此四个标准衡量，笔者认为就清末时人对近代警政的认知和实践层面而言，张之洞创建的武昌警察总局最具近代西方警政制度的雏形。

中国近代的警察制度是清末时期学习西方的历史产物，其对传统中国社会的治安体制产生了深远的影响。然而对于这一时人誉为"要政"的舶来品最早产生于何时、何地，目前学术界对此众说纷纭、莫衷一是。有鉴于此，笔者立足于各种史料，辨析现有各种建警学说，为清末警政首创之争提供思考。

"警政"一词，在中国始见于清末，据《清史稿》记载，1905 年，清政府设立巡警部，其下分设警政、警法、警保、警学、警务五司。1906 年，为配合中央机构改革，清政府几经争论最终撤销巡警部后创设民政部，具体将原巡警部的职能归并到民政部之警政司。警政司具体执掌巡查禁令、分察行政司法、统管警察事务和司法事宜。由此可见，虽然清政府将警政归并于民政事务，但仍然将警政视为政府的重要职能之一。据考已知世界上最早的近代警察制度产生于欧洲。在我国，虽然自古就有类似于行使警察职能的职官，但由于军警不分、政警不分，故尚不能称之为近代意义上的警察。近代警察的概念和近代警政制度都是清末从西方引入的，近代西方的警政于中国最早出现在租界内。此后，西方近代的警政思想为时人所认识、理解而逐步接受并最终付诸实践也经历了曲折漫长的历史进程。

然而中国近代警察究竟诞生在什么时间、什么地方？目前学术界对此众说纷纭。概括来说至少有四种观点，一说在湖南，一说在保定和天津，一说在北京，一说在武汉。

### （一）湖南建警说

中日甲午战争后，马关条约即成，国内兴起了声势浩大的救亡图存运动。戊戌变法期间，深谙西方警务的署湖南按察使黄遵宪极力向湖南巡抚陈宝箴推崇近代警政制度。几经波折，经过陈、黄等人的筚路蓝缕和苦心经营并克服重重阻挠，湖南保卫局于 1898 年 7 月 27 日正式开局。"省城绅商禀请创办保卫局，经官绅合议，妥定章程，于昨初九日各局一律开办。"[1] "于长沙府城中央，设总局一所，城中分东、西、南、北四分局，城外设一分局，每分局又辖小分局六所，共设小分局三十所。"[2] 总局为保卫局最高领导机关，黄遵宪担任总办、左宗棠第四子左孝同为会办，分局长由政府委派之官吏充当，副局长则由当地绅商联合推荐德高望重之绅董担任。分局之下的小分局具体由政府派遣的官吏和绅董组成的理事委员会主持日常事务，由官吏领导。每一小分局的办事员又有 1 名巡查长、2 名巡查吏和 14 名巡查弁勇，他们具体负责治安巡逻、侦缉盗贼、搜捕罪犯、清理街衢、清查户口、火警消防等诸多事务。

黄遵宪等人制定颁布的《湖南保卫局章程》和《湖南保卫局增改

---

① 《湘报》第 120 号，中华书局 1965 年影印本。
② 《湘报》第 7 号，中华书局 1965 年影印本。

章程》对湖南保卫局的机构设置、人事体制、职责权限、经费收支等都作了详细的规定。保卫局的机构体制实行总局—分局—小分局的三级体系，总办和议事商绅均由选举产生，任期为两年，其性质为官绅合办，其职能为"去民害、卫民生、检非违、索罪犯"。保卫局的经费亦由官绅共同商定筹集解决。"一切章程由议员议定，禀请抚宪核准交局中照行；其抚宪批驳不行者，应由议员再议；或抚宪拟办之事，亦饬交议定禀行。"① 在进行议事会议时"以本局总办为主席，凡议事均以人数之多寡定事之从违。凡议定之后，必须遵行；苟有不善，可以随时商请再议"②。这明显带有西方民主色彩和地方自治的性质。

　　保卫局在运行的过程中虽屡受责难，然成果显著，舆论亦不乏赞美之词，"各局员绅倍极谨慎，日夜严饬巡丁，梭巡街市，城中无赖痞徒，渐皆敛迹……城厢内外，人心贴然，已有成效可观"，甚至连继陈宝箴后出任湖南巡抚的俞廉三亦言："迨（保卫局）试办数月，城乡内外昼夜有人逡巡，凡宵小之徒，皆为敛迹，廛市一清，商民翕然安之。"③ 戊戌政变后，对维新党余恨未消的慈禧太后以血腥手段大肆清算参与"百日维新"的"帝党分子"，清政府紧急下旨湖广总督张之洞，严厉训斥黄遵宪等人苦心孤诣的保卫局"迹近植党"，严令火速裁撤。此时张之洞一方面要求湖南新任臬、藩两司"切实查复"，另一方面他广泛调查，对由长沙来武汉的官绅详细询问保卫局情况。此时的湖南巡抚俞廉三和按察使夏献铭亦对保卫局赞誉有加，湘省民间乡绅和百姓亦有很多人声称保卫局并无植党情形。综合各方面的情况后，张之洞心生恻隐，决定保留保卫局。不久，张之洞在 1898 年 12 月 26 日上书朝廷，引用调查事实为之辩护，建议只将保卫局改名为保甲局了事，保甲局依然维持保卫局的各项规章制度，以期达到维护社会治安秩序的目的。张之洞上书力争之后，朝廷见其言之有理、诉之有据、请之有节、用之有

---

① 《湘报》第 7 号，中华书局 1965 年影印本。
② 《湘报》第 7 号，中华书局 1965 年影印本。
③ 苑书义等编：《张之洞全集》第二册，河北人民出版社 1998 年版，第 1339 页。

利，表示基本接受了张的意见。但朝廷内和湖南本地的顽固派仍不遗余力地鼓噪而激烈反对，湖南保甲局终于 1899 年 1 月被清政府下严旨再次强令裁撤，自此，湖南保卫局退出了历史舞台。

湖南保卫局从 1898 年 7 月 27 日开办至 10 月 31 日更名为保甲局，其存在时间亦仅为 96 天；即便后来由于张之洞等人的多方努力，请求保留，奈何清政府下令推迟到 1899 年 1 月 10 日全部裁尽为止，其也不过存在了 5 个月又 20 天，且局限于长沙一隅，从时间、空间和影响上看都是有限的；再者，湖南保卫局的领导层由官、绅、商组成，其中非官方由议事绅商 10 人构成，所有规制由他们商议修订，保卫局的机构设置完全仿照西方和日本警察机关，但由于是官府和地方士绅合办的地方自治保卫机构，人员素质上与西方警察相去甚远，经费又无制度性的保障。郑晓红《中国近代警政的滥觞：湖南保卫局》一文指出湖南保卫局作为戊戌变法中创行地方警政的产物，具有一套完整的组织体系，并制定了一系列章程来规定各级人员的职权，它揭开了中国近代警政制度的序幕。[1] 王宏伟的《中国最早的近代警察机构——湖南保卫局》认为戊戌变法期间，湖南巡抚陈宝箴、署按察使黄遵宪等人创立的湖南保卫局揭开了中国近代警察制度的序幕。[2] 蔡开松的《湖南保卫局述论》认为："目前研究中国警察制度史的论文大体认定是直隶总督袁世凯奏请在天津设立巡警局的 1902 年。笔者认为，以上说法值得推敲，中国最早的近代化警政机构应是 1898 年初就已出现的湖南保卫局。"[3] 宫言《中国近代警察制度的萌芽》一文指出，湖南保卫局作为一个新型警察机构，它揭开了中国近代警察历史的序幕。[4] 专著方面，韩延龙、苏亦工所著《中国近代警察史》亦认为研究中国近代警察制度时，不能不

---

① 郑晓红：《中国近代警政的滥觞：湖南保卫局》，《安庆师范学院学报》（社会科学版）2003 年第 5 期。

② 王宏伟：《中国最早的近代警察机构——湖南保卫局》，《职业时空》2007年第 9 期。

③ 蔡开松：《湖南保卫局述论》，《近代史研究》1990 年第 1 期。

④ 宫言：《中国近代警察制度的萌芽》，《文史杂志》1990 年第 5 期。

从湖南保卫局开始。① 万川《中国警政史》写道:"中国近代警政机构的首创,不在中央而在地方。戊戌变法时期,维新派在湖南创立保卫局,为中国第一个近代意义上的警政机构。"②

### (二)保定、天津建警说

1900 年庚子之役,伴随着清军的惨败、义和团的被血腥镇压,津京等地相继沦陷,原清政府在京师地区的治安机构几近瘫痪,社会治安十分混乱。联军占领下的京津地区社会治安由于列强设立了临时性的警察机构"安民公所"而显得成效显著,这给时人留下了深刻的印象。1901 年,清政府为摆脱内外交困的时局,下旨宣布施行新政,作为新政内容之一的便是要求各地督抚创建巡警。1902 年,当袁世凯升任直隶总督而驻节天津时,天津仍然被八国联军所霸占,几经交涉联军同意撤军交还天津等地。袁世凯认为联军一旦撤出,社会治安将会出现真空的状态,"徒匪乘间思逞,情形较内地尤为紧要,是非举办巡警无以靖地面而清盗源"。③ 基于维护社会治安秩序的需要,1902 年 5 月,袁世凯几经筹措,在保定(天津当时仍然为八国联军所强占,保定为直隶暂时的省府)创设保定警务局,然后在整个天津乃至直隶地区不遗余力地推广警政。在人员方面,袁世凯下令从新军和保甲人员中挑选了 500 名人员充任巡警,设置了城内东、南、西、北和城外共 5 个分局。各分局设巡官、巡弁、巡记各 1 名,巡长 4 名、正副巡目 8 名、巡兵 64 名、局役 4 名、伙夫 8 名。④ 同时制定《保定警务局章程》,对人员、局制、操守、职能、赏罚等作了制度性的规定。袁还责令颇为熟悉警务的赵秉钧在保定创办保定巡警学堂,聘请数名洋员充任教习。同年,

---

① 韩延龙、苏亦工:《中国近代警察史》,社会科学文献出版社 2000 年版,第 48 页。

② 万川:《中国警政史》,中华书局 2006 年版,第 368 页。

③ 袁世凯:《袁世凯奏议》(中册),天津古籍出版社 1987 年版,第 623 页。

④ 参见袁世凯:《创设保定警务局并添设学堂拟定章程呈览折》,《袁世凯奏议》(中册),天津古籍出版社 1987 年版,第 606~609 页。

袁世凯又于天津创办天津巡警学堂。翌年，保定巡警学堂归并于天津巡警学堂，更名为北洋高等巡警学堂，并另设保定初级巡警学堂。不久，保定警务局与保定工程局合并，组成保定工巡总局，保定警务局至此亦不复存在。

1902 年 8 月，几经交涉后八国联军撤出津京地区，为宣誓主权，袁世凯派以军改警的巡警顺利接管了天津。袁世凯创办警务其实很大程度上是为接收从八国联军占领下的天津作准备。根据《辛丑条约》的规定，为防止中国人民的反抗，天津地区 20 里内不得驻有中国军队。袁世凯迫于无奈，别出心裁地从其手下北洋军中筛选了 3000 名精干兵士，经过短暂的训练后充任巡警进驻天津。3000 人的巡警中，1500 名由赵秉钧统领，驻扎在天津，被称为南段巡警局。1500 名分驻在西沽、塘沽、山海关、北塘等地，被称为北段巡警。

由于巡警在城市管理方面成绩斐然，不到半年时间里，外国人就将天津描绘成世界上拥有最好的警察制度的城市。英国《泰晤士报》记者莫里循在回忆录中写到其在北京的大街上闲逛时，看见警察主动扶起一名将粪车打翻了的老汉并帮助其前行的情景。另一件亲眼所见的是警察将一个驾驶马车横冲直撞妨碍交通而拒不服从指挥的德国士兵抓进警察局的事件。对此，莫理循大为惊叹。

鉴于创办巡警之后卓有成效的事实，清政府予以嘉奖。借此时机，袁世凯大刀阔斧地在直隶全省下属的府县和铁路沿线推广警政制度。巡警最早出现于保定，但发展和成熟于天津。袁世凯在直隶所开创的巡警制度可以说是执牛耳之举，对后世产生了深远的影响。保定警务局比武昌警察总局正式开办稍早几天，其实张之洞在开办武昌警察总局之前就进行了长时间的准备筹划①，早在 1902 年 2 月 21 日张之洞就已经下令裁撤了武昌保甲总局，武昌警察局原定于 1902 年 5 月 8 日开局办公②，后因"办公局屋尚未落成，故改期至五月朔日（阴历为五月初一，阳

---

① 《札兴警察》，《申报》，1902 年 2 月 5 日。
② 《警察新猷》，《申报》，1902 年 5 月 14 日。

历为 6 月 6 日）"①，袁世凯所创办的保定警务局于 1902 年 5 月成立②，因此二者在时间上较保定警务局略早。从保定警务局短暂的历史所发挥的效用来看，创办保定警务局实际上只是袁世凯为接收天津而做的前期准备，其机构具有浓烈的军事色彩且其存在的时间十分短暂。王飏《袁世凯与近代巡警制度》一文指出，清末巡警制度的创立是中国警察近代化的开始，袁世凯实施的一系列警政措施如警察规章的法律化、警政教育的设立、基层警察的创办、警种的多样化、经费来源的筹措等，在中国巡警制度建立过程中开启了先河。郭剑林《中国首创天津近代巡警制度》一文认为："中国本无巡警制度，该项制度是袁世凯、徐世昌于 1902 年 5 月从西方移植过来在津门施行的。"③廖一中的《袁世凯与巡警的创建》指出，中国创立巡警制度，始于 1902 年直隶总督袁世凯。④

### （三）北京建警说

自 1901 年 9 月 12 日清政府下令全国各地创办巡警至 1905 年清政府正式组建巡警部，警政思想进一步传播并诉诸实践，京师及许多省份虽进行了诸多建警尝试，积累了不少经验教训，但就全国范围而言警政建设却未能步入正轨。一方面，清政府没有制定一个明确的指导计划和方针；另一方面，清政府也没有设置一个统一的机构进行管理。地方警政建设各自为政的现象比较突出，各地警察机构的设置、名称、管理、章程、职权错综复杂、参差混淆，效果自不甚理想。此外，因吴樾谋炸出国考察五大臣一案使清政府大为震惊，从而加速了巡警部的成立。为了统一地规范和管理全国的警政建设、推动各地警政的发展，进一步加

---

①　《警察新章》，《申报》，1902 年 5 月 16 日。

②　袁世凯：《创设保定警务局并添设学堂拟定章程呈览折》，《袁世凯奏议》（中），天津古籍出版社 1987 年版，第 606 页。

③　郭剑林：《中国首创天津近代巡警制度》，《天津日报》，2004 年 3 月 15 日。

④　廖一中：《袁世凯与巡警的创建》，《天津社会科学》1984 年第 5 期。

强中央集权，在一些中央官员和地方封疆大吏以及部分有识之士的倡导和推动下，1905 年 10 月 8 日，清政府下旨在中央正式设立巡警部，将其作为全国警政的最高管理机关，不久便任命徐世昌为巡警部尚书、毓郎为左侍郎、赵秉钧为右侍郎。其机构设置主要为警政、警法、警保、警务、警学 5 司共 16 科；郎中 5 人为各司长官，总理司事；员外郎 16 人，为各科长官；另设主事 16 人，为各科副长官，协助管理科事。巡警部成立后，其工作主要围绕接收、改组内外城工巡局、自身机构建设、对各省警政建设筹划方案、建立各种规章制度等方面进行规划指导。1906 年 11 月 6 日，清政府下旨："巡警为民政之一端，着改为民政部。"自此，仅成立一年又一个月时间不到的巡警部便匆匆退出了历史舞台。其实巡警部组建之后，基本上处于有职无权的空架子状态，"巡警部刚刚成立，家底很薄，人、财、物都很有限，对外省的情形鞭长莫及，一时既无能力也无精力过多地关照。各省警政实际上仍由地方督抚负责"①。纵观巡警部成立后的作为，其实际发挥的职能也十分有限。虽然巡警部的成立有其不可避免的历史局限性，但巡警部作为中国近代第一个全国警政最高指挥和监督机构，对于加强全国，特别是京城的治安，维护、稳定当时的社会秩序起到了重要的作用，为清末警政制度在全国的推广打下了一定的基础。巡警部的设置在清末警政机构实现统一化、警政职能走向制度化、警政人员走向专业化、警政立法实现规范化等方面，对中国近代警政的发展产生了深远的影响。巡警部成立于 1905 年 10 月，在时间上为四种建警学说之最晚者，但它确实为中国近代第一个中央性质的警政机构。鄂定友等的《清末巡警部创建的历史考察》指出，1905 年成立的中国历史上第一个中央警务机关——巡警部，一定程度上推动了中国警政近代化。② 公一兵的《北京近代警察制度之区划研究》指出，近代警察制度的尝试是 1902 年奕劻奏准清政府成立

① 韩延龙、苏亦工：《中国近代警察史》（上册），社会科学文献出版社 2000 年版，第 61 页。

② 鄂定友等：《清末巡警部创建的历史考察》，《湖北警官学院学报》2007 年第 6 期。

的"善后协巡总局"，中国最早的近代城市警察机构是 1905 年成立的巡警部。①

### （四）　首创之辨

湖南保卫局从 1898 年 7 月 27 日开办至同年 10 月 31 日更名为保甲局，其存在时间仅为 96 天；即便后来由于张之洞等人的多方努力，请求保留，奈何清廷下令推迟到 1899 年 1 月 10 日全部裁撤为止，其也不过存在了 5 个月又 20 天，且局限于长沙一隅，从时间、空间和影响上看都是有限的；再者，湖南保卫局的领导层由官、绅、商组成，其中非官方人员由议事绅商 10 人构成，所有规制由他们商议修订，保卫局的机构设置完全仿照西方和日本警察机关，然人员素质与西方警察相去甚远，经费又无制度性的保障，湖南保卫局实则是一个由官绅合办的地方自治保卫机构，其虽然具备某些近代警政的因素，但不能因此就认定是其揭开了中国警察制度近代化的序幕。

巡警最早出现于保定，但发展和成熟于天津，袁世凯在直隶开创的巡警制度对后世产生了深远的影响。保定警务局比武昌警察总局正式开办稍早几天，其实张之洞在开办武昌警察总局之前就进行了长时间的准备筹划，早在 1902 年 2 月 21 日，张之洞就下令裁撤了武昌保甲总局，原定于 1902 年 5 月 8 日武昌警察总局开局办公，后因办公局屋尚未落成，故改期至 6 月 6 日开办。袁世凯所创办之保定警务局于 1902 年 5 月开办，因此在时间上保定警务局较武昌警察总局略早。从保定警务局所发挥的效用来看，创办保定警务局实际上只是袁世凯为接收天津而做的前期准备，其机构具有浓烈的军事色彩，且其存在亦只有数月之久，由于时间所限，其运行成效也大打折扣。至于天津巡警的构成，实则为北洋新军由军改警而成，其着眼点是为收复天津的领土主权，执行的基本都为军队的职能。虽然军警都有保卫近代国家主权和领土完整的职能，但近代意义上的警察制度其职业化、专业化程度已脱离传统的军警

---

①　公一兵：《背景近代警察制度之区划研究》，《北京社会科学》2004 年第 4 期。

不分、政警不分的局限，因此不能简单地将近代的军队与警察的某些职能等同起来而认定保定、天津的巡警制度为中国近代警察制度的开端。

巡警部组建之后基本上处于有职无权的空架子状态，巡警部刚刚成立，家底很薄，人、财、物都很有限，对外省的情形鞭长莫及，一时既无能力也无精力过多地关照。晚清最后十年，地方督抚一直与中央存在着争权的现象，各省警政实际上仍由地方督抚负责。纵观巡警部成立后的作为，因其存在时间仅为一年另加一个月时间不到，故实际发挥的职能亦十分有限，巡警部虽有其不可避免的历史局限性，但它作为中国近代第一个全国警察事务最高指挥和监督机构，其对于加强全国特别是京城的治安，维护、稳定当时的社会秩序起到了重要的作用，为清末警政在全国的推广打下了一定的基础。巡警部在清末警政机构实现统一化、警政职能走向分工化、警政人员走向专业化、警政立法实现规范化等方面对中国近代警政的发展产生了深远的影响。巡警部成立于 1905 年 10 月，在时间上明显晚于张之洞武汉建警，它确实为中国近代第一个中央性质的警政机构，但中国近代警察制度却是发端于地方而非中央。

赵志飞指出，从现存档案文献看，袁世凯创办的保定警务局和张之洞创办的武昌警察总局是中国近代史上成立最早的两个警局，后者比前者略晚几天，但却是中国近代史上第一个以警察称谓命名的警政机构。袁世凯保定建警的动因，实际是为了接管被八国联军交还的天津而临时化军为警。从北洋军队各镇中抽人组建，实则并非真正意义上的近代警察。①

以笔者所提及的四个近代警政的标准而论，张之洞武汉创警在注重警员素质、规范机构建设、保障经费稳定、注重法治化管理、关注专业教育等方面具有明显的近代化警政特色。张之洞参与江楚会奏向清政府提出建设警政的构想、在戊戌变法期间支持黄遵宪等人创设和保护湖南保卫局等参与警政建设的举动，表明其在地方督抚大员中是较早提倡和实践警政建设者之一。张之洞在创办武昌警察总局之前就已经形成了初

---

① 赵志飞:《1902·张之洞建警》,《武汉公安干部学院学报》2007 年第 3 期；赵志飞:《首义警事——辛亥革命中的武汉警察》,群众出版社 2011 年版。

步的警政理念，这些都是作为近代警政首创者必备的先决条件。

# 第三节　近代警政在湖北全省的推广

　　清政府对警政的建设规划经历了几个阶段。1901 年，清政府第一次发布建立巡警军的上谕，各省掀起裁军建警运动。1905 年，清政府为加强对全国警政建设的规划力度于中央设立巡警部，负责具体指导各省警政规划和建警步骤，但巡警部作为中国近代史上成立的第一个中央警政机构的理论意义要远大于其实际发挥的作用。1906 年，清政府实行官制改革，巡警部被撤销而并入民政部警政司，但这进一步加强了中央对各省警政建设的监管。在清政府的统一要求下，湖北于 1907 年设立巡警道，改武昌警察总局为湖北警务公所，首任试署巡警道为冯启钧。湖北警务公所设四科二十一股，具体负责全省的警政事务。"巡警道应督饬各厅府州县，按照奏定官制通则，各就所管地方分划区域，举办巡警，并得禀明督抚随时亲赴巡查或派员视察，完竣时即将详细巡察情形禀报本省督抚并申民政部备案。"① 韩延龙、苏亦工认为"巡警道的设置是清末地方警政逐步走入正轨并渐趋一体化、正规化的重要一环。这个机构的设置，一方面使中央对地方的警政管理得到切实的保障；另一方面也使各省的警政有了专门的管理机关，保证了省内警务管理的一致性"②。1909 年，民政部拟定了一个八年全国警政建设的计划方案："宣统元年督饬各省将该省省会及外府所属各首县并商埠地方巡警一律办齐；宣统二年督催各省将上年未经筹办之各厅州县巡警一律办齐；宣统三年考核各厅州县巡警办理成绩……指定各繁盛市镇地方督催筹办该镇巡警事宜；宣统四年考核上年指定各市镇巡警办理成绩……指定各省中等市镇地方督催筹办该镇巡警事宜；宣统五年考核上年指定各

---

　　①　《大清法规大全》21 卷（上），台湾考正出版社 1972 年版。

　　②　韩延龙、苏亦工：《中国近代警察史》（上册），社会科学文献出版社 2000 年版，第 133~134 页。

市镇巡警办理成绩……督催各省将所属近城各乡地方巡警一律办齐;宣统六年督催各省就所属偏僻各乡地方指定若干处筹办该乡巡警;宣统七年督催各省将上年未经筹办之各乡巡警一律办齐;宣统八年考核上年续行筹办之乡镇巡警办理成绩。"① 这实际上是帝国中央政府所制订的指导各省警政建设的规划,其基本思路是由城市到乡镇逐步推广警政。

宣统年间,立宪派掀起了大规模的请愿活动,清政府迫于压力不得不宣布将原定的九年预备立宪改为五年,而警政便是立宪派所提出改良的重要内容之一。由于警政亦为立宪的重要事宜,故民政部也于1910年10月再次拟定修改后的全国警政建设计划:"查巡警为内政之一端,责任至重,关系至巨,诚为召集议员以前必须完备之最要事宜。案查宪政分年筹备事宜清单,宣统七年乡镇巡警一律完备等,因现在缩改于宣统五年开设议院,所有应行筹设乡镇巡警自应提前赶办。并据各省咨奏于乡镇巡警有业经提前举办者,本部通盘筹划,详细核拟,所有各省厅州县乡镇巡警限于宣统五年召集议院以前一律完备。"② 由这一计划可知,清政府视乡镇巡警的建设和推广为筹设地方议院的前提,然而直至清政府覆灭,其建警规划仍未完全实现。

张之洞对湖北全省警政建设的构想是先在省城武昌开办,然后"俟省城办有成效,即依次推行汉口、沙市、宜昌等处口岸繁盛之区,再次及各府州县"③。1902年6月,张之洞先在武昌创办武昌警察总局,然后逐步推广到汉口、汉阳。1903年,张之洞将夏口保甲局改为夏口清道局。"(汉口)警察事项定于十月初一日开办,就青林楼曾姓曲院故址设立总局,招募警勇四百名,连旧有之团勇二百名合成六百名,所需一切将灯捐悉数拨充,并委杨心如司马协理议办。"④ "汉上将次开办警

① 《民政部奏遵拟逐年筹备事宜折并清单》,《大清宣统新法令》(第三册),商务印书馆1909年影印本。

② 《各省厅州县乡镇巡警于召集议院以前一律完备》,中国第一历史档案馆藏档案。

③ 张之洞:《省城创办警察折》,苑书义等主编:《张之洞全集》卷56,河北人民出版社1998年版,第1474页。

④ 《汉镇涛声》,《申报》,1903年11月10日。

察，业经大宪派李名祥充当总包探，另雇伙役二十四名，以资臂助，行
将上街巡行矣。"① 官方将汉口团防营的 200 名绿营兵改为清道夫的同
时，再招募 400 名警勇和 24 名包探，进行汉口警察的试办。② 同时，
按照汉口城市区划，下设居仁、由义、循礼、大智、花楼、河街 6 个清
道分局，"汉口警察局共六所，每局经费计一万串，以米捐津贴为大
宗"③。张之洞委"夏口厅同知冯少竹（冯启钧）司马总其成，而以
（夏口）保甲局员胡君芝圃副之，文案则为杨太守宗恕、洪大令祖述，
刻已勘定青林楼曾姓屋址创设局所矣"④。同年，汉口地区的襄河（汉
江）水师也被改编为水上警察。⑤ 1904 年 9 月，夏口清道局更名为警察
局，因当时夏口厅隶属汉阳府，故张之洞委汉阳知府为总办，夏口警察
局下设 5 区，每区设区长 1 人、区官 3 人。⑥ 1904 年 10 月，张之洞改
汉阳保甲局为汉阳清道局，"汉阳保甲局已于本月初一日改为清道局，
惟事当创始，规模未能宏畅，且筹款甚艰，诸事益形草率，于地方无甚
裨益也"⑦。1905 年，汉阳清道局改为汉阳警察局，"汉阳清道局自开
办以来颇著成效。兹由府尊琦瑞卿太守饬于下月初一日将清道局改为警
察局以便开办巡警事宜"⑧。汉阳警察局办公地址设于府城隍庙，其局
下设东阳坊、西阳坊、建中东坊、建中西坊、上鹦鹉洲、上崇信坊、下

---

① 《汉皋散策》，《申报》，1903 年 12 月 8 日。

② 《警察委员》，《申报》，1903 年 12 月 31 日。

③ 《警察更章》，《申报》，1905 年 2 月 27 日。

④ 《汉兴警察》，《申报》，1903 年 11 月 3 日。

⑤ 《警察述闻》，《申报》，1903 年 10 月 11 日。

⑥ 1904 年 9 月 26 日《申报》记载："汉口清道局已于本月初一日改名警察
局，各段巡勇号衣一律收回另行发给，闻当事者之意，欲与武昌省城一律办理，不
必多立名目，以致分歧也。" 1904 年 10 月 16 日《申报》记载："汉口房捐局向设
三义殿卡屋内，兹因清道局已于八月初一日改为警察局，督办梁崧生观察遂仿武昌
警察局章程，札饬夏口厅同知冯少竹司马，将房捐局迁入警察局，以节浮费而一事
权。"

⑦ 《汉皋小志》，《申报》，1904 年 9 月 5 日。

⑧ 《江汉炳云》，《申报》，1904 年 11 月 26 日。

崇信坊 7 个分局。① 至此，武汉三镇的近代警察机构正式建立。

1908 年，湖北依照中央政府官制改革的谕令设巡警道并对警政机构进行了改设。初设巡警道之时限于经费，故暂时没有修建衙署，乃就原武昌警察总局内设办事机构，暂为巡警道办公之所。不久，民政部巡警道官制细则公布后，湖北地方当局依据中央部定章制，对原有机构进行了改组。同年 4 月，巡警道冯启钧下令将武昌警察总局撤销而改为湖北警务公所，其内部分为总务、行政、卫生、会计、司法、文牍、教练七科，下设二十二股，"委徐守传笃任总务科长、杨令培为行政科长、李令继沆为司法科长、徐令道恭为卫生科长、沈令严充文牍科长、严令师愈为教练科长、李令文纶为会计科长"②。此时湖北巡警道所属的警务公所内分设的机构与中央民政部所颁定之巡警道官制细则有所不同，其在总务、司法、行政、卫生四科的基础上又增设了会计、文牍、教练三科。再者，汉口警察局对其所属机构也进行了一系列的改组，"加派人员分科治事，总办冯观察札委知府瞿世玫为总务科长、陈冠第为行政科长、沈寄虞为司法科长"③。迨至 1909 年 2 月，金鼎署理湖北巡警道时，以湖北警务公所自奉部章开办设立以来，虽分科办事，但其设有七科之多，乃至冗员泛滥，而其经费愈加支绌，故"特禀准督院，酌留总务、卫生、司法、行政四科，其余会计、文牍、教练等三科一律归并总务科兼办，以示撙节"④。至此增设之三科被裁并，既节省了经费，亦与部章吻合。

湖北推广乡镇警政的计划与实施。湖广总督瑞澂因早年留学日本研习警政且后在北京多有参与警政建设事务的经历，故对警政较为熟悉。1910 年，瑞澂在湖北咨议局第二次常务会议上提出系统筹办湖北

---

① 武汉地方志编纂委员会主编：《武汉市志·司法》，湖北人民出版社 1998 年版，第 9 页。
② 《湖北通信》，《时报》，1908 年 4 月 27 日。
③ 《札饬警察总局各科员》，《申报》，1908 年 4 月 28 日。
④ 《警务公所归并三科》，《北洋官报》，1909 年 2 月 24 日，第 1990 册。

地方乡镇巡警的议案，其要领如下：乡镇巡警即将筹办，然用费繁多，必先筹定的款。因乡镇巡警为地方之警察，故应就地筹款。因此，瑞澂提出此议案请咨议局审查核议，此项乡镇巡警经费应自何处筹拨。后湖北咨议局经过数次审核和激烈讨论，最终决议筹办地方乡镇巡警，应按中央政府民政部奏定之清单逐年分阶段次第推行筹划，故下一年即1911年应专注于繁盛市镇巡警之建设推广，然即便提前办理且卓有成效者，也只及于中等市镇。当时，由于湖北繁盛之市镇，仅有沙市、老河口、武穴三处，且该三镇巡警由巡警道已派员前往筹办成立，故拟对其改良。具体措施为：令添加各镇董事会总董为襄办，每年巡警经费的预决算应交由该镇议事会商议议决，并派送各属合格之学生到该属巡警教练所学习以专责成。关于提前筹办中等各镇巡警之计划，首先当饬各属自治筹办处划定湖北本省各属之中等市镇，并成立各镇自治机构，责令议事会统筹警费，董事会襄办警务。此外，由巡警道札饬各属之教练所，明确指定各镇派定学生名额，入所教练学习。此议案通过后，为限制地方士绅权力，瑞澂以董事会职责襄办巡警，权限不明且易起争执，乃责令巡警道妥订警局官董执行之细则，以清权限而益警务。同时责令各属警局董事体察地方情形，教练警学以成警材。① 鄂督瑞澂这一警务提案的通过以及执行，是清末湖北地区警政继续向乡镇推广的又一重大步骤，具有深远的影响，然不久辛亥革命爆发，湖北各地相继陷入混乱，这一警政建设之蓝图再次夭折。

湖北警政于省城创办初始，由官府筹办管理，但伴随着警政自省城而州县再乡镇的推广，受警政人才、经费等制约而举办形式各不相同。依据湖北各地警政建设的情况，主要可分为由地方官办理警政和湖北巡警道委派警务生直接办理警政两种。

---

① 《关于警务之议案》，吴剑杰主编：《湖北咨议局文献资料汇编》，武汉大学出版社1991年版，第589~598页。

## 一、地方官办理警政

由于湖北各地社会经济发展不平衡，一些较大的城市和商埠在办理警政时不仅在时间上较早且表现为地方长官兼办警政，这其中以荆州、沙市、宜昌、鄂州、黄石为代表。

荆州。荆州为八旗兵驻防之地，在张之洞的授意下开办警政较早。1903 年 9 月，荆州将军倬哈布奏派协领长林为荆州警察总局总办，辖 8 个分局，警官 32 名，精壮小甲 500 名。① 荆州警察总局"对于行政、司法、巡防、团练、保安、卫生、缉匪、防灾、清讼、裁判各事，颇为认真，办理甚有成效"②。

沙市。1903 年，沙市亦已开办警察。"警察之设，固属清理街道，但经费不足，碍难多雇勇丁。沙市一局仅有巡勇两棚，所辖大街小巷不下百余，专资巡勇打扫仍不能遍及。"③ 沙市警察局于"每一地段，必悬一小牌，标明警察勇某人，清道夫某人，俾市人一望而知设，遇事故不至互相推诿，其法可谓善矣"④。

开办之初经费没有保障，仅靠烟灯捐等维持，"此间开办警察，苦于经费难筹，荆宜施兵备道余尧衢观察，移拨烟灯捐，以便认真办理，札饬江陵县张芸生大令，贯力举行，以杜偷漏而资抱注"⑤。

沙市警察局对于清理街道等卫生事宜尤为重视：

> 现在城内各街巷皆归铺家，烟户每日清晨自行打扫，局员则专挑渣滓，随时经理而已。官民通力合作，街道独见干净，沙市自应一律照办……沙市铺家人等知悉，各家门口仍须于每日清晨自行打

---

① 《湖北公安志》，2010 年，第 61 页。
② 王家俭：《清末民初我国警察制度现代化的历程（1901—1928）》，商务印书馆 1984 年版，第 77 页。
③ 《警察新声》，《申报》，1903 年 10 月 1 日。
④ 《荆沙人语》，《申报》，1904 年 9 月 5 日。
⑤ 《沙市琐闻》，《申报》，1904 年 1 月 4 日。

扫洁净，将渣滓用竹箕篾筐装置门口，由清道夫转送僻静地方倾倒。至往来骡马，遗粪街心，仍须责成两对门随时扫除，各段不得推诿。至庙门公所，无人之处，则仍归局勇按日打扫。①

沙市访事人云，自警察开办以来，街道颇见干净。现值水果上市，甘蔗最多，无知小民难免不误将渣皮等倾弃于路。县主以其有违禁令，爰与日前与旗营协领长固会街出示，并酌定规则三条俾知遵守：一、各乡种户，先在田中将蔗根、蔗稍削去，方准卖与贩户，准其加价以作酬劳之费；二、贩卖甘蔗者，应备篾筐一只收拾皮渣，收摊时自行送僻静地方倾弃；三、游行之人，食蔗吐渣，须在墙角堆弃一处。以上三条，违者或罚或责，决不宽贷。②

在预防火灾方面，沙市警察局亦格外注重：

冬晴日久，天气亢阳，火警之事屡见叠出。荆宜施道余尧衢观察面谕警察局委员，饬令各鞭炮店不准入夜工作，现已出示晓谕也。③

此外，在治理窃盗、斗殴、禁赌等事宜，维护社会治安秩序方面，沙市警察局也取得了一些成就：

日前，荆宜施道余尧衢观察饬警察局缮发六言韵示曰：照得时局维艰，官民均应谨慎，一切顽要赌博，自来悬为厉禁，动辄败人家产，又易召集匪棍。现值新春佳节，尤要各安本分，倘敢掷骰押宝，一律锁局治罪，笞杖枷号并施，勿谓言之不预。④

沙市访事人云，沙埠既设警察，地方窃盗斗殴之事，颇觉罕闻。⑤

---

① 《注意卫生》，《申报》，1903 年 10 月 1 日。
② 《出示禁令》，《申报》，1903 年 11 月 6 日。
③ 《荆沙涛声》，《申报》，1904 年 1 月 23 日。
④ 《荆郡官场记闻》，《申报》，1904 年 3 月 18 日。
⑤ 《沙堤春晓》，《申报》，1904 年 3 月 18 日。

沙市警政由于经费拮据，故警察不仅人员少且待遇极低，警察腐败之事时有所闻。"各巡勇于各摊之摆列街心者，无不向之讹索，小本营生之辈受累亦殊非轻也。"① "沙市前办警察时，各铺户有馈委员青蚨数竿以作津贴之事。"②

沙市警察开办以来虽成效显著，但一直经费困难，这成为制约沙市警政发展的瓶颈。限于经费没有保障，1905 年，张之洞下令裁撤沙市警察局而将结余之款项改作建设警察学堂教育之用，待学生学成后再赴沙市重新开办警察局。同时，沙市警察局裁撤后又再次改办保甲局。不久之后，沙市警察局又在裁撤保甲局的基础上重新开办。

> 本市灯捐、铺捐向归警察支用。兹由鄂督张香帅札饬，将警察局裁撤，改为保甲，酌留若干名充当保甲巡勇。其铺捐解省，作为警察学堂费用，俟警务员学成后，仍分拨各处照常办理。灯捐则仍留本处保甲之用。荆州府舒太守、江陵县林大令，已于日前会街出示晓谕，自本月初一日起，仍每月至局缴纳。③

> 现在警察停办，整顿保甲，凡沙城委员薪水、勇役口饷，均于灯捐项下支开。所有前办警察时一切陋规，均著严行禁革，嗣后各铺户勿必再行馈送。④

宜昌。宜昌警察开办也较早，先是"宜地（宜昌）筹兴警察，仿照省城所订章程，招募勇丁六十四名，凡年在二十岁以外三十岁以内者皆得报名候选，其有身体虚弱及素染烟癖者概不录用"⑤。不久，宜昌警察局于 1903 年正式开办。

> 宜昌访事人云，此间警察事务，前经荆宜施道余尧衢观察筹议

---

① 《沙堤春晓》，《申报》，1904 年 3 月 18 日。
② 《警察津贴》，《申报》，1905 年 7 月 18 日。
③ 《灯铺捐分拨保甲警察支用》，《申报》，1905 年 6 月 21 日。
④ 《整顿警察》，《申报》，1905 年 7 月 18 日。
⑤ 《警察募勇》《申报》，1903 年 10 月 29 日。

兴办，已有端倪。现拟就城内财神殿保甲总局，招募勇丁七十余人，以五十人巡街，二十余人专治道路。日前东湖县熊令府宾督率差役，周历所辖各境，妥为布置、严密逡巡。①

　　警察事宜，已于本月初一日开办。东湖县熊大令恐各洋行及各教士或未明原委，不免有所龃龉，特将所订章程分别传谕。初二日，即由委员督率巡勇，按东、西、南、北四路分投巡缉，以戢匪踪，所有负贩之徒，均令将货物移至后街出售，市上各肆如有积垒炉灶、招牌之类有碍道路者，一律撤去，是盖巡警之先声也。实事求是，慎始图终，是在有经理之实者。②

宜昌警察局开办后，在清理街道、修建菜场、铺设路灯等方面发挥了积极作用。

　　警察局沿途设立路灯，总计城内外，及西壩河东西，约共数百余盏。现已安设灯杆、编定字号，于十月初一日一律燃点。从此星沉月晦时，行人无须秉烛矣。尔来清查街道，凡店铺于门外竖立站牌，及各铺门首有用木栏杆为护者，均须一律撤去。至过街横匾、招牌，亦不准用小木营生。设摊买卖禁令尤严，而又无囤聚之市集如上海之所谓小菜场者，因此居民亦大不便。是亦为民上者当设法熟筹者也。③

1905 年，张之洞下令整顿全省警政，对于警政建设实效欠佳者一并裁撤并改办保甲。宜昌警察局于同年被裁撤，保甲局复办。

　　前月十八日，宜昌官场接奉张香帅札饬，本省各府警察办无成效者一概裁撤，仍将保甲局留办等因。于是，宜城内外警察遵即一律停办，巡勇亦一概遣散。不意宜昌巡勇坚求恩饷两月，未蒙允

---

① 《宜兴警察》，《申报》，1903 年 11 月 3 日。
② 《巡警先声》，《申报》，1903 年 11 月 10 日。
③ 《安设路灯》，《申报》，1903 年 12 月 5 日。

准，遂将城内总局打毁一空，又蜂拥至府署滋闹，幸经陈太守调处，许赏一月恩饷，方始散去。①

由材料可知，宜昌警察裁撤之时，巡勇为恩饷之事与官府发生冲突，甚至将宜昌警察总局捣毁，后经协商和平了结。后湖北官方派遣高等学堂毕业警务生赴宜昌方才重新开办警政。

黄石。黄石在清代为大冶县，因当时黄石为重要的铁矿产地，湖北政府当局于1910年10月创办警政机构。② 1910年，在描述大冶县开办警政情形时有记载：

---

① 《裁撤警察巡勇索饷肇事》，《申报》，1905年6月10日。
② 《湖北警务杂志》1910年第2期记载大冶警政情况：一、巡警名额。甲、巡长一名，巡警三十名，开呈详细名册。乙、宣统元年十月初日开办。丙、查黄石港、保安两处最为繁盛，现饬分别筹款尚未开办。二、巡警口粮。甲、巡警每名月支口粮钱五串文。乙、巡长八串六百文，巡警五串文。三、巡警服装。甲、冬夏褂裤、布靴、油布、雨衣、警棍、警笛各种类均遵照部订。乙、褂裤均青色、袖章载黄线，巡长两道、巡警一道，肩章左书大冶巡警、右书第某号，褂章黄色直线一条载青布，西式布靴、皮靴均短统，雨衣、帽系黄色油布。四、巡警之配置方法。甲、昼夜分四班，每班六点钟，俟款项筹足，人数加补，再另改班。乙、城内现分六段，设守望所六处，每处每班两人轮流站巡。丙、专则嘉奖、过则惩儆，罚积三小过为一次大过，至大过三次者，开除。警务细则按呈。五、管理巡警人员。甲、随办警务生二人、会计一人、庶务三人、稽察二人，又襄理员一人系教练所长兼充。乙、襄理员月支薪火十串、随办生遵札月各支给薪火十五串、会计、庶务、稽察等员共六人，原议每人按月薪资钱五串，现因经费不足，均系各尽义务，愿将原议之钱捐入局内补助。丙、襄理员魏元参把总、随办生王者馨，留日警察毕业生、宋耀璜，湖北警察毕业生、稽查石映瑞监生、庶务叶开华、封职庶务刘修举附贡生、稽查马绍融候选县丞附贡生、会计殷志伊监生、庶务叶树椿职员。丁、除襄理员薪外，余俱系经筹款之人。六、巡警经费。甲、襄理员及随办生薪水，暨巡长连巡警口粮，每年共额支钱二千三百八十三串二百文，司役及清道夫人等工食，每年共额支钱三百串文。乙、额支款项每年共需钱七百二十六串，已于六柱册内逐款登明。丙、卫生、行政各项用费列后开六柱册内，开办费另行造报。丁、查筹定人款每年约有三千四五百串，已于后开六柱册内逐项登明。戊、分别额支活支，核实另行造报。己、现在庶无劣绅把持，所有现办警务各绅姓名，已于管理项下开明。庚、自宣统二年正月起，按月遵式核实报销，兹将额收额支各款逐项开列于后。

　　自沈令莅任，热心新政，首先提创警察，清查款项不敷用者，遂慷慨担任筹划，幸能告厥成功，旋出示招考合格巡警三十名。至九月二十日开办教练所，按照部定章程尽力教练，于十月初一开立警察局。城内划分六段，系设派出所六座，每所巡警四名，分为甲乙两班，每班两人，每人一昼夜十二小时轮流巡站，所有一切规模，均系按照部章，无稍虚空，但教练所仍附设于警察局，入则为学生教授学科，出则为巡警，藉资实验。似此情形，未免因陋就简，然款项支绌，故不得不变通办理云。①

　　由此可见，当时大冶县的警政创办是由地方官先在当地招募巡警人员，然后开办巡警教练所将所募人员进行一段时间的训练，最后再将毕业之人员委派当差为巡警。

　　此外，兴国州②、石首③、枣阳④、均州⑤、枝江⑥、樊城⑦等地都是采取类似大冶县的这种方式在1910年兴办了警政机构。

## 二、湖北巡警道委派警务生直接办理警政

　　湖北一些经济相对较落后的州县在办理警政时由于经费等原因开办较晚，普遍是在1910年清政府下令推行筹办地方巡警以后才开始办理的，如长阳、鹤峰、罗田等。这些地方警政建设多为由巡警道委派毕业于巡警学堂的警务生，从省城委派到地方具体负责警政的办理。警务生一般到当地后也是采取先招募人员再开办巡警教练所的方式办理警政。警务生由于人地疏远且存在与地方官和士绅争权、经费难筹、普通民众

① 《湖北警务杂志》1910年第4期。
② 《湖北警务杂志》1910年第4期。
③ 《湖北警务杂志》1910年第5期。
④ 《湖北警务杂志》1910年第6期。
⑤ 《湖北警务杂志》1910年第6期。
⑥ 《湖北警务杂志》1910年第6期。
⑦ 《湖北警务杂志》1910年第6期。

于警务茫然无知等情形，故其办理警政困难重重。

长阳。1910年，由湖北巡警道所委派负责办理长阳县警务的何翰庚在记录长阳县警察教练所情况的报告中写道：

> 长阳教练所学生，均属年在二十岁以上、身体健全、文理通顺，数十人中并有多数由师范传习所毕业、领有文凭，及曾肄业宜郡模范学堂、稍有普通知识者。自去冬开学，扣至本年四月间，已满足第一学期。前由各教员分门拟题，临期禀请警务长指定试题，考验成绩。近经教员详细校阅，汇核分数平均标列，送呈警务长察看。列入最优等者颇不乏人，将来派充长警，度必能呈圆满之状况，以求完好之善果。惟薪水太少，诚恐该生等程度既高，职务亦苦，而身分甚轻，俸给甚薄，无相当之报酬，将有裹足不前、不愿托身巡警者。现拟无论县属财力如何支绌，仿照省垣巡警薪饷数目支给，俾警务日臻进步云。①

由报告可知，长阳县警察教练所创办之初较为注重所募学员的素质，其学员多有在师范传习所、模范学堂等新式学堂学习的经历，然限于经费缺乏，警政办理成效令人担忧。

鹤峰。1910年，办理鹤峰警务生毛炳先在描写鹤峰警政及乡镇警察着手之难的报告中写道：

> 鹤峰厅城内四五十户，城外东西两街，不过三百余户，商务冷淡，街道短狭。每年雨水前后，茶商到埠，略形繁盛，及节界立夏，茶务告竣，则旅社空虚，几无行人，故有巡警十余名已足敷分布。惟四乡六十四保，千峰万岭，岛道蠹险，或居山顶、或居山麓，户口零星，呼应不灵，一遇贼盗，每束手待毙，求救无人。从前虽设有团练，亦只徒有名而无实效。警务长曹公，目睹此状，力

---

① 《湖北警务杂志》1910年第6期。

图挽回。于去岁奉饬设立教练所时，即谕各堡团绅选送合格巡警到
所教练，俟毕业后分派各堡，藉以诘奸宄而弭盗贼。讵料人民智识
不足，反视此举为具文，延宕至今，竟无来者。若加严责，又恐如
客冬调查户口时致启人民之疑虑。现拟俟城内开办后，略有效验，
再为推广四乡警察，以副宪政之期限云。①

从报告可知，由湖北警务公所派驻鹤峰县负责办理警政的警务长曹
某也是采取先招募人员，然后开办巡警教练所进行训练的方式办理当地
警政，但是由于当地人民对于警政茫然无知，因此视办理警政遴选人员
的告示为一纸空文，竟至无人应募报考的窘境。

罗田。1910 年，由湖北警务公所委派负责办理罗田县警务的刘楚
莹在叙述罗田警政情形时写道：

本处警务，始因地方绅首阻力横生，以致筹款维艰，未免稍形
腐败。幸县令金注意警政，督催绅等认真收缴各捐，不准稍涉含
混。常年经费除补助乡间初等小学堂外，约有二三千余串可作警察
之资。日前已专差至省购办巡警夏季服装，并教练所图书器具等
项。随即觅县署侧之昭宗祠，饬匠修整，以作讲堂。本拟暑假后再
行开办，只以期迫难待，不敢稍缓，计不分假期，俾教授勤务两无
所废云。②

罗田县大体也是采用先招募人员、然后开办巡警教练所的方式，但
由于当地的士绅极力阻挠致使经费难筹，难以为继。
对于清末湖北的警政状况，1909 年，时任湖广总督的陈夔龙在给
清政府的奏折中有比较详细的介绍：

鄂省警察学堂，业于光绪三十一年经升任督臣张之洞就武昌省

---

① 《湖北警务杂志》1910 年第 6 期。
② 《湖北警务杂志》1910 年第 5 期。

城筹款开办，额选学生四百人，分甲、乙、丙、丁四班，每班一百人，定期两年半毕业。于三十三年冬间，该学堂学生毕业三百零二人，一律饬赴各局见习三月，期满先后委派襄办省城暨各属警务，颇著成效。兹准部咨，即将该学堂改为高等巡警学堂，赓续开办。唯鄂省幅员辽阔，警政需才孔多，部定每省学生需满五十名。就鄂省而论，此数不敷派遣，因增定为一百名，以五十名出省城，考选为甲班，业经招试如额，以五十名由各属申送，为乙班，已取定四十名，于本月先行开学。宜、施、郧三府离省过远，尚未申送到省，因留额十名，以待补试。甲、乙两班，名殊级同，均遵章三年毕业，其分年应习学科，查照部章所列名目分科教授。惟查原章第七条内载：高等巡警学堂为目前警官需人计，得附设简易科，以一年半为毕业期等语。鄂省现用警务人员，皆取材于原办警察学堂毕业各生。该堂原定两年半毕业，较部定简易科一年半毕业之期已属加增，其学程既以稍优，其人才尚足敷用，所有简易一科，自可暂不附设。此遵章改办高等巡警学堂之情形也。溯查湖北举办警政，始自光绪二十八年，其时百事草创，新募警勇卒多不谙警章，因先派警务学生，赴日本学习警政，于二十九年回国。光绪三十年，复经选派文武员弁四十七员，赴日本入警视厅学习一年，旋改入警察学校，于三十三年八月毕业回国。又于三十二年春间，考选候补正佐各官三十一员，入省城警察学堂学习，定两年毕业。至三十年冬间，省城警察学堂甲、乙、丙、丁四班一律毕业。计先后派赴日本毕业回国者凡两次，本省官班及学生毕业者凡两次，均经分别录用，规模粗定。因议扩充办法，先就毕业各生中选赴各属以为先导。自上年十月派荆州一府学生，十一月派襄阳一府学生，本年二月续派汉阳、德安各府，并补派武昌、黄州各府学生，闰二月派安陆、宜昌、施南、郧阳、荆门州、鹤峰厅各处学生，计大县二人、中小县一人，通商大埠及华洋杂处之区，如荆州之沙市、光化之老河口，襄阳之樊城暨宜昌府等处，加派五六人、三四人不等。现已一律派竣，随同地方官襄办警务。按各厅州县禀报，现已具规模者，计五十一厅州县，其设巡警在一百名上者六县，八十名以上者四县，六十名以上者三县，五十名以上者三县，四十名以上者四县，三十名以上者五县，二十名以上者十一县，十名以上者五县，其余十八厅县甫经筹设，尚未具报。就目前警政详加考核，虽成立有先后之殊、员弁有多寡之异，而皆出于省城所派遣之学生为之提倡。为目前谋统一已见其端，为日后求扩充尚易为力。此鄂省现办警政之实在情形也。窃维民政为宪政要领，而警政尤为民政之根本，然必立有初基，而后可谋进步。鄂省现拟办法，即以派遣学生为推广警政之基础，各属需用警员以此即各属应办巡警教练，而需用教员亦以此，俟布置粗定，应由臣札饬各属，将遵章应设之巡警教练所一律克期举办。①

在这篇奏折中，陈夔龙言及张之洞创办武汉警政后注重警察教育以培养人才的方式，培植警政人才后又陆续分派湖北各地以推广警政。陈夔龙在奏折最后对湖北自张之洞创办警政以来在全省范围内推广警政所取得的成绩予以了肯定。

王家俭先生对清末湖北警政的建设和推广论述道："湖北警察以武昌最具规模。汉口因系商业巨都，又有外国租界，故亦倍受重视。计两镇之警察合约三千人，每年用银二十万两，几为全省警察用款之半。武汉以外地区的襄阳、德安、黄州、安陆、宜昌、施南、郧阳、荆州、沙市、樊城也于光绪三十年后，陆续派遣巡警学堂学生前往开办，每处人数自一百名至四五十名不等，有的地方且仅有一二十名。荆州因系旗兵驻防之区，开办较早。光绪二十九年九月，由荆州将军倬哈布，奏派协领长林为总办，设立总局、分局，对于行政、司法、巡防、团练、保安、卫生、缉匪、防灾、清讼、裁判各事，颇为认真，办理甚有成效。总计至宣统二年九月为止，全省巡警人数已有五千四百九十五人。除省城警务公所以外，尚设有高等巡警学堂、省城教练所、游民习艺所、拘

① 《鄂督奏陈现办警察情形》，《申报》，1909 年 6 月 3 日。

留所、消防队、卫生队、教练队、工程队、差遣队、司法警察及水上警察等机构。在全省六十九厅州县之中，已经开办警察者六十处，并有五十九处报设教练所。"①

中华人民共和国成立后编写的《湖北公安志》对清末湖北的警政建设情况进行了记载："继省城开办警察之后，于光绪三十年（1904）至宣统二年（1910），逐步推及全省 69 个厅、州、县。共设总局 5 个，专局 63 个，分局 69 个，守望所 230 处，配备职员 503 名，募练巡警 7668 名，总局总办由知府兼充，专局警务长由知县兼充，分局管理员由典吏把总兼充，随办警务生多者 9 名，少者 2 名，均为巡警学堂毕业生，巡警名额不等，由各地依繁、僻、贫、富而定。"②

从王家俭先生和《湖北公安志》的论述中可以看出，清末湖北的警政机构、人员、经费等已初具规模，警政机构也从较大的城市逐渐推广到地方州县，乡镇警察的建设也有所进展。总体而言，清末湖北的警政建设已取得了一定的成就。

湖北地方警政建设的进程初期较慢，至 1908 年以后步伐明显加快。究其缘由，一是早期限于经费和人才都很缺乏，地方对于警政基本处于茫然无知之态；二是清政府逐步重视和加强对各省警政建设的指导力度，在中央先后成立中央警政机构而逐步注重编制全国的建警蓝图；三是 1908 年湖北巡警道设置以后，全省警务划归统一，这有利于全省警务的开展；四是湖北经过数年苦心孤诣推行警察教育，逐渐培养了一批警政人才，这有利于警政的开展；五是 1908 年以后，全国掀起了立宪运动，地方的自治运动兴起，而警政又为立宪和自治运动的基础，这在客观上有利于加快地方警政建设的步伐；六是经过几十年警政思想的传播和多年警政建设的实践，民众对于警政已逐渐有所了解，这为基层警政运动的开展奠定了一定的群众基础。

清末在地方推行警政制度，建立地方警务机构是一场在官方主导下

---

① 王家俭：《清末民初我国警察制度现代化的历程（1901—1928）》，商务印书馆 1984 年版，第 79~80 页。

② 《湖北公安志》，2010 年，第 62 页。

声势较大的新政运动，全国上下多有关注，时人不乏相关的建言、分析和评论。

考九年筹备宪政表中，今岁为厅州县巡警完备之期，来岁则为乡镇巡警创办之始。夫创办及于乡镇，固不使一夫不获，亦不欲一方向隅，国家之保护闾阎，靡幽不烛，此不得不预为筹划，以免临时周章者也。

虽然，乡镇警察，谈何容易。溯吾国自设立警部、举行警政以来，惟北京因工巡局之基础改为警察，故一蹴而就，遂不觉明效大验之特著。此外各省会、各州县之行警政者，创办之初，靡不由保甲、团勇、绿营裁兵之变相而逐渐改革，以迄于今，犹不敢曰能达警察行政之目的也。何则？保甲、团丁、绿营之兵与民不亲，唯利是图，而欲其直接预防危害，是犹南辕而北其辙，未有能济者。故保甲、团勇、绿营之兵，不久而悉归劣败。今者筹划乡镇警察，若再以地保当其任，凡有识者，鲜不谓为保甲、团丁、绿营之续，虽不谓其贻民生之祸，亦必不能造民生之福，况地保人格久为居民所贱视者哉。虽然，两利相权则取其重，两害相权则取其轻。考吾国警政，取则曰德，在城市有人口三百以至八百，则配置巡警一名，乡镇有人口一千以至二千，亦配置巡警一名。夫一千人口以上之乡村，其民必零星，而居其地必辽阔而荒，其家必十室而九贫，若以素不相习之巡警配置其间，吾恐守望不能顾、巡逻不能周、费用不能筹，顾此失彼，亦奚贵此巡警为也。其在贤者或严查匪类，报告上官以隐除其害，犹未必能胜保守农林、排解纷难、压服暴徒之任。其不肖者，则因长官之远隔而不我监督也，因乡曲之愚懦而不我抵抗也，因地方自治会之不立而不予瑕疵也，则以干涉之权为通贿之路。又其甚者，以州县差役为后援，有地方劣绅与同恶，敲诈居民以鱼肉之，亦不能保其必无也。然则警政为保民者，适以扰民食于人者，即不啻为兽食人。呜呼，巡警若是，非警政之蠹哉！此不可不权其利害者也。

明年及届宪政筹备之第四年，一旦欲行警察，遍布乡镇，识者靡不讶其难具规模也。今拟以地保改巡警，则有数利可信：以无所事事之地保，而予以乾嘉以前固有之职权，一转移间，即为遍满乡间之巡警，一利也；以最熟悉人情风俗习惯，日与亲近之人为地方巡警，则不致有隔阂之虞，亦不至有滥用职权之惧，二利也；以旧有之规费，为新政之饷需，则不必另筹巡警费用，三利也。具此三利，更宜防害。防害之法，向日于未为巡警之先，使之入教练所，以浚其智识，庶不致盲无措手，动辄得咎也。既为巡警之后，宜设考绩簿，以严其监督，庶有所惕于后，而不敢妄为焉。①

评论对当时的警政建设，特别是乡镇警察推广所面临的问题和困难多有精辟的论断，正因为困难重重，论者才提出改地保为巡警的建议，这实际上反映了当时创办乡镇警政的艰难态势。

湖北警察于省城创办初始，由官府筹办管理，但伴随着警政自省城而州县再乡镇的推广，受警政人才、经费等制约而举办形式各不相同，有官办者、有官商合办者、有官督绅办者、亦有商办者。绅商参与警务活动，这既与士绅热心于地方公益事宜的传统相承袭，亦与清末地方自治运动思潮之影响相关，更与清政府限于人员、财源匮乏而不得不借助民间之力以开办警政的社会趋势相吻合。由此可见，在清末，特别是1910年前后，在全国掀起了声势浩大的立宪请愿活动后，在清政府将预备立宪与推广警政建设结合起来的背景下，湖北的警政建设步伐加快。而湖北地方当局在推广警政建设时，基本沿袭了张之洞督鄂时期先通过派学生留洋学习警务、开办警察学堂和巡警教练所培植警政人才，然后派毕业之警务生下地方基层逐步推广的方式。在管理体制方面，湖北警务公所原则上管辖全省之警务，然在地方一般警察总局之总办由知府兼任，专局警务长由县令充当，分局管理员由典吏、把总充任。这实际在一定程度上延续了政警不分、政刑不分的旧有传统。湖北警务公所

---

① 《论举办乡镇巡警之便捷方法》，《湖北警务杂志》1910年第2期。

作为全省最高警政机关，仍只能通过派遣毕业于警察学堂或巡警教练所之警务生协助地方政府办理警政。虽然清末湖北的警政建设有种种之弊端，甚至仅停留在通过简单地嫁接和移植西方的警政机构的方式来举办警政，但毕竟清末的湖北已经基本上建立了统一而系统的警察网络机构，这对近代湖北的警政建设而言是迈出的一大步。

# 小　结

清末湖北社会的急剧变化使传统社会的治安体系受到了巨大的冲击和挑战。在欧风美雨的刺激下，以警察制度为代表的西方治安体制开始被引入中国并潜移默化地对传统社会的治安体制产生刺激。在内在求变与外部刺激的共同影响下，湖北开始了对近代警政制度的移植。在清政府中央的倡导和推动下，张之洞武昌建警使中国近代警察制度在湖北初步建立，这是对西方政治文明中制度成果的移植。这种移植的合理性，源于社会变迁的客观需求。但在清末这种"大变局"社会的转型时期，通常存在着前现代、现代乃至后现代因素的混杂，各因素间既有冲突，又有相互沟通和合作的制度空间与操作可能性。清末"变局"时代的警政模式即有此种特征。由此，构建社会转型阶段的警政模式，不应完全否定、轻视甚至遗忘那些凝聚着前人智慧的、富有生命力和浓厚乡土气息的本土治安经验。警政建立后，湖北社会的治安体制存在着传统与现代并存的局面，这对警政的发展产生了深远的影响。

# 第二章  近代湖北警政几个侧面的考察

## 第一节  湖北近代警政机构

从 1902 年张之洞创立的武昌警察总局到 1907 年在清政府官制改革背景下设立的湖北全省最高警政机构——湖北警务公所，这见证了清末湖北警政机构的发展变迁。1911 年辛亥革命武昌首义后，革命党人创立的湖北临时警察筹办处则是在原有晚清警政机构基础上的一次飞跃。

### 一、武昌警察总局

1902 年 6 月，张之洞在武昌创设武昌警察总局，成为全国最早的警察局之一，是中国近代史上第一个以警察二字命名的警察机构。武昌警察总局成立之后即颁布《鄂垣警察章程》《鄂垣创行警察示》《鄂垣警察局除弊章程》《警局防疫章程》《严令清道章程》《约束巡勇章程》《侦探弁兵办事规则》等规章制度，因其章程完备、内容简洁详实，尤为南方各省创办警察时所仿效。经过几年的苦心经营，湖北的警政机构由武昌逐渐扩展到汉口、汉阳、宜昌、沙市、荆州、襄阳、德安、黄州、安陆、施南、郧阳等地。

武昌警察总局成立之初尚无分科治事之责，当时初步的职责分工是武昌知府梁鼎芬任总办、候补知府金鼎任帮办、湖北按察使李岷琛任督办、候补知府查绥为总稽查、候补知县刘承绪任收支、原武昌保甲总局总办齐耀珊为文案、候补知县钟应同与候补知县谢鸿宾分别管理城内、城外分局。①

武昌警察总局成立后，张之洞委梁鼎芬、金鼎、李岷琛等心腹负责办理警政事务，其在总局的人事安排和机构设置上几经调配，颇费心思。武昌警察总局在城内下辖东、西、南、北、中5个分局；城外分设水、陆、东、西4个分局，每局委派官吏担任局员，具体负责本局日常事务，以专责成。不久，为进一步加强警务管理，张之洞又"添委候补知州查刺使绥为总稽查，候补知县刘大令承绪为内收支，其城内分局委候补知县钟大令应同办理，城外分局委候补知县谢大令鸿宾办理"②。"候补知县刘大令承绪为办理警察南局事务。"③湖北巡抚端方委"候补知县何大令蔚绅接办警察东局事宜"④。

在经费方面，除以原有保甲经费移充警局外，所用经费大部分取自抽收房捐。"无论官员、公馆、绅商、士庶，凡赁屋而居并开设店铺者，均按房租抽十分之一，如每月租金20元即捐银2元，余悉准此类推，业主租客各任其半。若系己屋白住，仍估计所值之多寡，以定抽捐之等差，至于住屋不及三间及草房、棚户暨窄闲暂无人赁者免捐。"⑤对于警政经费的使用，张之洞明令警局所征收房捐名为警察经费，要做到专款专用。张之洞还强调要革除旧有差役、地保需索扰民的陋规，所征收的警察经费收支账目每月要榜示警察局门和通衢外以供百姓周知与监督。其后，由于警政支出不断增加，为了应付经费支绌的困局，张之洞费尽心思多方筹措，甚至别出心裁地想出月捐之法，即将所有政府工作人员"分为12等，按月认缴，头等由督抚两宪捐赠，藩臬次之，自州

①　《警察新猷》，《申报》，1902年5月14日。
②　《警察新猷》，《申报》，1902年5月14日。
③　《警察委员》，《申报》，1903年7月7日。
④　《警局更员》，《申报》，1902年9月18日。
⑤　张之洞：《省城创办警察折》，苑书义等编：《张之洞全集》，河北人民出版社1998年版，第1475页。

县迄佐杂微员以次量减，闻至少亦须月捐洋银 1 元"①。但这无异于杯水车薪。武昌警察总局开办之初，张之洞"初仅照拨原存保甲经费三万六千余串文，创办衙署捐、房捐、铺捐计二万八千余串文，并由善后局每年借拨他项捐款五万余串文，综计各项约十二万串文之谱"②。至 1909 年，武汉地区警政经费支出已达 137600 余两，而出款实不敷银 79600 余两。到 1910 年，仅武昌、汉口两处警察常年经费已累计达到 20 多万元，辖区之员弁、巡警则超过了 3000 人。

在人员方面，张之洞认为警察不同于保甲、绿营，对于旧时的保甲、绿营应一并裁撤，以之结余经费再来办理警政。他对自古以来的军警不分、政刑不分的传统治安方式不无批判，力主警政人才建设的专业化、知识化趋向。他坚持主张"不能将绿营之兵改编为警察，因为此时的绿营实以积弊过深，不堪再用，非特其将领熏染官场习气，难以施救，即其官弁兵士亦层层积弊，病入膏肓。要想将之练成可战之兵，固属万不可能，就是将之改为警察，也必致索扰生事，一如地方差衙地保之所为"③。但由于警局之设实属草创，专业之警政人才缺乏，故在具体招募之时不得不有所妥协。具体办法是挑选保甲、绿营中之精干人员进行改编和向社会公开招募相结合。其所募之人员必须"能识字、写字并略通文理""以华人之年力强壮者充当"，其首批 700 多名警弁中，包括 550 名步军警察，30 名马队警察，另外还招募了 202 名专事清洁的清道夫和若干杂役。为了提高这批警政人员的业务水平，张之洞以每月薪金 400 银元的优厚待遇聘请曾任上海租界巡捕房捕头的英人珀蓝斯为总目，训练所募之警勇、员弁。④ 珀蓝斯不久去职，张之洞又聘请数名日本教习继任。到 1909 年，鄂督陈夔龙奏报："现已具规模

---

① 《警察派捐》，《申报》，1902 年 5 月 22 日。

② 《鄂督请拨武昌警政经费》，《申报》，1909 年 9 月 25 日。

③ 王家俭：《清末民初我国警察制度现代化的历程（1901—1928）》，商务印书局 1984 年版，第 27 页。

④ 张之洞：《省城创办警察折》，苑书义等编：《张之洞全集》，河北人民出版社 1998 年版，第 1476 页。

者，计 51 厅州县，其设巡警在 100 名上者 6 县、80 名以上者 4 县、60 名以上者 3 县、50 名以上者 3 县、40 名以上者 4 县、30 名以上者 5 县、20 名以上者 11 县、10 名以上者 5 县，其余 18 厅县甫经筹设尚未具报……"①

在警察职责上，实行警管多务、法政一体。章程标明武昌警察总局负责办理以下 24 项具体事务：清查户口、编列门牌号、办理铺户迁移手续、疏通沟渠、防火、规范招牌、清理街棚、安设路灯、整理货摊、约束摊贩、整顿店铺馆肆占街炉灶、条理肉案和限制生猪喂养、约束鸡鸭买卖地点、管理僧道、兼理相命、监管茶馆、管理乞丐、管理街车、管理房屋建造、清理渣草、监督挑粪、禁止瓦木放置侵占街道、禁止随地大小便、要求居民建造厕所等。② 由此可见，以上警察的职责不仅包括维护社会治安等方面，而且更多地体现在社会服务领域，实际上武昌警察总局承担了对城市进行综合治理的职能。

武昌警察总局开办不久，张之洞、端方等人即令人筹划颁布相关警务章程以使警务管理规范化和制度化。总局先后颁布了《鄂垣警察章程》《鄂垣警察局除弊章程》《严令清道章程》《警局防疫章程》等规章制度。

同时，为了加强对警务人才的培养，张之洞还在创建武昌警察总局的当天下令派员到日本留学学习警政、开办警政教育机构、聘请谙习警务之洋员充当教习等措施以加强对警察队伍的正规化教育。为了警政建设的长远发展，张之洞意识到必须加强专业人才的培养。1902 年，张之洞在创设武昌警察总局后，当即从护卫亲军中精心挑选弁目 20 名，命署理武昌府同知双寿带赴日本学习警务。从 1904 年起，张之洞又陆续派遣了 47 名文武官员到日本警视厅及警察学校学习警察法规。张在致管理留日学生之官员的电文中写到"须知警察为推广新政之根基，责任所关，极为重要。到日本后，务须束身自爱，恪听所隶警察部长官约

① 《鄂督奏陈现办警察情形》，《申报》，1909 年 6 月 3 日。
② 《鄂垣警察章程》，《申报》，1902 年 6 月 10 日；《续录鄂垣警察章程》，《申报》，1902 年 6 月 11 日。

束，将警察所应办各事宜，悉心考究，以备将来任使"①。诚然，仅靠留学生推广警政只能是杯水车薪，为了培养更多的专业警务人才，张之洞创设了新式警察学堂。1903 年，张之洞设警察学堂于阅马厂，派首批留学日本学习警务的 12 名毕业归国学生充当教习，教练警务事宜。"1905 年，张乃下令就原设仕学院改建讲堂斋舍，扩充学额，仿日本选募巡查之法，招募身家清白、文理明通者充当学生，分甲、乙、丙、丁四班，每班一百名，招聘日本高等教习三员，教授警察应用学科，定期两年毕业。"② 到 1907 年，警察学堂共培养毕业生 302 人。1908 年，湖北警察学堂更名为湖北高等巡警学堂，培养全省各地警官，造就高级警政人才。学堂委巡警道冯启钧为监督，规模限定为每年招收 100 人，分设甲、乙两班，其中省城 50 人为甲班，各州县 50 人为乙班，学生毕业后甲、乙两班分派省城和各州县实习，依据实习表现酌情分别任用。这些毕业警生，后逐渐成为武汉乃至湖北地区警察队伍的核心力量，对提高过去传统的以绿营、保甲等构成之警政人员的素质起到了输入新鲜血液的作用。

## 二、湖北警务公所

1905 年巡警部成立后，按照中央的统一规划应将警局分科治事，湖北警政机构始设行政、司法、保安、卫生等科。③ 1907 年，中央筹议官制改革，决定各省设立巡警道以隶属于民政部。官制改革初期，张之洞并不以为然。张之洞认为"京官宜少改不宜多改，外官宜缓改不宜急改"④，"对于外省官制仍执守旧意见"⑤，为此张之洞为言官所弹劾。

---

① 张之洞：《札委双寿带同两湖等书院学生及护军营勇前赴日本学习师范警察学》，苑书义等编：《张之洞全集》，河北人民出版社 1998 年版，第 4195 页。

② 杨承禧纂修：《湖北通志》，商务印书馆 1947 年版，第 1432 页。

③ 《警察将改新章》，《申报》，1906 年 6 月 10 日。

④ 《张香帅论议官制》，《时报》，1906 年 11 月 12 日。

⑤ 《张香帅对外官制意见》，《顺天时报》，1907 年 7 月 4 日。

不久外官改制圣谕下达后，张之洞则出人意料地迅速反应，上奏在湖北设立巡警、劝业两道，使湖北成为率先设立巡警道的省份之一。同年9月，张之洞进京任职之前以巡警道"此皆关系民生，与百姓最为亲近厉害相关之事"① 为由，委任候补知府冯启钧试署湖北巡警道，为全省最高警政长官。巡警道设立后未建衙署，办公地先就武昌警察总局处办公，后一度置于冯启钧自家府第办公，后选定裁撤的粮道衙门为巡警道衙署，② 不久再租赁房屋办公，最后迁入财政局。③

1908年2月，冯启钧即开始着手改组警察机构，拟"将警察局改为巡警总局，各分局改为巡警厅，并详订办事规则，就总厅分设建筑、消防、卫生、司法、行政、教练等十余科"④。"分行政、会计、司法、文牍四科，共附属十三股，每科正副科长各一人，各股股长一人或二三人，以留学生毕业警察员分任。"⑤ 3月，冯又计划参照日本办法，"仿日本警视厅分科治事之规则，在署内附设警察公所，分别掌事"⑥。至1908年4月，冯启钧正式将武昌警察总局更名为鄂省警务公所，并遵章设立各科，委任知府徐传笃为总务科长、知县沈严为文牍科长、知县李文铂为会计科长、知县李继沆为司法科长、知县杨培为行政科长、县丞徐道恭为卫生科长，惟教练科长暂缺未委，各科共计有二十二股，也分别派定佐贰及留学生分任。⑦ 湖北警务公所机构设置具体如表2.1所示。

---

①　《张之洞奏为新设巡警道缺遴员奏请试署及早开办以卫民生而靖地方》，《京报（邸报）》，全国图书馆文献缩微复制中心2003年版第153册，第327~328页。

②　《巡警道择定衙署》，《神州日报》，1907年9月23日。

③　《巡警道定期迁入新署》，《申报》，1910年5月1日。

④　《巡警改良办法详记》，《时报》，1908年2月27日。

⑤　《巡警道署分科治事》，《新闻报》，1908年2月26日。

⑥　《巡警道署设所分科办事》，《新闻报》，1908年3月22日。

⑦　《警道实行分科治事》，《申报》，1908年4月23日。

表 2.1 湖北警务公所机构表

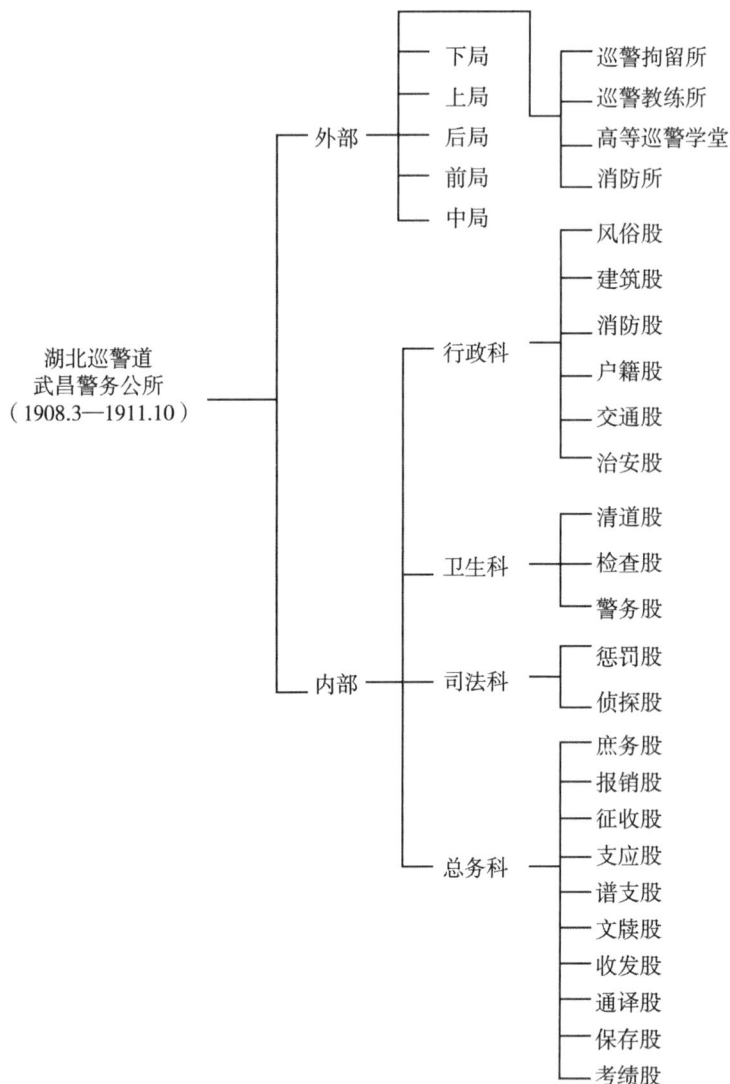

```
                                    ┌── 下局 ────┬── 巡警拘留所
                                    ├── 上局     ├── 巡警教练所
                              外部 ──┼── 后局     ├── 高等巡警学堂
                                    ├── 前局     └── 消防所
                                    └── 中局
                                                ┌── 风俗股
                                                ├── 建筑股
                                    ┌── 行政科 ──┼── 消防股
                                    │            ├── 户籍股
 湖北巡警道                          │            ├── 交通股
 武昌警务公所 ───────────────────┤            └── 治安股
 （1908.3—1911.10）                 │            ┌── 清道股
                                    ├── 卫生科 ──┼── 检查股
                                    │            └── 警务股
                              内部 ──┤            ┌── 惩罚股
                                    ├── 司法科 ──┴── 侦探股
                                    │            ┌── 庶务股
                                    │            ├── 报销股
                                    │            ├── 征收股
                                    │            ├── 支应股
                                    └── 总务科 ──┼── 谱支股
                                                 ├── 文牍股
                                                 ├── 收发股
                                                 ├── 通译股
                                                 ├── 保存股
                                                 └── 考绩股
```

资料来源：赵志飞：《首义警事》，群众出版社 2011 年版，第 36 页。

　　湖北警务公所主要官员主要也是来源于原武昌警察总局，除少数为
警校毕业外，多为旧式候补官员，其官员籍贯也主要以外省居多，详情
见表 2.2。

表 2.2 　　　　　　　　**1911 年湖北警务公所官员履历表**

| 省份 | 科别 | 职别 | 衔名 | 姓名 | 籍贯 | 出生 | 统计 |
|---|---|---|---|---|---|---|---|
| 湖北省 | | 巡警道 | | 王履康 | 江苏句容 | 拔贡 | 人员精简 |
| | 总务科 | 科长 | 补用知府 | 瞿世玖 | 顺天宛平 | 警校毕业生 | |
| | | 副科长 | 试用武昌县知县 | 顾印愚 | 四川成都 | 举人 | |
| | 行政科 | 科长 | 试用通判 | 杨培 | 四川华阳 | | |
| | 司法科 | 科长 | 知府用补用同知 | 何锡章 | 广东香山 | 监生 | |
| | 卫生科 | 科长 | 补用知县 | 徐道恭 | 四川华阳 | 监生 | |

资料来源：《宣统三年冬季职官录》，沈云龙主编：《近代中国史料丛刊初编》第 290 辑，台湾文海出版社 1966 年版。转引自彭雪琴：《纳民轨物：晚清巡警道研究》，中山大学博士学位论文，2010 年，第 285 页。

湖北巡警道初设，因无中央的统一规划，各省对于巡警道的官制和治事细则并不统一，尚处于摸索阶段，湖北亦不例外。

1908 年 4 月，民政部颁布《各省巡警道官制并分科办事细则》正式对各省巡警道官制和各科办事细则予以明确规定：

第一条　各省按照奏定官制通则，设巡警道一员，受本省督抚节制，管理全省巡警事宜。

第二条　各省巡警道员缺，由民政部遴选相当人员开单，分别奏请简放或试署。各省如有历办警务熟悉情形人员，准由各该省督抚开单，出具切实考语，咨送民政部，按照本条第一项办理。

第三条　巡警道自到任之日起，每届三年作为俸满，届时各该省督抚应将该员平日所办事宜、有无成效详细咨明民政部，由部查核与平日考验成绩是否相符，胪列奏开缺，或留任，或升擢，或调本部，请旨遵行。

第四条　巡警道除受各该省督抚节制考核外，仍由民政部随时考查，不得力者即行奏请撤换。

第五条 巡警道举办一切事宜，随时申报该省督抚外，仍于年终汇集造册列表，申报民政部查核，如遇重要事件，准一面申报该省督抚，一面报部。

第六条 巡警道应督饬各厅州县，按照奏定各省官制通则举办巡警，并得禀明督抚，随时亲履查看，或派员视察，完竣时除禀履本省督抚外，仍将详细情形申报民政部。

第七条 各省举办巡警需用款项，均由巡警道随时禀请督抚筹拨，应用所用各款，除禀由督抚照例奏销外，仍由该道按年汇造清册，申报民政部查核备案。

第八条 巡警道应就所治地方设立巡警公所，并分四科如下：一、总务科，掌公所总汇之事，凡考订章程、承办机要、考核属员、分配警官、编存文牍、收发经费、统计报告及警学各事项皆属之。二、行政科，掌行政警察、高等警察、国际警察之事，凡整顿风俗、保护治安、调查户口、稽查工程及消防警察各事项皆属之。三、司法科，掌司法警察之事，凡预审、探访、督捕、拘押及违警罪各事项皆属之。四、卫生科，掌卫生警察之事，凡清道、防疫、检查食物、屠宰、考验药物、医科及官立医院各事项皆属之。巡警道应督率所属各员每日订时入所办事。

第九条 每科设科长一员、副科长一员，其科员额缺由巡警道酌量事务繁简定之，但每科最多不得过三员。

第十条 科长秩视五品、副科长秩视六品、科员秩视七品，均以毕业之巡警学生、曾经办理警务得力人员，由巡警道禀准本省督抚按章任用，仍将各该员履历详报民政部存案。

第十一条 科长、副科长、科员任用章程，得由巡警道自行酌定，但须申由本省督抚咨明民政部随时核办。

第十二条 各厅州县应按照各省官制通则，设立警务长一员，并于各分区各置区官一员，均受各该地方官之指挥监督办理。本管事务警长，得就本地各段警务公所由该地方官详准本省巡警道开办，区官以下所有巡官、巡长、巡警等阶级名目，均应按照民政部定章办理。

第十三条　各厅州县于年终，应将该处警务分门别类，制成统计表册，申报本省巡警道。

第十四条　巡警道得量地方情形，督同所属酌拟办事细则，仍随时分报民政部及本省督抚。

第十五条　各省俟巡警道简放到任后，所有原设之总理巡警事务等局，与巡警道职掌重复者，应即一律裁撤。

民政部的细则颁布后，湖北依据部章进行了改组。1908年4月，武昌警察总局被改组为湖北警务公所，在原民政部拟定巡警道官制之总务、行政、司法、卫生四科基础之上增加文牍、会计、教练三科，七科共下设二十二股。经鄂督批准委任徐传笃为总务科长、杨培为行政科长、李继沆为司法科长、徐道恭为卫生科长、沈严为文牍科长、严师愈为教练科长、李文纶为会计科长。① 另外湖北警务公所也在分科治事的基础上创设内勤所和外勤所，内勤所的主要职能是守卫、收发、庶务、军装、食宿等，外勤所的职务为巡查、拘押、清道、侦探等。同时，将汉口警察局改为汉口警务公所，设总务、司法、行政三科，委任瞿世玖为总务科长、沈寄虞为司法科长、陈冠第为行政科长。

湖北警务公所内各职官权责具体为："一、巡警道令下，科长有商议副科长，督率本科各股科员，协同经理各科具体事务的责任。总务科长在四科之中地位最高，其余三科有协商辅助的责任，如遇巡警道不在署内，遇事则由总务科科长代替巡警道处理。二、巡警道令下各科副科长有襄助本科科长和督率各科员，处理本科具体未尽之事宜，尽所管事务之责任。三、各股科员秉承本科长指示之事宜，具体协助本科副科长，办理所管之各股应办事务，或由巡警道具体命令应办理之事务。四、有无关准驳或定章成案的一般事件，各科原则上可以直接与辖下各

---

① 《湖北通信》，《时报》，1908年4月27日。

区局所来往公文。"①

由各职官权责具体内容可知，警务公所内基本上还是维持着一种传统官僚体系内部按照行政职务高低管理的模式。

湖北警务公所为了能有条不紊地提高行政办事效率亦形成了一套具体的内部办公细则，初步形成了比较制度化的办事流程。其处理公务的办事程序是了解警务公所具体运作的窗口，也是体现警务公所内部各科股相互关联的纽带。

一般情况下，某件公文应当分收发、撰写、审核、处理等几个步骤。警务公所接文后，由总务科下属的文牍股分科依次盖章，并将文件内容登记在案，呈巡警道审阅完毕后，再送各科办理。如遇紧急文书、机密文书、亲启公函等特殊文件则另当别论。凡湖北警务公所各项公文的收送，均当由总务科所属的文牍股主任科员具体管理，而公所内各科公文的收发，则由各科具体派员管理。公文发送到各科后，由各科管理员登记在案，再呈该科科长批示处理，后分派该科办事员具体承办，撰写具体处理意见。凡遇要急件，则由科长或副科长撰写。如遇疑难不决之件，则由各科长或副科长随时禀明巡警道核办。如遇公文涉及两科或以上者，应先探明具体何科关系最切，则交付此科，由该科负责主稿，而须会同其他科协助商办或具体分办。各科接受公文后，除有标明办理期限外，其余限三日之内完稿呈办，如期限内不能处理，则须申请延期并申明期限，但紧要公文则仍须按时办理。

公文经科员撰写具体处理意见后，即交本管科长、副科长核实定夺，再送交总务科长阅览，最后呈巡警道核定。如由科长、副科长撰拟之件，亦须呈巡警道核定。公文经巡警道核定毕，发回文牍股，再分送办事员校对后登记封发，最后将公文归档。若为秘要件则提交总务科长保管，另外如有告示、法令规章等件须公告者，则交印刷处印刷刊发。凡存案未办之公文，须由经办各科科长加盖"存案"二字戳记后，送

① 《湖北警务公所各科办事章程》，《湖北官报》第 132 册，1910 年 8 月 20 日，第 15654~15655 页。

文牍股归档。各科各股具体所办之公文，每日每月应具体分类列表后，送总务科统计。

湖北警务公所对警政人员的作息时间也有明文规定。上午八点至十一点、下午两点至五点为办公时间。凡办公时间内，若不为公事则不准外出，亦不得随意会客。每日上下班，以摇铃为号准，上班迟到不得超过十五分钟，亦不准提前下班，否则具体惩处。办事厅前亦备有考勤本，每日每人上下班时间均有详细记载，如有事故缺勤之人，则须将事由详细标明。如遇有急要之事件，则不拘泥于时刻，但均须传集办理或指派办理。白天办公外，夜间则须留员值宿，值宿之人具体由各科长确定。

改制后的湖北警务公所因分科治事，其职责更为明晰，且如遇有公务，自可按照规制由科长、副科长、科员等各依职掌，分工负责、协助办公，彰显出新旧官署不同的办公方式。

1909 年 2 月，金鼎署理湖北巡警道后，因冗员过多，而又经费支绌，虑及原设七科与部章之分科办事不符，故"特禀准督院，酌留总务、司法、卫生、行政四科，其余会计、教练、文牍等三科一律归并总务科兼办，以示撙节"①。

1910 年 8 月，由民政部直接选任的湖北巡警道全兴在上任伊始之际，为了提高警政的效率，严令分科办事、明权限而专责成，"现在情形将派调鄂警员厘定分科办事，各项章程各治其事，各勤于职，分职愈繁任事愈简，权限愈清责任愈重。凡人分内应尽之义务，固属责无旁贷，其紧急机要事件亦不宜畛域横分事，已筹定期在必行。着于七月初一日起一律照办，各科科长、科员当查照定章和衷共济，以期警政风行，无负改良求治之深意"②。

1911 年 5 月，湖北巡警道署有总务、行政、司法、卫生四科，然总务科下又设有机要、文牍、会计、庶务四股。此时人浮于事、警政经费入不敷出，巡警道黄祖徽乃将庶务股裁并归会计股，其余各股亦拟大

---

① 《警务公所归并三科》，《北洋官报》，1909 年 2 月 24 日，第 1990 册。
② 《警道分科办事之规划》，《申报》，1910 年 8 月 10 日。

加裁并，且规定撤差人员非满一年不得从款录用。①

湖北警务公所名义上统辖湖北全省的警务，实际上在很多基层地方，警政权仍掌握在官员和士绅之手。在地方基层一般警察总局的总办由知府兼充、专局警务长由县令兼任、分局管理员则由典吏、把总等充任，各地方村镇的警务长则不少由地方乡绅担任，这实际上仍旧摆脱不了传统社会治安治理模式的窠臼。湖北警务公所作为全省最高警政机关，亦仅能通过派遣毕业于警察学堂或巡警教练所的警务生协助地方政府和官员办理警政事宜。

1910年，民政部为进一步规范各省巡警道属官的选拔与任用，对巡警道属官的选任资格、应试条件、考试科目、任职年限、职级大小等做出了详细的规定：

第一条　本章程所称巡警道属官，指左列各员而言：一、本道警务公所科长、副科长及科员；二、各厅州县警务长及各分区区官。

第二条　巡警道属官以考试合格者分别奏咨补用。

第三条　巡警道属官考试分为二种如左：一、高等考试；二、区官考试。

第四条　有左列资格之一者，得应高等考试：一、在高等巡警或法政法律学堂三年以上毕业，得有文凭者；二、曾办警务三年以上著有成绩者，其在京师法科大学法政学堂正科、或在外国法政大学、或法政专门学堂毕业，得有文凭，经学部考试给予出身者，得免其考试，视与高等考试合格者同。

第五条　高等考试应行试验科目如左：一、宪法纲要；二、大清违警律；三、法学通论；四、警察学；五、奏定各种警察章程；六、地方自治章程及选举章程；七、各国户籍法大意；八、统计学。前项第一至第四款为主要科目，应全行试验，第五至第八款为

---

① 《巡警道之消极政策》，《申报》，1911年5月7日。

捡择科目，得由应试者任择其一二先期报明，主要科目分数有不及格者，余科分数虽多，不得录取。

第六条 高等考试由巡警道主试，详请督抚派员监视，并遴派深通中外法学者数员为襄校。

第七条 应高等考试合格者，由巡警道按照成绩及原有官阶出身，详请督抚分别派署科长、副科长、科员或厅州县警务长，俟一年期满，再由巡警道出具切实考语，详请督抚奏补，并将履历咨行民政部存案。若合格人员逾定额时，由巡警道按照前项规定详请督抚，俟有缺出，再行派署。

第八条 科长、副科长、科员及警务长奏补后，仍留原官原衔，每届三年，由巡警道查验该员办事成绩，出具切实考语，详请督抚奏请分别升黜，并咨行民政部存案。其有办事实在不能得力者，由巡警道随时详请督抚撤换另补，分别奏咨办理。

第九条 有左列资格之一者，得应区官考试：一、在高等巡警学堂附设简易科或中学堂以上毕业，得有文凭者；二、现任巡官者。

第十条 区官考试应行试验科目如左：一、本国法制大意；二、大清违警律；三、警察要旨。

第十一条 区官考试由巡警道率同各科长或派员会同警务长举行之。

第十二条 区官考试合格者，得由巡警道按照考试成绩及原有官阶出身，分别派署，区官满一年后，果系称职再行补实，均由巡警道详请督抚办理，并将履历咨送民政部存案。若合格人员逾定额时，应以区官记名，俟缺出候传。区官补缺后仍留原官原衔，每届三年甄别一次，其办事实在不能得力者，由巡警道随时详请督抚撤换。

第十三条 本章程以奏定颁行文到之日为施行之期，嗣后如有应行变通之处，随时酌量增改具奏，其施行细则由巡警道酌订，详请督抚核定咨部办理。①

细则的颁行有利于警政制度的规范化，特别是警官选用的制度化，对警政队伍建设有重要的现实意义。只可惜，颁行不久后武昌起义爆发，清政府即告覆灭。

清末湖北警政的逐步正规化和专业化可从武汉警察机构的设置中得以探究和考察。这一趋势具体表现为：一是在行政序列中有了完整而系统的警察机构；二是在警察机构内部有了职能专一的分支机构。据曹策前先生考证，从1902年至1909年，武汉的警察机构计有武昌警察总局演化而来的湖北全省警察最高机构——湖北警务公所。在武昌城外设有上局和下局，各辖三个分局；在武昌城内设有前局、中局和后局，各辖三个分局，共有二十一个警察机构都归湖北警务公所管理。汉口在总局之下，设有一、二、三、四局，共有十四个分局，另还设有马路局、水上警察局。汉阳设有总局，其下分设八个分局。此外，在武昌的湖北警务公所内，还附设有消防队、巡警拘留所、高等巡警学堂、巡警教练所。湖北巡警道辖下的湖北警务公所内设总务、行政、司法、卫生四科十八股。"总务科负责承办机要、议定章程、考核属员、分配警官、编存文牍、收发经费、统计报告及巡警学堂等事项。行政科掌管行政警察、高等警察、国际警察，负责主持风俗、保卫治安、调查户口籍贯、稽查道路工程及消防警察各事项。警察分局直接稽查所辖巡警勤惰及办理所辖地区警察各事项。高等巡警学堂掌管造就巡警官吏各事项。巡警教练所掌管教练巡警各事项。消防队掌管训练消防警察及救护火灾各事项。湖北警务公所员警编制始分员、生、弁、勇，共785名，其中员71名、生64名、弁12名、勇638名。后设职员、巡警共1187名，其中职员114名、巡警1073名。1910年，遵部章设统计处，湖北警务公所改七局为五局十五区，城内以中、前、后定名，城外仍设置上、下两局。同年10月24日，湖广总督咨明附奏，将水陆巡缉营改编为地方巡

---

① 《宪政编查馆奏考核巡警道属官任用章程折》，《申报》，1910年12月30日。

警，将原有的沿江督捕、下游巡缉两营，并为水、陆、行、驻四队，以查匪踪。后因侦缉性质与探访各军不同，水队改为水面警察，陆队改建武昌巡警，行缉线勇、驻探两队，改为侦探队。"① 湖北警务公所计有警察编制 785 人，其中警长 12 人、警员 71 人，警士 638 人，此外还有高等警察学堂在校学生 64 人。② 由此可见，清末武汉警察机构已初步具备专业职能分工较细、机构组织较密的近代特征。随着湖北地方警政的逐渐推广，警政建设逐次由武汉三镇到各通商商埠，再次到各地州县陆续开办警政。1909 年，鄂督陈夔龙在给清政府上奏湖北各州县警政办理情况时，较为详细地论述了各地州县办理警政的规模，具体情况详见表 2.3。

表 2.3　　　　　　　　**1909 年湖北所属各县警政办理情况表**

| 巡警人数 | 县（个数） |
| --- | --- |
| 100 人以上 | 6 |
| 80 人至 100 人 | 4 |
| 60 人至 80 人 | 3 |
| 50 人至 60 人 | 3 |
| 40 人至 50 人 | 4 |
| 30 人至 40 人 | 5 |
| 20 人至 30 人 | 11 |
| 10 人至 20 人 | 5 |

资料来源：陈夔龙：《鄂督奏陈现办警察情形》，《申报》，1909 年 6 月 3 日。

《湖北公安志》记述道："继省城开办警察之后，于光绪三十年（1904）至宣统二年（1910），逐步推及全省 69 个厅、州、县。共设总局 5 个、专局 63 个、分局 69 个、守望所 230 处、配备职员 503 名、募

① 《湖北公安志》，2010 年，第 62 页。
② 皮明庥：《近代武汉城市史》，中国社会科学出版社 1992 年版，第 99 页。

练巡警 7668 名。总局总办由知府兼充、专局警务长由知县兼充、分局管理员由典史、把总兼充、随办警务生多者 9 名，少者 2 名，均为巡警学堂毕业生，巡警名额不等，由各地依繁、僻、贫、富而定。"①

到辛亥武昌首义爆发时，湖北警政已粗具规模，当时仅汉口、武昌就有警政人员达三千人之多。

## 三、湖北临时警察筹办处

1911 年 10 月 10 日，武昌首义爆发后，清政府于武昌的警政人员稍事抵抗后大多溃散，原有的警政举措不复存在，一时间社会秩序大乱。湖北高等巡警学堂②的学生革命党人高元藩和同学汪秉乾、杨澧等人商量，他们认为"战事自有军人准备，此时省中秩序紊乱，吾等当筹设一警察机关，维持治安，庶民不致立于恐慌之地"③。于是，他们主动向湖北军政府都督黎元洪备说警察关系之重要，提出"市面不可任其破坏，欲镇抚之，非筹办警察不可……提请组织临时警察，维持地方公安，以减轻军队负担"④ 的建议，随即他们便向黎元洪拟呈早以起草的《湖北临时警察暂行章程》（简称《章程》）。⑤

《章程》共四章二十九条。全文分总则、内部细则、外部细则、附则四部分。总则分别就其宗旨、关防、人员、经费、装备情况予以说明。"中华民国鄂省恢复伊始，军士疲于搜索，因筹办临时警察，

---

① 《湖北公安志》（内部资料），2010 年，第 62 页。

② 1903 年，前清湖广总督张之洞在武昌开设的武昌警察学堂，用以培养高级警官。后改称湖北巡警学堂。

③ 徐陶生等：《汪秉乾事略》，《武昌起义档案资料选编》中卷，湖北人民出版社 1982 年版，第 370 页。

④ 徐陶生等：《高元藩事略》，《武昌起义档案资料选编》中卷，湖北人民出版社 1982 年版，第 594 页。

⑤ 《湖北临时警察筹办处拟行章程》，辛亥革命武昌起义纪念馆、政协湖北省委员会文史资料研究委员会合编：《湖北军政府文献资料汇编》，武汉大学出版社 1986 年版，编者按：后文所引《章程》内容皆出于此。

籍以息兵安民为其宗旨。""暂以军政府所颁中华民国湖北巡警道关防借用。""其经费暂由军政府拨给。凡办察警一切人员，均系纯粹义务，除每日口食外，概不给薪。""其人员除巡警总理一由军政府都督札任外，余均由总理札派委用。""组织分内外两部，内以总务、行政、司法等科为限，外以东、西、南、北、中五区。""除内部人员服装随时指定外，凡外部各区，均禀定一律着用军服，携带枪套，军装枪套，除就警务公所原有取用据数报告外，所有不敷之处，由本处随时禀请军政府指拨。现值戒严时节，凡内外人等，均由本处发给徽章，以杜奸细。"

内部细则就机构设置、人员、职务、职责、考勤分别予以说明。机构中"总务科附设文牍、庶务、关防、军需、收发、文件等科。行政科附设调查科，司法科附设侦探科，以便统一"。"三科设正、副科长各一名，科员若干名，书记若干员，杂役若干名；所附各科，惟文牍、庶务事务繁颐，得照设科长、科员、书记、杂役等名目；关防、军需、调查、侦探、收发等科，只按事务繁简，派一人或数人，以专责成，无阶级之分配；凡各正科长，总理本科一切事宜，副科长助之，对于所属各员，均有指挥、监督及升降、黜陟之权；科员分理各科事务；书记供本科文件缮校之用。""凡关于内、外两部一切筹划事宜，属总务科，又随时有请调各科应办职务之责；关于一切违反治安及补益治安之事，属行政科；关于一切违反治安已经审查发觉之罪犯，一切审判之事，属司法科；文牍专主本处一切往来应酬公文之见；庶务办理本处一切日行杂物；关防专司钤印盖用之事；军需掌发一切关于军用之物；收发专司公文出入存根之登记；调查系职掌外部关于行政有无遗漏及缺点之事；侦探职掌调查罪证，为司法补助之事，但值此戒严之时，而探询奸细，注目敌情等事情，亦责成之。各科在职人员，不得擅越权限，凡事须禀由各科长核准施行；侦探、调查等科未置科长者，须得所附某科之科长核准，但文牍、庶务两科科长，又须得总务科科长之许可。有事辞职时亦同。""凡在职人员，必须逐日考程，除随时各科报告备查外，总务科长得行不时之稽核，报明总理，分别勤惰，以为黜陟标准。"

外部细则就各区人员、职务、职责、辖区划分等情况予以了详细的说明。"外部分东、西、南、北、中五区，中区附设本处；南区就望山门外警察上区旧址；西区就汉阳门内斗级营警察后区旧址；北区借设武胜门外稼圃小学校；东区借设宾阳门内游民习艺所。""各区设区长一员，副区长一员，警员十二员，书记一员，巡士一百零八名，杂役无定额。各区长主持本区一切事务，副区长协理之，均有指挥、监督所属各员之责任；警员受正、副区长之命令，有整率巡队实行服务之责任；巡士以服从长官命令、忍苦耐劳、日夜巡查为职务；书记司本区公文缮写之事。各区于职务内有不能实行、擅离职守者，巡士以下，由警员报本区正、副区长处分；副区长以下，由各区长禀报本处总务科核示处分；区长由本处总务科随时派委稽查员据区查核，报本处总理请示处分；如有特别事件请假者，亦各须得该管长官之许可。""各区所辖地方，均出一定路线，然后职务有所归宿。划定中区自大朝街沿平湖门、文昌门、望山门、保安门至蛇山前西大朝街为限；东区自蛇山前宾阳门沿通湘门、中和门至保安门正街与中区相接之界为限；西区自蛇山后沿汉阳门、武胜门、忠孝门至抵蛇山一带为限；南区辖旧上区地，自平湖门外沿文昌门、望山门、保安门、通湘门、中和门至宾阳门外为限；北区辖属下区地，至平湖门、汉阳门、武胜门，忠孝门至宾阳门外为限。"

附则强调"因此时经费尚未筹足，卫生一科暂不添设"。

高元藩等人的"建警之请"深合军政府之意，"黎公极意嘉纳，命速期兴办"。在高元藩等人的推动下，10月12日，湖北军政府奉都督黎元洪之命发出《谕湖北各府州县政务及自治公所电》①，文中要求"全鄂地方改为共和政体"，各地应成立自治公所，施行各厅、州、县政务。"各该公所应办事务，以警政、民团为第一要着。应即日兴办警察，以维护秩序、清查奸宄、惩治痞匪、保卫闾里为主。团练以驱逐乱

---

① 曹亚伯：《武昌革命真史》（中），《黎都督谕湖北各府州县政务及自治公所电》，《湖北军政府文献资料汇编》，武汉大学出版社1986年版，第8页。

民、抵御外侮为主。均不准藉端讹诈，扰累无辜。"①

　　同日，高元藩被黎元洪委以"总理湖北全省警务"，其机构命名为"湖北临时警察筹办处"，令高元藩着手筹办临时警察事宜并拨款银千元开办。② 高元藩以同学汪秉乾为协理、杨澧为总务，召集参加起义的20余名警校同学，迅速接管了原清湖北警务公所和高级巡警学堂，并招录了500余名留学警务归国学生、在汉警校学生、起义警察以及一批热血青年组建警队。简单准备之后，1911年10月14日，成立后的湖北临时警察筹办处将地址设在武昌百寿巷原湖北警务公所院内。③

　　自此，民国第一警局——湖北临时警察筹办处成立。阳夏战争后南北议和、清帝退位，湖北军政府被归并于新成立的南京临时政府，湖北临时警察筹办处退出了历史舞台，但它开启了民国警政建设的序幕，在中国近代警政史上留下了浓墨重彩的一笔。

# 第二节　湖北警政的制度建设

　　建制的规范、经费的保障、人员的铨叙都是湖北警政制度近代化的重要体现，相较于之前传统的保甲、团练等旧式治安力量而言，其进步性是具有时代意义的，但这种变革后的湖北警政仍兼具诸多传统因素，传统与现代因素的并存是晚清湖北警政的重要特征。

## 一、经费制度

　　从1901年清政府宣布兴办巡警开始，到巡警部的设立再到民政部

---

　　① 曹亚伯：《武昌革命真史》（中），《黎都督谕湖北各府州县政务及自治公所电》，《湖北军政府文献资料汇编》，武汉大学出版社1986年版，第8页。

　　② 徐陶生、王声淇：《湖北警察筹办记》，《武昌起义资料汇编》（上卷），湖北人民出版社1982年版，第417~418页。

　　③ 徐陶生等：《汪秉乾事略》，《武昌起义档案资料选编》（中卷），湖北人民出版社1983年版，第370页，

成立，中央对警政建设始终加以推行并将其视为新政的重要内容，然直至清政府灭亡，警政建设的经费问题始终未能从制度层面上得到解决。"我国国家税、地方税未区别。查各省现行警察费用，皆取于商款，拨以会款及加以各种杂税，无一定收之法。"① 这一评论深刻指出了制约清末警政建设的经费制度性缺陷问题。

清末湖北警政建设经费的来源十分复杂，且名目繁多，多寡不一，一般都采用就地筹款的方式。"查各州县警款筹划之法，或系保甲旧费，或系商铺捐输；或系按亩摊派，或系各项杂捐，率皆目前支应，究非常年的款。既无的款，则筹法混杂，则弊窦丛生。"② 就笔者查阅相关资料可知，湖北办警经费的来源名目有衙署捐、房捐、铺捐、门面捐、煤炭捐、花捐、烟捐、戏捐、米捐、面捐、猪捐、猪肉捐、骡马捐、膏捐、棉捐、麻捐、布捐、小轮船捐、清道捐、妓捐、人力车捐等。

武昌警察总局成立之初，张之洞将裁撤武昌保甲总局的常年经费36000 余串文，加上为创办警政而设之衙署捐、房捐、铺捐计 28000 余串文和由善后局每年借拨的 5 万余串文，总计约 12 万串文作为警政建设经费。张之洞在《省城创办警察折》中描绘道：由于警政开办之初，百废待兴，需要很多资金，而经费却没有着落，无奈之下不得不下令政府人员从每月的薪金中分等次按月扣缴的窘况。武昌警察总局开办之初即"应给员弁薪水及巡捕差役口粮月计洋银七八千元"③，汉口警察局开办之前的汉口清道局在 1903 年每月所需经费约九千文④，但到 1905年，"汉口警察局共六所，每局经费计一万串，以米捐津贴为大宗"⑤。至 1907 年初，仅汉口警察局"每年经费需十五万金，而入款只九万余金，不敷甚巨且铺捐等项捐款收数亦不甚旺……"⑥ 1908 年，湖北警务公所成立，依照部章分科办事后，"每月经费计多需银五千元并未筹

① 《张仁禀呈》，中国第一历史档案馆馆藏档案。
② 《宣化县巡警教练所整顿警务条陈》，《直隶警务杂志》1910 年第 11 期。
③ 《警察派捐》，《申报》，1902 年 5 月 22 日。
④ 《汉江杂志》，《申报》，1903 年 12 月 31 日。
⑤ 《警察更章》，《申报》，1905 年 2 月 27 日。
⑥ 《警局筹捐》，《申报》，1907 年 1 月 31 日。

有的款，均由正任巡警道冯启钧挪借济用。现在举办冬防，每月又增经费银二千元"①。1909 年，仅武汉三镇的警政经费支出就多达 137600 余两白银，而入不敷出的数目就达到 79600 余两白银。1910 年，巡警道冯启钧被革职前，湖北警政经费每年支出已达到 18 万余两白银，继任的巡警道黄祖徽上任不到数月，其警政经费支出就已高达 21 万余两白银而其收入仅 11 万~12 万两白银。因黄祖徽借垫已穷，无奈之下鄂督瑞澂不得不将原为修筑马路而用的人力车捐中的三成拨充警政经费。②湖北警政经费的状况从武昌警察总局开办之初起就一直比较紧张，随着警政规模机构的扩大和人员的日益增加，其经费支绌更是日渐严重。我们可以从 1911 年 6 月汉口警务长公所的账目具体收支明细来管窥一二，详细情况请见表 2.4。

表 2.4 **1911 年 6 月汉镇警务长公所收支账册表**

| 名目 | 收入 | 支出 |
|---|---|---|
| 委员薪水 | | 洋五百六十二元 |
| 公所公费 | | 五百六十四千五百八十四文 |
| 公所薪饷 | | 洋二百一十二元 |
| 拘留所 | | 一百四十一千另五十六文 |
| 工食 | 钱三千五百二十二千六百四十文 | 洋九十元，钱七十九千八百文 |
| 五区薪饷 | 银元八千八百六十四元七角六分 | 洋六千五百另四元，钱四百二十六千四百文 |
| 消防 | 银四百六十九两七钱八分 | 洋二十四元二角，钱四十千另二百二十二文 |
| 清道 | | 钱一千三百九十千另四百三十六文 |
| 卫生 | 钱十五千四百八十文 | 钱三千八百三十一千三百三十九文 |

---

① 《警务经费支绌情形》，《申报》，1908 年 12 月 6 日。
② 《巡警费借拨人力车捐》，《申报》，1910 年 11 月 17 日。

续表

| 名目 | 收入 | 支出 |
|------|------|------|
| 路灯 | 洋六百九十九元另八分，钱四百五十一钱另十文 | 银元八千四百八十四元二角四分 |
| 军装 | 钱四百八十千文 | 银四百六十九两七钱八分 |
| 房租及修理 | 洋二百七十一元一角六分，银四百六十九两七钱八分 | 存洋三百八十九元零五角二分 |
| 马路工程 | 洋六十七元，钱一百三十五千一百一十一文 | |
| 其余 | 一百元另六千八百四十文 | 三百元另八千六百九十九文 |

资料来源：封野、何家男：《民国警史藏品鉴赏》，江苏美术出版社 2013 年版，第 27 页。

　　从表 2.4 中可以看出 1911 年 6 月湖北警务公所的收支情况，警政经费显然处于入不敷出的状态，而且这种亏空数额比较大，由此可见湖北警政经费所面临的困难之大。

　　湖北基层各地的警政经费也是采取就地筹款的模式，经费来源广泛、管理混乱且各地差异很大，而其中士绅发挥了重要的作用，筹款便是士绅最主要的任务。早在袁世凯创办天津巡警时便开始"假手村董，就地抽捐……以取诸民者，仍用诸民，故官无筹款之劳，民无横征之怨"[1]。这种推广地方警政的筹款方式得到清政府的默许后，各地纷纷加以效仿。由于政府所拨经费有限，湖北亦不能例外。

　　大冶县警察局创设时主要依赖于县城内"花、麻、布三行"筹集的经费[2]，"襄理员魏元参戎，守营本汛把总、随办生王者馨留日警察毕业生、宋耀璜湖北警察毕业生、稽查石映瑶监生、庶务叶开华、封职庶务刘修举附贡生、稽查马绍融候选县丞附贡生、会计般志伊监生、庶

---

　　① 袁世凯：《拟定天津四乡巡警章程折》，《袁世凯奏议》下册，天津古籍出版社 1987 年版，第 1170 页。
　　② 《停止募捐》，《大公报》，1904 年 10 月 14 日。

务叶树椿。职员除襄理员薪外余俱系经筹款之人"①。宜昌在筹办警政之初便抽取妓捐，后由于经费困难又开办烟灯捐。"（宜昌）密抽取该邑妓捐，分为三等藉，充警察经费"②，"此间开办警察苦于经费难筹，荆宜施兵备道余尧衢观察移拨烟灯捐以便认真办理"③。沙市则是"本市灯捐、铺捐向归警察支用"④。大冶县"抽收花、麻、布、木、饼等行及铺户、住户各捐为常年的款"⑤。鄂州"另派邑绅叶炳琛总理兼会计，孟继翰、王延治、李赓甲、郑淇、佘文渊、朱麟元等为帮办，金牛警务分区现委该镇巡检吴恒暂代，另委镇绅饶幼谷、丁炳文、陈逢吉、邓贞岩等为帮办……总理兼办会计诸绅均系奉警务长官之命经受筹款之人"⑥。兴国州"每年入款系城内铺户房捐……局绅秦学贤、刘佩玉、程云等邑绅经手筹款"⑦。崇阳县"每年筹定入款现仅门捐一项……派邑绅吴万华办理收支事务"⑧。嘉鱼县则有铺捐、门捐、猪肉捐、轮船捐等名目，专局管理筹款之人为邑禀生汪永安，开办之时便有乡绅十二名经理抽收肉捐事宜。⑨ 潜江县警政筹款主要是"牙行、官中、门捐三项"⑩，"查该县城乡承办警务绅首较巡警名数为多"⑪。荆门有猪捐、骡马捐、鱼捐、布捐等项。⑫ 远安县"警察经费系出城乡庙捐、猪捐两项"⑬。当阳县巡警经费出自门捐。⑭ 巴东县警政经费出自券票捐、山

---

① 《湖北警务杂志》1910 年第 2 期。
② 《又有禀请抽取妓捐者》，《大公报》，1909 年 8 月 16 日。
③ 《沙市琐闻》，《申报》，1904 年 1 月 4 日。
④ 《灯铺捐分拨保甲警察支用》，《申报》，1905 年 6 月 21 日。
⑤ 《湖北警务杂志》1910 年第 4 期。
⑥ 《湖北警务杂志》1910 年第 2 期。
⑦ 《湖北警务杂志》1910 年第 2 期。
⑧ 《湖北警务杂志》1910 年第 2 期。
⑨ 《湖北警务杂志》1910 年第 4 期。
⑩ 《湖北警务杂志》1910 年第 3 期。
⑪ 《湖北警务杂志》1910 年第 3 期。
⑫ 《湖北警务杂志》1910 年第 3 期。
⑬ 《湖北警务杂志》1910 年第 3 期。
⑭ 《湖北警务杂志》1910 年第 4 期。

货等捐。① 安陆县警政经费出自屠捐、铺捐。② 云梦县警政经费则出自
白布捐、屠宰捐、竹木捐。③ 枣阳县警政经费则出自钱粮项下加捐。④
湖北基层各州县警捐名目繁多且不尽相同，详细情况见表2.5。

表2.5　　　　　　　　清末湖北部分州县警捐名目表

| 地区 | 警捐名目 |
|---|---|
| 大冶县 | 花、麻、布、木、饼等行及铺户、住户各捐等 |
| 宜昌 | 妓捐、烟灯捐等 |
| 沙市 | 灯捐、铺捐等 |
| 兴国州 | 铺捐、房捐等 |
| 崇阳县 | 门捐等 |
| 嘉鱼县 | 铺捐、门捐、猪肉捐、轮船捐等 |
| 潜江县 | 牙行捐、官中捐、门捐等 |
| 荆门 | 猪捐、骡马捐、鱼捐、布捐等 |
| 远安县 | 庙捐、猪捐等 |
| 当阳县 | 门捐等 |
| 巴东县 | 券票捐、山货捐等 |
| 云梦县 | 白布捐、屠宰捐、竹木捐等 |
| 安陆县 | 自屠捐、铺捐等 |
| 枣阳县 | 钱粮项下加捐等 |

资料来源：湖北警务公所编：《湖北警务杂志》1910年第3—6册。

湖北各地警政建设因经费的缘故，其办警方式多样，有官办、商

---

① 《湖北警务杂志》1910年第6期。
② 《湖北警务杂志》1910年第4期。
③ 《湖北警务杂志》1910年第4期。
④ 《湖北警务杂志》1910年第6期。

办、绅办、官督商办、官督绅办等名目①，官办始终处于绝对的主导地位。查阅湖北各地的警政建设资料，无论何种办警方式，几乎各地都有款项支绌、入不敷出、经费奇缺等问题。各地警政经费"皆系就地零碎抽出"② 且"官款有限……鲜有列入预算之内"③，"所办警察之成效与否视警捐之有无为成败"④。经费是警政的关键因素，而士绅往往又是筹款的直接参与者，因此士绅在警政建设中发挥了重要的作用。限于警政经费是采取就地抽捐的方式，且征收几无章法，随意性较大，故士绅在征收的过程中往往假以官威，常常欺压良善、贪污自肥，"如各处警款之由乡董管理者，每至发饷之际由董事临时摊牌，任意开支，开支过多，势必弥缝，弥缝则中饱，难免摊牌不齐，势必赔垫……"⑤ 1910年，湖北监利县警务调查报告记载："查该县城乡承办警务，绅首较巡警名数为多，所有经费薪水几耗其半，勿怪办理数年毫无增益……"⑥监利县办理警政的士绅数目竟然比巡警还多，不仅耗费有限的经费而且士绅在收捐的过程中所损耗的经费也是不小的数目。

关于湖北警政建设经费的情况，1909年鄂督陈夔龙在给朝廷的奏折中有详细的论述：

> 湖北省城开办警察，实始于光绪二十八年，视各省较早，初仅照拨原存保甲经费三万六千余串文，创办衙署捐、房捐、铺捐，计二万八千余串文，并由善后局每年借拨他项捐款五万余串文，综计各项约十二万串文之谱。其时事属创始，勉植初基，局用既不甚多，钱价亦尚未落，以收抵支不至十分竭蹶。继由省城推及汉口，则就地筹款，其多数皆捐自商民。嗣因推广汉口警政，并经近租界

① 李宜超：《试论绅商与清末警政改革》，《湖北警官学院学报》2011年第4期。

② 陈允文：《中国的警察》，商务印书馆1934年版，第61页。

③ 转引自《清末江苏等省民政调查史料》，《历史档案》1988年第4期。

④ 转引自《清末江苏等省民政调查史料》，《历史档案》1988年第4期。

⑤ 《宣化县巡警教练所整顿警务条陈》，《直隶警务杂志》1910年第11期。

⑥ 《湖北警务杂志》1910年第3期。

附近官地,商捐力有未逮。光绪三十二年六月,经升任督臣张之洞奏准,援照上海成案,由江汉关税项下每月酌拨警费四千两,按年报部核销,藉补商捐之不足。汉镇赖此官拨的款,近年加派巡队、添布局区,警务渐有起色。省城则仍系原拨保甲经费及前筹之衙署捐、房捐、铺捐,其向由善后局借拨各项捐款,或改拨他处济用,或已奉文停收。原有指用之款,大半无著,以钱兑银之数折合尤低。后虽继拨人力车捐一款,为数无几,仍形支绌。臣莅任以来,综核该公所报册,省城内外五局十五区,现在月支总数以捐拨之数相抵,实在不敷过半,其不敷之款,由官钱局暂时拨借,或向商号息借,积累日重,筹还愈难。查光绪三十三年奏设巡警道员缺,至光绪三十四年,复遵部章将省城警察总局改为警务公所,派委各员分科办事,较之创办之始,日有扩充。武昌为省会要区,附郭滨江栉比,兼以粤汉铁路渐次开工,商场愈形繁盛。迩年划段站岗,分局、分区次第成立,组织既日求完密,用费自日益加增。本年巡警道冯启钧回任以来,臣复饬其体察情形、核实撙节,所有应裁之费、可并之员,节经禀请裁并在案。据该道开呈收支总数,计每年实需银十三万七千六百余两,一再统筹委属,再无可省。目下入款约共银五万七千九百余两,出款实不敷银七万九千六百余两。自非设法筹足支给,惧无以植政本而竟前功。经饬湖北布政使司、江汉关道、湖北善后局司道,会同巡警道妥晰筹议,查有光绪二十八年续案,裁撤绿营节存兵饷一款,经升任督抚臣等奏明留于本省,专供募练巡警军之用,当奉敕下政务处议准,奏奉朱批依议钦此。旋准户部启,行将裁兵,应节之饷专款存储,听候部拨在案。现拟仍照奏案,就节饷存款项下,按年动拨银四万两。再查上海本年推广巡警,复经两江督臣奏明,由沪关加拨经费。江鄂事同一律,拟仍援案,请由江汉关税款项下,按年加拨银四万两,共银八万两,以济武昌警察要需。据该司道等会详请奏前来。合无仰恳天恩,俯准饬由司关两库自本年起按年各拨银四万两,以备武昌警察经费,俾常年用款有著,得以规经久而利推行,以期仰副朝廷惠民生保之至意。①

从奏折中我们可以看出以下几点：第一，湖北的警政经费因没有国家层面制度性的财政保障，所以时常极度困难；第二，经费的来源广泛，名目繁多，但都没有保障；第三，随着警政规模的扩大，警政支出日益增加，在经费不足的境况下当局只能东挪西借，江汉关、善后局等额外的财政拨款是警政经费的重要来源。

从基层的警政经费收入来看，各种捐税是主要来源，但所征捐税由于名目繁多且主要依靠士绅收取，其所征收捐税的金额既不稳定也不长久。经费没有国家财政支出的保障而仅靠就地抽捐，这种制度性的缺陷为腐败提供了滋生的土壤，很多士绅假以公权之名行贪污腐化之实，使得原本警政制度设计者的利民之策变成了害民之举。其后果一是警政的建设与推广举步维艰，再者使得阶级和社会矛盾进一步激化，这又进一步导致警政建设更加艰难。清末历任多省封疆大吏的赵尔巽痛心地指出："查乡镇巡警办法虽有初基，而流弊日见滋长，控告之案无日无之，其故由于巡费出自按地抽捐，地方官委之民捐，民办不曾选择正人，亦未申明约束，以致狡而贫，虎而冠者群起把持，捐则额外多收，饷则任意扣发，甚至私设公堂诈财毙命，利未见而害已行。"② 这段话深刻反映了由于警政建设经费匮乏而政府办警利民之举尚未显现，却因征收催缴警捐而加重百姓负担的窘境。

在论及各种捐税及其危害时，当时的媒体将其誉为"乱天下之征兆"加以批判：

> 呜呼！房捐者，乱天下之征兆也！何言乎房捐为乱天下之征兆？曰：以其伤民也！……铺捐一事，咸同年间京师及江苏、广东均实行之，光绪二十二年汉口又行之。迨中日事定，赔款浩繁，黑

---

① 《鄂督请拨武昌警政经费》，《申报》，1909 年 9 月 25 日。

② 赵尔巽：《筹办奉省乡镇巡警情形恭折》，中国第一历史档案馆：《光绪朱批奏折》第 26 辑，中华书局 1995 年版，第 633 页。

> 龙江副都统景祺又奏请专办铺税，卒皆不能持之于久，良以其扰民
> 也。嗟乎！扰民尤之病民而已，伤民而必至于乱，则秉国者，不当
> 深长思之耶？①

　　文章中所痛批的房捐、铺捐正是 1902 年张之洞创办武昌警察总局
之时仿照租界及上海成例所设立的警捐名目，其后湖北各处警政建设时
又多加以沿袭，以故成为清末湖北警察经费的重要来源之一。
　　警政经费征收过程中的贪腐问题加剧了社会矛盾，导致警民关系的
紧张，甚至酿成群体性事件的发生。当时的媒体就曾描述："中国办一
新政则起一风潮，军政则征兵起风潮，警政则巡警起风潮……"② 政府
层面财政的支出无法匹配新政推进的速度，导致诸如警政等新政推行经
费匮乏，而政府又将财政困难转移到百姓，这就引起了一系列的社会问
题。
　　1907 年，媒体就刊登了一桩因警察逼缴房捐而造成人员毙命的惨
案：

> 　　鄂省房捐自划充警局经费后，向来征收不甚认真，本年因财政
> 支绌，警局遂专恃房捐为抵款，丝毫不准蒂欠。刻有北局所属之府
> 后街某公馆，拖欠房捐数日，且屡次催索，迄未清缴，北局专办委
> 员遂饬将其家丁带局押追，讵为差勇所辱，忽在局内暴毙，局员当
> 饬将尸首抬送该公馆收殓，而该公馆仍将尸首抬至警局门首，欲与
> 为难。③

　　从材料可以看出，警局向来对征收房捐不甚认真，一般居民对此亦
是习以为常。但由于时年经费困难，警局加大了征收催缴的力度，由此
引起某公馆的抵制，究其原因无非是无钱可交和有钱不交两种，而依据

---

① 《论房捐之害》，《申报》，1902 年 1 月 31 日。
② 《巡警之扰民》，《申报》，1910 年 4 月 26 日。
③ 《押追捐款逼毙人命》，《申报》，1907 年 5 月 12 日。

材料推断多为后因，所以导致警局拿人押局询问，而孰料被押某公馆家丁不堪其辱而暴毙，最后该公馆责难于警局。这从侧面反映出警局征收警捐的随意性和百姓对征收警捐的不满，同时由于警局人员的执法素养较低从而导致警民冲突频发。

另一方面，由于经费困难而警察待遇普遍较低，一些警政人员生活十分拮据，甚至还发生过因贫自戕的惨剧：

> 汉口警察三局专办孙扬祖，因事撤差，遂于初二夜饮恨而死，宦囊如洗，一切安殓之费，由总局伍琢初大令为之布置。①

由材料可知，当时警察的待遇确实较低，警官尚且撤差后宦囊如洗，一般基层警员的生活则更见困难。

清末以来，因为各项新政的推行加上摊派赔款，湖北的经费支出日益加大，使得财政处于严重的入不敷出的窘境。

> 湖北财政向以膏捐、铜币、官钱、签捐四端为外销巨款，每年不下三百万之谱。今年膏捐既另归督办，而铜币明年亦停铸，签捐自改章滞销颇有亏耗，官钱虽纸币风行而钱价锐减，余利甚微。一切练兵、兴学均有棘手，故鄂督近日焦灼异常。②

清政府的财政危机是警政举步维艰的重要原因，加之中央与地方财源争夺加剧，又引起了地方警政经费来源的锐减。鸦片税收和"铜元余利"原为地方警政经费的重要来源，禁烟和中央清理财政调整税源结构后，地方的警政经费更是雪上加霜。③

在这些警政经费支出中，警官和警员的薪金是主要的支出项目。武

---

① 《孙杨祖撤差自尽》，《申报》，1905 年 9 月 9 日。
② 《湖北财政有骤减之势》，《申报》，1906 年 1 月 2 日。
③ 王良胜：《扩张与困顿：从警政经费看晚清地方警政建设》，《贵州文史丛刊》2008 年第 1 期。

昌警察总局总办梁鼎芬上任之初的月薪是五十元，后因张之洞下令总办之职不得兼任其他差事，为恐收入菲薄乃涨至月薪一百元。① 1907 年，湖北警察学堂的学生毕业参警后其待遇为警员每月薪水六元，伍长每月薪水七元。② 1910 年，中央清理财政后核定湖北巡警道的廉俸公费有每年一万四千四百两白银之巨。③

从基层的警政经费支出来看，薪水和口粮是其最主要的项目，此外服装、开办路灯、置办道具、办公费用等也是支出常项。

以 1910 年的鄂州为例：

> 原报县城巡警三十二名，现在实有巡长五名，巡警、清道夫二十名，包探一名，城门门卫八名，共三十四名。巡长每名月支钱三串九百文，巡警、清道夫每名月支钱三串六百文，包探一名，月支钱三串文，城门门卫每名月支钱三串二百文。随办警务生两名，月各支给薪水、伙食钱十五串文，城内专局会计绅，月薪水六串文。④

鄂州的警政建设原计划"城内警察专局每年筹定入款约共钱二千二百串文。金牛乡镇警察分区，每年筹定入款约共钱六百七八十串文"⑤。但"辖境唯金牛（镇）一处，原报巡警二十名，现因费绌，实有巡警十名……"⑥ 警政经费的困难成为制约鄂州警政建设的重要因素。

1910 年，大冶县有巡长一名、巡警三十名，巡长每名月支八串六百文、巡警每名月支口粮钱五串文，管理巡警人员有襄理员一名，月支钱十串、随办警务生两名，每人月支钱十五串、会计一名，月支钱五串、庶务三名，每人月支钱五串、稽查两名，每人月支钱五串。实际

---

① 《增加薪俸》，《申报》，1904 年 5 月 1 日。
② 《详报警士新章》，《申报》，1907 年 6 月 9 日。
③ 《鄂省司道府公费数目之确定》，《申报》，1910 年 4 月 22 日。
④ 《湖北警务杂志》1910 年第 2 期。
⑤ 《湖北警务杂志》1910 年第 2 期。
⑥ 《湖北警务杂志》1910 年第 2 期。

上，大冶县"抽收花、麻、布、木、饼等行及铺户、住户各捐为常年的款，预算开支数目上不数十分之三……"① 由于经费不足，会计、庶务、稽查共六人薪水无着，最后乃将原议之钱捐入局内补助了事。②

1910年，兴国州有随办警务生一名，月支十五串、巡长一名，月支五串、巡警十名，每名月支四串四百文、伙夫一名，月支三串文，每年共支消薪水口粮八百零四串文。另外，每项服装支一百余串文、卫生行政支消及开办费支钱九十五串文。每年警政经费收入，筹定城内铺户房捐额数，九百余串，警政经费实际上处于入不敷出的状态。③

1910年，崇阳县有护勇两名、包探两名、巡警二十名，后因款未筹足，只招募了八名巡警，总计十一名警政人员，每年薪水、口粮共支钱七百五十串文。杂项每年约支销钱六七十串文。卫生行政项下计清道夫两名，每月各支工食钱四串，每年约支钱九十六串，路灯已经购齐，但尚无油费，购灯及连清道车，并各器具所支费用，拟具册上报。每年筹定入款，仅门捐一项，月约收取六十余串，年共收钱七百余串，明显入不敷出。④

1910年，嘉鱼县城内有巡警三十名、侦探六名、护勇两名、清道夫两名。城内巡警口粮分为四等，其中巡目三名，每人每月四串八百文。巡警及侦探、护勇三十名，每人每月四串二百文。收捐巡警五名，每人每月六串。清道夫两名，每人每月四串。巡警每人每月支口粮钱四串二百文。城外归洲分区巡警二十五名，归洲巡警口粮分为两等，巡目一名，月支六串文，巡警每人每月支口粮钱五串文。1910年，城内专局支出薪水钱计七百二十八串，其中口粮钱二千零四十五串二百一十八文，共支销钱二千七百七十余串文。归洲分区薪水、口粮每年约支钱一千七百五十六串文。1910年，城内专局开办及巡警服装共支出钱一百六十串文。归洲分区巡警服装支出钱五十余串文。城内专局杂费，每年

① 《湖北警务杂志》1910年第4期。
② 《湖北警务杂志》1910年第2期。
③ 《湖北警务杂志》1910年第2期。
④ 《湖北警务杂志》1910年第2期。

约支钱二百七八十串文。归洲分区杂项费，每年约支钱一百五六十串文。1910年9月，城内专局在卫生行政项下开设清道，并拨付经费，招募清道夫两名，每名每月支工食钱四串文，同时购置清道车两辆，购箕帚、条装等清道用具若干，警察局令沿街铺户各家，均公派油芯灯一盏，每家一夜轮流燃点路灯。1910年，城内专局收入款项为城乡猪肉捐钱三千三百二十余串、铺捐钱五百余串、轮船捐钱二百四十串。归洲分区收入款项为门捐、铺捐、肉捐等约一千八百串。① 警政经费主要由士绅负责收取，归洲分区收肉捐士绅有杨卓元、陈秀升、陈中山、陈才顺、何穗香、刘应中、汪永安、何少轩、张子振，士绅每人每月支津贴钱一串文，后因款绌于1910年4月停支。②

嘉鱼县警政经费的主要来源是肉捐，士绅在抽收肉捐的过程中发挥了重要的作用，但由于经费难筹，士绅的津贴钱后被取消。嘉鱼县城内收捐士绅有周利宾、李名坤、周亮臣、张寿轩、刘步洲、杨卓元、张波臣、刘铭、张玉堂、孔鼎、何步轩、陈爽亭等。

1910年，在湖北咨议局第二次常务会议上，鄂督瑞澂提出系统筹办湖北警政的议案，包括筹办乡镇巡警、办理水警、整顿警捐等，但其主要问题就是经费。湖北咨议局副局长张国溶谈及该议案时评价其为"不外筹款二字"③，因此咨议局要求湖北警政当局先交预算然后才能讨论该议案，并质问提案的警界代表湖北警务公所总务科长陈树屏如何具体拿出方案切实改良湖北警政，其后咨议局代表甚至声称如不明确说明，民间不肯出钱。由此可见，警方与咨议局争论的焦点便是经费问题。

分析湖北警政发展的大致情况，我们可以明晰经费对警政发展的重要意义，可以说经费是警政建设的基础。然而纵观清末湖北警政的发展历程，经费始终是制约警政发展的瓶颈。清末湖北警政建设最终没能成

---

① 《湖北警务杂志》1910年第2期。
② 《湖北警务杂志》1910年第2期。
③ 吴剑杰主编：《湖北咨议局文献资料汇编》，武汉大学出版社1991年版，第376～377页。

功地扩张国家权力，究其原因，经费支绌是重要的因素，而地方士绅假手征收警费又使警政权力在一定程度上被地方士绅阶层所把持，客观上士绅权力的膨胀又冲击了中央政府的地方权力结构。士绅阶层通过掌握警政资源而大肆贪赃枉法、中饱私囊，这又腐蚀了地方警政，激化了社会矛盾，从而一定程度上加快了清政府的崩溃，这是警政制度设计者所始料未及的。

## 二、人事制度与私人恩怨——以湖北巡警道的选任和罢黜为例

清末各省巡警道的设立是在清政府推行官制改革的背景下进行的，中央与地方督抚之间错综复杂的利益纠纷和权力纠葛在巡警道的人选争夺上表现得比较明显，这直接影响着湖北巡警道的补署调黜。湖北巡警道冯启钧、全兴等人与中央大员、历任鄂督等各方错综复杂的人事纠葛和利益关系是影响巡警道选任与罢黜的重要因素，这反映了晚清湖北巡警道人事任免博弈上民政部与督抚争权以及督抚占主导的态势，这在一定程度上体现了晚清湖北的政情和警政建设的困境。

### （一）湖北巡警道概况

20世纪初，湖北城市市政管理体制的重要变革之一就是近代警政机构的建立。1902年，鄂督张之洞在湖北首创武昌警察总局，其后警政机构逐渐推广至武汉三镇和宜昌、沙市等商埠。1907年，在清政府民政部的倡导和张之洞的大力支持下，积极响应中央官制改革的湖北最早创设了湖北巡警道，巡警道作为全省最高警政长官全面负责湖北的警政建设。

湖北首任巡警道由冯启钧署理。除冯启钧外，历任湖北巡警道还有金鼎、黄祖徽、全兴、王履康和申保亨。金鼎历任署盐法道、黄州知府、署襄阳知府、武昌警察总局会办，1907年其曾短暂接替冯启钧署理湖北巡警道。黄祖徽历任候补知府、盐法道，为武昌红十字会的创始人之一。1908年汉口摊贩罢市风潮后和1908年太湖秋操期间，黄祖徽

接替冯启钧短暂署理过湖北巡警道，1910 年黄祖徽还短暂接替全兴署理湖北巡警道。全兴为满人，毕业于京师高等警察学堂，曾官派留学日本学习警务，因较熟悉警务为民政部指派赴鄂接任冯启钧的遗缺。王履康年轻时曾自费留学日本学习警务，后历任宪政编查馆科员、民政部参议、京师高等学堂提调等职务。[①] 1911 年，清政府下令安徽巡警道王履康与湖北巡警道全兴交流对调。[②] 辛亥武昌首义时，王履康见势不妙乃随鄂督瑞澂仓皇出逃，清政府因其溺职潜逃而予以革职通缉。申保亨原在天津办理警务，辛亥革命阳夏战争期间，清政府下令委派申保亨为湖北巡警道，其为最后一任湖北巡警道。北洋军占领汉口、汉阳后，申保亨奉命率领一批天津警察来鄂赴任，后南北议和停战，申保亨负责指挥警察维护北洋军占领区域内汉口、汉阳的社会治安，北洋军撤退后其率部向革命军投降。

### （二）巡警道的选任

湖北历任巡警道的选任可分为中央委派与地方督抚直接奏请委任两种。全兴为民政部委派，王履康为民政部下令对调，申保亨为清政府直接从天津调任，而冯启钧、金鼎、黄祖徽则为鄂督奏请委任或奏请短暂署理，其中金鼎、黄祖徽为临时短暂署巡警道。金、黄二人因多年在鄂为官亦曾办理警政，且为鄂督所信任，而冯启钧则为张之洞的心腹下属，故鄂督直接奏请委任的巡警道多为在湖北为官多年且为督抚亲信下属者。申保亨被委以巡警道则因其在天津办理警政卓有成效且亲近清政府。王履康为民政部选派出任巡警道，也有与鄂督瑞澂早年曾一同留学日本研习警政的缘故。

#### 1. 冯启钧的选任

冯启钧为广东南海人，与梁鼎芬等粤籍官僚来往颇密，且为张之洞督粤期间所带赴鄂为官之亲信僚属。冯启钧因身材矮小被人称作"冯矮

---

① 《鄂省巡警道交替纪事》，《申报》，1911 年 7 月 5 日。
② 王家俭：《清末民初我国警察制度现代化的历程（1901—1928）》，商务印书馆 1984 年版，第 79~80 页。

子"，其为人低调谨慎，不善言辞而长于官场的权力运作和关节疏通。冯追随张之洞多年且忠心耿耿，被张视为心腹并深受其影响，又因冯办事干练稳重，故其为张屡次委以重任。① 1908 年，张之洞进京入阁，冯陪伴随节进京协助打点，待张一切安置妥当后方返鄂回巡警道之任。冯早年为缉捕营官目，1903 年署夏口厅抚民同知，因缉拿案犯，特别是革命党人成果累累而多次为张之洞所奏功。在打击革命党人方面，冯启钧秉承张之洞的意愿，基本遵循"言革命者无罪，暴乱者杀无赦"的原则，虽不免对革命党人残酷镇压但基本采取绥靖政策，使得湖北的整个局势总体上处于可控之势。② 1906 年，冯启钧负责审理科学补习所及日知会"丙午狱案"而尤为人所熟悉。1903 年，张之洞任命冯为武昌警察学堂学监，后又兼任创办时期的汉口警察局总办③，不久又任武昌警察局总办④。1907 年张之洞奏请冯为试署巡警道。1908 年 5 月，因冯启钧曲意迎合鄂督意愿而下令整顿清理道路，严令禁止沿街摆设摊铺，⑤ 一时间群情大哗，摊贩的聚集游行由于警察处置不当进而演变成聚众罢市、捣毁警局的群体性事件，甚至发展为引起外交纠纷的国际事件。事后，冯启钧见势不妙乃求助于张之洞，在张的授意下冯自请开缺以暂避危局，张推荐另一心腹旧属署武昌府知府黄以霖暂代巡警道之职。⑥ 风潮平息后，鄂督陈夔龙仍令冯回巡警道原任。1908 年 5 月，鄂督赵尔巽由汉赴川就任四川总督前夕，在冯启钧试署不满一年且屡为舆论所抨击的背景下，赵尔巽乃向清廷推荐冯实授湖北巡警道并获得清廷

---

① 《张之洞重用冯启钧》，徐凌霄、徐一士：《凌霄一士随笔》，山西古籍出版社 1996 年版，第 408 页。

② 胡佑伦：《外祖父冯启钧与军政府高层的几次密谈》，《纵横》2011 年第 10 期。

③ 《警察述闻》，《申报》，1903 年 10 月 11 日。

④ 《湖北警察将仿北洋办法》，《申报》，1905 年 12 月 16 日。

⑤ 《汉口小贸聚众万人捣毁警局抢劫粮店》，《顺天时报》，1908 年 5 月 22 日。

⑥ 《武昌府调署巡警道》，《时报》，1908 年 6 月 19 日。

恩准。① 1909 年 8 月，冯启钧又因办理太湖秋操不力而被御史弹劾"名列弹章"②，然后在各方的庇护下冯又安然无恙地回任③。接替赵尔巽的鄂督陈夔龙在向朝廷奏保冯启钧的奏折中夸奖其"任事最勇，长于缉捕……实为应变之才"④。历仕张、赵、陈三任鄂督和在鄂历经二十多年官场沉浮的冯启钧数次遇险而巍然不倒，其被誉为湖北官界的"不倒翁"。究其原因，作为"张文襄提携之人"⑤ 只是表象，根源则是湖北政务的走向和官场的人事安排筹划始终处于原鄂督张之洞的影响之下，直到张之洞病逝，这种潜规则才逐渐被打破。这也从侧面反映了清末最后十年地方督抚权力膨胀的政情。

2. 全兴的选任

继冯启钧后任湖北巡警道的乃为时年 39 岁而踌躇满志的满人全兴。全兴，满洲镶黄旗人，拔贡出身。因其满人之身份，曾于 1901 年被清政府委派赴日本留学学习警政，三年后归国充任京师工巡总局内城左分厅、中分厅知事。1907 年 5 月，出任民政部警政司员外郎，具体负责统率消防队事宜。因全兴旗人的身份和留学日本学习警政的经历，其被视作满人之中的人才而被民政部考核而保送一等。⑥ 时任民政部尚书的善耆对全兴颇为倚重，以全兴才思敏捷、才堪大用，为警务中不可多得的人才为词，借以向摄政王载沣举荐圈出，全兴才得以由民政部简放出任湖北巡警道。⑦ 因全兴为摄政王所圈和民政部尚书善耆所保之员，加之其警政的学习、阅历，上任湖北巡警道之初鄂督瑞澂对其也抱有很大的期望。民政部委任电文下达后，瑞澂曾迫不及待地屡次电促全兴尽快

---

① 《冯观察实授巡道》，《申报》，1908 年 5 月 18 日。

② 《大令被参》，《时报》，1909 年 2 月 3 日。

③ 《冯道回巡警本任》，《申报》，1908 年 12 月 19 日。

④ 《保奖巡警道冯启钧等片》，陈夔龙：《庸庵尚书奏议》，沈云龙主编：《近代中国史料丛刊续编》第 505 辑，台湾文海出版社 1966 年版，第 1339 页。

⑤ 《冯巡道之发迹》，《时报》，1909 年 11 月 12 日。

⑥ 秦国经主编：《清代官员履历档案全编》第 8 册，华东师范大学出版社 1997 年版，第 316~317 页。

⑦ 《全兴简放巡警道之原因》，《大公报》，1910 年 5 月 21 日。

来鄂赴任。上任伊始，善耆亦再三电饬全兴极力随时改良、整顿湖北警政并叮嘱切勿再蹈前任覆辙。① 全兴来鄂之时可谓春风得意、踌躇满志，"新简巡警道全观察兴，于二十六日午刻由京乘火车抵鄂，随带来京师警官约三十员。是日，鄂省警界异常整肃，从江干迎接之处起，凡须警道经过之区，每十步派一巡警站岗，皆着新军服，外观极觉有耀"②。

### （三）巡警道的罢黜

相较于冯启钧、全兴上任巡警道之初的各种满面春风，遭到罢黜离任后的两人则显得颇为落寂与黯然神伤。

#### 1. 冯启钧的罢黜

冯启钧在任署湖北巡警道之初，在改良警务机构、筹措警察经费、兴办警察教育、推广地方警政等方面采取了一系列措施，在一定程度上推进了湖北警政建设的发展。实授之后，冯私欲进一步膨胀，贪污腐化越演越烈。自张之洞后的鄂督赵尔巽、陈夔龙对冯启钧都嘉勉不已，但在 1909 年张之洞去世后冯之处境就发生了根本性的转变，等到新任鄂督瑞澂上任后，冯的境况更是大不如前。张之洞去世后，冯原打算亲自赴京祭奠，然因感知今非昔比的境况，便以不敢擅离职守为词，委派湖北警务公所司法科长代其赴京祭奠。③ 1910 年，瑞澂督鄂后，以冯启钧"任事以后、巡警章制毫不讲求、信用私人、纵容劣弁、徇利忘义、厚自封殖，驯致所谓保卫商民之巡警反以扰害商民，扰害商民且不足，复波及于往来行旅，人言藉藉、群相指目"④ 为由将其弹劾。在奏折中瑞澂列举冯启钧任湖北巡警道以来的斑斑劣迹，力图坐实其任人唯亲、贪污腐化、扰民害民等种种罪行：其一，不讲求巡警章制。武汉警政创办后，原先由冯启钧统领的缉捕营于制不符，理应予以取缔，而冯启钧署

---

① 《善耆注意湖北巡警》，《大公报》，1910 年 8 月 6 日。
② 《全警道莅任之风采》，《申报》，1910 年 7 月 9 日。
③ 《冯启钧大不如昔》，《时报》，1909 年 11 月 12 日。
④ 《鄂督奏参冯启钧之内容》，《申报》，1910 年 5 月 28 日。

巡警道后却于武昌另设缉捕营，且专属巡警道管理。瑞澂认为此种行为扰乱军制、警章，容易造成祸乱。其二，亲信任用私人。冯启钧所选用的警政人员，大多不是学堂出身，不是候补的牧令，而是绿营、保甲旧属，甚至土棍、匪徒委身警营而冯又不加以训练，以致警政废弛。其三，纵容恶弁，危害地方。缉捕营管带徐升原为江湖土匪，后混迹官府充当差役时犯事而被革职。孰料徐升后为冯启钧所亲信并委以重任，徐升、徐盛、徐子花父子兄弟三人遂倚仗权势鱼肉乡民、横行汉镇，于警政声誉所造影响极坏。其四，循例忘义。冯初署巡警道之时于警政办理尚属认真，实授之后乃忘却报效清政府的大义而逐渐腐化堕落。其五，厚自封殖。冯启钧在巡警道任内，在警政人员人事安排上极力培植自己的私人势力，在经济上还大肆贪污，用贪腐所得在武汉三镇广购地皮房产，屡为舆论所诟病。在奏折的最后瑞澂认为"（冯启钧）溺职殃民为最著，倘不立加罢斥则群政无以振兴，吏治无以整顿。于是请旨将湖北巡警道冯启钧即行革职，永不叙用"①。不久，清政府下旨"湖北巡警道冯启钧循例忘义、警政废弛、纵容劣吏、扰害商民，即行革职，永不叙用"②。

关于冯启钧为鄂督瑞澂所厌恶而弹劾去职的缘由，当时的媒体披露出几种说法。

第一，瑞澂年轻时曾为冯启钧的心腹下属缉捕营管带徐升所辱，而冯竟然以庇护徐升了事，故瑞澂怀恨在心，督鄂后伺机报复，弹劾冯启钧去职的同时杀了徐升、徐盛、徐子花父子兄弟三人。冯启钧的曾外孙回忆道："湖广总督瑞澂早年在汉口曾与夏口厅警局的徐升发生过冲突，被徐抓起来审讯。瑞澂的父亲当时在宜昌做官，请冯将瑞澂开释并查办下属徐升，但冯没买账，瑞澂父子因此怀恨在心。更深的背景是冯的祖父曾参与林则徐禁烟，与瑞澂的祖父琦善对立。禁烟失败后，冯的祖父

---

① 《鄂督奏参冯启钧之内容》，《申报》，1910年5月28日。
② 中国第一历史档案馆编：《光绪宣统两朝上谕档》第36册，广西师范大学出版社1996年版，第96页。转引自彭雪芹：《纳民轨物：晚清巡警道研究》，中山大学博士学位论文，2010年。

被发配伊犁，最后客死新疆，冯家与瑞澂家从此结下世仇。瑞澂当上湖广总督后，立马对冯启钧开刀，将其撤职查办，徐升也被杀头。"①

第二，瑞澂厌恶冯启钧背后运作之手段。瑞澂上任鄂督之前在上海养病，冯曾经亲自抵沪拜谒，欲施展其背后运作之手段。瑞澂见冯启钧后以为其有公事，冯答之未奉公干，瑞即心生厌恶，训斥冯擅离职守，于是冯乃扫兴回汉。甚至瑞澂到任后首次与湖北各大员会见时，因厌恶冯启钧，竟唯独不与其言语，冯乃大惧。② 后冯竟委派专人在总督府附近刺探瑞澂行踪。③ 瑞澂到任后，见武汉警政徒耗巨款却废弛不堪，加之商民人等时有告发警政腐败之事，于是更加厌恶冯启钧。④ 冯见势不妙，乃派员至京师恳请某要员致信瑞澂，言及托瑞澂予以优容并称赞冯有钳制报馆之能力，瑞澂阅信后大怒并上奏参劾。⑤

第三，冯启钧包庇其死党缉捕营管带徐升等人的行为招致瑞澂厌恶。徐升早年就跟随冯启钧办理缉捕事宜，冯视徐为心腹。徐升欺压良善、扰害良民、押匪诈赃、聚赌庇娼⑥的罪行败露后，冯乃代徐施展运作手段，甚至运动朝中大员，冀望开脱罪责。瑞澂知悉后，大怒，于是上奏参劾冯之罪状。⑦

第四，冯启钧曾交恶于柯巽庵。因梁鼎芬与冯启钧均为广东人，且一起共事已久，引为奥援，关系十分密切，而瑞澂对梁鼎芬当年在京任职时参劾其姻亲一事大为不满。柯巽庵探知此等恩怨后在瑞澂面前提及冯与梁之关系，因此瑞澂便有参劾冯启钧之举。⑧

以上四种说法虽各不相同，但其基本内容都涉及官员之间的人事纠

---

① 胡佑伦：《外祖父冯启钧与军政府高层的几次密谈》，《纵横》2011 年第 10 期。

② 《鄂吏对于新督之恐慌》，《申报》，1910 年 4 月 10 日。

③ 《巡警道足恭之真相》，《申报》，1910 年 4 月 11 日。

④ 《京师近信》，《时报》，1910 年 6 月 24 日。

⑤ 《参冯启钧赫走伍铨萃》，《申报》，1910 年 5 月 24 日。

⑥ 《鄂督拿办员弁纪闻》，《神州日报》，1910 年 5 月 11 日。

⑦ 《鄂督严参巡警道之影响》，《申报》，1910 年 5 云 23 日。

⑧ 《京师近闻》，《时报》，1910 年 6 月 24 日。

葛和私人恩怨，这对官员的调署和罢黜有着十分重要的影响。

被革职后的冯启钧因贪腐亏空而被查办，但冯却利用官场的人际关系和个中利益而逍遥法外。冯启钧任巡警道期间因警费奇缺，乃大量借款，累计亏空多达六十余万之巨。① 亏欠汉口中外各银行及钱庄和官钱局、善后两局累计达五十余万之多。② 冯被革职后，湖北咨议局函请鄂督下令冯偿还，并建议将冯在汉所购之地皮查明充公以偿欠款。③ 但冯所购的地皮为与湖北劝业道高如松、湖北布政使高凌尉、原湖北布政使李岷琛以及汉口巨商等官商合资购买，④ 因牵扯面太多且广，瑞澂上任伊始不得不多有所忌惮，此事竟到最后以冯启钧所亏空之巨款未能还清了结。⑤

2. 全兴的去职

1910 年 8 月，全兴上任巡警道不及一月之际，鄂督瑞澂即以人地不宜为由调全兴为署理武昌盐法道，又委湖北候补道黄祖徽回任湖北巡警道。⑥ 究其缘由当时媒体披露如下：

第一，全兴抵汉后，即手持书函拜谒鄂督。瑞澂原以为全兴警政出身、历经警事且为摄政王圈出、民政部所特保之员，必为能臣干吏，今竟手持人情函帖行运作之手段，其与俗吏无异。⑦ 失望与气愤之余，待全兴辞出，瑞澂令人将函帖贴于客厅正面的墙壁上，故意供人阅览以示对全兴厌恶之情。⑧

第二，全兴赴任湖北巡警道之时，由京随行带来七八品警官三十多员，抵鄂后全兴将所带之员分派湖北警务公所及武汉各警区任职，以致

---

① 《参冯启钧赫走伍铨萃》，《申报》，1910 年 5 月 24 日。
② 《冯启钧之狼狈》，《时报》，1910 年 5 月 27 日。
③ 《冯启钧押买地皮与洋商之骇闻》，《时报》，1910 年 5 月 31 日。
④ 《清查冯革道地产》，《新闻报》，1910 年 6 月 5 日。
⑤ 《冯启钧欠款未清》，《新闻报》，1911 年 3 月 18 日。
⑥ 《黄道得矣而全道何始》，《申报》，1910 年 11 月 11 日。
⑦ 《湖北官事》，《时报》，1910 年 7 月 16 日。
⑧ 《全兴撤任原因》，《新闻报》，1910 年 9 月 19 日。

旧日原有之警官被大面积裁换。① 全兴所携警官多为北方人，与武汉本地人言语不通、情势不熟且人脉不畅，虽勉励服务而武汉之治安却越发混乱，竟反不如从前。②

第三，全兴虽为警学出生且留学日本学习警政，然为不学无术之人，于警学警政则几无讲求。全兴莅任警道以来，虽尽力铺陈但措施及效果反不如前巡警道黄祖徽，致使瑞澄有迎回前任巡警道之意。③

第四，全兴患有癫痫的隐疾，时常发作并危及生命。"本月十五日黎明，王护督亲诣武庙行香时，司道镇协各文武均集该庙站班陪祀。忽司道官厅中人声鼎沸，首府县暨巡警各官疑有意外之变，立即赶往。但见署监道、正任巡警道全观察兴，衣冠楚楚躺在地毯上，手足颤动不止，状若中魔，各司道莫不骇异，从外奔窜，状极可笑。幸首先李令曾麟略微胆大，上前抚摸，一面唤其跟丁至，始悉全观察素有羊癫疯之疾，今又复发，不足为虑。当设法施救，负之上舆回署调治并代向督辕禀请感冒假五天。"④

### （四）民政部与鄂督于巡警道选任调黜的博弈

全兴被调离巡警道任后，民政部视此为鄂督与民政部争权夺利之结果并加以干涉，以致引起两方对于湖北警政人事权的争夺。民政部委派视察安徽警政建设情况的岳嗣彝专程去鄂刺探情况，岳嗣彝在给民政部尚书善耆的报告中认为，瑞澄与黄祖徽通谱至交之关系是对全兴与所带之员无论贤愚一概不无刁难的原因。⑤ 民政部对瑞澄与黄祖徽的不信任态度在黄祖徽代替抱病的全兴入京汇报鄂省警政境况后得以改观。⑥ 民

① 《全警道处置属官之手段》，《申报》，1911 年 6 月 14 日。
② 《正署两警道政见之比较观》，《申报》，1910 年 9 月 6 日。
③ 《湖北道员界之一面观》，《时报》，1910 年 10 月 7 日。
④ 《监道陡发羊癫疯》，《申报》，1910 年 9 月 23 日。
⑤ 《岳嗣彝为报赴安徽省沿途见闻事致民政部尚书善耆禀》，丁进军编选：《清末江苏等省民政调查史料》，《历史档案》1988 年第 4 期，第 62 页。
⑥ 《黄警道大有可望》，《申报》，1910 年 10 月 4 日。

政部对黄祖徽的评价是"该道办理警务措置井然，于警学必素有研究"①。1910 年 10 月，黄祖徽奉旨履新另任他职，瑞澂则以巡警道缺人为辞，令其仍署湖北巡警道之职。直到 1911 年 4 月，黄祖徽因瑞澂时常插手警务公所人事任免，感觉有被架空之势而渐有退意。② 再者，朝廷要求履新之旨不得违抗，故黄力辞巡警道之职并再三央求履新，终得瑞澂勉强应允。同时，全兴也回京运作。迫于压力和现实的瑞澂乃不得已令其回任巡警道。③ 回任伊始，瑞澂再三警告全兴要遵循前任巡警道黄祖徽各种警政举措且不能撤换上任所用之人。④ 瑞澂认为全兴才智平庸，难以胜任巡警道之职，然亦需顾及民政部的颜面而不能将其撤差。有鉴于此，瑞澂在反复电商民政部的前提下，援引江苏成例在武汉特设警务总监之职。⑤ 警务总监乃为巡警道次官，专理武汉警务，巡警道则统掌全省警务。⑥ 不久，鄂督委任湖北候补道祝书远为湖北警务总监。祝书远为直隶顺天府人，历任候补道员、民政部高等巡警学堂提调、民政部外城总厅佥事等职。1911 年 5 月，祝书远抵鄂赴任警务总监一职，此时的全兴处境更加窘迫与尴尬，乃极力向民政部要求调任。⑦ 民政部各员早在全兴被改任武昌盐法道时便认为瑞澂有意与民政部为难，现瑞澂又以援引江苏成例而设警务总监，显然为排挤全兴，因此虽不同意瑞澂的主张却又无可奈何，最终予以默许。不久，民政部奏请将安徽巡警道王履康与湖北巡警道全兴交流对调。⑧ 基于当时的情势，媒体认为对调乃民政部为保留用人特权，约束督抚权力而采取的折中手段。⑨ 由于

---

① 《黄道得矣而全道何始》，《申报》，1910 年 11 月 11 日。

② 《鄂警道之兢兢业业》，《申报》，1910 年 6 月 10 日。

③ 《司道接篆之纷忙》，《时报》，1911 年 4 月 8 日。

④ 《全警道得回本任原因》，《新闻报》，1911 年 4 月 8 日。

⑤ 《苦哉全警道》，《申报》，1911 年 5 月 3 日。

⑥ 《鄂省官场之五光十色》，《时报》，1911 年 5 月 4 日。

⑦ 《巡警道更动》，《新闻报》，1911 年 5 月 21 日。

⑧ 中国第一历史档案馆编：《光绪宣统两朝上谕档》第 37 册，广西师范大学出版社 1996 年版，第 99 页。

⑨ 《全兴调补安徽巡警道之原因》，《时报》，1911 年 5 月 22 日。

王履康的到来，祝书远的处境又陷尴尬之态，警政人事再次面临变动。瑞澂因王履康出身警学，在京办理警务有年且有才有识，乃不能以持全兴之情形而待之，故改委祝书远署理盐道①而谋退路②。至此，警务总监一职被废除。10 月 10 日，武昌首义爆发，在汉的各地方大员纷纷步瑞澂后尘溷职而逃，巡警道王履康亦易装出城潜逃，武汉各警区巡警亦群龙无首遂各自溃散。

冯启钧利用人脉资源进行权力运作而重新起复。丢官后，冯启钧可谓麻烦缠身，甚至在 1911 年 6 月差点被仇人刺杀而丢掉了性命。③ 冯屡次赴京奔走疏通关节，亦曾为瑞澂所传见，瑞澂亦一度对其态度似有转变。④ 冯启钧还利用张之洞心腹的身份和张之洞的影响力时常辗转于京津沪等地联络朝廷要员，请求各大佬代为运动以谋求重新启用。⑤ 武昌起义爆发后，冯启钧因熟悉湖北情况而被清政府临时起用，担任汉口前线北洋军粮秣总理，负责筹办军需事宜。北洋军进军武汉后烧杀抢掠无恶不作，致使地方乡绅畏之如虎而不愿为其提供粮米等军需。冯启钧在汉有年，深知武汉乡绅之财力，眼见无法交差便利用暴力手段严加敲诈勒索。同时冯下令晓谕地方，凡地方乡绅无力认捐者则予以监押，对不予合作者则即行关押，当时一次性就关押了乡绅三十多人。当时媒体普遍认为冯启钧是蓄意报复武汉军民令其被清政府罢官革职之仇，冯启钧的倒行逆施使武汉民众对其恨之入骨。⑥ 直至清政府覆灭前夕的 1912 年 2 月 3 日，与冯启钧关系密切的民政大臣赵秉钧上奏冯启钧被瑞澂参劾乃为冤案，请求予以平反昭雪并获得批准⑦，冯启钧乃得以恢复原职，孰料几日之后清帝乃下诏退位，清政府覆广。

湖北巡警道的选任、罢黜和督抚的态度有着直接的关系，中央与督

① 《鄂省司道之大变动》，《时报》，1911 年 8 月 31 日。
② 《湖北官场倒运史》，《时报》，1911 年 7 月 1 日。
③ 《冯启钧亦几被刺》，《申报》，1911 年 6 月 20 日。
④ 金毓黻辑：《宣统政纪》第 64 卷，1911 年 9 月。
⑤ 《冯启钧又将出山》，《申报》，1911 年 2 月 3 日。
⑥ 《冯启钧之害民》，《申报》，1911 年 12 月 17 日。
⑦ 金毓黻辑：《宣统政纪》第 70 卷，1911 年 12 月。

抚在对巡警道的用人权上存在着一定的争夺，然督抚似占有一定的主导权，这也从侧面反映出清末地方督抚势力有膨胀之势。后期中央通过官制改革等措施，企图将督抚的人事权、财权、兵权等加以回收与限制。总体而言，清政府中央对督抚的权力仍有约束和遥控的作用。以湖北为例，从全兴、黄祖徽、祝书远、王履康等出任巡警道的人事纠葛来看，瑞澂并无刻意刁难、故意与民政部为难之意，而是总体着眼于湖北的新政建设和警政整顿，绝非仅为权力之争与意气之争。诚然，督抚也有个人的喜好与厌恶，对巡警道亦会不可避免地带有一些个人恩怨情仇，督抚与巡警道的恩怨是非对警政的建设亦带来许多不良的影响，巡警道频繁的更替也在一定程度上有碍于湖北警政的良性发展。

## 三、考核与奖惩制度

考核与奖惩是激励警政人员勤于警务、努力奉公、专心任事的重要行政方式，也是升迁、罢黜的主要手段。清代对官员的考核分京察和大计两种。警政初创之时，对于警政人员的考核与奖惩尚未专业化，与一般的政府行政人员无异。民政部成立后不久即在各省设立巡警道，此时清政府对警政人员的考核才正式脱离一般政府行政人员的模式而趋向职业化和专业化。

对于巡警道的考核，在民政部 1908 年 4 月颁布的《巡警道官制并分科办事细则》中有明确的规定：

> 第三条　巡警道自到任之日起，每届三年作为俸满，届时，各该省督抚应将该员平日所办事宜有无成效，详细咨明民政部，由部查核与平日考验成绩是否相符，胪列奏开缺、或留任、或开擢、或调本部，请旨遵行。
>
> 第四条　巡警道除受各该省督抚节制考核外，仍由民政部随时考查，不得力者即行奏请撤换。
>
> 第五条　巡警道举办一切事宜，随时申报该省督抚外，仍于年

终汇集造册列表，申报民政部查核，如遇重要事件，准一面申报该
省督抚，一面报部。

由此可见，巡警道的考核主要由皇帝、民政部和督抚三方共同参
与。督抚是巡警道的直接管理者，对巡警道的政绩和不足之处最为了
解。在实际考核中，一般由督抚首先对下属巡警道进行考核评定，然后
转奏民政部，民政部对督抚呈上的评定进行核定后再向皇帝禀明，最后
等候皇帝裁定并以皇帝的评价为最终的评定结果。在此过程中，皇帝、
民政部和地方督抚各自权责清晰而又彼此影响。

对巡警道的考核主要涉及两个方面，一是各省警政推广的进程与成
效，包括警政的规模、社会治安治理的效果、打击犯罪的成果等内容；
二是地方自治的推广程度及成效。①

对一般基层警政人员的考核也经历了逐步专业化与职业化的过程。
1902 年张之洞创设武昌警察总局之后，湖北警政当局便陆续颁布了诸
如《鄂垣警察局除弊章程》《严令清道章程》《约束巡勇章程》《侦探
弁兵办事细则》等规章制度，对巡警、清道夫、侦探等进行具体的德、
勤、能、绩等方面的考核和奖惩的界定。如《侦探弁兵办事细则》规
定："一、冒充革党扰害治安者；二、开堂放飘煽惑人心者；三、聚党
结盟潜起事者；四、私运军火接济匪徒者，以上四项如有实据即行查
拿。此外非有命令不准越权办事，一、欺压良善者责革；二、藉故讹诈
者追职治罪；三、得贼纵犯者加等治罪；四、挟嫌诬陷者照军法从
事。"②

1910 年，民政部颁布的《考核巡警道属官任用章程》对巡警道属
官任用的资格也做了明确的规定，并以三年为期进行具体考核，其考核
的内容也颇为具体。

对于普通的警官和警员则主要通过考核考勤、功过等日常内容作为
主要的奖惩手段，这在湖北基层地方警政中表现得最为具体。

---

① 《巡警道考级之实行》，《大公报》，1910 年 5 月 10 日。
② 《侦探弁兵办事细则》，《申报》，1908 年 6 月 22 日。

湖北候补知县何大令石莱，因办理警察颇著成效，上宪深为嘉许，准予记大功一次，以示奖励。①

鄂省武昌县林大令欣荣，以该县帮办警察委员、候补巡检叶维新在差两年，办事勤果。日前，禀请抚宪给予酌委假差一次，以示鼓励，谅能批准也。②

鄂州：记一过罚钱一百文，一大过罚钱二百，积三过为一大过，逾三大过者开除；记一功赏钱一百文，大功赏钱二百文，积三功为一大功，有三大功者提升。③

黄石：专则嘉奖，过则惩儆罚，积三小过为一次大过，至大过三次者开除，警务细则按呈。④

崇阳：记一大功赏钱两百，记一小功赏钱一百，记一大过罚钱一百五十，记一小过罚钱五十文。⑤

樊城：严加考核，分别功过升降，警目记过三次者降为上等，上等记过三次者降为中等，中等记过三次者降为下等，下等记过三次者即行开除，此分别等级之大略也。⑥

湖北基层警政人员中警官、警员有犯法乱纪、滋事不法等行为而遭撤差、斥革的事件层出不穷。1908 年 2 月，武昌警察总局北局巡警朱沛高、西局巡警张保卿因执勤期间狎妓饮酒而被斥革。⑦ 1909 年 8 月，武昌警察总局前局某派出所所正因持刀击伤湖北警务公所总务科所派查岗的稽查巡警而被撤差并交监狱关押。⑧

---

① 《奖励警察官员》，《申报》，1903 年 6 月 5 日。
② 《禀请奖励警员》，《申报》，1910 年 10 月 20 日。
③ 《湖北警务杂志》1910 年第 2 期。
④ 《湖北警务杂志》1910 年第 2 期。
⑤ 《湖北警务杂志》1910 年第 4 期。
⑥ 《湖北警务杂志》1910 年第 5 期。
⑦ 《斥革犯规巡士》，《申报》，1908 年 2 月 11 日。
⑧ 《巡警滋事不法》，《申报》，1909 年 8 月 7 日。

根据清政府关于抚恤警政人员的相关规章制度，湖北警政当局在对警政人员病故、因公负伤、殉职等抚恤方面也施行了一些举措予以优待。1911 年 9 月，汉阳二区入警不到一月的三等巡警李兰芷因纵身跳入湖中追捕逃犯而不幸溺水身亡。警务长陶继贞以"该警兼挑两房，上有八旬老亲嗷嗷待哺，不料因公惨死，情殊可悯"[1] 为由，请求巡警道王履康依照部章巡长因公牺牲的抚恤定例，给予遗属恤银一百两以示矜恤。时任湖北巡警道和署理湖北巡警道的王履康赞誉李兰芷为警界的楷模，照准按部章抚恤外还布告警界号召捐款、召开隆重的追悼会并派代表祭奠以示优待。

总之，清末湖北警政当局已经初步建立起了一套比较专业的考核与奖惩规章制度，这些法令条文在运行过程中虽受到长官意志等主观因素的影响，但在促进警政人员执法的制度化、法制化，规范当局对警察队伍正规化建设等方面有一定的积极意义。

# 第三节　湖北警察群体

警察群体的等级差别直接表现在职级差异上，警官与警员是清末湖北警察的两个不同阶层。从两个不同阶层人员的构成和来源上考察警察群体的特征能从源头上分析清末湖北警察群体的状况。士绅阶层作为地方治安的主要参与者，在某种程度上起着政府与普通民众的中间人的角色，士绅与警政的关系对国家层面推广警政的效果有着重要的影响。

考察警察群体人员的构成，是探讨警政运作的要项。这里所涉警察群体的构成对象主要包括警官和警员。

## 一、警官

自湖北警政创设，武昌警察总局和湖北警务公所的高级警官大多来

---

① 《王警道追悼李巡警》，《申报》，1911 年 9 月 13 日。

源于旧官僚。武昌知府兼管省城武昌警察总局总办局务梁鼎芬，"初以端方荐，起用直隶州知州；之洞再荐，诏赴行在所，用知府，发湖北，署武昌，补汉阳。擢安襄郧荆道、按察使，署布政使"①，帮办局务由候补知府金鼎担任。湖北设置巡警道后，冯启钧为首任湖北巡警道，历任湖北巡警道和署理湖北巡警道的还有黄伯霖、黄祖徽、陈树屏、全兴、王履康和申保亨。金鼎历任署盐法道、黄州知府、署襄阳府；黄伯霖历任郧阳知府候补道，署湖南提学使兼署布政使等职；黄祖徽历任候补知府、盐法道，为武昌红十字会的创始人之一；全兴为满人，毕业于京师高等警察学堂，曾留学日本学习警务，较熟悉警务，为民政部指派赴鄂接任前任巡警道冯启钧因鄂督瑞澂弹劾而革职之遗缺，后为瑞澂所恶。陈树屏则自 1894 年起，历任广西融县、湖北罗田、江夏知县、随州知州、武昌知府等职，1906 年到任署理湖北巡警道。② 王履康与鄂督瑞澂熟识，1911 年，时为安徽巡警道的王履康与湖北巡警道的全兴交流对调而出任湖北巡警道。③ 辛亥武昌首义时，王履康跟随鄂督瑞澂出逃而被革职。申保亨是辛亥革命阳夏战争期间，由清政府委派尾随北洋新军而来汉赴任的最后一任湖北巡警道。北洋军占领汉口、汉阳后，申保亨率领一批天津警察来鄂赴任，后南北议和停战，申保亨奉命指挥警察维护汉口、汉阳社会治安，北洋军撤退后其率部向湖北军政府投降。

在湖北基层地方，一般警察机构的总局总办都由知府兼充，专局警务长则由知县兼充，分局管理员由典史、把总兼充。后期，湖北警务公所委派大量湖北高等警察学堂毕业学员赴基层协助官绅举办警政，这些人中间的不少人后来都成为地方警政建设的骨干，这在一定程度上促进了湖北基层地方警政的发展。

湖北地方警政高级官员多为旧式官吏转化而来，这其中又有相当一

---

① 赵尔巽：《清史稿·梁鼎芬传》卷 472，中华书局 1977 年版，第 12822 页。
② 吕调元、刘承恩、张仲等：《湖北通志·职官》第 2 册，上海古籍出版社 1990 年版，第 357 页。
③ 王家俭：《清末民初我国警察制度现代化的历程（1901—1928）》，商务印书馆 1984 年版，第 79~80 页。

部分为候补官员和兼职官员，基层中下级警政官员中则多为警校毕业生。总体而言，警政官员之中级别越高则旧式官吏越多，而极少部分为专业警校毕业生。在这些警政官员中，有警察学堂、政法学堂和警察教练所毕业学生，也有留学归国学生，这些学生多为地方和基层的中下级警政官员。湖北警政举办之初，正为急需人才之时，而警才又较缺乏。因此，此时的警官选用尚未有严格限定之规制，故习惯于从在职和候补官员中选用。

在清政府出台警政人员选用资格的制度出台之前，警察的选任没有严格限制而基本取决于各大员的委任，从而产生种种弊端。湖北巡警道金兴曾指出，湖北警政之所以弊端较多，是因为"一由于兴警学之不力，一由于办警政之非人也"。他强调："自光绪三十一年设立巡警部后，该省节经试办，有案可稽，彼时新政甫在萌芽，民智尤为幼稚，其甚少成效，初不足责，比年以来，封疆大吏颇知注重民政，然为人择缺考多，为缺择人者少。"① 时人曾评道："乃各省垣巡官往往充以知县，府、厅、州、县巡官非任以佐杂，即充以戚友，反视为位置属员，安插私人地位。"② 御史麦秩严在奏折中指出："各省开办警察，大都敷衍塞责，主持警务如民政司巡警道等官，学问既不出于专门，得缺补官徒凭督抚保奏委任，员弁皆听命于督抚，所用者皆不习警务之人。"③民政部在回复此奏折时亦不得不承认："查核所保各员，确系谙习警务，熟悉地方情形者，固不敢谓绝无其人，而学问不出于专门，保奏非因乎才力，如该御史原奏所称者，该亦在所不免。然现在办理新政，悬缺待人，虽不得不降格以求，勉期拨十得五之效。"④ 以上种种都说明警政所委非人和专业人才的匮乏是制约警政良性发展的重要因素。

由警政所委非人造成的贪腐等问题也严重影响了警民关系。1907

---

① 《章京金兴致部尚书信》，中国第一历史档案馆馆藏。转引自韩延龙主编：《中国近代警察制度》，中国人民公安大学出版社 1993 年版，第 170 页。

② 《张仁禀呈》，中国第一历史档案馆馆藏档案。

③ 《民政部议复御史麦秩严奏各省警察腐败》，《大清法规大全续编》卷 4。

④ 《民政部议复御史麦秩严奏各省警察腐败》，《大清法规大全续编》卷 4。

年，鉴于汉口百姓对警察的不满，有人竟然在汉口警察局大门上贴下了对联"以警为名藉此窝藏匪类，所察何事无非恐吓乡民"以表达对汉口警政腐败的讽刺与痛恨。①

1910年瑞澂督鄂后，对湖北警政腐败的状况大为恼怒而加以整顿，除严参巡警道冯启钧去职后，又力主将因狎妓闻名的汉口警察局总务科长瞿世玖撤职。1908年，湖北巡警道由于媒体时有报道警政人员种种的恶劣行为，于湖北警政人员名誉大有损害，故而特别饬令："嗣后凡委当警察差使者均令其：一、不吃花酒、不叉麻雀之切结，如有违犯，定即从严撤矣。"② 当时媒体以瞿世玖为笑谈，连篇记录道：

> 汉口巡警总局总务科长瞿守世玖，乃前鄂藩庚甫次子，年少翩翩，风流自赏，花丛中均称为瞿八少，官界中别称之为妓太守，此间固系无人不知者。近见其告诫僚属嫖赌一函，颇似深知正己乃能正人主义者。谓：世玖从事警局历有年所，今者复承乏汉局总务科长差，责任素严，悚惶倍切。查汉口警员，从前颇有征逐于花酒麻雀之场者，不知警察为行政之区，正己乃正人之本。玖莅差月余，不敢稍越范围，谅亦诸公所共见共闻。惟来日方长，人言可畏，玖固不敢谓同事中有嗜好之人，亦不敢谓竟无嗜好之人。今为诸同事告，有则改之，无则加勉，此后有偶涉嫌疑者，在玖则准各同事禀揭，在各同事则玖亦不敢雍于上闻，代人受过，区区下忱，敢乞共相劝励，毋贻外人口实，藉保个人之名誉，世玖有厚望焉。云云。一时官界颇为震动，不知太守果能自践所言否耶。③

> 汉口巡警总局总办瞿太守世玖，系前鄂藩瞿方伯庭韶之第八公子，年少翩翩，性嗜冶游，汉皋花界固无人不识其为瞿八少者。该守席先人余荫，挥霍极豪。去岁曾以数千金纳苏妓韵阁为妾，讵入门后不容于大妇，数月即饮鸩自尽。瞿痛极怒极，乃日在汉上纵情

① 《戏择警察局谑联》，《申报》，1907年8月15日。
② 《取缔警员之新章》，《大公报》，1909年8月6日。
③ 《祭太守之自律何严》，《申报》，1910年10月13日。

嫖赌，月不一归公馆。前月，瑞制军闻其在嫖界颇负盛名，曾与巡警道议及，欲令悛改。瞿闻之，悚惶万状，不得不稍自检束，并通谕汉上警员持正己正人主义，规诫各员，不得涉足花界，且谓如世玖私行冶游，诸君尽可禀揭。不图纸墨未干，游兴复发，仍终日徜徉于花天酒地中，毫无顾忌。日前，瑞制军查悉详情，以其不知悔改，非撤差不足以示惩儆，特饬巡警道立将该守撤差，该委武昌警务公所司法科长严师愈接办，所遗司法科长委候补知县蒋宾缄接办，已于昨日分别到差。惟汉上舆论，以瞿守近日整顿警务颇有条理，一切均改旧观，兹因不检去差，深为惋惜云。①

瞿世玖早年留学日本学习警政，归国后在武汉警界任职多年，且于警政建设多有心得，然因其流连武汉妓院酒馆而被鄂督撤差。其实当时武汉警界之中的官员大肆贪腐胜于瞿世玖者不乏其人，鄂督瑞澂因瞿世玖屡教不改之故乃不得不以撤差了事。由此事可见当时鄂省警界之风气已然败坏。

湖北警政人员中一些警官仗势凌人，欺辱良善之事也时有发生，为媒体不时报道：

> 汉口满春戏院因设在华界，每月缴有警察捐，原所以求保护弹压。乃警察总局坐办徐太守传笃，遂借保卫为名，时携友人或挟妓女至园，占据官厢，不名一钱。该园亦喜其常到，藉以震慑痞棍，故不来索取戏资。讵本月十六日，徐太守复与其友丁子仲率仆从数人入园观戏，不一时又来数人，自称系警局听差，强欲入内。守门人不识为徐之仆从，稍有阻拦，该仆从恨恨而去。是夜遂设词耸动徐太守派警兵数十人，破扉而入，若捕大盗，将售票者及守门人范明志、吴双发等拘去，各痛笞二千板。复将其枷号示众，声言须得园主到局服罪，方能开释。该园主系体面商人，心不甘服，刻已闭

---

① 《瞿八少冶游撤差纪闻》，《申报》，1910年11月26日。

门停演,以徐太守局官违制挟妓观剧、持势寻衅、妄责无辜等词,通禀督院、巡警、汉官各衙门,请为申雪。一面诉由商会电禀农工商部、民政部。闻此事出后,徐即令其文案某传知各报馆禁止记载,故汉上人士知其原委者甚少之。①

材料所指徐太守传笃即为湖北警务公所总务科长,徐传笃是湖北官派留日学习警政的优等毕业生,被誉为湖北警界的干员而素为历任巡警道所倚重。徐虽有留学经历且成绩优异,但也染上了官场的种种恶习,诸如狎妓观戏且不名一钱等。徐的手下人等更是习惯于此种骄纵的作风,因满春戏院守门人不识徐的手下警察而有所阻拦,徐竟纵容警察故意生事,不仅违法抓捕售票员、守门人并严加痛笞,甚至还不准许当地媒体报道。材料中所体现出湖北警政人员中警官的腐朽和普通警察的骄纵是当时警界中人普遍真实状况的写照,这也反映出警官的素质既有近代专业的一面,也有传统官僚的色彩,现代与传统兼具的特点表现得比较突出。

至于警界警官执法断案中的司法腐败事件更是层出不穷,当时媒体也不无披露:

> 汉口华景街望月楼茶馆,日前有坐客陈英元向某洋行佣工易华彩索讨债项,口角争殴,易即召集同伙帮助将陈殴伤,并将茶馆桌椅器具打毁。当经巡警将两造扭至警察四区,区长陶筠(湖北候补知县)并不细核案情,竟谓茶楼器具系陈英元纠众所毁,乃判令易华彩还陈之钱,陈英元则赔茶楼之器具,否即重责。至陈之所受之伤,亦置之不究。该陶区长畏易华彩系洋人佣工,意存偏袒也。陈回家后,以所索得之账项不敷赔偿茶馆器具之半,且受重伤,无处伸诉,愤极吞鸦片烟膏数钱。其母妻等遂令人抬至警区哭闹,陶区

---

① 《时报》,1910年2月28日。转引自武汉大学历史系中国近代史教研室编:《湖北历治之腐败五则》,《辛亥革命在湖北史料选辑》,湖北人民出版社1981年版,第215页。

官命巡警鞭逐，旁观之人齐抱不平，同声喝打。陶区官见势不佳，即上晒台，翻入邻家藏匿。众人将警区围住，搜捕不获，爰将区内什物捣毁不少。夏口厅王司马国铎，闻警至场弹压，见陈英元尚有一息之气，饬令抬送医院，诊治无效，遂致毙命，一面将滋闹诸人赶散，风潮始熄。闻事后为巡警道全观察兴所知，欲禀制府将陶撤差，因卸署警察道黄小农观察（黄与同乡，且有戚谊，此差又为黄署警道时所需）极力为之缓颊，故反饬夏口厅将死者之兄陈英桃拿案收押，欲办其滋闹警局、以死相赖之罪。至凶手易华彩，现尚逍遥于外，并未拘究。①

　　材料中因警察枉法断案而逼死人命，事后警方又官官相护而草菅人命，此种恶行甚至激起民愤，这又进一步恶化了警民关系，制约了警政的良性发展。

　　由此可见，清末湖北警政人员中警官由于多为旧有官员，虽有少数专门警务人员，然警官整体素质普遍不高，警官中新旧兼具的现象带有显著的时代特征，成为制约湖北警政发展的重要因素。

## 二、警员

　　在论及清末基层警员的构成与来源时，端方曾感慨道："其所用警役或抽取团丁，或借拨营勇，又或驱市人而为之。"② 湖北基层警员的来源除警察学堂、法政学堂、警察教练所毕业生以外，还主要有以下两种途径：直接改编充任的原治安机构人员，包括绿营之营勇、保甲之团丁、衙门之捕役等；政府临时向社会的招募，甚至包括对原犯罪人员的任用等。大量流品不清、鱼目混杂的警员充斥其中，对湖北警政的发展产生了诸多不利的影响。

　　当时的媒体在论及开办警察的成效时，对警察来源的流品低劣、成

---

① 《警官断案偏袒之风潮》，《申报》，1910 年 8 月 6 日。
② 端方：《筹办警察情形折》，《端忠敏公奏稿》卷 5，第 34 页。

分复杂多有诟病，并直言使警政的利民之制演变成害民之举：

> 试观今日各省所已办之警察，其成效如何乎？督办、总办、官职毕备，固郑重乎其事也，而问其局员，大都卑鄙间茸之候补官也；问其警察兵，大都毫无教育、游手之徒也。观各报所纪，各处警察之弊，或则挟嫌报复送局惩办，或则藉势凌人凶殴怒骂，其委员每偏信警察谎报之词，重责居民。至于势力熏灼之人，则虽犯法，而警察亦无可如何。此等弊端，固更仆而不能尽数。以是之故，虽设警察，而居民不以为便，或有反受其害者。至其极，恐将与昔日乡镇之汛兵无异，得规庇赌，藉端敲诈，固无所不为矣。所谓行新政之结果如是，吾恐警察之推进愈广，而民之受害者亦愈众也。①

湖北办警初期，尤其缺乏专业警学出身的警政人才，普通警员更是于近代警学内容几无所知。1902 年设立武昌警察总局后，随即募练步军警察 550 名，马军警察 50 名，清道夫役 202 名，共有弁目警察 802 名，其中有 1/4 来自黎元洪的部队，还有一部分由原来绿营官弁委任而来。②

湖北普通警员的来源经历了由绿营、保甲转化为主到面向社会招募为主的过程。警政初兴，湖北地区警兵多由旧绿营转化而来。光绪二十七年（1901）清政府发上谕："前因各省制兵防勇积弊甚深，业经通谕各督抚认真裁节，另练有用之兵。着各省将军督抚将原有各营严行裁汰，精选若干营分为常备、续备、巡警等军，认真训练。"③ 各省遂一拥而上，纷纷将旧有绿营改头换面变成警察。湖北也没能将巡警军与一

---

① 《论近日政府之注意于警察》，《申报》，1905 年 7 月 7 日。
② 张之洞：《省城创办警察折》，苑书义等编：《张之洞全集》卷 56，河北人民出版社 1998 年版，第 1475 页。
③ 张之洞：《酌拟裁汰绿营办法折》，苑书义等编：《张之洞全集》卷 57，河北人民出版社 1998 年版，第 1511 页。

般警察区分开来，以绿营充任巡警军。可是，原有绿营等制兵"积弊已
入膏肓"①，这些由旧有军队转变而来的巡警军，又带有大量旧式治安
人员的不良习气与作风。张之洞遂决定弃绿营，用裁汰绿营之饷，募练
巡警。由于警察局缺乏成熟的管理经验和完善的规章制度，湖北警务公
所"开办之始，新募警勇多未谙警章，所定制服类似当时快壮之所衣，
手执木棒，蹀躞于隅，无一定之岗位，警上既不自重，亦不为人所重
视"②。警官和警员既不熟悉警务，品质上也良莠不齐，加上清朝官场
腐败之风的影响，警务质量和效率都很低下，扰民之事时有发生。警察
在执行任务的过程中，或因被市民嘲笑制服丑陋，"充任巡警者不觉难
以为情，动作很不自然，在态度上表现含羞和害怕熟人"③，或依附权
贵而徇私枉法，"有依附豪贵，借窝赌为生者，此巡警应干涉者也。某
局专办执法惩治，案未结，而差已撤"④，或因对盗贼的缉捕，而结下
仇怨并被盗贼报复⑤，或强占民人妻女，狐假虎威欺压百姓⑥，或狎妓
酗酒而败坏风纪⑦，或抢劫偷窃他人财物，沦为窃盗而逃遁⑧，或玩忽
职守，于侦缉等警政要务效率低下甚至茫然无知⑨，或警务人员与官僚

---

① 张之洞：《酌拟裁汰绿营办法折》，苑书义等主编：《张之洞全集》卷57，
河北人民出版社1998年版，第1511页。

② 张继煦：《张文襄公治鄂记》，湖北通志馆1947年版。

③ 《湖北官报》第2册，1907年。

④ 《护勇与警察冲突》，《申报》，1907年8月24日。

⑤ 《湖北官报》曾载：由于巡警对盗贼的缉捕打击而结下仇怨，盗贼们一向
小视警察而进行报复。如盗贼有意在紧靠岗棚左右或前后的人家，穿洞入室，盗去
衣物，让失窃者骂他们无能。于是，巡警当局添设警察岗位，互相守望，以防空
隙。无如道高一尺，魔高一丈，盗贼们有时掌握了巡逻警察情况，先把巡警的口用
棉絮塞住，再把他用绳捆着，栓在岗棚背后，而后进行盗窃人家的东西以去，迨巡
逻警察到来，才把被捆缚的岗警解放出来。

⑥ 《警察教员强占民妇之讼案》，《申报》，1909年8月3日；《警勇诱奸幼女
案上控》，《申报》，1907年5月20日；《勇丁不法》，《申报》，1902年12月20日。

⑦ 《斥革犯规巡士》，《申报》，1908年2月11日。

⑧ 《巡勇窃物私逃》，《申报》，1908年3月19日。

⑨ 《看守巡警何昧昧若是耶》，《申报》，1910年10月11日；《抢案与巡警之
关系》，《大公报》，1910年4月30日。

互相勾结，狼狈为奸而贪赃枉法①。更有甚者，还知法犯法，参与犯罪活动。媒体曾记载，1906 年某一天，汉口盔头巷发生了凶杀案。杀人犯被捕后，凶犯所供出同案犯中有一名武昌的巡警。作案巡警被抓时"仍持警棍，衣警服，巍然立于站岗之位次"②。连鄂督瑞澂也承认："所谓保卫商民，巡警反以扰害商民；扰害商民且不足，复波及于往来行旅。"③

由于传统观念的影响，百姓习惯以传统"贱吏"看待警察，加之初兴之时的警察普遍执法水平较低，更确定和加深了普通百姓的判断。1903 年，当时的媒体曾这样记录湖北武昌之巡警形象：

> 鄂省之警察有名当世，今闻该警兵所服之号褂系红色绿缘狭袖，前后皆于布圆心上书"巡警兵"字样。初练数月，裤亦红色，后以人皆骇讶，始改为紫花布。头戴红缨大帽，红色有圆式纸一枚，上写"巡警兵"三字，以为帽额，围以桂子变两行，见者莫不掩口。通武昌城，少见有巡警兵植立街头者，唯时或于小茶肆见红纸帽额之巡警冠弃置沿街桌上，二三短衣窄袖人围坐别桌中，一红衣狭袖足翘于凳上、裤高至股际、高谈阔论者，此即湖北仿洋采式新改之巡警兵也。④

以上的描述粗略勾画了湖北警察初办之时在当时社会舆论环境中的公众印象。此时距离张之洞武昌建警仅近一年，而整个武昌城内外，巡警仍少为一般民众所见。由材料描述可见，早期的湖北警政人员其举止、形象与传统治安人员并无原则性的区别。

湖北在地方州县推行警政的基本力量除了面向社会招募外，主体仍

---

① 《警察员撤差之由》，《申报》，1905 年 5 月 4 日。
② 《湖北官报》第 2 册，1907 年。
③ 《记瑞制军惩治不法官弁事》，《东方杂志》1910 年第 7 卷第 6 号，第 158 页。
④ 《记湖北警察》，《大公报》，1903 年 4 月 12 日。

旧是原有维护社会治安职能的人员，如保甲之团丁、官府之衙役和捕快、绿营之营勇等。有鉴于此，端方曾批评"虽已变警察之名，仍未尽革保甲之习"①。如咸丰县在 1909 年创办警察时由知县徐培"招本县游民及散役十人充习警察"②。钟祥县则"所用警察纯系招募乡勇"③。大冶县将"原衙役一律申革，乃设警勇四十名巡理街市。有武昌陆军学堂结业生一人派充队长，如有成效再行推广"④。类似大冶、咸丰、钟祥等基层地方，警政人员由警务学堂毕业委派和传统治安力量改编的情况十分普遍。这些机构的警政人员或多或少会带有旧有的积习和弊病，因此警察与民众发生冲突之事时有所闻。甚至警方有将刑满释放人员吸收入警而充当包探之事，"捕役王顺因案已定徒罪，禁期已满，即行开释。兹武昌警察局需用包探在急，遂饬王顺充弁，招添探员二十四名，以广收耳目之效"⑤。由此可见，湖北地方基层警政人员的素质堪忧。

从武汉警方与租界警察方面屡次发生冲突与纠纷的报道上便可窥探当时湖北警政人员已初步具备近代警察权意识，新旧兼具是湖北警政的时代特征。武汉地区华洋杂处、租界林立，虽租界有领事裁判权和管理社会治安秩序之巡捕房，但华洋毗连之处情势复杂，时有纠纷事宜。其中武汉警政当局与德租界巡捕房曾多次发生龃龉：

> 汉口德国租界与华界毗连，日昨，华界之华景街一枝春茶馆，有德捕房下班巡捕数人与浙宁帮工党斗殴，桌椅捣碎，碗碟交飞，其势汹汹。该处警察四局刘哨弁闻警，即率警勇十余名至场弹压，将工党劝散去。讵德捕不服，反向巡警索交，致殴伤警勇三四人，有一人伤重命在旦夕。刻该局吴正巡官，已与德领交涉，意欲严办德捕，以重警务。⑥

---

① 端方：《筹办警察情形折》，《端忠敏公奏稿》卷 5。
② 民国《咸丰县志》卷 5 武备志·警察。
③ 民国《钟祥县志》卷 6 民政·警察。
④ 《大冶西法》，《大公报》，1903 年 8 月 12 日。
⑤ 《派充包探》，《大公报》，1905 年 4 月 13 日。
⑥ 《德捕与巡警互斗》，《申报》，1909 年 8 月 30 日。

汉口华景街与德租界毗连，居民屡受德捕房华捕之欺凌，动辄越界拘人勒罚，警察虽有，几同虚设，以故居民结怨甚深，然大都畏势，敢怒不敢言。日前，有多数华捕与某电灯公司之陈可全，不知因何嫌隙，逼在该处一枝春茶馆内评理，竟将陈殴伤。时警察刘哨弁带勇前来弹压，亦被殴辱。该华捕等胆大妄为，邀集同类百余人，将旁观者十数人，扭往捕房。捕头助纣为虐，不加审查，反勒罚每人银洋元数角不等，以致大动公愤，各铺一律闭门。当经江汉关齐道耀珊恐酿事端，立饬夏口厅汉都司、巡防队、警察局、洋务委员会，偕往镇摄，一面出示晓谕，劝令照常贸易，并允据理执争。次日，始行开市。闻关道以该处乃中国警察局范围之内，华捕越界拘人殊属不合，已照会德领事办此交涉矣。①

由材料可知，租界警方时常越界与华界警方因争夺警察执法权而产生冲突，华界警方往往据理力争，这表明武汉警方已注意到近代警政权的归属问题。

为防止外国势力趁机取利，借端生事，避免民众产生民族情绪而寻衅滋事，围绕开埠通商城市的租界及周边华界的警政权问题，华洋双方通常采取合作手段。租界与华界分别委任对方公民为警务人员的情况也比较普遍，而较为常见的是聘请第三方公民为警务人员。

汉关道齐照岩观察，以华景街地方与德界毗连，商务繁盛，人烟稠密，警局虽派站岗巡士按段稽查，然因地广人少，故德界巡捕屡有越界干犯主权情事，特函商巡警道，在该地添设警局分区一所，委派文武弁各一人，督率巡士认真逡巡，以保主权。②

汉口城垣马路与英租界一码头为接壤之区。去岁，二警局即拟雇募印捕站岗，免与租界探捕冲突，致启交涉，迄未实行。兹经巡警道冯少竹观察，雇就曾在英捕房当差之印捕三人，派往该地站

---

① 《华捕越界拘人之风潮》，《大公报》，1909 年 9 月 9 日。
② 《关道预杜外人侵权》，《申报》，1909 年 2 月 16 日。

岗，专司弹压人力车、马车等事，该捕等仍隶于警察二局管辖
云。①

　　汉口英界捕房所雇巡捕印人、华人各半。兹英领事法磊斯君，
以印捕与华民言语不通，动起冲突，不如多用华捕为尤愈。已商之
捕头，将印捕裁减三十余名，分期潜令回国，不准逗留，以免滋
事。②

　　湖北巡警道冯启钧在 1908 年曾聘用原英租界三名印度籍巡捕，于
汉口城垣马路和英租界一码头接壤处站岗，专事管理人力车、马车等交
通事宜。由于租界具有警察权的性质决定了其侵犯中国主权的本质，因
此这种聘请外籍警政人员的方式根本无法消弭民族矛盾所引起的警民冲
突。1909 年，汉口德租界的华捕越界进入华界拘捕人犯引发的抗议风
潮就引起了民众的广泛抗议，然而由于租界警方依仗政治特权，加之湖
北地方政府的软弱，风潮最终被镇压。③

　　湖北警政的人事制度性约束形同虚设，在用人方面，基层警政人员
痞匪化、私人化、集团化倾向比较突出。让人吃惊的是湖北警政当局对
势焰嚣张且长期盘踞汉上作恶，使百姓深受其害的地痞、土匪、恶霸、
无赖等原本应该痛剿的对象进行招抚，使之成为警界中人，甚至成为湖
北警政界的高级警官，这使得湖北警察队伍的素质更为人所诟病。湖北
巡警道冯启钧，对缉捕营管带徐升父子兄弟三人和襄阳巡防营管带李氏
兄弟二人等的招抚入警并委以重任，即为典型的害民与害警之举。徐氏
三人在汉口"赌博、闹娼、保开茶酒馆"④，"父子兄弟，四处敲诈，
陷害良民，以故上下侧目，人人切齿"⑤。李氏则"名已反正而旧性不
改，盘踞汉上，通匪、庇贼、保娼、窝赌，无恶不作，所有沙家巷一代

①　《警局实行雇用印捕》，《大公报》，1908 年 5 月 4 日。

②　《裁减印捕》，《大公报》，1909 年 9 月 14 日。

③　《华捕越界拘人之风潮》，《大公报》，1909 年 9 月 9 日。

④　《详纪审讯缉捕营劣弁事》，《大公报》，1910 年 5 月 25 日。

⑤　《李二天王就获解省》，《大公报》，1910 年 9 月 23 日。

妓寮，均按月纳费，求其保险，否则，即被唆使痞棍捣毁"①。冯启钧
被参劾革职后，徐、李等人才最终被绳之以法，由此又进一步牵出冯的
罪恶与腐朽。湖北部分基层警员为虎作伥的角色和行为败坏了警察在民
众中的形象。徐升受审之时，每每口出"巡警道冯大人重用我，岂不知
我是匪，但我自充巡缉队官以来改邪归正，获匪百数十人，冯大人早有
不咎既往之语，今制台要办我，听凭治我什么罪，请勿追问"②等语，
其冥顽不化、罪恶滔天而又嚣张的气焰十分显著，由此我们也能窥探巡
警道冯启钧所用非人的事实。李和生原为两湖哥老会的头目，其所犯之
罪很多，冯启钧为夏口厅同知时招抚李和生并委以襄阳巡防营管带。随
后李和生利用其江湖资源和社会关系，多次为冯启钧出力擒获朝廷要
犯。类似李和生的还有巨枭曾国璋，其为李和生抓获后被冯启钧委以
"千总归督标候补"。

1910 年，鄂督瑞澂在弹劾冯启钧的奏文中写道："该道任事以后，
于巡警章制毫不讲求，信用私人，纵容劣弁，徇利忘义，厚自封殖，驯
致所谓保卫商民之巡警反以扰害商民，扰害商民且不足，复波及于往来
行旅，人言藉藉，群相指目……该道办理不善咎已难辞，尤可诧者，该
道兼统缉捕营一营，派候补千总徐升充当管带。查徐升系汉阳县已革捕
役，蒙混入伍，该道独加任用依若腹心，遂致该千总借势怙恶肆意横
行。其隶名于该管册藉者，皆该千总之党类，其鱼肉良善、扰害闾阎，
积案累累从未惩办，实皆由该道祖庇而养成之。"③

1908 年，汉口发生摊贩与警察的冲突，并引起国际交涉。清政府
民政部因为"汉口聚众罢市波及外人，实系警察委员办理不善之故。闻
该警兵等竟以警刀、警棍凌虐商民，似此滥用无教育之人难免偾事"。
事后，清政府饬令湖北巡警道"嗣后须用巡警毕业学生，试署各缺不准
再以无教育之候补官滥充要职"④。署理巡警道黄祖徽为此重新严整警

---

① 《详纪审讯缉捕营劣弁事》，《大公报》，1910 年 5 月 25 日。
② 《李二天王就获解省》，《大公报》，1910 年 9 月 23 日。
③ 《鄂督奏参冯启钧之内容》，《申报》，1910 年 5 月 28 日。
④ 《整顿汉口警政》，《大公报》，1908 年 6 月 2 日。

察队伍，同时加大对警察学堂毕业生的录用①，然而在具体操作之时，任用私人、任人唯亲而导致鱼目混杂的现象普遍存在，这也制约了湖北警政的良性发展。

清末湖北警察从来源上看具有新旧兼具的特征，近代警政思想植入的同时难免也带来了诸多不良旧式习气，其直接的后果是不少基层警员几乎目不识丁、法制意识淡漠，对警政内涵一无所知且素质低劣。湖北巡警道全兴曾尖锐指出："巡警队中绝少在学堂毕业之人，非以游勇改充，即由游民招募……巡士无真知，对长官而举左手，闻之令人失笑，即此细故可例其余。"② 面对警察素质普遍不高的境况，朝廷方面也是心知肚明，有识之士更是痛心疾首。1906 年 7 月，项左辅上书清政府全面提出招募警员的标准并论述注重警员素质的重要性：

> 巡兵不得其人，警务难期振作，非选择巡兵、严订表式不可。巡兵者，巡警之代表也。举凡规则律例，以何者为宗旨？以何者为义务？以何者为责任？若以能去其害民者为宗旨，以能理散口角、清理道路、查察民情为义务，以能巡逻地面、保护城乡、提防贼匪为责任，即此约略言之，非深明巡警公理、巡警职分，不足以担起重任。故必严六项合格分数表，先事考验，以资得力而获功效。其表一曰年岁，二曰品格，三曰目力，四曰体力，五曰文理，六曰言语。假使年岁不一，则阅历有深浅，识见有高下，其办事必多参差不一、品格不齐，则游怠滥司其职，老弱妄干其选，其声望先不足以服人，焉能亲理民事？目力不精，则匪人之行迹无从分辨。体力不坚，则任事之精神无从发达。文理不通，则民间之文券、官府之示谕、商贾之单牌，皆不能识。言语不达，则民情隔阂，是非颠倒。所以举行地方巡警，当先以慎选巡兵为起点。一乡得人则一乡治，一村得人则一村治。地方之治与不治，皆视巡兵之得力

---

① 《警局议用巡士述闻》，《大公报》，1908 年 3 月 30 日。
② 《全兴致部尚书信》，中国第一历史档案馆馆藏档案。

与不得力。①

奏折将基层的巡兵作为警察的代表，提出了严格选择基层警员的六个标准，强调了基层警员对警政建设的重要意义。全文可谓针砭时弊，对当时警政建设的弊端有一定程度的把握，具有积极的意义。

1906 年，为进一步提高基层警员的素养，时任巡警部尚书的徐世昌上奏清政府，请求杜绝以往各省直接转绿营为警察之方法。他在奏折中写道：

> 臣等公同商榷，拟请饬下各省督抚，将现存绿营、马步战守各兵，挑选年力富强、体量合格、粗识文字、别无嗜好者，改编巡警，余悉裁汰，不得以原有制兵改易巡警名目，空文塞责，仍蹈窳敝冗滥之习。其每年腾出饷项，尽数拨作巡警要需，以昭核实……巡警为专门之学，须由学堂出身。绿营素无教育，习成偷惰，一旦改编巡警，恐仍有名无实。第以各行省地方辽阔，所需巡捕甚多，必欲得学堂人才，则推广须数年以后，矧财力竭蹶，筹款尤觉为难。如能以腾出绿营饷需移缓就急，且可于各省及商埠先设巡警学堂，征募士民肄业，一面将由绿营挑选改编之营兵更番派入学堂，教以浅近警法，再逐渐分别汰留。数年之间，可徐臻美备。②

由奏折可知，徐世昌所言提高警政人员素质的计划是由改编到逐渐淘汰绿营等旧有治安力量，让所用之人进入巡警学堂接受警学教育。

清政府为规范警政人员的选任、考核标准，也陆续制定了一系列警官和警员的任用考核章程，在制度层面对警政人员的素养提出了具体的要求，初步建立了警政人员的选拔考核制度。例如清政府先后制定和颁布了《考核巡警官吏章程》《巡官长警赏罚章程》《巡警道官制并分科

---

① 《项左辅禀呈》，中国第一历史档案馆馆藏档案。
② 《请饬各省将绿营兵弁挑设巡警折》，《退耕堂政书》卷3。

办事细则》《考核巡警道属官任用章程》《选用区官办法》《考取巡警章程》《巡警教练所章程》《各区训授巡警规则》等规章制度。其中1906年，巡警部制定的《考取巡警章程》对挑选招募基层巡警的资格做了比较详细的要求：

> 巡警以考验挑选，有下开三项资格且持有执照者，可无庸考验，径行挑取：
>
> 第一条　一、曾充巡警三年，辞差后未经过三年者。二、有各学堂卒业文凭者。三、陆军退伍兵卒及告假兵卒之未曾有过犯者。
>
> 第二条　愿考送巡警者，宜品行方正，年龄在二十岁以上，未满四十岁者，但与左开各项相犯者，不得挑选：一、曾处重罪及监禁之刑者。二、曾受赌博之惩罚者。巡警因惩罚革除者，或巡警无故辞差未过二年者……
>
> 第三条　巡警体格之检查，以适合左开各项为合格：一、四肢完具及皮肤五内俱无疾病者，又无赘生物、畸形等容貌及体势丑恶者。二、身干及五尺，胸围约身长之半者。三、两眼辨色力完全者。四、听力隔六尺之距离，而能听低语者。五、言语应答明了者。六、精神完全，无精神病及神经病者。第四条，挑取巡警必须有妥实保结，确系土著良民，方准选考。游勇流氓，一概不准应允……①

从章程可知，充任一般警员须具备身体合格、未曾犯罪、初具学识并妥实保结等条件。这表明官方对警察素质的要求较之以前已有不小的进步，这有利于提高整个警政人员的执法水平。

湖北警政当局尤其强调遵照中央颁布的各项警政法令和结合湖北本省制定的相关警政规章制度的重要性。张之洞早在湖北推广警政之初便将警政视作民政的基础和专业的学问，以此来强调在警政建设过程中提

---

① 京师警察厅编：《京师警察法令汇纂》，1915年铅印版。

高警政人员素质的重要性。端方在抚鄂期间，与张之洞通力合作开办警政，其对于警察教育格外重视以期建设一支素质良好的警察队伍。他曾说："至于巡捕一项，现皆以营兵补充，实难望其诸事合宜，只有酌量先设警察学堂，更迭训练，以策后效，其余未尽事宜，一时难以尽行更改，惟有随时随事妥筹办理。"① 1902 年武昌警察总局创办之时即着手提高基层警员的素质以期能培养专业警学人才。1903 年，张之洞创设武昌警察学堂于阅马场。1908 年，张之洞又开办湖北警察学堂。② 但纵观湖北警政人员的来源，警察学堂毕业生只是其中的小部分而已。

　　虽然清末湖北警政弊病很多，但不可否认的是湖北警察机构的设立和警察职能的发挥对于改善市政管理发挥了重要作用。海关十年报告指出："（汉口）街道正在被拓宽，所有新建筑物都必须从原线后退三尺"，同时政府还在"城市的街道上维持治安，并作出了一定的努力来改进排水管道和教育，维持环境卫生"。③

　　晚清新政，湖北政府派员赴日学习警政，希望效仿日本政府的警察队伍以维护地方统治，企图将精英阶层领导的地方自治运动融入政府所能控制的范围。④ 但湖北政府财政上对地方绅士的依赖，加强了士绅对警政的干预能力。辛亥革命前后士绅在武汉各街各段建立保安会以维持治安，一定程度上削弱了武汉警政对城市的控制权。

# 第四节　湖北警察的留学教育

　　1902 年，张之洞创办近代湖北警察后即开始了中国有文献可考的

①　《整顿警察折》，《端忠敏公奏稿》卷 4。
②　《记警察学堂》，《大公报》，1905 年 7 月 12 日。
③　《海关十年报告》（江汉关）。转引自皮明庥：《洋务运动与中国城市近代化、城市近代化》，《文史哲》1992 年第 5 期。
④　晚清的革新者们显然希望效仿明治政府的警察队伍，但他们更感兴趣的是推动中心区域的精英阶层改造。［美］魏斐德：《上海警察，1927—1937》，章红等译，上海古籍出版社 2004 年版，第 17 页。

最早的地方官派警察留学教育。正如其所言："须知警察为推广新政之根基，责任所关，极为重要。"① 张之洞希望警政的推广能挽救清政府危难的时局，然而事与愿违，甚至所培养之警察成了清政府的掘墓人。

## 一、"置之庄岳"—— 警察留学教育之背景

自清末国门被洞开后，清政府饱受列强凌辱，痛定思痛后的中国人开始了师夷长技以制夷的历程，留学一时兴起。近代中国人出国留学，始于 19 世纪 50 年代。其主要的途径有二：一是因为与教会及其学校有关，或因投亲、避难等，以个别形式出国求学，如容闳、伍廷芳、何启、孙中山等；二是因为洋务运动的开展，所办工厂、海军以及对外交涉须人才，故由官方成批派出。② 中国近代官派留学教育发轫于 19 世纪 70 年代留美幼童的派遣，继以赴欧、赴日留学，其间几经变迁，历程曲折。

### （一）举国上下对留学教育的呼声

清政府在一系列对外战争的失败后，诸多丧权辱国条约的签订使得国家一步步沦为半殖民地半封建社会。民众对清政府的不满与日俱增而要求变革，清政府内部不少开明人士对时局也颇为忧虑，他们主张学习、利用西方先进生产技术，强兵富国，以摆脱困局。

张之洞认为留学教育是培养近代专业人才的有效途径，他在数地任封疆大吏期间的耳濡目染，使其对留学教育抱有践行之心。1898 年，在湖广总督任上的张之洞撰成《劝学篇》，其被西方人翻译为《中国唯一的希望》加以发行海外，日本学者更是赞誉此书为中国"留日运动

---

① 张之洞：《札委双寿带同两湖等书院学生及护军营勇前赴日本学习师范、警察各学》，苑书义等主编：《张之洞全集》卷 148，河北人民出版社 1998 年版，第 4195 页。

② 罗福惠：《湖北通史》（晚清卷），华中师范大学出版社 1999 年版，第 245 页。

的宣言书"而推广发行。在《劝学篇·外篇·游学篇》中，张之洞极力主张应广派留学生而兴教育：

> 出洋一年，胜于读西书五年，此赵营平"百闻不如一见"之说也。入外国学堂一年，胜于中国学堂三年，此孟子"置之庄岳"之说也。游学之益，幼童不如通人，庶僚不如亲贵……请论今事：日本小国耳，何兴之暴也？伊藤、山县、榎本、陆奥诸人，皆二十年前出洋之学生也，愤其国为西洋所胁，率其徒百余人，分诣德、法、英诸国，或学政治工商，或学水路兵法，学成而归，用为将相，政事一变，雄视东方。不特此也，俄之前主大彼得，愤彼国之不强，亲到英吉利、荷兰两国船厂为工役十余年，尽得其水师轮机驾驶之法，并学其各厂制造，归国之后，诸事丕变，今日遂为四海第一大国。不特此也，暹罗久为法国涎伺，于光绪二十年与法有衅，行将吞并矣。暹王感愤，国内毅然变法，一切更始，遣其世子游英国学水师。去年暹王游欧洲，驾火船出红海来迎者，即其学成之世子也。暹王亦自通西文西学，各国敬礼有加，暹罗遂以不亡。上为俄，中为日本，下为暹罗，中国独不能比其中者乎？
>
> 至游学之国，西洋不如东洋：一、路近省费，可多遣；一、去华近，易考察；一、东文近于中文，易通晓；一、西书甚繁，凡西学不切要者，东人已删节而酌改之。中东情势，风俗相近，易仿行。事半功倍，无过于此。若自欲求精求备，再赴西洋，有何不可？
>
> 或谓："昔尝遣幼童赴美学习矣，何以无效？"曰："失之幼也。"又："尝遣学生赴英、法、德学水陆师各艺矣，何以人才不多？"曰："失之使臣监督不措意，又无出身明文也。"又："尝派京员游历矣，何以材与不材相兼？"曰："失之不选也。"虽然，以予所知，此中固亦有足备时用者矣。若因噎废食之谈，豚蹄簋车之望，此乃祸人家国之邪说，勿听可也。①

---

① 陈山榜编：《张之洞教育文存》，人民教育出版社 2008 年版，第 213~215 页。

材料以日本、俄国、暹罗（泰国）因提倡留学学习西方而使得国家强盛为例，论述留学的重要性。又联系实际说明中国留学生留学日本的优势，同时对先前清政府派遣留学生出国深造却成效不佳的原因加以分析，最终得出入国外学堂一年胜于中国学堂三年的结论。

光绪皇帝览后大为赞赏，称赞其"持论平正通达，于学术人心大有裨益"，于是下令颁发全国，由此《劝学篇》之名"不胫而遍于海内"①。

张之洞视出洋游学为培养适应时代发展潮流之新式师资的捷径。"天下如县，皆立学堂，数必逾万，无论大学小学，断无许多之师，是则惟须外国游学之一法。"② 留学生学习的主要科目有法律、军事、实业、警察、师范等。在督鄂期间，张之洞耗费巨资所选派的留学生达数千人。除此以外，张还倡导选派官员出洋学习考察。一批批留学海外人员的回归并参与国家建设，这对其在湖北呕心沥血所从事的洋务运动客观上大有裨益。

限于种种原因，湖北在 19 世纪 90 年代之前尚无留学生踪迹的记录。1892 年，黄梅县女子石美玉因其父母是九江一所外国传教士所创教堂牧师身份的关系，乃得传教士资助远赴美国费城学医，这为湖北有记载的最早留学生。1896 年，石美玉学成回国，其后在九江和上海的教会医院从事医护工作。③ 据考察，1896 年，张之洞为提高汉阳铁厂冶铁技术而派俞忠沅率领 10 名技术人员赴比利时学习炼钢技术，为湖北公派留学的开始。

1901 年，在日留学的章宗祥在论及留日教育的优点时指出："欧美各国之文明，以今之吾国视之，其相去盖不可道里计，故吾之游学于彼，则所谓自最下层而欲至最上层耳。吾国今日之程度，非得一桥，以

<hr />

①　田正平：《中外教育交流史》，广东教育出版社 2004 年版，第 191～192 页。

②　《张文襄公电稿》卷 12、卷 19。

③　罗福惠：《湖北通史》（晚清卷），华中师范大学出版社 1999 年版，第 245 页。

为过渡之助，未见其能几也。今日之日本，其于吾国之关系，则犹桥耳。数十年以后，吾国之程度，积渐增高，则欧美各国，固吾之外府也。为今之计，则莫如首就日本。"①

### (二) 清政府对留学的倡导与鼓励

甲午战败后，救亡图存的呼声进一步高涨，清政府为摆脱危局乃决定选派留学生出洋学习西方国家的先进技术和理念，以期能强国御辱。在此背景下，清政府先后出台了倡导和鼓励留学的政策。

早在 1898 年 8 月，清政府军机处在给总理衙门的公文中便提出了派员赴日本留学的建议，"现在讲求新学，风气大开，惟百闻不如一见，自以派人出洋留学为要。至游学之国，西洋不如东洋，诚以路近费省，文字相近，易于通晓。且一切西书均经日本择要翻译，刊有定本，何患不事半功倍" ②。1901 年，张之洞与刘坤一在著名的"江楚三奏"中就提出派遣官员留洋游学的主张。同年，清政府颁发《清帝派游学谕》，明令各省仿照江南、四川、湖北等地选派学生出洋游学并明确指出留学教育为造就人才的重要手段，对学成归来的留学生，政府予以奖励。至此，各省纷纷派遣学生出洋学习各种专门知识，留学风气渐开。

为加强对留学的指导与管理，1902 年 12 月，清政府颁发《奏议复派赴出洋游学办法章程》，对留学事项加以详细的论述说明。

1903 年，极力主张留学教育的张之洞在上奏中央的《筹议约束鼓励游学生章程折》中提出七条细则，对留学生的选派资格、管理制度、考核内容和归国任职等分别加以论述：一是无论官费与自费，凡留学日本者，均需由出使大臣负责将官方的保送留学公文送至日本各官设和私设学校。二是凡出使大臣保送留学生学习的日本私设学堂必须由日本文部省认定其教育程度与官办学校之教育程度相等，如此才能入校学习。三是留学生学习期间，其学习成绩与德行操守由学校考核认定，校外的言行举止则由中方的出使大臣予以考核认定。四是留学期间，除确有生

---

① 章宗祥：《留日学生指南》，自刊本 1901 年，第 2 页。
② 陈学恂、田正平编：《留学教育》，上海教育出版社 1991 年版，第 3 页。

病外，留学生不得请假，无故旷课者由出使大臣督责严惩。五是各留学生应遵循其学习专业的本分之事，如有违背本分学业者，乃令其退学或开除。六是留学日本各官费生和自费生，如有品行不端或过错者，出使大臣可将其斥退。七是鼓励留学生利用闲暇自行译刊和编译各学科讲义与教科书。不久，由张之洞主持拟定的《奏定游学日本章程》由清政府颁布，其明文规定凡在日本各学校毕业取得学历证书者，即可分别获得举人、进士等相对应之政府头衔，且会进一步被授予官职以示奖励。其后，清政府又陆续颁行《奏定考验出洋毕业生章程》等鼓励留学的规章制度。

1904 年，清政府对张之洞、张百熙等人提出的鼓励官员和王公子弟出洋留学并奖励学成回国后破格擢用的奏议予以批准。1905 年 7 月，光绪帝亲自主持首次留学生考试，14 名取得学历的留日学生则分别被授予进士、举人等出身，并赏给主事分部学习、翰林院检讨、知县分省补用等相应大小官职。

1906 年 10 月，清政府颁布《考验游学毕业生章程》，将每年的 10 月确定为对留学归国学生考试两场的日期并择优入仕。

科举制度的废除以及奖励留学政策的陆续颁行，客观上推动了出国留学热的形成。储才必资游学的背后是清政府改变传统的科举选才标准而转向研习西学。在这种情势下，国内新式学堂博兴而师资却严重匮乏，远远无法满足培养各级各类专业人才的需要，由是各省大力派遣官费留学生，法政、师范、实业技术、警政等都是当时的热门留学专业。

## （三）日本对留学教育的支持与合作

留学教育也是国与国、民与民之间重要的交流途径与沟通手段，清末大量中国留学生出洋留学，除了受国内各因素的推动外，还受到国外因素的影响。

为了加强对清政府内政外交的影响、缓解中国人民对外的仇视，一些西方政府打着友谊的旗号，纷纷采取措施吸引中国的官员和学生前往留学，以期通过留学生和官员达到影响甚至控制中国政治的目的。甲午战争后，日本视俄国为其在远东的主要对手，为此日本政府决定采取吸引中国留学生的政策。此举不仅可以增加两国感情、消除敌视，还能为日本学校创收，更关键的是能培养中国的亲日势力，从而有利于将来对中国的扩张。正是基于此，日本军方的福岛安正大佐、宇部宫太郎少佐纷纷来到中国历访和游说各地督抚派遣学生留日，张之洞便是这二人的重要演说对象，对此张之洞颇为心动。其后日本东亚同文会等机构的官员亦纷纷鼓噪论述清政府派遣学生赴日学习的重要性，规劝清政府采取行动向日本派遣留学生。①

近代中国学习西方的警察制度在很大程度上就是以日本为模仿和移植的对象，中国的近代警察教育开办之初也是在很大程度上学习日本。日本在当时比较流行的"保全论"和"征服论"的基调下也乐于施加影响于中国的警政。警政与国家的主权密不可分，日本于中国警政的影响自然有其官方的政治图谋。1900 年八国联军占领京津后，日本曾在其占领区内安排警务人员从清军和民间招募一些人员进行简单警察知识的培训，让这些人负责辖区的治安巡逻。甲午战争后，日本也在与清政府关于租界的谈判中屡次商讨租界警政归属权的问题并最终获得了租界内的警政管辖权。

1898 年 5 月，时任日本驻华公使的矢野文雄致函日本外务大臣，极力论述吸引中国留学生赴日留学的重要意义：

> 为表示超于口头友谊之实际友谊，提出我接受留学生教育之要求，据观察所得，势必为清政府所欢迎……如果将在日本受感化的中国新人材散布于古老帝国，是为日后树立势力于东亚大陆的最佳策略。其习武备者，日后不仅将仿效日本兵制，军用器材等亦必依赖日本，清国之军事，将成为日本化。又因培养理科学生之结果，因其职务上之关系，定将与日本发生密切关系，此系扩张日本工商业于中国的阶梯。至于专攻法政等学生，定以日本为楷模，为中国

---

① 金林祥：《中国教育制度通史》（第 6 卷），山东教育出版社 1999 年版，第 273 页。

将来改革的准则。果真如此，不仅中国官民信赖日本之情，将较往昔增加 20 倍，且可无限量地扩张势力于大陆……故而无论从何方考虑，望我政府适应时机接受清之留学生。①

不久日本外务大臣对此予以了积极的回应，称除不同意日本政府支出中国留学费用外，对其余设法妥置中国留学生等内容都表示出了热情的态度。

日本国内的媒体也纷纷对清政府派遣学生留日予以了积极评价与关注：

> 今日之支那渴望教育，机运殆将发展，我国先事而制此权，是不可失之机也。我国教育家苟趁此时容喙于支那教育问题，据其实权，则我他日之在支那，为教育上之主动者，为知识上之母国，此种子一播，确立进步，则将来万种之权，皆由是起焉。②

与此同时，日本的教育界也对中国留学生的教育问题纷纷发声，总体上对此予以了积极的评价。有日本官员和学者在论述中国学生留学日本之意义和日本的教育责任时强调：

> 吾人须视中国留学生之教育问题为我国教育界之一大问题……不论是在中国独立事业上或中日提携合作上，这一群留学生都是一大力量……故吾人必须予以特殊保护及奖掖。彼等留学吾国，窘伐颇多，故不论外务省或文部省，宜具列理由谋之于国会，务以我帝国全国之力，谋求协助彼等获得成功之门径。③

---

① 田正平：《留学生与中国教育近代化》，广东教育出版社 1996 年版，第 73~74 页。

② 《国闻短评：黑哉所谓支那教育权者》，《新民丛报》1903 年第 3 期，第 78 页。

③ ［日］实藤惠秀：《中国人留学日本史》，谭汝谦等译，生活·读书·新知三联书店 1983 年版，第 25 页。

在此背景下，日本诸如宏文书院、成城学校清国留学生部、早稻田大学清国留学生部、法政大学法政速成科、日华学堂等接纳中国留学生的教育机构纷纷建立。

至此，中日双方于各自不同动机驱使下的合作很快达成，这为中国学生留学日本打下了坚实的政策基础。在中日两国的推动下，中国赴日留学生日益增多，具体情况详见表2.6。

表2.6　　　　　　　　　中国留日学生人数增长表

| 年度 | 留日学生数（人） |
|------|------------------|
| 1896 | 13 |
| 1897 | 9 |
| 1898 | 18 |
| 1899 | 207 |
| 1900 | — |
| 1901 | 280 |
| 1902 | 500 |
| 1903 | 1000 |
| 1904 | 1300 |
| 1905 | 8000 |

资料来源：卫道治：《中外教育交流史》，湖南教育出版社1998年版，第138~139页。

1901年8月，清政府为创办京师警务学堂而造就警务人才，特派庆亲王奕劻与熟悉警务的川岛浪速达成日本协助中国培养警务人才的协议，清政府代表陶大钧与负责警察教育事务的川岛浪速签订日方协助清政府创办京师警务学堂的合同，这标志着清政府官方警察教育的开始。

伴随着中国留日学生的激增，学习警务的留学生也越来越多。

## 二、"明时增才"——警察留学教育之概观

1903 年，张之洞于武昌阅马场创设警察学堂，其师资中便有三名日籍教官和两名日籍巡查员。

湖北议开办警察学堂，即设于百寿巷吴文节公祠仕学院旧址，已由总局分赴各州县招选学生二百名。须身家清白、文理明通、年在二十五岁以内者，俟来省聚齐后再为遴选，不及格者资遣回籍，以两年为毕业。所聘日本教官均订两年合同。部长兹将学堂管理员及洋员衔名、薪资照录如左：

监督梁太守鼎芬、黄太守以霖、提调罗大令庆昌、日本教习三员（警视）市川阿苏次郎，按月薪水银三百元；（警部）石川精吉、秋田吉荣，按月薪水各二百元；（巡查部长）黑木三义、上冈一次，按月薪水各八十元。期间招选学生外，尚拟招考候补学生数十名一同肄业。云云。①

张之洞认为警政不仅是新政的根基也是民政的重要内容，西方各国多将警政视作内政的第一要素而立法严且用意深，因此中国应加大对警察留学生的培养。由于当时的中国警察教育初始，熟悉警务的专业人才屈指可数，故国内的警察学堂教育水平普遍偏低，各省派遣留学生出洋学习警务便成为培养警学人才的重要途径。在 1902 年 6 月 6 日武昌警察总局成立的当天，张之洞便派员赴日本留学学习警务。

### （一）学员的选派

清末警政由理论到实践的逐渐普及与推广，使警政逐渐引起社会各阶层的重视。在张之洞于武昌创办警政机构的同时，他就开始了其警察

---

① 《鄂省开办警察学堂》，《申报》，1905 年 3 月 10 日。

留学教育的行动。

学习警政留日学生的选拔。张之洞所委派的警察留日生都为官费，故力主应选拔派遣有真才实学之人，以期起到切实培养警政人才之效果。同时，张之洞为贯彻其中学为体、西学为用的方针，要求凡官派的留学生必须在本国的新式学堂中学完中式和西式的基本课程且考试合格，学生必须有中西文化的基础，这一规则的制定为留学生打下了扎实的基础。①

学习警政留日学生的入学手续。首先，学习警政的留日学生必须有人作保。② 一般招收中国留学生的日本学校分为两种，国家设立的官立学校和民间设立的私人学校。凡进官立学校则必须有出使大臣或驻日领事通过执照日本外务部转交日本文部省，由出使大臣或驻日领事作保。凡进私立学校的留学生也需要由资格较深的中国人或者日本人作保。张之洞所派警政专业留日学生因是公派，一般由政府层面出面作保。

1902 年 6 月 6 日，张之洞在成立武昌警察总局的当天，下令挑选二十人留学日本学习警政以期毕业后回鄂当差。湖北首批公派赴日警察留学生的具体情况详见表 2.7。

表 2.7　　　　湖北第一批公派留洋日本学习警政人员情况表

| 军衔与姓名 | 年龄（岁） | 籍贯 |
| --- | --- | --- |
| 八品军功右旗三营什长刘国祥 | 19 | 湖北汉阳县人 |
| 八品军功左旗二营哨长杜锡钧 | 20 | 直隶故城县人 |
| 八品军功工程营什长陈锦章 | 20 | 湖北江夏县人 |
| 八品军功工程营什长徐荣 | 21 | 江苏上元县人 |
| 八品军功右旗一营什长张策平 | 21 | 直隶正定县人 |
| 八品军功右旗一营什长王宝恒 | 21 | 湖北随州人 |

① 张之洞：《劝学篇》。
② ［日］实藤惠秀：《中国留学日本史》，谭汝谦等译，生活·读书·新知三联书店 1983 年版，第 155 页。

| 军衔与姓名 | 年龄（岁） | 籍贯 |
|---|---|---|
| 八品军功左旗四营什长罗连升 | 21 | 湖北江夏县人 |
| 八品军功左旗三营什长杨金榜 | 22 | 湖北黄冈县人 |
| 六品军功左旗四营什长陈从义 | 22 | 安徽合肥县人 |
| 八品军功马队营什长邓贤才 | 23 | 湖北京山县人 |
| 八品军功炮兵营什长雷云山 | 24 | 湖北崇阳县人 |
| 八品军功右旗一营什长马镛桂 | 24 | 湖北光化县人 |
| 八品军功右旗二营什长张明远 | 24 | 湖北荆门州人 |
| 五品军功右旗二营哨长何万福 | 24 | 湖北钟祥县人 |
| 八品军功右旗一营哨长窦洪胜 | 24 | 湖北江夏县人 |
| 八品军功左旗二营什长山有升 | 25 | 湖北汉阳县人 |
| 八品军功左旗二营什长王占海 | 26 | 河南信阳州人 |
| 八品军功左旗一营什长王文卿 | 26 | 湖北襄阳县人 |
| 八品军功左旗四营什长张汉清 | 26 | 江西德化县人 |
| 五品军功右旗四营哨长刘庆恩 | 28 | 四川德阳县人 |

资料来源：陈山榜编：《张之洞教育文存》，人民教育出版社 2008 年版，第 390~391 页。

　　为札饬事，照得湖北省前议选派弁目前往日本学习警察事宜，业经饬，据护军营统带张副将彪，选派弁目二十名，呈请派遣在案。兹查省会警察局虽已开办，将来渐次推广，需用警察弁目甚多，亟应饬令原选各弁目迅即束装，随同委员双丞寿带领前往日本，每名各给整装费二十元。此外，川资旅费统归该委员领款支给，其学费亦经汇交出使日本大臣衙门随时付给该弁目等。须知警察为推广新政之根基，责任所关极为重要，到日本后务须束身自爱，恪听所隶警察部长官指挥约束，将警察所应办各事宜悉心考究，以备将来任使。除咨明出使日本大臣随时督察照料外，合亟札饬。札到该统带，即便传知原选警察各弁目一体遵照。①

湖北第一批官派 20 名留日警察学生的平均年龄是 23 岁，其中湖北籍的有 13 人，他们都是从张之洞亲信护军营中挑选出的精英。

张之洞为确保留学教育的效果，十分注重对留学教育经费的保障，具体表现为在保障警察留学经费的金额数目、管理权责、开支事项等方面都进行了制度性的明确规定：

> 照得湖北省现就两湖、经心、江汉三书院选派学习师范生三十名，就护军营选派学习警察弁目二十名，派委双丞寿带领前赴日本东京，分途学习师范学、警察学两门，并带日本人东文翻译一员，应需整装、安家、川资、学费及委员薪水、公费等项，应饬北盐法道先行筹拨银元二万元，以一万二千元汇交日本使署充作学费，以八千元交该委员具领以资应用。除札委署武昌府同知双丞寿带领学生弁目刻日束装就道，并咨明出使日本国大臣查照外，合亟札饬。札到该道，即便遵照，迅速于新兵新饷外销项下支发应用，仍具报查考。②

张之洞在给率队赴日本留学的监督官员武昌同知双寿的电报中，对经费、人员以及注意事项等予以了说明：

> 照得湖北省现派师范生三十名、警察弁目二十名前赴日本学习师范、警察学一应理法事宜，应即派员带领前往。兹查有署武昌府同知双寿堪以委派，月支薪水、夫马二百元，并带日本人东文翻译一员。至学生、弁目所需学费及整装川资，业经札饬北盐法道先行酌拨银元二万元，以一万二千元汇交使馆充作学费，以八千元交该员具领应用。师范生暨警察弁目每名各给整装费二十元，师范生另

---

① 陈山榜编：《张之洞教育文存》，人民教育出版社 2008 年版，第 391 页。
② 陈山榜编：《张之洞教育文存》，人民教育出版社 2008 年版，第 396 页。

给每名安家费三十元。此外川资旅费及该委员在东公费暨回国川资，统归该委员核实开支报销。除咨明出使日本大臣随时督察照料暨分行外，合亟札饬。札到该员，即便遵照札行事，理率同各该学生、弁目等刻日束装就道，毋稍延迟。仍将在鄂起程及由沪放洋及抵日各日期随时禀报电报查考。①

为加强对留日学生的关怀和管理，张之洞甚至给清政府出使日本的大臣发电，请其妥为照料这批湖北官派留日学生：

为咨会事。为照湖北省前议选派学生弁目前往日本分途学习师范、警察两门，曾商明日本政府，应允随时可以派往在案。兹特遴派学习师范生三十名、学习警察弁目二十名，委员率同前往。除将各该学生弁目姓名、年岁、籍贯暨分班愿学年限另造清册咨送外，相应咨会。为此合咨贵大臣，请烦查照，迅赐照会日本外务大臣转商内务、文部两省大臣，分饬师范学校校长暨警视厅长，将湖北送往学生弁目照开年限，分拨入学，并希贵大臣随时妥为督察照料，实纫公谊。须至咨者。②

由材料可见张之洞对湖北这第一批留日学生的关怀备至及其殷切之情。

其后张之洞又陆续委派了几批留学日本的警务生③，其中很多人都学成归来：

鄂督张香帅于光绪三十年冬，遣派文武职官数十人，赴东瀛习警察，已于本年六月初一日在警监学校本科毕业。兹探得姓名全单

---

①　陈山榜编：《张之洞教育文存》，人民教育出版社 2008 年版，第 391~392 页。

②　陈山榜编：《张之洞教育文存》，人民教育出版社 2008 年版，第 390 页。

③　《汉皋玩月》，《申报》，1904 年 6 月 6 日。

录左:（优等毕业生八名）徐传笃、张仁静、卢斌、濮钜南、张瑞玑、陈履洁、李锦沆、赵增典。（毕业生三十名）陈荣、赵徵宇、罗厚欣、曾遇贤、吴昌润、文萼辉、王文彬、斐丹、黄玉麟、王昌鸿、方仁元、刘元绩、文溥、刘元举、吴昌浓、王政懋、何庆颐、甘恩磬、方庚源、孟继旦、孙当时、虞笃新、王益、田庆臧、李明经、格埒克、汪四会、王定国、李继奥、黎春华。①

这些留学日本的警务生归国后有很多成为了湖北警政的中坚力量，比如徐传笃后为湖北警务公所总务科长。

## （二）留学的院校

在日本众多接纳中国留学生的教育机构中，开展警察留学教育的有两所学校，其一是位于东京的宏文学院，校长为嘉纳治五郎，开办速成警务科的时间是 1902—1909 年；其二是位于东京的经纬学堂，其校长为岸本辰雄，开办速成警务科和专门警务科的时间是 1904—1910 年，速成警务科一般学习六个月至一年，专门警务科则是学习二至三年。②张之洞第一批所派警察专业留学生正是在宏文学院学习警务，其后张之洞为鼓励自费留日学生学习警政，规定如能九个月内在经纬学堂警务速成课毕业则官方奖励经费一百二十元。③

宏文学院是最早接受中国公派留学生的日本学校，初创于 1896 年，正式成立于 1902 年 1 月，1909 年 7 月关闭于中国留学生退学潮的背景。该校有"中国留学生教育的大本营"之称，在 1902 年至 1909 年间，入校的中国留学生有 7192 人之多，毕业者有 3810 人。在中国近代的第一次留学浪潮中，宏文学院是日本创校早且接受中国留学生最多的特设教育机构，其影响也最大。

---

① 《湖北警察学员毕业名单》，《申报》，1907 年 8 月 3 日。

② 李协京:《近代中国的赴日留学生:学术研究领域无亮点》，《教育史研究》2004 年第 3 期。

③ 《筹给警察学生补助金》，《申报》，1906 年 4 月 3 日。

1902 年宏文学院成立，其创立者是被称为"中国通"的日本著名教育家嘉纳治五郎。为加大对华影响，嘉纳治五郎在创立宏文学院不久即进行了为期三个月的中国考察教育行。早在探讨鄂省派遣留学生赴日学习的可行性时，张之洞就通过清政府驻日公使李胜辉向嘉纳治五郎咨询发展中国教育的建设性意见。嘉纳治五郎则建议清政府通过派遣学生赴日留学学习，然后回国办理新式教育的方式振兴中国之教育事业。嘉纳治五郎的建议给张之洞留下了深刻的印象。为尽快促成湖北的留日学生选派事宜，张之洞再次通过李胜辉向日本政府提出希望日本方面派遣声誉显赫的教育家访问中国以推进中国教育事业，日本则立刻作出回应，推荐嘉纳治五郎第一次访问中国。中国之行期间，嘉纳治五郎与湖广总督张之洞多次会见并畅谈，双方着重商讨鄂省派员留学日本宏文学院事宜，这客观上对湖北的留日教育和宏文学院的发展起到了推进作用。随后不久，张之洞所派赴日学习警政的第一批二十名留学生就是在嘉纳治五郎的建议下进入宏文学院速成警务科学习。① 首批二十名学习警务的留日学生在一年后有十二名毕业学成归国，其余八名则中途转学其他专业。

因科举制度被废止，宏文学院中的中国留学生规模在 1905 年前后达到全盛。同年，日本政府基于种种缘由出台留学生取缔规则，对留日中国学生提出种种限制，这直接对中国的留日教育产生了冲击。加上此时中国大批新式学堂如雨后春笋般建立，中国的留日学生大量减少。这直接导致了宏文学院于 1909 年 7 月停办。②

以首批归国的留日警察学生为师资班底的武昌警察学堂于 1903 年 8 月 13 日在武昌阅马场成立，其作为湖北第一所警察学堂在湖北的警察教育史上留下了第一笔。当时武昌警察学堂中留日归国教师的待遇比较

---

① ［日］大江平和：《宏文学院与中国留学生生活》，中国社会科学院研究生院硕士学位论文，2002 年。

② ［日］大江平和：《宏文学院与中国留学生生活》，中国社会科学院研究生院硕士学位论文，2002 年。

丰厚，达到了每月薪水洋银八十元。① 其后湖北又陆续选派几批赴日学习警务留学生，这批人中不少人也回国从事警察事业。

在宏文学院、经纬学堂学习警务的中国留学生除少数中途转学其他专业外，大多完成学业并归国。虽然他们中间的绝大多数所学为速成科，但毕竟作为中国早期走出国门接受日式新式警察教育的群体，在一定程度上推动了中国近代警察教育的发展。笔者查阅后发现，这一群体归国后的人生轨迹主要分为两个部分，其一为从事警察教育和警察行政，其二则走上了革命的道路。

**(三) 学习的概况**

当时的留日学生，其成分十分复杂且学习动机也是五花八门，这在警察留学生中亦比较明显。"其时（留日）学生全体内容至为复杂。有纯为利禄而来者，有怀抱非常之志愿者，有勤于学校功课而不愿一问外事者，有好交游议论而不悦学者；有迷信日本一切以为中国未来之正鹄者，有不满日本而更言欧美之政制文化者……有为贵族富豪之子弟者，有出身贫寒来自田间者；有为秘密会党之领袖以亡命者，有已备有官绅之资格来此为仕进之捷径者。"②

笔者从相关记录的资料中查阅到了宏文学院的作息时间表，大致可以反映当时留日警察学生的学习和生活概况，详见表 2.8。

表 2.8　　　　宏文学院留日警察学生日常起居生活作息表

| 作息内容 | 作息时间 |
| --- | --- |
| 起床 | 6 点 |
| 行礼 | 6 点 30 分 |
| 早饭 | 7 点 |
| 自习 | 8 点至 11 点 |

① 《警察学堂添延助教》，《申报》，1905 年 4 月 19 日。
② 《胡汉民自传》，《近代史资料》1981 年第 2 期。

续表

| 作息内容 | 作息时间 |
|---|---|
| 午饭和午休 | 11 点至 13 点 |
| 上课 | 13 点至 17 点 |
| 晚饭 | 18 点 |
| 洗澡 | 17 点 30 分至 21 点 |
| 行礼 | 21 点 30 分 |
| 熄灯 | 22 点 |

资料来源:［日］大江平和:《宏文学院与中国留学生生活》,中国社会科学院研究生院硕士学位论文,2002 年,第 43 页。

学校的学习课程用汉语教学,没有设置速成日语等学科。宏文学院的警察速成科教学的主要内容有:警察史、警察机关、警察权研究、治安警察法、高等警察、行政警察、保安警察、司法警察、犯罪搜查权等。① 同时,因为日本的教育向来比较注重德育、智育和体育,因此警察留学生也有很多专业的警务体能训练。

### (四) 管理的加强

为强化留日学生的思想控制和提高留学教育质量,张之洞在吸取洋务运动期间留学生管理经验教训的基础上,一方面注重选拔警察留学生的质量,另一方面则扩大驻日使臣的监管和考核权力。

张之洞向日本派遣留学生监督始于 1898 年,他委任钱恂出任湖北留日学生监督,驻扎日本,专门负责管理湖北留日学生的具体事宜。其后,面对留学生群体日益高涨的革命浪潮,张之洞为进一步加强对留学生的管理工作,于 1902 年派双寿赴日协助钱恂办理留学生管理工作。同年,张之洞在叮嘱双寿加强约束管理留日学生的电文中强调:

---

① 何峰:《日本东京宏文学院与湖北警察教育》,《湖北警官学院学报》,2006 年第 5 期。

照得湖北省先后派遣游学日本学生弁目，暨自备资斧、禀由本衙门给咨前赴日本游学各生人数众多，尔诸生均能体念时艰，远游向学，本部堂实深嘉许。惟诸生远适异国，所当时时念念常存不忘君、不忘亲、不忘圣三大端于心，趋向必正，立志必定，勿昵比匪人，勿误听邪说。不论在何学校，务须恪听钦差出使大臣及所派监督暨本部堂派赴日本管理之委员考察约束，不得稍有违犯轻侮。至日本学校各师长，自宜遵照学规听受讲课，日有进益，以免为他邦人士所轻。诸生亦宜互相规劝，互相切磋，庶几行检修饬，学问日进，闻誉日彰，将来造就成材，足备国家任使。本部堂爱之重之，乐观厥成，实于尔诸生有无穷之望焉。为此札仰委员双丞，即便传谕前后饬派咨送游学各生遵照勿违。此札。①

电文中的核心思想就是强调留学生教育始终要不忘君、不忘亲、不忘圣的宗旨，为达到此目的则要求对学生严加管束。

为了从制度上约束和规范留日学生的学习和生活，1903 年，张之洞陆续令人起草和颁布了《奖励游学毕业生章程》《约束游学生章程》《自行酌办立案章程》。这些制度的颁布对潜心学业且学有所成的留学生予以相应官职奖励的同时，重申了留学总监督、出使大臣的管理留学生的权限，其可以对不安分的留学生予以严格管理甚至可以直接对学生进行斥退并遣送回国。

## 三、"中体西用" —— 警察留学教育之评析

### （一）"中国之最"的辨析

清末的留学运动对中国的近代教育产生了比较深远的影响，这点在

---

① 陈山榜编：《张之洞教育文存》，人民教育出版社 2008 年版，第 398～399页。

警察留学教育方面也表现得较为显著。通过警察留学生，大量近代西方警学理论和警务知识被引入国内。同时，警察留学生归国后大多成为我国早期新式警察学堂的教育者和警政机构的管理者。笔者认为，张之洞实为我国近代开展地方官派学生留学学习警政的第一人。1901 年，奕劻在川岛浪速的帮助下于北京创办京师警务学堂，其为中国近代最早的官办警察教育机构，这标志着中国近代警察教育的开始，随后从京师警务学堂内选拔十名学生留学日本学习警务则为有文献记载的最早警务留学生，且为清政府中央最早的官派警务留学生。①

张之洞在 1902 年 6 月所选派的二十名学习警务的留日学生实际上就是中国地方政府所选派的最早官派学习警务留学生，这在中国警察的留学教育史上也留下了厚重的一笔，对推动清末湖北的警政建设和湖北的警察教育都产生了影响。

### （二）"中西会通"的宗旨

张之洞是近代"中体西用"的倡导者，其警察教育亦不缺乏此种思想的观照。张之洞在创立武昌警察总局后又陆续在湖北全省推广警政，其甚至在 1907 年在全国首创宪兵队，后扩建为宪兵营，这被公认为中国近代最早的新式武装警察。这一系列警政实践的推行几乎都有模仿和移植近代西方警政的痕迹。这说明张之洞也逐渐由早期关注学习西方的器物层面发展到关注甚至引入西方的制度层面，这也是张之洞推动中国警政向近代化迈进在思想层面所作的贡献。②

张之洞不但积极鼓励和发展近代的湖北警察留学教育，而且还不遗余力地推行国内的新式警察教育，他将二者有机结合起来的举措，对发

---

① 可参见肖朗、施峥：《日本教习与京师警务学堂》，《近代史研究》2004 年第 5 期；大江平和：《宏文学院与中国留学生生活》，中国社会科学院研究生院硕士学位论文，2002 年。日本学者弘谷多喜夫于《北京警务学堂と川岛浪速》一文中认为 1902 年京师警务学堂选派 20 名学生到日本学习警务，而实际上就是弘谷多喜夫错误地将张之洞所选派的警察留学生误认为是京师警察学堂所选派。

② 柳卫民：《试论张之洞的警察教育思想》，《湖北警官学院学报》2005 年第 4 期。

展湖北的近代警察教育具有重要的现实意义。清末湖北的警察教育办理颇有成就，张之洞所培养的这些毕业于国内外警务学校、警察教练所等机构的学生大多成为湖北乃至全国警界的新生力量，这在客观上培养了一批新式的警务人才，对促进中国警政的近代化有一定的贡献。

同时，我们不能忽视的是张之洞培养警务人才的初衷是维护清政府的统治，其推广警察留学生教育和国内新式警察教育的目的不过是利用西方警察技术以培养传统的卫道之士而已。因此，张之洞的警察教育思想和实践不可避免地带有时代的局限性，但其对近代中国的警察教育所产生的积极因素仍应为我们所认可。

### (三) "种瓜得豆" 的结局

张之洞督鄂期间不遗余力地在湖北推行警政，其创办警察、开办警察教育、编练宪兵（军队警察）、推行基层的警政建设等举措实际上奠定了湖北近代警政的根基。然而在清末内外交困的政局下，其办理警政是在 "中体西用" 思想的指导下进行的，其培养警察的根本目的在于尽臣节而维社稷。而最终颇具讽刺意味的是这些警察，特别是学习警政的留学生群体，他们的人生轨迹实则在客观上起到了加速清王朝覆灭的作用。

在外患日深、国家饱受列强凌辱的环境下，当时出洋留学的很多学生都抱有一定的爱国救亡思想。不少留日学生在日本求学期间也时常遭受歧视和刺激，这使得他们因倍感屈辱而产生强烈的自尊心，由此使得他们中间的很多人逐渐产生了革命思想。以湖北官派留日学习警政群体的人生轨迹来看，张之洞实际上培养了一大批宣传和参与革命活动的新式知识分子。"抑知武汉所以成为重镇实公（指张之洞）二十年缔造之力也……而领导革命者又多素所培植之学生也。精神上、物质上皆比较彼时他省为优。以是之故，能成大功。虽为公所不及料，而事机凑泊，种豆得瓜。"①

---

①　张继煦：《张文襄公治鄂记》，湖北通志馆 1947 年版，第 16 页。

国内新式警察学堂所培养的警政人才实际上很多都是在学习西方警务知识的同时，逐渐受到了西方民主政治思潮的影响而走向了清政府的反面，这与张之洞所设想的将其培养成维护清政府的忠实卫道者是背道而驰的。在武昌首义期间，仅武昌城内实有警政人员就超过两千人。当革命爆发之际，除极少数警察稍作抵抗外，大部分都离职溃散。以高元藩、汪秉乾等人为代表的原湖北高等巡警学堂学生革命党人毅然参加起义并首创湖北军政府临时警察筹办处，成为辛亥革命的成果之一。

以邓贤才为代表的湖北第一批 12 名警察留日学生归国后，张之洞即委任他们为武昌警察学堂教习，主要讲授西方警学知识，为湖北培养了大批警政人才，而这些毕业于警察学堂的学生有很多参加了后来的辛亥革命。以杜锡钧为代表的第一批剩余的 8 名留日警务生则陆续入日本陆军士官学校第四期，他们转学陆军步兵科、骑兵科和工兵科，并于 1908 年 5 月学成归国，这批人基本上也参加了辛亥革命而站到了清政府的对立面。

# 小    结

1902 年张之洞创立的武昌警察总局作为中国近代最早的以警察二字命名的警政机构，它体现了张之洞在警政建设上注重警政人员素质、关注警政服务社会职能、关心警察教育、重视警政经费等近代警政思想，在湖北近代警政史上有重要的意义。1907 年设立湖北巡警道和湖北警务公所，它们在推动湖北全省的警政建设，特别是推广基层警政方面发挥了重要的作用。1911 年武昌首义中革命党人创办的湖北临时警察筹办处，不仅有力地支援了当时的革命战争而且为后来革命党人创办近代警政机构积累了宝贵的经验，在一定程度上对后来民国的警政建设产生了影响。

清末湖北警政建设中的机构建制通过机构、人员、制度的发展而不断完善。纵观经费的筹措，我们可以看出警政经费尚未被完全纳入国家财政预算的范畴，警政经费支绌一直是困扰和制约湖北警政建设的大难题。巡警道与中央中枢要员、地方督抚等存在着千丝万缕的联系，警察人事的任免和变动从侧面反映出清末湖北政治的生态环境。警政人员的铨叙与考核虽建立了相应的制度措施，但很多都形同虚设，铨叙与考核制度性法规受政治、长官好恶等主观性因素影响较大。总之，虽然清末湖北警政建制、经费、警界政情、铨叙和考核等方面存在着诸多缺陷，但总体层面上警政基本处于持续运转状态，这对湖北警政的进一步发展产生了深远的影响。

张之洞为培养警务人才不遗余力地大力推行警察留学教育，派遣官办留日学生专门研习警务并注重对留学生的教育和管理。张之洞所进行的，作为清末地方政府官派最早学习警务留学生的实践，在中国的警政教育史上书写了浓墨重彩的一笔。警察留学教育为清末湖北造就了不少警务人才，人才的培养为湖北警政建设的发展客观上起了积极作用，然而纵观警察留学生群体的活动轨迹也可以看出，他们其中的大部分人实际上成为了清王朝的掘墓人。

# 第三章　纳民轨物：湖北警察治安与市政职能的履行

　　"警察之职，在于安市廛、平道路、禁游惰、解斗争、防疫瘟于未萌、诘奸宄之时发，与营勇专司捕盗者不同。"① 1902 年，武昌警察总局的正式设立，标志湖北警政制度在政府层面正式运行的开始，并由此开启了湖北社会警务化管理的现代化进程。武昌警察总局在成立不久后对外张贴论述警察职能以晓谕百姓的告示中提及："尔等须知警察之设为地方安民之本，原行政之枢纽，举凡清查户口、清理街道、保卫生理、防救火灾、安靖良善、访缉奸宄、维持风纪、防险非违者，惟警察是赖。"② 清末湖北警察以武汉地区的警察局职能为例，其不仅包括站岗、巡逻、守助相望，市政交通管理、受理各种治安、刑事案件和有关户籍、婚丧、土地、习俗、债务纠纷等民事案件，而且凡涉疏浚沟渠、修筑道路、防火防洪、卫生防疫、监督舆论、教养游民、违警处罚、镇压民变等事务都在其管辖的权限范围之内。这些警察职能仅在当时颁布的《鄂垣警察章程》中就罗列了二十四条之多。

---

① 《程德全奏创办警察设立专局折》，《光绪朝黑龙江将军奏稿》，全国图书馆文献缩微复制中心 1993 年版，第 787 页。
② 《造谣示禁》，《申报》，1903 年 3 月 2 日。

# 第一节　维护治安与惩治犯罪

## 一、管理户籍

"自古论国者，莫不以户口为本位"①，户口不仅是政治问题，也是经济问题。户籍普查为历代统治者都很注重的举措，其对巩固国家政权的重要性不言而喻。户籍管理的基本目标为税收、征兵和社会秩序的维护。清末，清政府先后于中央设立巡警部和民政部以来，陆续制定和颁布了一系列相关户籍管理的章程和制度，有影响的如《调查户口登记簿册凡例》《调查户口章程》《违警律》等。诸多户籍管理章程和制度的颁布实施，为警政机构有效进行户籍管理和维护地方治安秩序提供了现实依据。从1906年开始，清政府在全国开展了大规模的户口统计工作，此次户口统计在调查内容和调查方式上显现出了诸多近代化因素，户籍管理制度亦渐入正轨。1911年，清政府颁布了中国历史上第一个现代户籍法，然未及彻底施行而清政府覆亡。1907年4月，清政府颁布的《清理户口调查章程》明确户籍管理之重要作用：

> 清查户口，所以为今日必办之要政者，不仅为教育或禁烟计也，其最大之关系，在使他日编订宪法、组织议会、颁布自治制度之际，预核全国人民立定选举区、划分自治区、具权利能力者几何，人应负担义务者几何，人因是而定其额。②

1908年，民政部设立统计处并详细制订了六年户口调查计划，即

---

① 《户口概述》，《盛京时报》，1911年8月24日。
② 《调查户口问题》，《东方杂志》第四期内务栏，1907年4月25日，第152页。

"第一年颁布调查户口章程；第二年调查各省户数；第三年汇总各省户数，制定《户籍法》；第四年调查各省人口数；第五年汇总各省人数，颁布《户籍法》；第六年实行《户籍法》"①。后为配合宪政的实施，户口调查计划缩短为四年完成。

武昌警察总局开办之时，其所颁行的《鄂垣警察章程》中的第一条便为户籍管理的内容：

> 户口每街几户、每户几人，按次清查，以别良莠。如有来历不明之人，不准容留。客店、烟馆最易藏匿奸宄，别有清查之法刊行、门牌编号发给，便于寻觅，悬挂门首，易于稽查。如有过客留宿，随时知照警察勇报明分局，有过三日者，添注牌上人数，与牌不合者，即时根究……铺户有迁移者，先一日告警察勇，报知分局，即于原领门牌上注明迁至某处，其新迁之处，亦于报明分局请领门牌时声明由某处迁来，以便互相考核。②

1908年，湖北巡警道设立以后，在湖北警务公所内便设有户籍股，其隶属于行政科管理。户籍股负责户口调查、分类及流动登记和统计，并按规制发给户主门牌。1908年10月，湖北巡警道冯启钧因革命党时有暴动起事之虞，以致鄂省查获革命党运送之枪弹事件时有所闻，当局为此忧心忡忡。有鉴于此，冯启钧饬各警察分局着手清查户口，以便稽核奸宄以分良莠，并将户口之门牌划分为三类：官绅军民、工客商户、局署公所、庙宇道观分别将发给之门牌贴于门首以示区别。③

1908年，湖北警务公所为配合清政府颁布的户口调查规划而开始在全省系统开展户口调查工作，具体方法是先查户数再计人口数。调查户数时，按照统一规定的门牌，一律按户发放门牌，调查户主姓名等信息，然后立户造册。调查员一般由警局员警与地方绅董充任，调查员将

---

① 闻钧天：《中国保甲制度》，商务印书馆1936年版，第548~549页。
② 《鄂垣警察章程》，《申报》，1902年6月10日。
③ 《清查户口特别门牌》，《大公报》，1908年10月24日。

各段户数编成名册两份，一份存留为档，一份派送调查官长。由此逐步逐级到最后汇总户口数目，然后逐层上报。如各户门牌已经编订后有变动迁移情事，需由户主到调查处或所辖地段巡警派出所重新申报户口，并至迟不得超过三日之时限。户数调查之毕即进行人口数之调查，具体步骤和方法是按照调查员发放的"查口票"格式交由户主在限定的日期内填报。表内尊属栏依据称谓填入户主之长辈姓名；亲属栏内依据称谓填入平辈及其以下之亲属姓名；同居栏内填入户内同居的非亲属之姓名；仆人、佣人、奴婢等按照姓名悉数填入佣工栏内。人口信息登记完毕后，调查员依照造册户口之序号造具人口数名册两份，一份留为存档，一份上报。凡年到七岁之学生、十六岁之丁口的人口数则附于册尾，表册按照政府规定的样式逐级汇报至民政部。自"查口票"填报之日起，如有生死、婚嫁等事，则由户主赴所辖调查处或巡警派出所及时申报。① 在此步骤下，1908 年湖北警方进行了第一次近代意义上的人口普查行动，其普查结果详见表 3.1。

表 3.1　　　湖北警务公所统计 1908 年湖北省境内编户人口表

| 省府州名 | | 县数 | 户数 | 人数 | 面积（平方公里） | 人口密度（平方公里每人） |
|---|---|---|---|---|---|---|
| 湖北 | 武昌府 | 10 | 75086 | 3119074 | 18562 | 168.0 |
| | 汉阳府 | 5 | 599538 | 3009160 | 14324 | 210.1 |
| | 夏口厅 | 1 | 47941 | 244892 | 348 | 703.7 |
| | 黄州府 | 8 | 768532 | 4009841 | 17551 | 228.5 |
| | 安陆府 | 4 | 492303 | 2408501 | 12190 | 197.6 |
| | 德安府 | 5 | 414242 | 2332112 | 12865 | 185.2 |
| | 荆州府 | 7 | 500881 | 2475209 | 15101 | 163.9 |
| | 襄阳府 | 7 | 504921 | 2363025 | 19634 | 120.4 |

① 《清朝末期至中华民国户籍管理法规：光绪三十四年调查户口章程》，群众出版社 1996 年版，第 103~106 页。

| 省府州名 | | 县数 | 户数 | 人数 | 面积（平方公里） | 人口密度（平方公里每人） |
|---|---|---|---|---|---|---|
| 湖北 | 郧阳府 | 6 | 285822 | 1478595 | 25117 | 58.9 |
| | 宜昌府 | 6 | 259213 | 1197909 | 18526 | 64.5 |
| | 施南府 | 7 | 220716 | 1121142 | 20711 | 54.1 |
| 荆门直隶州 | | 3 | 210099 | 961501 | 7566 | 127.1 |
| 安徽六安直隶州 | | 1 | 2604 | 178902 | 1384 | 132.1 |
| 合计 | | 70 | 5081105 | 24949863 | 185900 | 124.2 |

资料来源：谭崇台：《中国人口·湖北分册》，中国财政经济出版社 1988 年版，第 55 页。

　　户口之调查明晰不但是政府掌握人口数量及动态、稽查奸宄、维护社会治安秩序的基础，亦是提倡地方自治、选举、征税、兴学等新政与宪政之基础。为此，清政府颁布了调查户口具体办法等律令加以具体指导和约束，并屡次重申户口调查之重要性且严令地方当局认真举办。湖北警务公所在举办户口调查之前虽亦派出相关人员在民间进行演说宣传，但在具体的户口调查执行过程中民间抵制风潮屡次发生，甚至酿成民变。

　　　　距汉口六十里之蔡甸镇，商务亦颇繁盛。该镇附近之大集场一带，现有好事乡民造谣惑众，谓巡警公所与自治公所调查户口，系为抽丁当兵、按口派捐起见，竟怂恿无知愚民数百名，蜂拥至该处各绅耆及调查员等住宅，斗闹不休，百般开导，执迷不信，并敢将某绅房屋拆毁。昨蔡甸巡检已飞请汉阳府县，移请镇协派兵前往弹压，并切切出示晓谕，以免误会。①
　　　　鄂属咸宁县武大令延绪，素有烟酒之癖，一切公事概由幕友家

---

① 《蔡甸调查户口之风潮》，《申报》，1910 年 1 月 10 日。

丁专权。日前该令奉巡警道札饬查境内户口，该令遂派丁役赴四乡
调查，沿途骚扰，勒令大户抽捐钱六千、中户四千、小户两千，以
为查户之用费。各乡民无钱者即被拘署私押，因此人心大愤，几酿
暴动，幸经绅董开导得力。特联名来省至各衙门呈控，已由杨护院
饬巡警道委派金令嘉传前往查办矣。①

调查户口屡生事端，迭酿风潮，"固由委任之非人，亦由民智之不
进"。为了让百姓了解调查户口之目的，减轻群众的猜疑而得到民众之
配合，湖北巡警道派讲解员广泛联系地方绅董向民众宣传户口调查之宗
旨，以使民众了解实情。警察调查户口为亘古未有之事，民众不知所然
颇多戒备，其恐借以调查户口为名而增税索费之实，加之因劣董奸绅借
机敲诈勒索、鱼肉乡民，故普通百姓对调查户口持不合作、排斥甚至反
对态度者颇为普遍。

清末湖北的户口调查运动实为湖北历史上第一次真正意义上的人口
普查。其清查户口之范围与目的，不仅在警区内防患奸宄、清除盗源，
而且亦对各属乡镇进行了全面的人口梳理普查。湖北各地调查办法，或
户口并查，或遵章分期调查。虽然因人浮于事而敷衍塞责、弄虚作假的
情况不无存在，但通过这次户口普查，湖北全省整体户口情况得到较为
清晰的摸清，为征税、征兵、兴学、办警、选举议员、举办地方自治等
各项新政打下了基础。不过，调查过程中，因当时特殊的时局，政治宣
传不力使民众对户口调查缺乏了解，户口调查过程中部分警政人员、劣
董工作态度简单粗暴、甚至敲诈勒索、鱼肉百姓，爆发风潮冲突时政府
应对失宜。加之户口调查实属新政内容，各利益方的博弈纷争不断，调
查过程中新旧杂糅的行政体制不无掣肘等错综复杂的原因，引发不少乡
民反抗甚至酿成民变，这些都加剧了民众与政府之间的不信任感而导致
关系紧张。

---

① 《按户抽捐办理新政之扰民》，《申报》，1909 年 2 月 22 日。

## 二、赈恤游民

晚清湖北社会动荡不安、自然灾害频发、百姓负担沉重、民生困苦而导致游民乞丐泛滥，这俨然成为社会治安之巨患。"游民实盗贼之源"①，警察有维护社会治安秩序之责，故须为之预防。"欲求预防得当，必使游民各寻生业。"② 因此，游民问题常为统治者所重视。清政府一贯视游民为盗匪之源，除处处加以防范外，亦逐渐认识到须对游民加以疏导，故谋划尽力妥当安置游民，以免其聚集成党而铤而走险，以维治安。湖北政府当局为解决流民问题，在官方的倡导下联合警察当局和士绅普遍采取赈济、以工代赈等办法，创设各类善堂、游民习艺所等机构，接纳和收养游民乞丐以及无家可归之人，并聘请各类技师传授技艺，以使他们掌握一技之长而自谋生路。

士绅开办善堂以救济游民、贫民和乞丐等社会弱势群体自古就有，而游民习艺所的设立是从清末的狱政改良运动发展而来的。在晚清欧风美雨的冲击下，西学东渐已然成风，西方的监狱制度也逐渐为时人所提倡，张之洞等地方督抚便提出了改良监狱的新政内容，且付诸实施。在张之洞的狱政改良运动中，设立习艺所以教授犯人一技之长而培养犯人之生存技能以便日后谋生之举措被广泛认可并采用。由于创设习艺所之举效果良好且为舆论所广为称赞，故此后习艺所由监狱范围逐渐扩展，游民习艺所等机构陆续开始创办。

1910年，在署湖北巡警道黄祖徽的主持下，湖北游民习艺所在武昌大东门正式创设：

> 署警道黄祖徽，以游民乞丐实属青年，失于教养以致不能自谋

---

① 《前督宪锡秦川省开办习艺所及各项工厂情形折》，《四川官报》，丁未三月中旬，第六册，第25952页。

② 《巡警道通饬各属设立教养工厂札文》，《四川官报》，宣统三年四月二十六日，第十九号，第28633页。

生计，特访四川乞丐工业厂、河南游民习艺所办法，就省垣大东门内旧有警察东局空屋，改造游民习艺所一处，收纳此辈及不肖子弟入所习艺，以二百名为额，俟经费充裕，再渐推广。所习之艺，无论粗浅手工及杂役苦丁，均定以二年为限，期满者查验工艺果优，给予卒业文凭，准其请保出所自谋生计，如工艺最优者，即提充本所教习，或外州县习艺所教员。其资质过钝不堪习艺者，即派充杂役、杂工，以服务时间定为科程。至其制造品物，每售价若干，除成本外，以五成提作经费，五成给与工价，由所代为存储矣，本任出所时照数给还，以资谋生。兹将所订工艺科目列下：一、藤器，二、草帽，三、草鞋，四、绳索，五、织布，六、靴鞋，七、缝纫，八、小木工，九、洗濯，十、杂工。①

从材料可知，游民习艺所开办的目的是教养游民乞丐自谋生业的劳动技能，帮助他们日后能自食其力而免于沦为社会治安的不利因素。

黄祖徽在给清政府的创办游民习艺所奏折中写道：

武昌省城人烟稠密，外来乞丐甚多，每有三五成群，于居民铺户门前强索硬讨，颇形肆扰。其在老幼残废之人，无告颠连，固堪矜悯，而浮惰肚大、不思食力谋生、甘为游民自废，亦复比比皆然。现值整顿巡警、清理地方之际，若不设法教养禁阻、导之工艺，以清其源，非特莫救饥寒，且恐流为盗贼，治安前途大有妨碍。前据该道禀称，现经警务公所筹款，于大东门内，建设游民习艺所一区，约可收养贫民一百余民，将来如办有成数，再行扩充。此举甚齐第，惟房屋尚未竣工，开办尤需时日。查省内外有楼流所、楼冬院、养济院、广仁堂等多处，专为收养男女穷民及乞丐等而设。惟该所院堂，现在究竟收养人数若干名，尚可添收若干名，以及办法如何，向由何衙门主管，每处常年经费若干，归何衙门筹

---

① 《警道议设游民习艺所之伟书》，《申报》，1910年9月17日。

给，事关民政，教养兼施，应由该道选员按照檄旨各节，详晰清查，开折呈核查明。以后某处如可添收若干名数，即由该道分饬各区查照。务于所辖界内认真稽查，遇有乞丐、游民，立即分送各厅暂为收押，俟游民习艺所成立后，再行分别入所习艺。一面责成城外上下两区，选派巡警逡巡沿江一带码头，严禁各划船渡载此等乞丐潜行上岸。城内各区，应并由各该区分派得力巡警前往各城门，会同城守兵丁严密拦禁，不准进城，毋称疏懈。如此杜绝，庶可清积习而安地方。合就札饬。札到，该道即便遵照办理，并即移行城守中军知照饬遵，仍将遵办情形报告，切切等因。奉此。应即遴员前往详晰清查。查有试用府经历董鉴衡，明白谙练，堪以委派，除分别移行外，合行札委，札到，该员即便遵照前往，查明省城内外所有各该所院堂现在收养名数办法，以及主管经费，按照督院札所指各节，逐一详细开具折复，以凭核办报查。①

在奏折中，黄祖徽对开办游民习艺所的缘由、目的、方式都有论及。由于游民、乞丐关乎社会治安秩序之维持，于警政大有关联，为整顿警政、清理地方计，创办游民习艺所设法教养其谋生手段，以防其沦为盗贼、流寇，实为正本清源之善政。

清末湖北地区自然灾害特别是水患极为频繁，天灾导致大量难民流离失所，不少人蜂拥涌入武汉地区谋食以度荒年，这给武汉城市的治安秩序带来许多的隐患，稍有不慎即会酿成民变。武汉警政当局为应付此种局面，在配合政府救济、抚恤灾民等方面亦有所作为。

鄂省每届年终，由监法道、善后局合筹款项，拨交警局清查贫民户口，按人给米一斗，小口半之。本年因各属水灾奇重，饥民来省逃荒者甚夥，沿江上至白沙洲，下至上新河，棚户相望，分段调查，共有七千余家之多，计口二万四千零，向发米额只敷十分之

---

① 《巡宪黄札委办理游民习艺所文》，《湖北警务杂志》1910年第3期。

四。昨巡警道冯观察会商署监道兼善后局总办金观察，请添筹银一万两，以惠穷黎而期普及。①

鄂省每届岁阑，例需散放谷米以济贫民。去岁，自十二月二十日起，由金峙生太守会同谢大令鸿宾、何大令蔚绅、冯大令篑、李大令曾麟，就警察各局按口给发。施当其厄，洵仁政也。②

省垣自奉督宪谕办平粜，当分设粜米公所六区，以便各贫户就近买。惟此项官米，实系减价发卖，若漫无限制，必有实非贫户亦赴所冒领之弊，故先行详细调查发给票据。凡非以下六区贫户均不准往粜，以示限制：一、棚户；二、残废孤寡贫难糊口之户；三、专靠挑担提篮小卖糊口之户；四、专靠摆设小摊售卖零物糊口之户；五、专靠劳力糊口之户；六、穷窘闲居无业营生，本街绅乡确认为极贫之户。③

蛇山崩塌伤毙之人口，昨由巡警道冯观察赏给棺殓费，大口钱二十千，小口十千，以为殓埋之助，受伤者送医院诊治。自此事出后，巡警道特通饬各警局巡长、巡士、巡勇人等，所有各街巷年久失修房屋，均勒令房主估修，如系自产自住，抗不修理者，官为代拆，住户则勒令搬迁，以免危险而保民命。④

日前汉口大火，警察局调查户册，实毁八千余户，踏伤、压毙者共男女二百余人，诚一巨劫。署臬梁廉访即亲行灾区查察情形，并禀陈当道筹款抚恤。⑤

由材料可知，警政当局在救济贫民、抚恤灾民、抗灾减灾等方面做了不少的工作，也取得了一定的成效。

警察局为帮助灾民渡过难关，甚至有向灾民放贷之举：

---

① 《警局发给年终贫米之困难》，《申报》，1910 年 1 月 22 日。
② 《警察散米》，《申报》，1903 年 2 月 4 日。
③ 《限制领粜贫户》，《湖北警务杂志》1910 年第 4 期。
④ 《荆楚昏垫之现象》，《申报》，1909 年 7 月 29 日。
⑤ 《梁署臬振恤火灾》，《申报》，1905 年 11 月 14 日。

汉口因利局由道厅各拨钱二千串借给贫民，以五串为限，不取利息，一月缴还，由铺户盖印作保，并委警官将通守经理一切。开办数月，贫民称便。先闻齐道耀珊以因利局附设在劝工院内，且只此一处，道路稍远之贫户不免抱恨向隅，拟即变通办理，附设在各警察专局内，由各该正巡官兼理，以期实惠均沾，业已商请巡警道酌量资助，俾得成此善举。①

与传统的善堂等民间慈善机构在特定时期以施粥等方式对游民进行暂时救济不同，游民习艺所招收游民、乞丐等流离失所的无业之人，进行简单的技能培训，使他们掌握谋生技艺以自食其力，这一举措既有长效性，又在一定程度上减少了社会中的不安定因素，可以说是正本清源，防患未然之举。然立意之初衷虽不为不善，但由于经费有限，此类习艺所多集中于省城商埠等繁盛之地且容纳能力亦十分狭小，其惠民之范围实属有限。警政当局参与社会救济的活动，也是服务社会的职能体现。

湖北近代警察出现后，在维护治安、控制犯罪等方面亦注重从预防入手，防患于未然，冀图通过某些救济贫困百姓的措施以消弭隐患。

## 三、查缉犯罪

调查户口、赈恤游民虽为预防犯罪，维持治安之措施，然并不可能完全消除各种治安案件的发生。因此，除了预防各种犯罪以外，及时有效地在案发后查缉、侦破和捉拿犯罪分子是维护社会治安秩序的重要保障，也是警察日常工作之中最为关键的警务工作之一，它是打击犯罪的核心内容。清末湖北警察的站岗巡逻、预防和查禁犯罪、制止各种违警行为、打击各种违法犯罪行为、缉捕犯罪嫌疑人等举措便是维护社会治安秩序的主要手段。

---

① 《因利局变通办法》，《大公报》，1909 年 11 月 10 日。

　　巡警平日执勤，主要有定点的站岗和游动的巡逻两种方式。一般情况下，各警察局会将所管辖区域划分为若干警区，再将各警区划分为若干段。武汉三镇警局创设初期，就划分为 21 个分局，其中武昌警察总局在城内下辖东、南、西、北、中 5 个分局；城外分设东、西、水、陆 4 个分局；汉口设东、南、西、北、中 5 个分局；汉阳警察局下设建中东坊、建中西坊、东阳坊、西阳坊、上崇信坊、下崇信坊、上鹦鹉洲 7 个分局。后随着武汉警政的发展，各分局适有增减，而各警区也多次调整划分辖区，同时警局还注重添设守望所以增加机动巡逻警察的数量，以期能快速打击各种违法犯罪活动。

　　　　鄂省警道黄小农观察因前任系为警务废弛被参，故到任后极力整顿，将武汉巡警各专局改为专区，每区又分而为二，第一区驻正巡官，第二区驻副巡官，均与公所直接，以免隔膜之弊。又遵照部章添设暂驻守望所一班，凡遇各衙署局所、学堂、教堂以及各街巷生出特别事故，须派巡警弹压者，即随时增设此项守望所，事后裁去，以重警务。①

　　　　武汉巡警各区域向均称为警察某局，因从前有警察总局，故凡属警察机关皆以局名之，其管理一局之警察者，先称为正巡官，继又改称警务长。督宪下车后，以振兴警察之实务先在正名节，将武汉各局改为专区。武昌分为中、前、后、上、下、五区，汉口分为一、二、三、四、五区，原设之警务长亦更名区长。现已批饬藩司刊刻武汉各区钤记九颗，饬令一律更换，以昭信守云。②

　　管辖执勤区域划分后，根据具体情况，或在繁茂之处，或在要冲之地设立警岗，派警察站岗执勤。"鄂省警察东、南、西、北、中五局，惟东局尚未改派巡士站岗。现巡警道冯观察谕令该局于初一日起，挑选

---

　　①　《武汉巡警改良之一斑》，《申报》，1910 年 6 月 4 日。
　　②　《武汉巡警改局为区》，《湖北警务杂志》1910 年第 3 期。

学生六十名派往站岗，以昭划一。"① "鄂省警察北局于去腊初一日改派警察毕业生站岗，改名巡士，其原有巡勇即送入教练所学习。现该巡勇等已界毕业，仍分派站岗，亦以巡士各之至原派之各巡士酌留十六人，名为巡正，各巡勇均归统率。"② 巡警站岗执勤，不得随意擅离职守。同时，亦不时派出警员于制定之路线分班分队往来巡逻逡巡，处置各种异常情况和突发状况，以威慑和打击不法分子。在广袤的乡村地界，由于警力有限，警察执勤方法与城市大为不同，"既无多人轮流站岗，其功用以巡逻为重"③。"江夏县东南北三乡，地方辽阔，抢劫之案时有所闻。现由警察学堂毕业生条陈，鄂臬请于山坡、五里界、油坊岭等处设立警察驻在所，以资防范，其经费责成农户担任，一俟批准即当按段设局。"④ "夏口厅属涢口地方近来商务日渐繁盛，该处绅商以现界冬令，虽保无匪徒混迹，特筹办铺捐，招募警兵数十名藉资防范，已由该处汛官将办法禀呈夏口厅转详省宪备案。"⑤ 另外，警局也不时派遣便衣、包探及线人深入民间刺探情报，以预防和打击不法之徒。"汉上将次开办警察，业经大宪派李名祥充当总包探，另雇夥役二十四名以资臂助，行将上街巡行矣。"⑥ "关道宪桑铁珊观察自奉严防枭匪之谕，遂饬警察各员督率勇丁不分昼夜认真防范，并派包探及线人暗往茶寮、酒肆、烟馆、客栈严密刺探，如有形迹可疑之人，即行拘案讯究。"⑦

湖北历任巡警道都对警察执勤十分重视。巡警道冯启钧除派员随时巡视，考察各官长、巡警执勤之勤惰，督促各员认真办理警务，勤勉警政外，甚至以身作则，在分配警察学堂毕业学生上岗执勤时，亲自站岗以为提倡。

---

① 《该派巡士站岗》，《申报》，1908 年 4 月 11 日。
② 《变更巡警名称》，《申报》，1908 年 3 月 20 日。
③ 《拟定天津四乡巡警章程折》，廖一中、罗真容整理：《袁世凯奏议》，天津古籍出版社 1987 年版，第 1173 页。
④ 《请设立警察驻在所》，《申报》，1907 年 8 月 22 日。
⑤ 《禀请开办涢口警察》，《申报》，1907 年 11 月 2 日。
⑥ 《汉皋散策》，《申报》，1903 年 12 月 8 日
⑦ 《汉皋杂志》，《申报》，1904 年 11 月 6 日。

　　湖北巡警道冯观察先拟改派警察学堂毕业生六十人分班站岗，先从北局试办。初一日，观察亲率各生步行至各段岗位，查阅一周，并改装军服，先自站岗半日，以示甘苦相均之意。各生穿蓝泥色军衣，腰挂佩刀，规模殊为整饬云。①

署理巡警道黄祖徽甚至于巡警执勤之仪容也十分注重。

　　署道宪黄视事以来，仰体督宪重视警政之心，于警察现行之一切规则无不加意改良，以图进步。因整顿巡警必形式完具然后乃有精神，特严谕各区于巡警上班时必检点一次，以收整齐划一之效。而巡警之在守望巡逻中，尤为人民观瞻之所系，故其姿势、服装均宜格外严整，乃有以起人民之敬仰。现更责成各区官长，于按时查班之外，轮流严密查察，如有不规则之举动及穿着制服显露破裂之痕迹者，即记取该巡警姓名号数，随时禀请分别惩罚云。②

　　鄂督赵尔巽为激励巡警勤于警务之士气，亦曾亲自冒着酷暑，随同巡警道冯启钧巡查警察站岗和巡逻情况。

　　湖北警务公所成立后，为加强巡警站岗巡逻之勤务乃设外勤所。外勤所内设巡官一员、巡长两名、巡警十八名。外勤所警察的职责之一便为稽查岗亭、守望所、派出所之线路及巡官、巡长、巡警之勤惰。③ 同时，为规范巡警执勤，湖北警务公所还颁布了巡警站岗巡逻章程，督饬各员认真遵守，以约束巡警之言行。

　　湖北警务公所规定，每当临近年关春节以及各重要节日等特殊时期，巡警之站岗巡逻更须认真严格。入冬届临春节前后数月，往往天寒地冻，而各种经济犯罪活动愈显活跃，届时灾民贫民生活也更加不易，

---

①　《巡警道亲试站岗》，《申报》，1907 年 12 月 11 日。
②　《重视警政》，《湖北警务杂志》1910 年第 3 期。
③　《湖北警务公所内外勤所章程》，《湖北官报》第 136 册，1910 年 9 月 9 日，第 15684 页。

此时治安问题便更为突出。每临冬令，从农历十月初一日起，清政府为社会治安计，令各州县设临时性的巡防局，统一布防绿营，布置团练和保甲，或驻扎要地以震慑，或加紧密集巡逻，以特意加强冬防而绥靖地方。至巡警创设后，每到冬防之时，巡警亦配合绿营、保甲、团练等参与其中，成为重要的力量。冬防期间，巡警更是昼夜逡巡，以卫治安而维稳定。

> 江汉关继观察因冬防在尔，严饬汉防督捕各营勇丁分扎刘家庙、孙家矶、皇经堂、洋火厂、大智门及硚口城外等处，并令警察各局勇丁，于茶馆、酒楼各地随时留意，以防宵小混迹。①
>
> 关道宪桑铁珊观察，自奉严防枭匪之谕，遂饬警察各员督率勇丁不分昼夜认真防范，并派包探及线人暗往茶寮、酒肆、烟馆、客栈严密刺探，如有形迹可疑之人，即行拘案讯究。②

鄂督瑞澂年轻时曾学习警政，亦参与京师之警务建设，且颇有建树，故对警政多有了解。督鄂后，眼见湖北警政已然十分腐败，对时任的巡警道冯启钧颇为不满，后冯为瑞澂弹劾罢免。随后，瑞澂即力促继任巡警道黄祖徽大力整顿武汉警务，其整顿之一大要务即增加巡警守望所，"省城巡警各守望所计共百有余处，服务巡警统计六百余名。凡一守望所更番巡逻，守望路线狭小之处尚不难注意周密，若宽阔僻静地方即不免顾此失彼。兹闻巡宪拟详细亲行调查，酌量增添派出所多处，俾巡警易于查察，以保治安而防危险云"③。由此可见，巡警站岗、巡逻对威慑、预防和打击犯罪，维护社会秩序是大有裨益的。

湖北一些州县甚至基层乡镇巡警亦有执勤巡逻之举。

在武昌县，"县城门口各派一巡警守卫。此外，城内每段四人划归，轮流站岗巡查，未分钟点至夜二更时止。自二更起由东段四人遍巡城

---

① 《警察冬防》，《申报》，1905 年 10 月 31 日。
② 《汉皋杂志》，《申报》，1904 年 11 月 6 日。
③ 《酌增巡警守望所》，《湖北警务杂志》1910 年第 6 期。

市，三更换南段，四更换西段，五更换北段。城外两段，连包探六人轮流查间、站岗、夜间梭巡。城内分东、西、南、北四段，城外分上、下两段，每段设守望所，配置巡长一名、巡警三名、清道夫一名，因城外临江水陆交汇，另置包探一人专司稽查，金牛乡镇西街驻巡警四名，中街、下街各驻巡警三名于其街境内巡查"①。

在大冶县，巡警则"昼夜分四班，每班六点钟，俟款项筹足人数加补再另改班。城内现分六段，设守望所六处，每处每班两人轮流站巡。专则嘉奖、过则惩儆，罚积三小过为一次大过，至大过三次者开除警务"②。

在兴国州，"（巡警）日间两班，四组八人，夜间四班，每班两人。因费绌人少，未分岗位，设置守望派出所，仅分班轮巡"③。

在崇阳县，"（巡警）昼夜分四班，每班六点钟。因经费不足，守望派出所概未设置，亦无岗位，只分段轮班巡逻。记一大功赏钱两百、记一小功赏钱一百、记一大过罚钱一百五十、记一小过罚钱五十文"④。

在嘉鱼县，"城内专局（巡警）昼夜各分甲、乙两班，每班定六钟。归洲分区昼夜各分甲、乙、丙三班，每班定四钟。城内分东、南、西、北四段，设守望所四处，每处每班两人，又看守监卡两棚，每棚两人，门岗二人，巡目三人，轮流查班，下乡收捐五人。归洲本分五社，量备社筹集之经费招定巡警，就分为五区，未设棚所岗位，但令各本区之巡警巡逻其本区内"⑤。

在荆门州，"该州城内外划分七段，而守望仅置七所"⑥。

湖北警政当局通过规划警区、分配警力、制定规章、严明赏罚等措施督饬各级巡官、巡长、警员务必要勤于警务、严密查缉，以维治安。晚清之湖北因百姓困苦、民生凋敝，以致盗匪横行，贼盗频发，各种抢

① 《湖北警务杂志》1910 年第 2 期。
② 《湖北警务杂志》1910 年第 2 期。
③ 《湖北警务杂志》1910 年第 2 期。
④ 《湖北警务杂志》1910 年第 2 期。
⑤ 《湖北警务杂志》1910 年第 2 期。
⑥ 《湖北警务杂志》1910 年第 3 期。

劫、杀人、盗窃、绑架、拐卖等刑事治安案件层出不穷，广大百姓苦于社会失序而无法安居乐业，往往被案之家庭和个人损失巨大且求诉无门，民间百姓普遍怨声载道。湖北警方通过种种措施力图打击各种刑事犯罪，维护社会治安秩序，但往往效果并不尽如人意。

同时，警局亦采取奖惩手段对侦缉破案相关人员进行严明赏罚。奖惩手段通常有奖励薪资、记功、提职以及罚款、记过、斥革等。在这种状况下，虽有不少办案之警察敷衍了事，然勤于警务，屡破要案之警政人员亦不乏其人。

　　　湖北督练公所（附设于督署内）号弁彭得胜，因与著名刀痞帅洪胜挟妓争风，日前被帅在督署东辕门前猛刺六刀，登时毙命。鄂督以署前森严之地，痞徒犹敢寻仇杀人，严饬巡警道、地方检察厅、江夏县勒限三日，务将帅痞缉获，照匪徒例审讯明确，就地正法。讵逾限未经拿获，当将犯事地方巡警、前区区长记大过一次，仍饬警道悬赏三百金，通电各处文武营队协缉，又将首悬李曾麟严行申斥。各官以帅匪两旬有余尚无着落，均恐被谴。正在焦灼间，日昨忽接出防郑州守护铁路之四十二标某营管带电告，谓在郑州某茶园将帅缉获。巡警道等始转忧为喜，立派前区第三分区区官陈倬率巡警六名，带同新式镣铐乘快车往郑迎提，于二十三日傍晚押解到省。一经讯供之后，即须请王令就地正法，以昭炯戒。①

　　　巡警道近日访悉，有由京来鄂之巨骗多名，遍布武汉各处欺骗钱财，特派侦探弁目严密访拿。前日在省城望山门马尾巷，盘获自称知县之何某一名，抄出四季上好衣饰六百余件、银盆一对、金茶壶一对，其余贵重珍物甚多。当即发交公所司法科长研讯，不讳有为非情事，现已判交江夏县典吏看管，候再讯究。②

　　　汉口正金银行于二十三日雇夫在轮船上起御银箱，被脚夫乘间窃去一箱，计实纹六十只，共重三千余两。经查觉，报请巡警总局

---

① 《杀人凶犯就获武昌》，《申报》，1911 年 8 月 23 日。
② 《巡警拿货巨骗》，《申报》，1910 年 9 月 4 日。

暨各租界捕房一律查缉。是夜，即经巡警三区区官杜庚良，在五彩河街黑暗之处，瞥见一人仓皇行走，当命岗警扭住盘诘，讯系本街春茂银作坊帮伙文大玉，诘其夜深在途窥探何故，不能对答。杜区官心知有异，即召集巡警入该银炉坊搜查，果起获元宝五十八只，并正金银箱一具，暨此案正贼易锦性、丁松田二名。当场集讯，供系因正金宝银铸有符号，特送至银炉作坊销毁成锭者。遂命将该宝送还正金银行，并一面将该贼犯送至总局惩办，而正金银行则极力称颂中国警察破案神速不置。①

十七日午后，上区巡警于保安门外盘获拐匪一名，当即扭送本区，经区长研讯，知该匪实有伙党多人，专以拐带人口为业。当一面派探缉拿，并申详警务公所转交县署，严行审问取供云。②

汉口巡警前日在后湖钟台书院侧，拿获大拐匪倪寿山、蔡元喜巢穴，取获男女幼孩十一名，搜出卖身契二十六张，当将拐犯男女五名解由夏口厅暂押候讯。乃昨日又在开往汕头之轮船上，协同英捕房查获男女拐犯六名、幼孩十三口，皆系由沔阳、潜江一带拐来，拟迟赴广东贩卖者。巡警道王履康获此两批大拐匪，特督请督院核示应交何衙门审讯。瑞制军以纯系刑事范围，非会匪、棍徒可出，不在特别派员审讯之例，当即批饬先将该犯等提至警务公所，督同司法科员切实研讯，究晰同伙若干人、贩卖若干次、取获之孩系从何处拐来、以前贩卖之孩卖给何人，务得详细供情录报查据，然后抄供，连同诸犯解送该管审判厅依律治罪。③

鄂省城外纸坊地方，保大典行于初一日夜被匪徒六十余人撞门入内，劫去首饰现银共值三万余金。初三夜，汉口硚口地方李万盛杂货店亦被匪劫去二千余金。现闻已经巡警道弁缉获数名，交地方官讯办矣。④

---

① 《正金银行失窃破案神速》，《申报》，1910 年 11 月 3 日。
② 《上区详报拐逃》，《湖北警务杂志》1910 年第 4 期。
③ 《巡警拿获拐卖儿童之罪犯》，《申报》，1911 年 9 月 18 日。
④ 《武汉连出劫案》，《申报》，1908 年 1 月 14 日。

由材料可知，打击犯罪、缉捕罪犯是湖北警察重要的职能，湖北警方在打击各种犯罪、维护社会治安秩序方面也发挥了重要的作用。

湖北警方专业巡缉、侦探队的建立，在打击犯罪方面发挥了显著的作用。警局所属巡警绝大多数配置于各区段站岗巡逻，规制又不得轻离职守，而犯罪之人往往行迹诡秘，一般作案得手后，通常远遁他方。因此，侦查缉捕奸宄不但需要花费大量时间和精力且需要进行专业的侦察技术手段，若仅仅依靠巡警缉捕，亦只能起到事倍功半之效果。因此，为了查探嫌犯、缉拿罪犯、搜查违禁品、赃物以及获取证据，湖北警务公所成立后专门设立了侦探队，专事缉捕探查事宜。1909 年，鄂督陈夔龙在给清政府关于湖北巡警各队改编和设立巡缉、侦探队的奏折中写道：

> 湖北现设水陆巡缉队一营，系光绪三十三年秋间就原有之沿江督捕下游巡缉两营归并改编，经前督臣张之洞于是年八月附片奏明在案。本年三月，准陆军部咨开：该营章制与陆军及巡防营未合，军开侦探、线勇等名目皆系地方警察事宜，应否按照警察章制改编等因。臣查该营本专因巡缉而设，光绪二十六七年间，长江一带富有票匪充斥，该营曾侦获匪首唐才常，此后奏报获犯之案，有著匪王漱芳、枭首曾国璋、各案并系该营在湘赣上下游拿获者，均经前督臣分别奏奖有案。近年改编成立，分为水、陆、往、驻四队，查缉匪踪尚属得力。侦缉之事，本与操防各军性质微有不同，既准部臣咨商，自应酌量编改。本年八月，度支部咨复：汉口添募防营案内有各省巡防队系一时权宜，逡巡弹压，尤须按照新章扩充地方巡警，以便稽查奸宄等。于是，巡缉、各防营应逐渐裁并，地方各警察应次第扩充，方为正办。经饬原派兼带该营之湖北巡警道冯启钧，会同警务处、善后局司道详议改编。兹据会详，请以水队改为水面警察，陆队改隶武昌巡警，驻探及行缉线勇两队改为侦探队，各就原有名额饷数照旧开支前来。臣查武汉水陆交汇，轮车上下，匪徒易于溷迹，近日造谣惑众，尤属防不胜防，侦察最关紧要。今

以旧有奏设之营改编充作巡警之用，于款目并无出入，与部议亦属相符，除饬取改定章制、造册咨部立案外，理合附片奏陈，伏乞圣鉴谨奏。①

由材料可知，鄂督陈夔龙认为将原来的水陆巡缉营改编充作巡警之用，有利于提高警方的侦缉能力，是有效打击违法犯罪的重要手段。

清末时期，湖北各种维护社会治安秩序的力量杂糅并存。不但各地巡警负有侦查缉捕之责，各州县捕快、差役大多仍依旧保留，驻扎各地的绿营、防营也多有设立侦探、缉捕队者。因此，一般若遇有重大的案件，为尽快破案，督抚、巡警道亦经常督促警方与地方官、绿营等共同协作，通力侦缉破案。

湖北安陆府属土匪纠集饥民滋闹，经陈小帅电檄水陆防营并札派省中新军二十九标第二营戴管带均南驰往协缉，已纪本报。兹巡警道冯少竹观察因职守有巡缉全省地面之责，亦派侦探队管带徐升率所部线勇四十名，分乘舢板、由小轮拖带往安陆分途巡防，冀获首要。②

汉关道齐照严观察，以汉上大小杂摊各种痞匪林立，虽已饬夏口厅巡警局严密访拿，仍恐耳目难周，爰札委李大令承沄充侦缉匪类专员，遇有形迹可疑之人盘询明白，随时禀报拿办，以期保全地方治安。③

从材料可知，警方通常与官府、军方有一些协作，以便打击犯罪而维护治安。

侦缉革命党人也是湖北警政当局重要的职能。湖北地处九省通衢，各类会匪、革命党充斥，起事、暗杀等危及清政府统治之事时有发生。

① 《水陆巡缉营按照警章编改片》，陈夔龙：《庸庵尚书奏议》。
② 《侦探队派往安陆缉匪》，《申报》，1909 年 4 月 18 日。
③ 《委派专员侦缉匪类》，《申报》，1908 年 8 月 14 日。

为此，清政府极为惊恐，严令各地警政当局多加防范与打击。湖北巡警道尤其注重对会匪、革命党的侦缉，首任巡警道冯启钧就以善于缉捕闻名，其历任夏口厅同知、知府、汉口警察局总办、湖北巡警道等职，在湖北十多年，曾多次破获会匪、革命党之要案。张之洞在推荐冯启钧担任湖北首任巡警道的奏折中就着重叙述了其侦缉会匪、革命党人的成就：

> 查有湖北候补知府冯启钧，现年三十八岁，广东南海县人，由附贡生报捐同知，指分湖北试用，并于赈捐案内奖敍花翎。光绪二十三年赴部引见，到省试用期满甄别留省补用。因办理湖北赈捐出力，保俟补缺后以知府用，历署武昌、汉阳通判，因拿获长江富有票匪出力，奏保免补用同知，以知府仍留原省，归候补班补用，并加盐运使衔。二十八年正月，委署夏口厅同知，旋奏补夏口厅同知。二十九年，试署一年期满，准其实授。嗣以拿获多是自理会匪，并拿获枭会首要各匪，先后在事出力，奏保以知府交军机处记名简放。三十三年六月，捐离夏口厅同知本任，过班以知府补用。该员才具精敏、器局开张、干练勤能、不辞劳瘁，在鄂有年，于地方情形极为熟悉。经臣委令办理巡警、缉捕将及十年，凡城厢内外、长江一带、襄河以上，无不声息灵通、精神贯注，历年获擒巨匪如富有票内著名渠魁多人、王四、脚猪等及长江下游巨匪曾国璋等，均经奏明在案，洵属鄂省最为出色之人才。现增设巡警道缺，非得此通达明干之员断难胜任。臣为保卫地方起见，用敢据实陈请，合无仰恳天恩，俯准将该员冯启钧试署湖北巡警道缺，俟一年以后察看成绩可观，再行奏请实授。该员本任夏口厅同知，保以知府记名简放，业经咨部开缺以知府补用，现请试署巡警道缺。以知府署道员，于例虽稍有未符，但系新设之缺，近年屡奉明诏破格用人，况巡警为新政中关系极重之端，自未便拘泥旧例，贻误地方。如蒙俞允，实于鄂省安民戡匪诸事大有裨益。谨奏。①

---

① 赵志飞、邹俊杰编：《清末警事大辑》，武汉出版社 2013 年版，第 16 页。

张之洞对冯启钧侦缉的能力颇为赞赏从而破例提拔冯为首任湖北巡警道，这从侧面反映出侦缉罪犯、打击犯罪是湖北警察最重要的职能。

鄂督陈夔龙对冯启钧的侦缉才能也是大为欣赏，称赞其"任事最勇，长于缉捕，办理巡警极为认真，地方悉臻安宁……该员干练精励，器局恢展，屡膺繁巨，游刃有余，实为应变之才"①。冯任巡警道后，也对侦缉非常重视，曾多次亲自外出侦缉。

> 巡警道冯观察现奉鄂督密札，以下游黄州府一带饥民众多，闻有革命党从中煽惑希图倡乱，饬即率同干探亲往查缉。业于上月二十六日晚，带同侦探队长徐升等乘坐兵舰驰往密缉，并便道由黄梅县小池口登陆，至太湖县秋操地点查看屯粮之所。所有巡警道署公件，委警务公所总务科长徐太守传笃代拆代行。②

**当时的媒体对侦缉和捕获会匪、革命党分子的现象时有报道：**

> 日前，湖北警察总局奉到鄂督密札，以接政府来电，闻有匪党匿踪长江上下游，潜图举事，务须督饬地方文武官弁切实严缉等语。故日来巡警格外认真，凡烟馆、茶肆、钱房、庙宇等处，皆日夜逡巡，不敢稍有松懈。③
>
> 汉口警察局总办周嵩甫太守，日前奉鄂督密札，谓有革命党潜匿汉口等处，谋为不轨，务须严密防范云云。太守即传集各局区委员会议防捕事宜，并饬令各客栈，须同业十家互保方准开设，夜间必亲督弁勇至烟馆、娼寮及各客栈盘查一周。④
>
> 汉口各种匪党，向有大小摆队、飞摆队、铁路马路摆队等名目，屡经官场查拿未获。现鄂督赵次帅特严札江汉关道、巡警道及

---

① 《保奖巡警道冯启钧等片》，陈夔龙：《庸庵尚书奏议》。
② 《巡警道查缉匪党》，《申报》，1908 年 8 月 29 日。
③ 《鄂督密札严缉匪党》，《申报》，1906 年 11 月 4 日。
④ 《警察总办防匪政策》，《申报》，1906 年 12 月 30 日。

地方文武各官，于去岁年底多派侦探弁兵严密巡缉，业已将大小摆队著名各匪拿获二十余人，一并解究。①

由材料可知，晚清历任鄂督都对危及清政府统治的革命党人、会匪分子多有忌惮，故严令警局严加侦缉。

辛亥革命前夕，清末革命党人一度暗杀成风，鄂督瑞澂为预防革命党暴动起事，乃"饬巡警道广派侦探，分途防缉，并饬各区站岗巡警特别注意……又派陆军十五、十六两协统，各派两营步队，夜间在城内外梭巡"②。为此，湖北巡警道严令巡警加派双岗执勤巡逻，并在客栈、火车、轮船、码头、茶馆、酒肆等处，加派侦探巡查。③ 辛亥武昌首义牺牲的彭楚藩、刘复基、杨洪胜三烈士即为湖北警务公所的侦缉队所探知并引领军警抓捕后英勇就义的。

此外，为严防归国留学生中的革命党人起事，鄂督一再严令警察当局强化对貌似留学生模样之形迹可疑者进行排查，一旦发觉为革命党人，及时缉拿。

兼署湖广总督、湖北巡抚端午桥中丞，近接驻日大臣蔡和甫星使密电，知中国留学生屡次会议，借拒俄为名险图不轨，并多遣党羽分赴长江及北洋一带煽惑会匪，纠合起事。因即密饬武昌府梁集庵太守督同警察局各员弁分赴城厢内外，严密搜查，一面电咨直隶、两江、湘浙各省督抚饬属一体严为防范。④

由于革命党活动频繁，革命风潮云涌，为加强对百姓的监控，鄂督甚至下令让警察出面制止街头巷尾谈论国事以禁流言。⑤

① 《拿获著名匪党》，《申报》，1908 年 2 月 6 日。
② 《鄂督严防革党煽乱》，《新闻报》，1911 年 5 月 5 日。
③ 《鄂省严防革党之布置》，《新闻报》，1911 年 5 月 10 日。
④ 《严防反侧》，《申报》，1903 年 6 月 9 日。
⑤ 《鄂省防范革党之严密》，1908 年 11 月 28 日《申报》记载："（鄂督）又谕令巡警道转饬警局各巡士，有街谈巷议国事者，即行阻止以靖流言。"

晚清湖北警察建立后，巡缉队、探访队等专业从事侦缉警种的兴起表明近代警政专业化队伍的出现。纵观警察对于社会治安所起的预防、震慑和打击作用，其对维护清末湖北的社会秩序有一定的积极意义。由于警察整体素质偏低导致侦缉不力，警察职能的行使虽对犯罪行为有一定的遏制作用，然社会秩序的混乱究其根源在于晚清政治的腐败和经济的不发达等，湖北警方缉捕和打击犯罪的职能还有待进一步提升。

## 四、违警处罚

近代警察制度在中国创设之前，中国传统社会行使警察职能的职官一直都是军警不分、政警不分。1902 年，武昌警察总局的成立标志着近代警察制度在湖北正式确立，由此湖北社会迈进了近代的警政时期。传统的军警不分、政警不分的状况逐渐得以改善。首先，清政府虽然将巡警誉为巡警军，仍视之为传统的军事治安力量，但在张之洞看来，警察与军队是不同的两个群体，虽然二者有一定的联系，但绝不能等同视之。于是，张之洞大力培植近代的警政人才，引入西方的警政管理制度，使军警逐渐分离。在清末警察创设之初，警察即拥有一定的裁判权，然伴随着清末官制改革的进行、预备立宪的推进、地方自治运动的兴起，咨议局、监察厅、审判庭的建立，司法独立的倾向日益明晰。警察的行政与司法之权限逐步泾渭分明，警察的裁判权进一步得以规范和具体化，最终被正式限定为依据违警律处理相关违警事宜。

中国第一部由中央政府颁布的《违警律》是由宪政编查馆于 1908 年 5 月奏准实施的。"中国警政正待扩充，关系基重，尤非订立专律，不足以昭郑重而密维持。因本之历代律意，参之各国成法，合之现在情形"①，该律分总则一章、罚则七章、附则两条，共四十五条，以"期于行政者有所依据，奉行者有所遵循，杜奸宄祸乱之萌，防水火疾疫之

---

① 王家俭：《清末民初我国警察制度现代化的历程（1901—1928）》，商务印书馆 1984 年版，第 148 页。

渐，纳之轨物，进于善良"①。该违警律以维护国家政务、保卫社会秩序、防患公共危害为先，而涉及路政、风俗、秩序、卫生、消防、财产等项，对聚众闹事、散布谣言、蛊惑人心、销毁证据、违章营业、侵占道路、妨碍交通、口角纷争、抖狠斗殴、赌博嫖娼等定为违警之行为，根据危害之大小和情节之轻重，分别处于拘留、罚款等惩罚。

清政府自颁布《违警律》后，首先进行了宣传和推广，以期达到使警政人员和民间百姓熟识《违警律》之条款内容，以便警察能依律遵章办事，普通百姓能照章规范及约束自身的行为。湖北巡警道和警务公所派警大量刊印《违警律》，然后在省城和各州县广为张贴，促使民间百姓周知《违警律》之内容而注意遵循。此外，湖北警政当局要求各警政人员熟悉违警律之内容，以便在执法时依律执行警务。由于普通警察人员文化知识水平参差不齐，不少人识字无多，有鉴于此，湖北警务公所令人将《违警律》择其要义，简编成通俗易懂之简短白话，以使警务人员熟识而收实效。民政部亦对《违警律》的推行颇为重视，推行之初即规定以京师法律学堂教习汪有龄所著之《违警律论》为范本，明令各省督抚大员和相关从事警政之人须一体学习查阅。

伴随着清末《违警律》的正式颁布和相关司法领域的民刑各律陆续修订颁布，独立之审判检察厅也纷纷建立，原先警政所拥有的裁判权逐渐得以分离和萎缩，这预示着清末行政与司法的最终分离已成为大势所趋。但在实际操作过程中，违警之相关民事、刑事纠纷和案件的权限最终的划分和分离进程，则是循序渐进甚至反复进退的，并非一蹴而就。在清末中央颁行《违警律》后的相当一段时间内，湖北司法改革中检察厅、审判厅的建设尚处于初始阶段，很多司法机构尚未开始正式运作。此时，巡警在处理违警案件时须遵照《违警律》，而犯罪嫌疑人原犯其他词讼之事则仍皆先行改归州县行政官长办理。民政部有鉴于行政与司法各机构因权责模糊不清而造成诸多相互推诿甚至攻讦之事时有

---

① 《民政部奏拟定违警律草案折》，《四川官报》，丁未冬月上旬，第二十九册，第26380页。

发生的情况，曾一再发文要求各省严格按照《违警律》进行处理。地方各州县警察执勤的权责，《违警律》已明文颁定，但各处警局仍时有越职侵权行为发生。为此，湖北警务公所督饬各警局，"除实行违警律事宜外，其他案件概归州县办理，以清权限"①。迨至湖北检察厅、审判厅陆续成立后，除违警之案件外的民事和刑事案件依律改归检察厅、审判厅受理，然由于此时处于新旧交替之际，各地情形各异，实则不少地方并未按律执行。对此，当时的媒体曾哀叹："千年积习，尚难一旦铲除。"② 司法、行政分立虽还处于初始阶段且困难重重，但毕竟是近代司法改革的践行，具有进步意义。

　　清末立宪运动与地方自治兴起后，朝廷内外对于司法独立和行政与司法分立的声音高涨。清政府为统治计，虽有所顾虑，然行政与司法逐渐分离之势已然不可阻挡。1911 年，朝廷下旨在论及于此时重申：

　　　　立宪政体必使司法、行政各官权限分明，责任乃无诿卸，亦不得互越范围。自此次颁布法院编制法后，所有司法之行政事务着法司认奏督理，审判事务着大理寺以下审判，各衙门各按国家法律审理。从前部院权限未清之处，仰着遵照此次奏定各节切实划分，其应钦遵逐年筹备事宜清单，筹办各级审判厅，并责成法部暨同度支部，随时妥筹规划，以期早日观成。至考用法官，尤关重要，该部堂官务须破除情面，振刷精神，钦遵定章举办。嗣后各审判衙门，朝廷既予以独立执法之权，行政各官即不准违法干涉。该审判官吏等遇有民刑诉讼案件，尤当恪遵国法，听断公平，设或不知检束，或犯有贪私各款，一经觉察，定当按律治罪，以示惩儆而维法纪。③

---

　　① 《咨饬划分警局权限》，《时报》，1909 年 6 月 19 日；《划分州县警权》，《时报》，1909 年 7 月 31 日。
　　② 《司法半独立》，《时报》，1911 年 2 月 14 日。
　　③ 《湖北警务杂志》1911 年第 2 期。

从材料可知，清政府在确立立宪政体的背景下，已经明确开始行政、司法分立和司法独立的尝试。

清末，与警政密切相关的监狱管理工作在湖北警方的努力下开展得颇具声色并为全国所瞩目。警察依律拘留人犯，按律例有一定之拘留期限，如为犯罪亦当送入监狱看管。为此，警局专门设立了配套的监狱、拘留所、看守所、卡屋等机构。1905 年，张之洞仿造日本东京及巢鸭监狱模式于江夏开始兴建新式的湖北省城模范监狱，未及两载，监狱告成，其内便附设专门的拘留所等机构。模范监狱建成后，受到清政府的嘉奖和各省的瞩目。汉口警察总局之前并未设立拘留所，其所辖之所有案犯均需押解送至夏口厅卡。1906 年，冯启钧遵照鄂督张之洞的指令，乃于江夏县原设之监狱内扩充卡屋并重新修理。① 1909 年，汉口警察局坐办徐信庵为响应中央狱政改革的号召和体恤远途押送犯人及狱卒的奔波之苦，特于汉口警察总局旁设立拘留所，竣工后巡警道冯启钧札委颜光祖专责办理拘留所事宜。② 1910 年，鄂督瑞澂因省垣武昌警方拘获女犯需解送到路途较远的江夏女卡，往返极为不便，于是乃下令巡警道筹款于武昌警察总局拘留所左侧修建女犯拘留所一栋，以与男犯相区别而分门别户，并下令招募识字老妇为守卫，以期革除从前官媒稳婆之积弊而重狱政。③ 同时，瑞澂还比较注重培养女监的管理人员。"鄂督瑞制军以管理女监人员必由教授而成，已饬知马廉访筹办女子监狱养成所一区，招选聪颖妇女入所肄业，俾毕业后派往各属管教女犯。"④

在清政府的统一推进下，湖北警务公所亦积极推动《违警律》的普及和实施，督促警务人员熟记《违警律》之内容，力倡宣传晓谕以期百姓周知，同时加强对警政人员有无违律受贿、苛罚、滥刑、渎职等情形的监督。《违警律》的颁布与推行，表明清政府已开始用近代的法律条令规范大众的日常行为。至此，警察局已经不再受理民事、刑事词

① 《扩充卡屋》，《申报》，1906 年 7 月 19 日。
② 《委办警局拘留所》，《神州日报》，1909 年 3 月 31 日。
③ 《警道修造女拘留所》，《新闻报》，1910 年 10 月 18 日。
④ 《筹办女子监狱养成所》，《申报》，1910 年 10 月 18 日。

讼，而是遵循《违警律》的法律条文查处相关违警事宜，这标志着清末治安行政处罚与司法惩戒开始逐渐分离，近代警察行政执法与违警处罚的界限逐渐清晰。

# 第二节　监督舆论和管控集会

## 一、管控书刊

清末湖北最早的报纸是由来汉租界中的外国人所创办，伴随着欧风美雨的冲击，至清末最后十年，武汉地区涌现出办报的热潮。当时，武汉地区涌现的报刊种类之繁多、办报人员之复杂、报纸立场之迥异，大有百家争鸣之势。很多报刊记录时闻、揭露丑恶、抨击政界、影射政府，它们多以通民智、开风气、抨恶扬善为己任，以代表民意自居，为晚清以来社会大众表达声音之载体，在一定程度上对政府形成了舆论压力。在此背景下，清政府亦逐渐认识到管控报刊的重要性，认为"指导舆论，内则关系民听，外则影响国交"①。

为加强对舆论的疏导和管控，引导报刊为政府的统治服务，清政府在借鉴西方国家相关法律的基础上，结合中国的实际制定了《报律》等法律条令，借以规范报刊的编辑审稿和流通发行。1906 年 7 月，由巡警部、商部和学部共同拟定的《大清印刷物专律》正式颁布，其为清政府制定的第一部涉及印刷出版物的法律，全律分六章四十一款。其主要内容强调：一切印刷物均需在印刷总局注册。未经注册的印刷人，均以犯法论，罚以 150 元以下或 5 月以下之监禁，若情节严重则二者并罚。销售印刷物之从业者，需得向巡警部缴费备案。印刷物上必须印明印刷人之姓名及印刷之地址，如违则罚以百元以下或三月以下之监禁，

---

① 《两广官报》，第二期，第 359 页。

情节严重者二者并罚。同时规定印刷物必须备送两份于所辖之巡警部门备案，如违则处以五十元以下之罚款，或一月以下之监禁，情节严重者二者并罚。关于毁谤，则分为三种，即一般之毁谤、讪谤和诬谤三种。其中明文规定："讪谤是一种惑世诬民的表揭，令人阅之有怨恨或侮谩，或加暴于皇帝、皇族或政府，或煽动愚民违背典章国制，甚或以非法强词，又惑使人人有自危自乱之心，甚或使人彼此相仇，不安生业。"[1]凡涉讪谤者，处以5000元以下之罚款，或十年以下之监禁，情节严重者，二者并罚。《大清印刷物专律》监管的对象为印刷出版物。有鉴于报刊兴起的热潮，为加强对报刊舆论的管控，1906年10月，巡警部颁布了《报章应守规则》，共九条，其中规定："不得诋毁宫廷；不得妄议朝廷；不得妨害治安；不得败坏风俗；凡关外交内政之件如经该管衙门传谕保管秘密者，该报馆不得揭载；凡关涉词讼之案，于未定案以前，该报馆不得妄下断语，并不得有庇护犯人之语……除已开报馆之外，凡欲开设者，皆须来所呈报批准后，再行开设。"此律一经公布，即遭报界强烈反对，不少报刊将律令逐条加以批驳。其中《申报》激烈指出："今当立宪，国人将自进而处于立法之地位，乃箝束民口，使言论出版失其自由，而欲政治社会之渐以进化，岂不远哉！"[2] 1907年8月，《报馆暂行条例》由民政部正式公布，同年9月5日，条例被批准施行。《报馆暂行条例》与巡警部颁布之《报章应守规则》内容基本相同，前者在后者基础上加了一条，即新开设之报馆需经审批，出版物出版之前须呈报民政部，经批准后始能发行的内容。对此，当时的舆论多有嘲讽：

　　　　政府诸公以为报馆暂行条例而有效也，请勿复言宪政。政府诸公如欲言宪政也，请勿亟亟言报馆暂行条例。夫国会不成立，舆论不尊严，则政府所为威福玉食者也，固已一切无法律命令之效力，

---

①　张丽婕：《清末知识分子办报的困境》，华中师范大学硕士学位论文，2007年，第35页。

②　《论警部颁发应禁报律》，《申报》，1906年10月14日。

而区区报馆固当有神圣不羁之言论自由权，诸公欲阻遏而破坏之，四万万同胞终当拥护而扶植之。①

在材料中可看出，评论对于政府干涉报馆言论自由的行为十分不满。评论认为，政府通过立法来干涉报刊的言论自由，不仅不符合立宪政体的宗旨，也必将受到全国人民的反对。

当时规范和整顿书刊秩序的执法者便为警察，故各地书刊舆论是否有效得以约束和管控，在一定程度上取决于警察执法的能力与水平。清末武汉地区报业非常发达，张之洞督鄂以来就很注重通过报刊以提倡西学，以期达到开民智、扩见闻、达民情之效果。张之洞认为"报刊之设，仿自泰西，采撷新闻，发摅清议，所以宣达下情，启迪民智，开内地之风气，传外国之情形，关系观听，极为重要"。② 同时他强调，报纸能"不出户，知天下；罕更事，知世变；未从政，达民情"③。因此，张之洞大力提倡创办各类官报。但支持办报不代表纵容报刊抨击政见，一旦涉及政体或者统治根基，张之洞便毫不手软地加以打压甚至取缔，这在其对《时务报》态度的前后迥异上体现得淋漓尽致。张之洞在督鄂期间，一直对社会舆论严加控制，而报刊作为新兴的舆论传播媒介，在清末的武汉地区发展又非常迅速。一方面，官方希望报界按照报律的要求将舆论媒介加以监控，另一方面不少报人将报刊的宗旨定为代表民意而服务民众，他们眼见清末国家积贫积弱，政府腐败无能，这使得他们不时抨击各种腐败、丑恶的社会现实而有悖于政府所谓之管控。在此种状况下，政界与报界冲突不断，而警察作为具体的管理者和执法者又不可避免地被卷入其中。

1908年,《汉报》因议论朝政，非议某朝廷大员，加之内部股东争

---

① 《报馆暂行条例之效力如何》,《神州日报》, 1907 年 9 月 20 日。
② 《札商报馆兼办湖北官报》,《张文襄公全集》第 104 卷, 中国书店出版社 1991 年版, 第 827 页。
③ 《札商报馆兼办湖北官报》,《张文襄公全集》第 104 卷, 中国书店出版社 1991 年版, 第 827 页。

权,为湖北巡警道冯启钧下令发封,后虽几经周折而复刊,然亦不得不
改报刊名称而消当局之怒气。当时的很多媒体为此不免有兔死狐悲之
感。

汉口二十日访函云,《汉报》馆股东继友堂、舒湜生、朱益叙
三君,因彼此争权屡起冲突,股东继君忽发异想,怂恿巡警道冯少
竹勒令封闭。冯道受意,即借口妨害治安,于十九夜一句钟饬派警
弁数人暨夏口厅差役,蜂拥入该报馆,先将一切执事人役全数逐
出,然后发帖封条,禁止出版。该报主笔陈飞青因事外出,并未被
逮。而官场之意只在不许出版,不在惩办人员,此亦封禁报馆之变
相也。按《汉报》封闭出自股东之意,一奇;冯巡道受股东之意,
不能揭出妨害治安之实在,猝然而封闭之,二奇;既已封闭,而官
场之意不欲惩办馆中人员,三奇。①

汉口《汉报》因股东争权,继友堂怂恿巡警道,于十九日夜
封禁,已纪本报。兹闻巡警道冯少竹发封之后,尝与人言:该报于
正月十六日发刊寓言小说,题为《老猿列传》,又月初时评一则,
痛诋某尚书,均在可封之列。二十日,股东朱某托某尝道面询鄂督
意旨,谓鄂督佯称对封禁一节事前并不知情,已允饬巡警道启封,
惟不准仍用《汉报》牌号,免触某某之怒。并闻《汉口中西日
报》、《鄂报》两馆受此事影响,颇怀兔死狐悲之念。二十日午后
已经会议一次,均谓宜挂律师牌号以保护云。(后《汉报》自愿罚
洋三百元启封)②

汉报馆前因十六日谐史一则,有违报律,由巡警道冯少竹观察
会同夏口厅,于十九日晚发封。近由股东朱某等竭力运动,闻当道
已准复行出版,但须科罚以三百元,不日即可启封云。③

---

① 《汉报被封纪闻》,《申报》,1908 年 2 月 26 日。
② 《汉报被封续闻》,《申报》,1908 年 2 月 27 日。
③ 《汉报复行出版》,《大公报》,1908 年 3 月 13 日。

由材料可知，《汉报》被封禁虽直接源于股东争权，但实则因触犯政治禁忌隐晦抨击某些官员。不久，《汉报》在鄂督的干预下以罚款后重新启封，然仍被严令必须改变报名方准发行。这实际上是警方在政府的授意下对报刊行业的管控，通过对《汉报》的打击，以期起到杀鸡儆猴的效果。孰料官方的高压态势却激发了更多办报人的不满。

汉口《湖北日报》风波就是典型的官方与舆论的博弈。《湖北日报》在汉界报业中平素以"遇事敢言，久触当道之忌"为人所熟知，"曾因登载警局委员陈冠第侵吞米粮一事，警务公所函请更正，该报不允"而素为汉上官场所忌。1909年2月，《湖北日报》连续两日登载石龙插画两则，"一则暗抵鄂督，一则讥刺藩司"。署巡警道金鼎恐督宪震怒，乃怨该报之不逊，派员查核该报为挂何国之旗，禀请鄂督查照报律罪之。得到鄂督允准后，金即派警务公所总务科长瞿世玖渡江，会同夏口厅及汉口警察局坐办徐传笃，将该报封闭。① 此举更是引起了汉上报界的集体舆论抨击，其影响甚至惊动清廷，最终湖北警政当局为顾及清议乃不得不释放报馆编辑，鄂督也下令《湖北日报》复刊。

> 汉口《湖北日报》报馆，因插画一节，已志本报。兹闻该报馆封禁后，次日即刊行传单万余纸，详述此事颠末，分送各界。一时舆论哗然，咸谓不合公理。张统制因清议可畏，代求鄂督饬夏口厅，将该馆编辑郑君江灏释放。十七日，金守遵即亲诣该馆，将字架上封条揭去，并将郑君由学送归，仍准照旧出版。噫，出尔反尔，乃竟至此！②

《湖北日报》报馆被封后次日，该报纸因详细记述事件的经过反而销量大增，警政当局则因畏于清议终将该报启封并释放被拘捕之编辑。湖北警方希望严控舆论的图谋反遭民众和舆论界嘲讽。此后，湖北报界与警方的纠葛依旧不止。

---

① 《汉口日报被封之原因》，《大公报》，1909年2月16日。
② 《湖北日报照常出版》，《大公报》，1909年3月1日。

汉口大成印刷公司，于夜间不慎失火，该经理奔至临近警局水龙队，恳求出警灭火，谁知接待之员警索钱五十串始允派警救护。而此时因仓促之间，该经理随身不名一文，于是该员警熟视无睹，乃拒不出救，后致该公司损失十分惨重。该报道见诸报端后，巡警道冯启钧乃迁怒于该报之报道有损警界名誉，乃饬令当时赴警局水龙队求救之大成公司经理指认该员警，如若不能指认，则该报即须更正此等不实之消息。然该经理于深夜时分，加之惊愕仓促、焦头烂额之际，实乃未看清该员警之真容。而此家报馆有恐遭受不测，不得不屈于当局之官威，只得刊登启事更正消息。①

汉口某小报登载汉口二局正巡官刘家怡喜好冶游，时常流连于汉口妓院征歌选色。刘为此大怒，拟勾结某小报之辖区警官施压，强令改正，否则罗织罪名，禁止该报发行。该报主笔闻之，怒官场滥施压力，竟未允所请。而时人闻之，已知该报祸不远矣。②

从材料可知，武汉报界的舆论对警政当局种种之不法行为时有揭露。在官方的默许甚至纵容下，警界中人不仅不加以收敛反而打击迫害报界中人，动辄封馆拘人。

湖北巡警道冯启钧素来喜好压制舆论而被称作"报界之敌"，汉上报馆林立，对此多有映射，然冯每遇激烈言论，常用高压严厉之手段，轻则处罚报人，重则封闭报馆。汉口报界虽时常遭到政府官权之压制，但不屈服于政府之淫威而敢于直言者，仍不乏其人。1910年4月，汉口《商务报》刊登"巡警道碰钉子"的新闻，生动刻画冯启钧为新任鄂督瑞澂所厌恶而惴惴不安之情状，冯见之大为恼火，然因鄂督更替，官场变动在所难免，而冯亦是噤若寒蝉且自身难保，虽然恼怒但亦无可奈何，最终也只得敢怒却不敢造次而作罢。③

清末革命排满思潮盛行，不少报刊鼓吹革命以推翻清政府的统治，

① 《汉口警官之摧残言论》，《时报》，1909年9月7日。
② 《汉口警官之摧残言论》，《大公报》，1909年9月16日。
③ 《二冯皆报界之敌也》，《神州日报》，1910年4月30日。

此种舆论历来为清政府所忌惮，对此湖北警方一贯奉行高压政策，通常会予以严厉之惩处。1908 年，汉口《江汉日报》刊登海外二百多处地方的华侨拟向清政府呈送请愿书，并罗列请愿之内容，事关变更国体、开放国禁等内容。军机处获悉，颇为惊恐，认为该报"词意狂悖、殊足扰乱大局，妨害公安"①，乃致电鄂督陈夔龙，严令通饬湖北巡警道严格查禁、依律查处，即便已经印刷的报纸亦不准销售、不准邮寄他出。

1911 年，汉口的《大江报》事件为名震一时的清末报刊因言被祸之案例。当时《大江报》的发行人、革命党人詹大悲素来提倡和鼓吹革命思想，其所聘用的编辑何海鸣刊登发表《大乱者救中国之妙药也》一文，极力倡言武装革命推翻暴政之政府。鄂督瑞澂见之大为惊恐，严令湖北巡警道王履康以该报宗旨不纯、立意嚣张、混淆政体而查封严办。② 詹大悲被捕下狱后，何海鸣自赴投案，二人为揽责相互为对方推脱，后两人均被判有期徒刑，当时报界为此颇为愤恨不平。③

湖北警政当局对武汉之各报初则各种威逼利诱，继则"百般取缔，不遗余力，或无理干涉，或任意摧残"④。广州黄花岗起义之后，汉口各报纷纷加以报道，湖北当局亦一度风声鹤唳。湖北巡警道黄祖徽以汉口各报所登载之粤省乱事，传闻失实，"恐匪徒在外散布谣言蛊惑"，乃委员充当报界之密查员，密切注意舆论以示慎重。⑤ 汉口的《现势报》原为登载奇闻异事、各色风流韵事的小报，并不涉及政事。不久，亦因文获罪，究其缘由只因《现势报》曾转载刊登《中国商务日报》的一篇评论《国有国有，只怕变为外国所有》。该评论亦只是一篇评论清政府铁路国有政策的文章。当时的督办铁路大臣端方见文甚为不悦，乃严令湖北当局饬令湖北巡警道王履康以其"有意淆乱政体，扰害公

---

① 《军机处致湖广总督陈夔龙电》，付美英、方裕谨编选：《辛亥革命前清政府对革命书刊的封禁》，《历史档案》1982 年第 2 期，第 46 页。

② 《汉口大江报被封情形》，《时报》，1911 年 8 月 6 日。

③ 《大江报被祸近情》，《申报》，1911 年 8 月 12 日。

④ 《汉口各报一体取缔》，《时报》，1911 年 8 月 26 日。

⑤ 《时事新报》，《时报》，1911 年 6 月 7 日。

安"而查封核办。①

除报刊之外，书籍亦为主要的审核检查对象，警政当局不仅严惩违禁书籍之作者、出版单位，甚至出售违禁书籍的书店和摊贩人等亦不能幸免惩处。清末汉口的租界成为众多报馆书社的栖息地，因有租界当局之庇护，清政府为避免外交交涉，一时亦无可奈何。一些革命刊物依托汉口的租界为据点秘密印刷或从外地购入租界分销。鄂督陈夔龙有鉴于武汉各地之书坊私售《警世钟》《革命军》《黄帝魂》《猛回头》等"悖逆书"，乃札饬提学司会同巡警道以布告的形式昭告商民人等出示晓谕严禁售卖，违者严惩。巡警道冯启钧为邀功请赏，乃派出侦缉队之侦探、便衣多人，假扮购书之人，于武汉各地书坊等处分途查询，"倘有实据，立即拘拿重治"②。同时，各警察局巡警亦不时巡检调查书坊贩书是否为禁书，遇有违规者，即严加惩处。③

## 二、限制集会

清末以来，各种政治社会思潮被逐步引入中国，知识分子对于政党、政治思想和运动方面逐步开始关注并投身其中，基于民主意识的增进和对政府无能的不满，各种政治性、群体性的集会游行活动渐有风起云涌之势。此时，民智渐开而政府历来严禁文人抱团、官吏结党和民间结社。对于百姓之集会游行，清政府更视之为洪水猛兽而例行禁止。随着政治形势的发展，特别是立宪运动的兴起，清政府传统的严禁结社集会游行的高压政策为越来越多的朝廷内外有识之士所诟病。1908 年 3月，在清政府的授意下，宪政编查馆和民政部商议联合起草了《奏定结社集会律》，该律对结社、集会，特别是政治性质的结社和集会活动进行了种种规定和限制，以期利用审查制度来规范和控制日益兴起的各种政治结社、集会风潮。依照该律的规定，凡因政事结社之创设负责人于

---

① 《汉口报界之风声鹤唳》，《时报》，1911 年 8 月 27 日。
② 《鄂督严禁悖逆书籍》，《汇报》，1909 年 7 月 24 日。
③ 《志查封书店事》，《大公报》，1905 年 3 月 21 日。

该社成立之前需严格开具其社之名称、宗旨、章程、创办日期、地址、入社名单、人数、办事机构、负责人及办事人的姓名、履历和居住地址等内容呈报地方官府或警察局。对于结社和参与集会的人数还严格加以限制，凡因政事结社者，人数以至多一百人为限，集会人数则以至多二百人为限。另外，集会游行之时，地方当局或警察局应派遣相关人员到场亲临监督探视。各级各类之结社集会游行活动，如能恪守法规律令，依章而行则不在禁止范围之内。如若干涉政事、议论国计而宗旨险恶、违规悖章，或煽动民意，滋生事端，妨碍治安，败坏风俗，则依据查核情形，按律令轻则强令解散，重则严厉惩罚，以期能按照官方的意志，"庶于提倡舆论之中，不失纳民轨物之意"①。

湖北警政当局依照结社集会律的要求，对所辖区域的结社集会活动严格监视管理。1911 年武昌起义前夕，武汉地区风声鹤唳，湖广总督瑞澂已成惊弓之鸟，严令对结社、集会、游行等活动严密监视控制。迨至保路运动兴起之时，武汉地区声援保路运动，抨击清政府的政治集会、游行活动越来越多，汉口的小关帝庙、天符行宫、横堤等地方，陆续涌现出反对铁路国有化、要求收回铁路路权的演说和集会游行活动。湖广总督瑞澂大为紧张，严令湖北巡警道，要求通饬所属各警区巡警告知商学绅民等，如若结社、集会、演说，必须事先严格遵章先期报知警政当局，迨警局派员旁听纠察监督，并随时饬警局便衣侦探等，"如有私行集会，言语谬妄情事，立予禁阻"②。鄂督企图通过警政当局的严密监视以达到控制民意而维稳定的目的。

凡涉及政事的结社、集会、游行等活动，官方和警局都普遍加以严密监督审查，甚至与政治无涉的公共事务之结社、集会、游行等活动，当局都严格核查。"若巡警或地方官署为维持公安起见，谕令呈报，应即遵照办理。"③

---

① 《宪政编查馆会奏拟定结社集会律折》，《申报》，1908 年 3 月 23 日。
② 《鄂省防民之政策》，《时报》，1911 年 6 月 8 日。
③ 《结社集会律》，戴鸿映编：《旧中国治安法规选编》，群众出版社 1985 年版，第 44 页。

有鉴于粤省事变的前车之鉴，湖广总督瑞澂对凡涉集会结社之事都加意防范，以防革命党借机起事。汉口旅鄂之湘人邀约在湖南会馆聚众开会，商讨会馆事宜。瑞澂闻讯后，大为紧张，即下令巡警道派员调查为何人因何事而聚众开会。巡警道当即派巡警赴会馆探查，不久乃查明是湖北候补道彭见绥邀集湖南同乡，开会商谈会馆经济事宜。只涉及调查该会馆经理王葆生的会馆开支之公款账目，实乃与政事完全毫无关系。事后，瑞澂竟然批示认为，此次旅鄂湖南同乡邀约集会，虽为清理会馆开支账目，不涉政事，但亦应事先将开会事由先行报知所在地方官府和所辖之巡警，批准之后乃方准开会。为此，瑞澂下令巡警道转饬各警察局，今后无论何种何项集会，该管辖区所属警官均得派巡警调查了解详情，以弭祸乱之源。①

晚清政府在外交上备受西方列强压迫，民族危机日益深重，国家主权的日益丧失深深刺痛着有识之士的强烈民族自尊心，故因为一些外交、政治事件引起的政治性结社集会活动不时爆发，每涉此事，湖北警政当局都予以禁止。1909 年，海牙国际和平会议召开，西方列强在会议上提出谋求我国主权的种种要求。在此背景下，西方列强以图 "监督我财政、瓜分我土地" 的各式传单揭帖在全国广为流传，一时舆论大哗。湖北各界，特别是军、学两界为此大为激愤，各学堂和标营皆有秘密会议之举动。湖北各界甚至倡议 "组织筹还国债会，并电知本省各属一律筹办"，以维利权而抵外资。伴随着运动声势的渐大，鄂督瑞澂深恐引起西方列强之外交抗议而引火上身，乃下令严饬湖北新军统制张彪会同巡警道、提学司等官员，严密监视，切实查禁。②

清政府亦从政治集会游行等活动中察觉到民众和舆论的力量而加以利用。在某些情况下，清政府对这些民间的结社集会、游行示威等活动给予一定的默许甚至支持，冀图以此民意而作为外交的筹码，达到一定的政治目的。20 世纪初，美国掀起了大规模的排华运动。在此背景下，1905—1906 年，国内爆发了声势浩大的全国范围内的抵制美货运动。

① 《重申集会结社律》，《新闻报》，1910 年 5 月 13 日。
② 《鄂督禁止开会示谕》，《汇报》，1909 年 12 月 15 日。

武汉的绅商学军各界，纷纷组织社团，走上街头演讲、发放传单、宣传拒约、号召抵制购买美货，下层普通百姓亦积极参加，其运动的范围逐渐扩大，最终形成了一场全国规模的民族主义运动。当时，湖广总督张之洞对此运动持同情态度，一方面为运动提供较为便利的环境，一定程度上默许该运动的持续发展；另一方面，他向清政府建议通过外交手段商讨华工问题，敦促清政府争取在美华工的正当权益，设法保护华工的生命和财产安全。

清政府视民间的秘密结社组织为祸患之源，故严令湖北警政当局严厉禁止和取缔。清末社会矛盾十分尖锐，各种会党和秘密组织乘机而起，且越演越烈。加之革命党从中鼓动，会党等民间秘密结社组织成为危害清政府统治的重要不稳定因素，朝廷虽三令五申严禁结社，甚至严厉打击，但成效寥寥。此外，清末的某些社会革新政治势力也组建了一些社团组织，以推动社会革新的进行，这些亦使清政府深感威胁。

清政府除严刑峻法残酷打击以外，还通过查禁、取缔、收买、改编等方式分化瓦解这些结社组织。刘玉堂，原名刘权，字玉堂，亦字世汉，湖北咸宁十都圆山刘家庄人。1876 年 2 月，刘出生于汉口一个经营蜡染印花作坊的小商人家庭。刘玉堂后加入青帮，由于其为人豪爽，讲义气，不久被公认为长江中下游一带赫赫有名并极具威望的青帮首领，人称"刘大爷"。1905 年，刘玉堂加入武汉的革命团体日知会。1906 年"丙午之狱"事件后，日知会被清政府取缔。1908 年，刘玉堂再次加入革命组织共进会，并成为该组织的早期领导人之一。与此同时，鉴于刘玉堂的江湖地位和威望，清政府亦任命其为汉口的侦缉密探，企图利用其身份和影响为朝廷提供线索而戕害革命党人。刘玉堂利用自己会党领袖、清政府密探、革命党人的身份，不遗余力地襄助革命事业。刘玉堂在汉口长江边上河街开设的新大方客栈为革命党当时在武汉的最大秘密机关，其依托汉口优越的地理条件，成为四面八方革命党人的秘密招待所、联络站。刘玉堂在新大方客栈不仅供应落脚革命党人的食宿，而且资助车船路费。清政府侦缉人员忌惮于刘玉堂的特殊身份和社会地位，甚至在明知新大方客栈住有革命党人的情况下，为避免不必要的麻烦，亦佯作不知。一时间，新大方客栈成为武汉革命党重要的避风港湾。刘玉堂可谓一身是胆，利用自己的特殊身份，不惜身家性命，勇于承担最危险的工作。武昌起义前夕，革命党枪弹炸药等军械奇缺，刘玉堂多次辗转各地，亲自为革命起义购买和运输军械。临近武昌起义时，共进会的革命党人为筹备即将来临的重要时刻而重新分工，刘玉堂被委任为庶务，总责后勤保障事宜。1911 年 10 月 9 日，孙武等人在汉口俄租界宝善里 14 号总机关秘制炸药，不慎引起火灾。当时刘玉堂家就在汉口俄租界宝善里 28 号，负责看护革命党人的军械，孙武等人秘制炸药的原料即为刘玉堂设法购买、转运所得。武昌军政府成立后，军政府军务部长孙武委任刘玉堂为长江陆路稽查长，负责盘诘奸宄，以辅革命军治安之所不及。战争结束后，为表彰刘玉堂为革命所作之贡献，湖北军政府任命刘玉堂为汉口总稽查以及副总统府参议。民国元年，孙中山受黎元洪所邀，拜访首义之城武汉。刘玉堂作为老同盟会会员和首义功臣，被列入 150 人代表名单，受到孙中山先生的接见并合影留念。

甲午战争后，革命排满思想逐渐兴起，同盟会等以推翻清政府为宗旨的革命政党组织被清政府视为心腹大患而残酷镇压。清政府为严加防范，乃调动大批军警，对革命组织和活动进行严密侦缉，然后采用恐怖的血腥镇压。湖北巡警道冯启钧善于缉捕，尤其是在侦缉革命反满活动方面，血债累累。很多革命党在湖北进行的秘密革命活动为冯启钧所探知并镇压，例如"丙午之狱"、镇压唐才常自立军起事等事件，其中冯启钧诱捕日知会总干事刘静庵事件则轰动一时。冯任武昌巡警总局总办时，广布密探、耳目侦知革命党活动，得知武昌所设之日知会传播和倡导革命，然碍于日知会总干事刘静庵与汉口洋人往来之密切，且刘为教民之身份而不敢贸然行动。1906 年，同盟会联合会党发动萍浏醴起义，不久起义遭到清政府镇压而失败。武汉地区的革命党人原计划发动起义响应，然由于湖南方面起义迅速失败而流产。冯启钧探知消息后，在武汉大肆缉拿清剿革命党人。在清政府与租界当局的密谋下，冯启钧借机派警察将藏身于汉口租界的刘静庵等人逮捕拘押，后刘静庵在狱内竟惨遭折磨而死。①

清末湖北警政当局对集会结社等活动厉行监管查禁，一些革命组织和会党团体虽由于备受打击而被迫解散，但清政府当局根本无法根除社会危机，各种反满思想和革命团体、秘密结社、会党组织反而越演越烈，仅仅依靠警察的监管、取缔和镇压，已然杯水车薪，亦无法从根本上解决清政府大厦将倾的危局。

# 第三节　管 理 市 政

晚清以来国门大开，以武汉为代表的湖北各开放口岸城市迅猛发展，人口激增、治安混乱等问题接踵而至，卫生、交通、消防等涉及城市管理的重要性日益凸显。华洋二界天壤之别的市政管理场景使得当局开始尝试借鉴租界的市政管理经验。湖北自 1902 年创设警政以来，警察具体负责道路清理、沟渠开通、菜场兴建、卫生防疫、路灯铺设、消防建设、风俗整顿等市政管理职能，开始将交通、消防、卫生、风俗、市场等纷繁复杂的具体事务纳入市政管理的范畴之中，而这些都是湖北警政当局尽职履责的重要内容。

## 一、规范市场

伴随着近代开埠以来武汉社会经济的发展，特别是小商品市场的繁荣，各地小摊贩充斥于武汉各地的大街小巷之中，这给市政当局的管理带来了挑战。清代原本没有市场规划和管理的官方机构，传统的市场都是自发形成的，小摊贩占道、流动摆摊贩卖现象十分普遍。这种流动经营的方式因机动灵活而备受小商贩的欢迎；再则因没有门店成本的负担，故使其成本低廉且较容易为普通消费者欢迎。在传统社会的城市管

---

① 杨鹏程：《刘静庵》，清史委员会编：《清代人物传稿》第七卷，辽宁人民出版社 1993 年版，第 245 页。

理中，当局对小摊贩的管理基本处于比较放任的状态，这种状态俨然成为一种传统，广大的小摊贩经营者和消费者，甚至当局的管理者都普遍默认了这种状态，这便与近代的市政管理理念发生冲突。

湖广总督陈夔龙在论及汉口商品经济的发达与商贩的人口众多时曾描述："天下大镇四，曰河南朱仙、曰江西景德、曰广东佛山、曰湖北汉口。自丰工决口河流横啮，朱仙化为一片砂砾场，不成商市；景德但营业陶工一部分；佛山近海，市场较大，然据武汉上游。推内地商埠第一，莫如汉口，凡西南若滇若蜀，西北若秦陇、若豫晋，五方百货均奔辏于此，以灌输于东南。该镇背湖枕江，一线长提廿余里廛市鳞集，惟限于地势，凡细民无力居肆者，咸于肆旁设摊贸易不下千余家，均借此谋生活由来久矣。"[1] "仁寿、二上铺、田家垸地广数十号，贫民比屋而居，类皆负贩营生，朝出暮归，意颇自得。"[2]

城市化的进程不可避免地中断了一部分劳动力的传统谋生方式，加之西方列强的掠夺、本国政府与豪强地主的盘剥、天灾人祸相继而来，如此种种使得大量农村人口涌向城市以求得生活之机会。在城市里亦有很多人口由于经济凋敝、因病破产等因素而日益贫困化，最终演变成失业、无业的贫民和游民。对于他们而言，摊贩作为一种投资小、经营简单、流动性强、便于操作的谋生方式而成为理想的栖息之业，汉口地区的摊贩很多都是临近的乡民和城市中的破产失业者。然而摊贩流动性、分散性、随意性等特点与传统社会的治安理念和近代市政的管理要求是相背离的，它不可避免地带来了一系列的问题和矛盾。

在武汉警政创建初期，出于规范和整理市场的需要，摊贩便成为警方管控的重点对象之一。1902 年的《鄂垣创行警察示》中记载："（警察局）总以兴利除害，保卫地方为第一义，如开通沟渠、清理街道业已先后开办。"[3] 其管理方法是明令禁止货摊的任意摆放。"货摊：各项货摊俟菜鱼售尽，空出市亭再行摆列，不准仍摆街旁，违者罚。筐担：卖

---

① 陈夔龙：《梦蕉亭杂记》，北京古籍出版社 1985 年版，第 32 页。
② 《汉皋秋潮》，《申报》，1902 年 6 月 22 日。
③ 《鄂垣创行警察示》，《申报》，1902 年 6 月 9 日。

菜者、卖鱼者各挑至市亭售卖，南货、海菜、水果等铺，各种扁筐只准排列自己檐下，皆不准仍摆街旁，违者罚。"① 对诸如十字路口等特殊路段则具文详令："凡遇十字路口及转弯所在，不准摆设货摊，其余各处摊子亦宜收束紧靠两旁屋沿，如食物摊子不准将板凳靠在街心，一面摆列小菜摊子只准尽一边靠屋暂设，不准两摆林列致碍行人，如违即由巡勇扭送，由局立时驱逐，将来建造市亭成时，所有各摊应一律迁移入亭，不准在街摆立。"②

市政当局不仅采用令行禁止的法律方式，还辅以疏导的手段。政府曾指示警察局花巨资修建菜市场，为流动的摊贩营造固定的营业场所。"街衢所设备项摊肆责令一律迁去，以免有碍行人。另于省城内外择空旷之处，陆设摊肆十六所，拟饬江夏县陈芥庵大令核度地势，筹款兴工。"③ "省垣长街一带经鄂督张宫保筹款起造鱼菜熟食廊四所，小贩营生各早已纷纷迁入。"但是"惟因无定章，强弱互争纷纷不已。张督知之，现已饬警察总局厘订章程，俾归尽一而免向隅"④。很多官方修建的菜场、市亭在相对比较偏僻之地，人迹较少，于生意大有影响。另外，不少摊贩已经习惯了流动性的经营模式，陡然令其改变经营状态，一时便难以适应，故摊贩对此不无抵制。据《申报》记载："鄂省开办警察事宜之后，即严禁各小贩当街摆设菜摊，嗣因市亭尚未落成，其禁暂驰，刻已一律工竣。署武昌府兼警察总办梁集庵太守因谕令各菜摊迁入其中，各菜摊主多置若罔闻，顽梗情形殊为可恶，不知太守将何以处之。"⑤ 警察不得不采用行政手段强令各摊贩迁入。"日前警察局总办金峙生太守，以所造市亭无人顾问，拟饬省中各小押店一律迁入，违即发封。"⑥ 再者，摊贩迁入菜场后便不得不缴纳相应的捐税，加之管理多有失范，甚至是官痞勾结沆瀣一气，致使各种菜霸、痞匪混杂，各商贩

① 《鄂垣创行警察示续》，《申报》，1902年6月10日。
② 《严禁摆摊》，《申报》，1903年11月19日。
③ 《修建菜亭》，《申报》，1902年5月7日。
④ 《令制总章》，《申报》，1907年1月6日。
⑤ 《严令迁摊》，《申报》，1902年7月2日。
⑥ 《太守清道》，《申报》，1903年2月23日。

苦不堪言。因此政府的种种禁令还是难以阻止摊贩在利益驱动下的流动经营，这便成为市政管理的难题和警民冲突的导火索。1908 年的汉口摊贩风潮就因警政当局处置不当而造成震惊中外的大规模群体性事件，该事件虽最终得以平息，但对湖北警政却造成了较大的影响。如何将市政管理与摊贩经营兼顾，这既是清末湖北警政当局所面临和需要解决的问题，也是当今市政管理所涉及的难题。

## 二、整顿风俗

社会风俗的好坏是社会治理成效的重要风向标，对社会风俗的整顿是清末湖北警政当局重要的职能，警方整顿社会风俗主要体现在对严重危害社会风气的烟、赌、毒等的治理上。警察通常会以正风异俗的名义，普遍采取"寄禁于征"的方式对赌博、娼妓、烟土等行业进行特殊管理，以期能加以控制。然而，在警方具体的执行过程中由于涉及自身的经济利益，往往通过税收和罚款等手段加以限制。原本为"禁"，实则变为"征"，这种畸形的管理手段实际上并不能遏制黄、赌、毒等的发展和蔓延，反而这种管理体制所征收的税款却成为警政经费的重要来源。

### （一） 禁烟

晚清以来，中国大量人口吸食鸦片烟土，其所造成的影响经济发展、财政收支、道德问题、人民体质、国家形象等的危机已成为一个不容忽视的社会问题而屡为舆论所诟病。尤其在 20 世纪初世界各国政府大力呼吁禁止吸食鸦片和清末宪政筹备的背景下，中国社会各界掀起了声势浩大的禁烟运动。鸦片贸易是列强对华贸易重要的收入来源，而清政府在与西方列强的外交交涉下又处于绝对的弱势地位，故禁烟实非易事。在这种情势下，清政府派出代表出席万国禁烟大会与西方列强几经交涉，终于在一定程度上得到了西方列强对清政府禁烟政策的认可。除外来的鸦片等毒品外，禁烟主要体现在对国内土质烟膏的种植、运输、销售的限制与禁止上。1906 年 9 月 20 日，清政府颁布禁烟谕令，拟分年逐步禁绝鸦片、烟土。光绪帝在禁烟谕令中写道：

> 自鸦片烟弛禁以来，流毒几遍中国，吸食之人废食失业、病身败家，数十年来日形贫弱，实由于此，言之可为痛恨。今朝廷锐意图强，亟应申儆国人咸知振拔，俾怯沉痼而蹈康和。著定限十年以内，将洋土药之害一律革除净尽。其应如何分别严禁吸食，并种罂粟之处，著政务处妥议章程具奏。①

谕令描述了鸦片烟对国家和国民的毒害，并深有痛恨之感。在禁烟规划上，朝廷拟用十年时间将烟毒之害革除净尽，并要求政务处议定相关禁烟章程。

谕令颁行全国后，民政部随即奏请派员赴各地调查种植鸦片烟土田亩数目和吸食鸦片烟土人数等事，为进一步推行禁烟做铺垫。不久，民政部令各省于"省城地面责成巡警总局，外府州县及乡村村镇责成该地方官（办理禁烟事宜）"②。同时，清政府也专设禁烟大臣专督禁烟事务以示重视。1908 年 5 月，民政部为催促和考核各地禁烟事务，特会同禁烟大臣，拟定并颁行禁烟稽核章程以期进一步推动禁烟运动的开展。在清政府的推动下，湖北也掀起了禁烟运动。湖北当局的禁烟行动是在警方的主导下主要采取了一系列措施。

对禁烟之前土膏店和吸食烟民的统计。以汉阳为例，1909 年初，经过官方调查统计，汉阳共有"土膏店共二十六家，代收牌照钱二百一十串，有吸烟人男女老少共一万四千三百余名"③。这些初步的统计数据为下一步官方有针对性的禁烟行动打下了一定的基础。当时的武汉地区土膏店很多，以武昌最为集中，详情见表 3.2。

---

① 戴逸、李文海：《清通鉴》，山西人民出版社 2000 年版，第 8798 页。
② 朱寿鹏编：《光绪朝东华录》，中华书局 1958 年版，第 5624 页。
③ 《土膏店与吸烟人之调查》，《大公报》，1909 年 4 月 23 日。

表3.2 **1908 年武昌土业（鸦片烟馆）调查表**

| 牌名 | 所在地 | 牌名 | 所在地 |
|---|---|---|---|
| 万福成 | 粮道街口 | 谦吉 | 火巷口 |
| 协济 | 粮道街上 | 宝成 | 火巷口 |
| 有益 | 粮道街上 | 德丰 | 火巷口 |
| 天永群 | 粮道街上 | 谌裕丰 | 芝麻岭 |
| 福寿康 | 粮道街上 | 同森 | 芝麻岭 |
| 福大 | 仪凤港口 | 协康 | 芝麻岭 |
| 庆升恒 | 府街口 | 夏同丰 | 三佛阁 |
| 东升昌 | 府街口 | 德泰牲 | 王府口 |
| 义成 | 府街口 | 协和 | 王府口 |
| 乾大和 | 横街头 | 方昌隆 | 大都司巷口 |
| 林祥兴 | 横街头 | 彭正泰 | 望山门内 |
| 瑞兴祥 | 横街头 | 元成厚 | 保安门内正街 |
| 余庆记 | 横街头 | 广义祥 | 保安门内正街 |
| 鼎兴盛 | 察院坡 | 德泰祥 | 保安门内正街 |
| 福顺 | 察院坡 | 祥泰 | 保安门内正街 |
| 荣昌 | 察院坡 | 有余 | 保安门内正街 |
| 庆和 | 藩司东辕门 | 义昌 | 望山门内 |
| 福寿园 | 藩司西首 | 同新泰 | 望山门内 |
| 义昌福 | 藩司西首 | 德顺昌 | 保安门外八字街 |
| 东成 | 户部巷口 | 复升隆 | 保安门外十字街 |
| 康顺 | 户部巷口 | 义丰祥 | 保安门外八字街 |
| 正康祥 | 府门口 | 盛昌 | 保安门外八字街 |
| 公和昌 | 司门口鼓楼前 | | |

资料来源：武汉大学历史系中国近代史教研室编：《辛亥革命在湖北史料选辑》，湖北人民出版社 1981 年版，第 270 页。原载《江汉日报》，光绪三十四年五月十八日。原按：现值禁烟时代，而售卖者有如此之多，实为禁烟上一大阻力。兹表所列，均是巨贾。凡偏僻街衢只卖烟膏者均不载入焉。

成立戒烟、禁烟机构并颁行禁烟章程。1908 年 3 月，湖北当局即以巡警道冯启钧为总办在汉口创设禁烟专卖局。① 禁烟专卖局通过警局发行售卖购烟专卖小票，民间则认购小票后凭票购买烟土。此外，禁烟专卖局还勒令汉口、武昌两地土膏牌照店限期歇业，以期能严控鸦片烟土的销售而推广禁烟运动。② 1908 年 7 月，鄂督陈夔龙依照部章将原设于藩司衙门且房屋狭小不敷布置的戒烟总会迁至停办的军医学堂旧址，创设禁烟总公所。③ 1909 年 5 月，湖北官方为打击不法鸦片烟土商贩舞弊取巧的行为，在汉口设立土药公栈，"鄂督札委陆令承先专办其事"④。土药公栈隶属于湖北禁烟总公所，主要职能为"凡土商存货以及嗣后外来之货均送公栈，官设委员驻栈稽查"⑤。

1908 年 8 月，鄂督陈夔龙向清政府奏陈湖北设立禁烟公所并附上禁烟章程获得批准。其章程内容如下：

　　一、设立禁烟公所，即在本省警务公所内划出房屋发用，该公所专司全省禁烟事宜，如以下各条皆是。

　　二、设立官局戒烟所，并将警察学堂所驻警兵之甲、乙、丙三排改设几队，凡有烟疾未除呈明断戒者，送入戒烟所。凡自开办之日起，以两个月为度，两月后撤所仍未尽戒人员，即由总公所详照章程参办。

　　三、颁布表格各式样，按照禁烟大臣颁发六项表内第一项确无嗜好、第二项实已断净、第三项禀明断戒禁绝三种切结，并按六项表格照判刻，分别容选，以归一律。

　　四、厘定分查人员分责之法由筹结式样，分发各道，且照各府厅州县及分属各局所、学堂、军营转发，在差、在营文武人员，遵

① 《湖北通信》，《时报》，1908 年 3 月 23 日。
② 《湖北通信》，《时报》，1908 年 4 月 18 日。
③ 《饬设戒烟总公所》，《申报》，1908 年 7 月 16 日。
④ 《鄂省设立土膏公栈》，《申报》，1909 年 5 月 12 日。
⑤ 《鄂省设立土膏公栈》，《申报》，1909 年 5 月 12 日。

照倾注，其不在任之候补、无差各员由臣遴选。各该同官吏之身正者，往该公所将结式发交，责成转交填注，均由公所造册填表，呈送核办。

　　五、设立戒烟发药所，藩司衙门去岁设有戒烟总会，现改为戒烟发药所，专司考查配方药剂、制造药料分别施给，考求效验等事。①

　　在章程中，湖北创设了禁烟公所、官局戒烟所、戒烟发药所等禁烟机构，要求各府厅州县及各属局所、学堂、军营之在差、在营文武人员，甚至候补官员都需遵照禁烟大臣颁发的六项表填写本人的吸烟和禁烟情况。对于吸食鸦片土膏未戒断者则令限期戒断烟瘾，仍未尽戒人员，即由禁烟总公所详照章程参办。

　　征收烟土膏捐税，颁发贩卖、吸食烟土牌照，查封不法烟土店。清末鄂省的禁烟政策虽以禁为目的，但在操作过程中又以征税为手段。1907年，湖北当局即下令警察局具体执行歇闭省城一切烟馆的命令，烟馆所有烟具由官府以每副六百文的价格统一收买，一共收缴各式各类烟具两千多副，警察局将收缴的烟具呈送臬署由鄂督亲自查验。② 1908年初，汉口警政当局以采取分期闭歇烟馆的方式禁烟。巡警道冯启钧下令汉口所属各警察局，以三个月为一期，分四批每次闭歇四分之一的烟馆，拟定年底全部禁闭汉口烟馆。未到闭歇期的各烟馆允许继续营业，但每售卖烟膏一两即加倍征收烟膏捐钱八十文，以示严禁于征之意。③ 1908年秋，因传清政府拟派禁烟大臣丁振铎微服南下密查各省禁烟事宜，夏口厅警察局乃出示晓谕凡有房屋者，切勿令住户私自开设烟馆，如被查获即将房屋发封充公。④ 1908年底，清政府查验各省禁烟成效，湖北因成效不佳而备受非议。武昌境内的不少小烟馆仍违禁私售烟土

①　《鄂督陈奏湖北省设立禁烟公所折》，《申报》，1908年8月17日。
②　《鄂省收买烟具纪闻》，《申报》，1907年7月25日。
③　《烟馆分四期闭歇》，《申报》，1908年5月7日。
④　《禁烟责成房主》，《申报》，1908年10月1日。

膏，鄂督特饬武昌知府将未关闭烟馆的户主开具姓名交予各保正，按照具结，限令各烟馆十八日之内一律关闭，违令者严惩不贷，共发封歇业烟馆二百余家。① 不久湖北当局又推广开征烟膏捐、烟民牌照捐、烟膏店营业牌照捐、烟膏店购烟牌照捐等捐税，全面推行寓禁于征的禁烟手段。烟民牌照捐是指由警察出面先调查掌握非官学军的民间吸烟人口，凡有烟瘾的人需赴所辖警察局报名登记每日所食数目，然后发给牌照，所购烟膏每两需缴纳捐税钱六十文由土膏店代收，没有吸烟牌照之人烟馆一律不准贩卖，违者严惩不贷。② 土膏营业牌照和购烟牌照捐税章程共拟订五十四条，由湖北禁烟总公所司道会同湖北巡警道商定并呈送鄂督陈夔龙核定后出示晓谕烟民人等遵办执行，试办数月后再上奏清政府。③ 这些牌照都有一定的期限，到期失效后必须缴费换领。1909 年，管理烟土的汉口药土公栈专办委员陆承先出示吸户人等，自当年七月朔日起一律去栈换领牌照，违者一旦查出从严处罚。④

　　寓禁于征的禁烟政策陆续出台后，湖北当局的禁烟行动取得了一定的成效，同时在政策执行过程中也遇到了很多问题。不少烟膏店没有领取牌照也照旧肆无忌惮地贩卖烟膏，视牌照捐为空文。一些吸食烟土之人与土膏店相勾结，在交易中弄虚作假以逃避税款的情况也很普遍。1910 年 3 月，湖北禁烟公所会同巡警道严令各警局照章罚办外，还出示晓谕各土膏店及吸烟人员，重申吸烟之人必须有凭照方准购烟，同时其吸食烟膏的分量只准减少不准增加，否则各烟膏店不准贩售，如有阳奉阴违复蹈前辙一经查出即照章将买卖烟膏的有关人员按照交易烟膏的价值罚款五十倍，烟膏店则发封并将所存的烟土全部充公。⑤ 越来越严厉的禁烟措施和处罚手段使湖北的禁烟努力获得一定成效的同时也激起了烟膏商的不满与反对，他们甚至以举行罢市游行等手段加以抵制。武

---

① 《发封歇业烟馆二百余家》，《申报》，1909 年 2 月 11 日。
② 《筹办烟民牌照捐》，《申报》，1909 年 1 月 1 日。
③ 《鄂省试办禁烟凭照》，《申报》，1909 年 2 月 2 日。
④ 《示谕烟户换领牌照》，《申报》，1909 年 8 月 22 日。
⑤ 《整顿土膏牌照捐办法》，《申报》，1910 年 3 月 29 日。

汉三镇、仙桃等地还爆发了以反对禁烟政策为名的群体性事件，湖北当局在重申严禁之意的同时派军警镇压，另一方面警方对各大烟膏贩卖店进行舆论宣传，后风波平息，禁烟工作得以继续推行。①

严禁种植烟土作物、调配药物医治烟民。湖北鄂西的恩施、十堰地区在清末也是烟膏的产地，因种植烟膏获利较为丰厚，虽官府严禁种植但民间百姓仍置若罔闻。湖北官方在清政府禁烟的严旨下三令五申禁止民间私自种植烟膏作物，但成效甚微。鄂督陈夔龙、瑞澂都曾多次选派官员前往鄂西视察并督办查处并铲除烟苗、禁止种植烟苗作物，取得了一定的效果。② 湖北戒烟总会所附属于湖北禁烟总公所内，其主要职责之一就是配制禁烟的药物以求缓解或医治吸食烟膏人员的烟癖。按照送入禁烟总会所内烟民烟瘾的大小、患有烟癖时间的长短等具体情况来分发不同的药物医治，治疗烟癖的药物也在官方的努力下几经变更配方。③ 鉴于戒烟药物鱼目混珠，甚至一些戒烟药物是新型毒品，其戒烟效果实为以毒抵瘾，湖北巡警道全兴下令派遣湖北警务公所卫生科的化验人员查验各种戒烟药物，调查明晰各种戒烟药物是否合格，是否掺杂有毒质，对于配制贩卖违禁药物的人员轻则责罚，重则严惩。④

查验嗜烟官员，严令嗜烟官员限期禁除烟瘾，逾期仍不戒除烟瘾则严惩，同时奖励禁烟得力官员。清政府颁令分期禁烟政策后，湖北当局也严令吸食烟膏的官员分期逐步禁烟。鄂督陈夔龙令督署所属各文武官员均赴禁烟公所查验有无烟癖，甚至要求各衙门各科文案及一切办公人员也由所属文武官员严加查验，官员患有烟癖者限期禁绝，书吏、听差杂役人等如染烟疾者即行驱逐革除。⑤ 对于查验患有烟疾的鄂省高级官

① 《土膏店风潮已息》，《申报》，1911 年 8 月 8 日；《土膏牌照捐之允设》，《申报》，1909 年 3 月 23 日；《委查仙桃镇土商罢市风潮》，《申报》，1909 年 4 月 19 日；《仙桃镇土商毁局续志》，《申报》，1909 年 4 月 22 日。

② 《鄂省举办禁烟之认真》，《申报》，1909 年 2 月 18 日；《鄂督委员查铲烟苗》，《申报》，1911 年 4 月 16 日。

③ 《湖北戒烟总会纪事》，《申报》，1907 年 10 月 8 日。

④ 《警道派人化验戒烟丸》，《申报》，1909 年 1 月 3 日。

⑤ 《调验督署人员》，《申报》，1909 年 4 月 10 日。

员，诸如湖北布政使李岷琛、湖北候补道馨龄、谢绍佐等人，鄂督陈夔龙派人将其请入湖北戒烟公所内由湖北巡警道冯启钧负责看守，严令停职并限期戒除烟瘾，凭医院确已戒断烟疾的诊断书方才准许回职任事。① 此外，陈夔龙为查处湖北所属基层各州县吸食烟膏的官员，委派知县王道元、吴振华等九人分赴各州府属地方密查，据实禀参各级官员有无阳奉阴违私自吸食烟膏的情况。② 继任鄂督瑞澂上任后，对于禁烟工作更加严厉。瑞澂曾令湖北禁烟公所查验官员二十多次，然所举发者仅三四闲散武员，为此瑞澂怒斥查验人员任意欺蒙。③ 其后，瑞澂通饬湖北全省官员，文自知府、武自参游、新军自标统以下，不论在任、候补、有无差委，限一月内遵照禁烟定章，或确无嗜好、或确已戒断，均需具结自行呈报具体情况，由所属官员上司或同乡官员分别具结送交湖北禁烟公所备案；凡之前捏报、瞒报，实际上并未戒除烟瘾的官员也需具实呈报详情，并自认期限限期戒断后再进行查验，对于以往之事一切不咎；责成湖北禁烟公所的总办、坐办、提调等各员严密查核，遇患有烟癖形迹可疑的官员随时禀报，对于查验过后仍未断瘾的官员即行参劾；文官自道员、武官自镇协、新军自协统以上各官员也需另行具结送督辕备案以凭考核而杜徇隐。④ 为了提高官员对于禁烟的重视程度和激励他们的积极性，对于禁烟工作认真办理且成效明显的官员和阳奉阴违且成效甚微的官员，湖北当局也给予一定的奖惩。鉴于湖北禁烟公所提供的 1908 年湖北各地提交的禁烟成绩详略得失比较情况报告，湖北当局据此表彰和惩处了一批官员，潜江县令陈福尹办理禁烟成效最为切实，记大功两次，竹山县令王圻州等十余县令因对于禁烟奉行不利而记过两次。⑤

　　自禁烟运动开展以来，历任鄂督都很注重禁烟的方法以期能有所

① 《查验司道戒烟之结果》，《申报》，1908 年 10 月 11 日。
② 《鄂省举办禁烟之认真》，《申报》，1909 年 2 月 18 日。
③ 《鄂督对于禁烟之严厉》，《申报》，1910 年 5 月 18 日。
④ 《鄂督对于禁烟之严厉》，《申报》，1910 年 5 月 18 日。
⑤ 《鄂属州县禁烟之勤惰》，《申报》，1909 年 2 月 8 日。

成效。

> 鄂督陈小帅自莅任以来，最注意禁烟一事，必以禁吸为入手办法，意请吃烟之人若能绝，则禁卖势如破竹，且禁吸尤必先自官始。因一面在武昌设立禁烟总公所，一面分饬荆宜道、襄阳道、施鹤道，将府县佐杂各员就近调验，其武员则亦分饬各提督认真严查。省城总公所遴选委冯道启钧、金道鼎充当总办，按日到所调验。僚属极为认真，小帅亦随时亲自赴所考察一切。文官如藩司，武官如郧阳镇，均调所实行查验。目前政界咸知儆惕。又武汉两府为士商荟萃之区，特饬禁烟公所督同武昌府、汉阳府曹、夏口厅金，将各烟馆一律禁闭，又遴委员分往各府州县密查禁烟勤惰，如有敷衍从事禁戒不力者即撤任，并饬各府州县将戒烟办法及戒净人数等详细具报，以备查核。至禁烟办法，已谕由禁烟总公所传齐武汉各土商，面加晓谕，此后各商贸易，土膏但准停歇，不准复开。已闻之各商按日领取牌照，有减无增，各商均已遵行。至禁种烟地方，均限一年禁绝，改种他项，或地方官劝禁不力及民人有意违抗，均即分别惩罚，不稍宽假，以期流毒净绝。①

从材料可知，鄂督陈夔龙上任后十分注重禁烟，从禁吸入手采取了各种严厉的禁烟措施，以推动禁烟行动在湖北的全面开展。

为了查验湖北禁烟成果，鄂督瑞澂还派官员分途湖北各州县秘密核查禁烟成绩，对于禁烟尚未举行而因循观望的官吏则催促急速办理；对于已经遵章办理的官员则核实其禁烟成效。②

湖北警政当局在湖北地方政府的督促和其他司道机构的协助下，通过禁种、禁吸、禁售处罚，施行寓禁于征的查禁措施，使禁烟获得了一定的成效。由于寓禁于征的方式无法从根本上禁绝烟毒的祸根，加之因政治腐败而导致禁烟人员敲诈勒索、鱼肉百姓的情况不绝于耳，引起了

---

① 《鄂督禁烟之认真》，《大公报》，1909 年 6 月 18 日。
② 《委员分途考查禁烟成绩》，《申报》，1910 年 4 月 3 日。

烟民、烟农、烟商等群体的抵制，甚至爆发了因禁烟而产生的群体性事件，这也进一步恶化了警民关系，激化了社会矛盾。清政府原本利民之举的禁烟举措在一定程度上变成了害民之弊，这也从侧面表明了中国近代警政的困境。

### （二）禁赌

晚清的湖北赌风日炽，赌博已呈泛滥之势，成为严重影响社会治安的社会问题。清末时期湖北地区的赌博活动种类繁多、参赌人员遍及社会各阶层且人数众多，然赌博之害小则费时耗力，大则倾家荡产。赌博之祸致使"士失其行，农失其时，工商失其艺"①。赌博引发的社会治安问题屡见不鲜，"近则为饥寒盗贼之媒，远则为人心风俗之患"②，因此社会上禁赌之声不绝于耳。清政府为稳固统治，也三番五次禁令赌博，民政部成立后，民政部尚书善耆将赌博视为内政不修、贻笑外人之弊而下令加以严禁以图改良社会之效。③ 善耆为各省倡导禁赌，下令制定了官员聚赌惩罚章程，通令各省巡警道严查并不时派出探员在京师四处查访。④

湖北警政当局也比较重视禁赌，采取一系列措施禁止和打击赌博活动。湖北巡警道冯启钧首先严禁警务人员参与赌博活动，并对参赌警局中当差人员加以处分。冯下令"警界各员一律具不吃花酒、不玩麻雀之结"⑤，并派暗探缉拿聚赌警务人员。同时，在民间的抓赌过程中，警政人员往往粗暴执法，部分警察甚至以抓赌为名缉拿赌具、赌资而时常爆发警民冲突。⑥ 有鉴于此，巡警道冯启钧乃令人整理出《拿赌简章》十二条加以公示，严令缉赌警政人员严加遵守并晓谕如有违反即行惩

① 严肃：《谈谈旧汉口的"三鸟"之害》，《武汉文史资料》1997 年第 4 期。
② 《禁赌文告之特别》，《申报》，1909 年 2 月 1 日。
③ 《民政部将实行禁赌》，《时报》，1909 年 7 月 16 日。
④ 《肃邸注意禁赌》，《大公报》，1909 年 7 月 30 日。
⑤ 《警员须具不嫖赌切结》，《申报》，1909 年 7 月 25 日。
⑥ 《警察后局与自治研究所冲突详情》，《申报》，1909 年 12 月 6 日。

处，情节严重者查明情由后加以斥革。① 鄂督陈夔龙为严禁赌博，曾三番五次下令巡警道会同江汉关、夏口厅查禁聚赌。

（陈夔龙）以汉口为通商口岸，有等无业游民聚众赌博，动辄万金，官商沉溺者不知凡几，殊与官箴民生有碍，特札饬巡警、汉关两道及夏口厅严行查禁，有违犯者，无论官商，概予重惩。②

（陈夔龙）以武汉地方赌风最盛，无论官商绅民咸以麻雀为戏，动辄倾家荡产，危害实非浅显，特札江汉关道、巡警道会同查禁。③

为提倡禁赌，湖北官方也多有面向商民人等的教化，然成效甚微。依照武汉官场旧例，每逢春节官方都要出示禁止聚赌的告示，然民众视之为空文。1909 年新年，署巡警道金鼎照例亲自撰写告示，晓谕民众赌博之害，再三重申官方禁赌的决心。④ 署巡警道黄祖徽上任后也对聚赌严加禁止，"（黄祖徽）又以开场聚赌一事大干例禁，不啻三令五申，乃日久视为具文。查有不法赌徒深藏密室，尽夜聚赌，习以为常，始而荒废生业，继则流为匪徒甚至荡产败家、卖妻鬻子，言之良用慨然，是以复行出示严申例禁，劝令各博徒此后各安天分，力图营生。何必舍正路而弗由甘蹈法纲而不顾，如再阳奉阴违，一经查拿到案定即尽法以惩云云"⑤。

在警方实际执法禁赌过程中，由于部分执法人员粗暴执法和贪腐成性，继而容易造成警民冲突，甚至演变成群体性事件。鄂省警察局后局张副巡长带队在客栈抓赌期间诬良为奸，错将投宿客栈的自治研究所学员葛天仕抓为赌徒，拘拿警局后百般凌辱，令其招认聚赌罪状。自治研

---

① 《订定巡士拿赌简章》，《中外日报》，1908 年 2 月 24 日。

② 《饬禁官商聚赌》，《申报》，1908 年 12 月 11 日。

③ 《警道示禁聚赌》，《申报》，1908 年 12 月 18 日。

④ 《警道严申禁赌》，《新闻报》，1909 年 1 月 31 日。

⑤ 《警道查禁烟赌之手续》，《申报》，1910 年 1 月 14 日。

究所学员得知冤情后,乃前往警察局申诉并要求放人。孰料警局将前来的十五名自治研究所学员全部收监,引起学界大忿,甚至惊动鄂督,案件最后以警察当局将涉案的鄂省警察局后局巡长李国琳记大过一次、副巡长张某撤差、斥革两名当事警察了事。①

湖北警政当局采取了一系列措施严加禁赌,但效果却不理想,"赌风之盛,仍然如故"②。清末湖北警方禁赌效果不佳的原因是多方面的。首先,赌博乃几千年来的积习,从官方到民间实际上大有市场,人们已经习惯了这种生活方式,这也给警政当局的禁赌行动造成了困难。其次,赌捐是政府的重要财源之一,官方因财政之需而开征赌捐,这实际上从制度上承认了赌博的合法化,这给警政当局的禁赌造成了制度上的困难。1885 年,两广总督张之洞为缓解洋务运动中捉襟见肘的财政困难,率先在两广开征赌捐,调任湖广总督后又在湖北开征"签捐票"。③"迨湖北签捐票出,事事以官法部勒之,而局面为之一变。商办者开彩时,所司登记号码,喝报彩目之人,仅公司一二小司事为之。湖北则由总督委司道代办其事,以示郑重。翎顶辉煌,冠裳璀璨,遂令若辈骤增身价焉。"④ 再者部分警政人员在禁赌过程中各种贪腐渎职,包庇纵容而收受规费,甚至借机鱼肉百姓敛财苛责,这些都使得警政当局的禁赌之路任重而道远。

### (三) 禁娼

清代是一个禁娼很严的朝代,同时也是一个娼妓业极为繁盛的朝代。⑤ 清代自立国便在法律中明文禁娼,历任君主曾三令五申严加禁娼,时人有感于清政府对娼妓在法律层面上的严禁政策,曾感叹"我朝

---

① 《警察后局与自治研究所冲突详情》,《申报》,1909 年 12 月 6 日;《警局学员冲突之结果》,《申报》,1909 年 12 月 16 日。

② 《安徽巡警道之真相》,《时报》,1911 年 6 月 6 日。

③ 潘洪刚:《清代的赌博与禁赌》,《江汉论坛》,2008 年第 9 期。

④ 徐珂:《清稗类钞》第 10 册《赌博类》,中华书局 1986 年版,第 4893 页。

⑤ 潘洪刚:《中国传统社会中的具文现象——以清代禁赌禁娼为例的讨论》,《学习与实践》2007 年第 5 期。

定制，凡挟妓宿娼者，谓之行止有亏，官吏革职，其严如此"①。政府虽严加禁娼，但在官民人等的实际日常生活中狎妓和娼寮坊院却是司空见惯，甚至在禁令下的娼妓业有愈演愈烈之势。不可否认清政府虽大力提倡禁娼，并付诸行动，但这些颁布的禁娼法律条文在一定程度上成了一纸空文。在晚清的社会风俗改良运动中，禁娼是重要的内容，而警政当局作为政府层面移风易俗的具体实施者，禁娼便理所当然地成为警察重要的职能。

晚清时期的湖北，特别是自 1861 年汉口开埠以后，宜昌、沙市先后开埠，随后，租界的建立和外国资本的入侵刺激了自然经济的快速解体，这些城市的扩张和经济的发展吸引了大批人口涌入，在这种背景下这些开埠城市的娼妓业逐步兴盛起来。以汉口为例，武汉人称呼妓女为乐户。早在清道光年间，以小商品经济流通闻名的汉正街附近青莲楼、大火路等繁盛街区路段便有妓院数百家之多，按照当时政府的管理规定"官妓门前乃悬挂大灯，以资辨识"②。汉口开埠后，由于汉口各国租界的陆续建立，大小娼寮妓院便逐渐向韵生路、后城马路以及大智门车站周边发展扩散。③ 当时汉口的妓院规模大、蓄妓多、生意好，有本地帮、苏帮、湘帮、川帮、赣帮之分。④ 在论及汉口妓女的帮派之分时，《汉口竹枝词》有云："十家八九是苏扬，更有长沙与益阳，夹道东西深巷里，个侬浑似郁金香。"

妓女来源多为因天灾人祸导致生计无着而被贩卖至娼寮妓院的底层穷苦人家女子。晚清大员卞宝第曾在奏议中痛陈拐卖妇女、逼良为娼的危害。

> 湖北囤卖妇女最为地方之害……近闻江皖一带，常有抢拐妇女

① 刘声木：《苌楚斋三笔》卷 8，中华书局 1998 年版，第 627 页。
② 邵雍：《中国近代妓女史》，上海人民出版社 2005 年版，第 82 页。
③ 《文史精华》编辑部：《近代中国妓女史料》（下），河北人民出版社 1997 年版，第 314 页。
④ 徐珂：《清稗类钞》第 11 册，中华书局 2010 年版，第 5178 页。

截至上海，或卖为娼妓，或售与洋人，多有囤户为之藏匿，名曰白蚂蚁，其凌虐之惨，不减于湖北。①

据 1909 年汉口警政当局的统计显示，汉口有登记造册的妓女 2857 人，广布于从硚口到江岸地段的桃源坊、长清里、磨子桥等地的 30 多条里巷街道之中。这些妓院娼寮一般规模不等，妓女少则三五人，多则一二十人。②

> 汉口妓院规模宏大，有苏帮、川帮、湖南帮、江西帮、本帮之别，以龟鸨、乌师（乐师）、侍役、轿夫合计之，多者至百数十人，向以川帮为巨擘。光宣间，妓院分四等：一等有苏帮、湖南帮、四川帮、本帮之别，居歆生路、三分里、四成里、长怡里、通济里；二等有扬帮、湖南帮、本帮之别，皆居南城公所；三等为本帮，居武圣宫、天字巷。嫖客所费之资，一等饮博各银币二十元，侑酒一元；二等饮博各钱二十千文，侑酒一千文；三等饮博各钱十六千文；四等有湖南帮、本帮之别，皆居沙家巷，开小盘点曲，共钱一千文。龟鸨对妓女的剥削方式有三种：一种叫"本家"，即妓女从小卖身到妓院，与鸨儿母女相称，其卖淫收入全归妓院；另一种叫"捆帐"，以契约形式先由妓院付给妓女或其亲属（有的是人贩子假充）一笔钱，在契约规定的时间内，卖淫收入全归妓院，即使抵销了妓院所预付的钱，多余部分也归妓院所得；第三种叫"分帐"，妓女有人身自由，在妓院卖淫犹如打工，收入与妓院分成，有五五的，有三七开或四六开，妓女得小头，妓院得大头。③

---

① 卞宝第：《奏抢夺囤卖良家妇女请照强盗例拟斩立决片》，《卞制军奏议》卷 6，转引自邵雍：《中国近代妓女史》，上海人民出版社 2005 年版，第 8 页。
② 皮明庥：《近代武汉城市史》，中国社会科学出版社 1993 年版，第 758 页。
③ 徐珂：《清碑类钞·娼妓类》第 11 册，中华书局 2010 年版，第 5177～5178 页。

材料中对汉口妓女的帮派、规模，妓院的等次与特点，龟鸨对妓女剥削的方式等有较详细的介绍，实际上反映的就是当时汉口娼妓业的现状。

湖北警政当局作为禁娼的主要职能部门因牵涉经费等现实问题，在实际的行动中也经历了不同阶段。武汉警察初创之时，因为经费困难，当局曾有开征妓捐之议。1905 年，为解决新政中庞大的开支，清政府开始征收花捐，明令妓女须向当地警察局登记注册备案、领取营业执照并按期上交花捐，由此卖淫活动公开合法化，政府原先三令五申禁娼的政策由此变为寓禁于征。1907 年，仅在汉口辖区警察局登记下的妓院娼寮就有两千余家，身份最低等的下等妓女七千四百余名。仅下等妓女每人每月就须向警察局缴纳妓捐钱两串文，合计每月一万四千余串，其中一半作为巡警经费，一半为夏口厅的办公津贴。① 这些在警局登记注册的妓女被誉为"公娼"。妓院娼寮的老鸨一般都有黑社会的背景且亦与官场中人沆瀣一气。此外还有大量因迫于生存压力而以出卖自己肉体为生的妓女则因为不主动到警局登记注册而逃于缴纳花捐，她们被称为"私娼"，时人称之为"野鸡"。私娼一旦为警察所发现，则处罚一般极为严厉。② 对于屡教不改的私娼，警察除对妓女进行行政处罚外，甚至将当事人强行驱逐离境。③

湖北警政当局对妓女也采取了一些措施加以管理。警察局对于公娼的管理，特别是在卫生方面依照津京等地的办法，延请医生每周对妓女轮流进行身体的检查，以免性病的蔓延。④ 此外，警察局还联合士绅开办妇女保良所，对妓女加以救助。1910 年，汉阳士绅朱竹瞻在巡警道冯启钧的批准下在武昌修德、潜修、潜龙三所善堂内自费修设妇女保良所，专门接收、救济被迫为娼的妇女。妇女保良所允许妓女前往喊冤，一般由绅董问明来历情由后，护送警察局做主并妥为安置。⑤

① 《禀请停抽妓捐》，《大公报》，1907 年 4 月 5 日；《禀请加抽妓捐》，《大公报》，1907 年 10 月 3 日。
② 严肃：《谈谈旧汉口的"三鸟"之害》，《武汉文史资料》1997 年第 4 期。
③ 《娼妓宿不得》，《申报》，1911 年 4 月 3 日。
④ 《警察局拟行取缔妓女规则》，《申报》，1907 年 1 月 12 日。
⑤ 《警道准办妇女保良所》，《申报》，1910 年 5 月 11 日。

体制上的种种弊端致使警政当局的禁毒、禁赌、禁娼等风俗改良运动的效果不甚理想。吸毒、赌博、嫖娼虽为法律所严禁却在社会生活中盛行的历史现象反映的是清政府当局治理社会的一种矛盾心态，究其原因有很多，这都值得我们深思。

## 三、管理卫生

环境卫生不仅关系人民的身体健康和社会的形象，也反映政府管理的能力与水平。近代卫生知识及卫生观念的传播和普及伴随着工业社会的发展而来。在中国传统社会中卫生知识与卫生观念十分贫乏且淡漠，普通民众卫生习惯相当随意，垃圾污水任意倾倒、饮水食物随处售卖，加之公共卫生基础设施极为有限，因此普通民众的身体卫生和健康状况十分堪忧。在晚清时期的湖北，由于环境因素、天灾变乱、生活习俗、人口流动加剧等原因，各种流行性和传染性的疾病肆虐，比如伤寒、痢疾、天花、霍乱、鼠疫等常见疫症时有发生，因为医疗条件有限，这些时疫对民众的生命安全造成了严重的威胁。以武汉为例，1840 年武汉三镇人口约为 30 万，至 1911 年武汉人口已增长到 80 万，特别是 1861 年汉口开埠后人口增长最为显著。城市化进程的加快使武汉三镇的卫生环境逐渐恶化，工业废物和生活垃圾使水质变差，各种流行疾病的蔓延又对水路交通便利的武汉三镇造成了很大的健康隐患。作为社会卫生的直接参与和管理者，湖北警政当局承担着重要的社会职能。

早在清末，武汉地区就出现了管理卫生防疫的相关机构和人员，并制定和实施了一些规章制度。1861 年 4 月，汉口英租界领事馆设立，其后租界的管理机关工部局即着手成立机构、组织人员管理环境卫生，制定和实施各种规章制度和法令以管理租界内的环境卫生。租界当局对环境卫生的管理使华洋两界的卫生状况有天壤之别，这客观上为清政府当局的市政管理者对卫生的改良起到了推动作用。1902 年，英国人控制的汉口江汉关为控制疫情和加强卫生安全，开始实施对外国的商船和客船进行检验检疫。1904 年，为规范检验检疫活动，江汉关当局颁布了《江汉关防护染疫章程》，并指派一名英籍医生负责对进出关口的相关船只进行检疫。第二年，江汉关的报告中便有汉口地区疫情的内容。1910年，东三省暴发大面积的鼠疫疫情并随之向关内扩散。为防止鼠疫疫情通过交通人流蔓延至武汉地区，湖北当局严令湖北警务公所在京汉铁路湖北境内的广水站和汉口的大智路站各设临时机构——防疫公所和防疫办事处。同时，警方还在广水创立两所临时性的隔离医院，这是目前可考的湖北官方最早的卫生防疫查验机构。①

　　近代武汉官方创设的卫生机构始于1900年，时任汉黄德道、监理江汉关事务并全权负责办理通商交涉事宜的岑春煊，有鉴于华洋两界天壤之别的卫生环境状况，乃下令汉口大智坊保甲局办理汉镇清道事宜。自花楼街至米厂河街，该区域内洋行、商铺、客栈按月缴纳捐税，大智坊保甲局负责招募清道夫和巡街弁丁，主要负责清洁道路卫生和巡查街道事宜，局内共有人员十五名，其中小头目三人，清道夫和巡丁十二人。② 当时官方面向社会招募巡丁清扫街道并颁布《汉镇保甲局清道巡街章程二十条》。1902年，张之洞在武昌创立警察总局，在局内就设有卫生科。武昌警察总局招募了清道夫202人，由科长、副科长各1人、科员3人管理，主要负责武昌城街道清扫和市容卫生事宜。③ 在武昌警察总局于1902年颁行的《鄂垣警察章程》中规定："渣草、垃圾不准沿街倾泼，每日早晨俱置门口，候本段清道夫经过，挨户挑运出城，置之江流，违者罚；粪桶一律置盖，每日清晨挑送出城，十点钟后不准上街，粪缸不准安置街头，巷尾小户无院落者，应俟挑粪担过时唤令挑去，违者罚；厕屋。沿街大小便最为无礼，今另设厕屋，不许随意，违者罚款。"④ 这些都表明近代武汉警政建立后已注重对城市市政卫生的管理。

　　① 参见张云：《1840—1937年间两湖地区瘟疫初探》，武汉大学硕士学位论文，2005年。

　　② 《清道巡街章程》，《申报》，1900年8月6日。

　　③ 湖北地方志编纂委员会：《湖北省志·卫生》，湖北人民出版社2000年版，第88页。

　　④ 《鄂垣警察章程》，《申报》，1902年6月10日。

1903年，汉黄德道又参酌武昌警察总局的章程，乃改位于汉口的团保总局为清道总局。总局下设循礼、大智、由义、居仁四个清道分局，以划分区段的办法招募选派巡勇和清道夫役负责各自区域内的清洁卫生并制定和颁行《汉口清道章程》二十四条。

一、自十月初一起，即照清道章程办理，每段均有巡勇站立逡巡，如有违犯以下各款，均须分别议罚。

二、铺户居民每日将所扫之渣草装篾筐或簸箕之内，放置门内，俟清道夫役经过，挨户检收装运倾泼。

三、清道夫役随带车筐，定于九月二十五日起，先将各街巷口堆积之渣草清除，再挨户检收。

四、渣草装入车内，或运送后湖填地，或运送倾入江流。

五、每日天明时，清道夫役挨户检收渣滓，逾时不准倾泼，如有违章私自挑积街口，准警察勇随时连器具扭送议罚。

六、清道局于每处地方均设有木桶，以备行人小便，以后不准至沿街无桶之地任意小便，如违即由巡勇扭局照罚。

七、本镇厕房所在全无墙壁，以致污秽狼藉，左近军民大受其害，夏令尤甚。嗣后亟宜酌量高砌砖墙，以阻秽气。凡属厕屋业主，限十日内到局报明地方处所，由局指示砌墙款式，逾限即由局中自行收砌，即将该厕售费抵还，毋得自误。

八、街道理宜洁净，粪桶均须做备合式桶盖，除粪窖大宗仍照向例于夜间挑清外，至零碎下河。夏天限每日早五点钟前，冬天每日限六点钟前，挑运逾时即由巡勇扭送议罚。

九、铺户货物不得街心停放，至运送均用人夫挑拨，不准再用车辆，以免阻塞街道，如违议罚。

十、衣服只准在自己房下晒晾，不准当街当巷，至染坊晾布，必须离地丈余，如违议罚。

十一、凡遇十字路口及转弯所在，不准摆设货摊，其余各处摊子亦宜收束，紧靠两旁屋沿，如食物摊子不准将板凳在靠街心一面摆列，小菜摊子只准尽一边靠屋暂设，不准两摆林列致碍行人，如违即由巡勇扭送，由局立时驱逐。将来建造市亭成时，所有各摊应一律迁移入亭，不准在街摆立。

十二、往来行人各须向对面右首而去，以免拥碰之患。

十三、轿子不准在街上停放，如遇拜客等事，准停五分钟为限。

十四、开通沟渠以消积水，如有沟路在人家屋内者，必系当时侵占官街，现应一律疏浚，如有阻拦不迁，定即惩治。

十五、凡遇翻盖房屋，必须预先报知清道局，以凭查照让宽街道成案指示界限，并不得于藩篱外堆积砖瓦木料，所搭木架，尤不准过界致碍行人。

十六、遇有火灾即将火路拆断，保全余户，事后修理之费，即由火路所向毗连人家分摊公修，另附有详细专条。

十七、铺户不准将货物堆积门外，所下门板等类尤宜列入自己门槛以内，如违即将该店议罚。

十八、日落后各种货挑均须燃带灯火，以便稽查，违则由巡勇带局撤究。

十九、不准将猪羊养放街巷，如有违犯，立将该猪羊屠宰，以可作屠户手工，余肉发还本户。

二十、巡勇如有在街滋事及强买强赊、欠付物价，或于值班时私向铺内闲坐等，专许即扭送本坊局内，由局员查明惩办。

二十一、巡勇不许无故走入人家，如人家内有人斗殴及酗酒逞凶等事，自行劝解不散者，可向极近之巡勇声诉，嘱其将滋事人送局办理。

二十二、每月罚款核明榜示通衢，以昭大公。

二十三、清道应用车辆器具及夫役工食，均由局发，不另取民间分文，如该夫役敢讹索铺户一钱，准其扭送，即行革责。

二十四、如有冒充清道局员司、勇丁或口称清道局办事人，向铺户居民借端需索钱物，许立时指名禀控。①

从《汉口清道章程》内容的广泛性可以看出，清道局实际上承担起了广泛的卫生管理职能。此后不久的汉口警察局就是以清道局为基础创立的，这也从侧面反映出卫生管理是当时警政的重要职能。1904年，由于汉口清道局经费困难，而清道夫役又人手不足，官方下令将之前的每段十二名巡勇裁撤三名，所节省的经费则用于添募清道夫以应时需。② 清末时期武汉三镇的清道夫承担着城市清洁的职能，其人数和工资的增减随着警政经费的多寡而发生变化，详情见表3.3。

表 3.3　　　　　　清末武汉三镇清道夫人数和工食钱表

| 年份 | 清道夫人数（人） | | | 清道夫工食钱 | |
| --- | --- | --- | --- | --- | --- |
| | 武昌 | 汉口 | 汉阳 | 武昌 | 汉口 |
| 1902 | 198 | | | 银元 5702 元 8 角 2 分 4 厘 | |
| 1903 | 312 | | | 银元 10119 元 8 角 2 分 | |
| 1904 | 310 | 267 | | 银元 12663 元 7 角 2 分 | 钱 198 串 165 文 |
| 1905 | 290 | 159 | | 银元 2369 元 7 角 5 分；钱 6095 串 300 文 | 钱 398 串 165 文 |
| 1906 | 300 | 179 | | 钱 12927 串 870 文 | 钱 368 串 454 文 |
| 1907 | 300 | 300 | | 钱 13122 串 600 文 | 钱 382 串 190 文 |
| 1908 | | | | 钱 19798 串 363 文 | 钱 10501 串 200 文 |
| 1911 | 300 | 254 | 26 | | |

资料来源：武汉市荣环境卫生志编委会：《武汉市容环境卫生志（1900—1995）》，藏于武汉市档案馆，1997年，第70页。

---

① 《令严清道》，《申报》，1903 年 11 月 19 日。《示兴清道》，《申报》，1903 年 11 月 22 日。

② 《汉皋玩月》，《申报》，1904 年 6 月 6 日。

由表 3.3 可知，清道夫人数与经费总体上都随着时间的推移而有所增加，但有些年份的人员与经费却较之前有所减少。这实际上反映的是清末由于经费不足而导致有些年份的清道夫有所裁减的状况。

1908 年 3 月，湖北巡警道设立后，首任巡警道冯启钧便于湖北警务公所内设卫生科。冯启钧委任县丞徐道恭为卫生科长，具体负责湖北全省公共卫生的监管、传染病的预防监督、防疫督查管理、医药行业管理等事宜。在清末湖北专业卫生防疫机构缺乏的情况下，警察实际上承担起了官方的卫生与防疫的社会职能。湖北警政当局的卫生行政管理领域主要涉及公共环境卫生管理、防疫管理和医药行业的管理。

警察对公共环境卫生的管理。城市的环境卫生不仅关系市容市貌而且关乎卫生防疫和传染疾病的防控，它包括道路的清洁、沟渠的疏浚、菜场、公厕、澡堂、饮用水、垃圾、污水、客栈、娱乐场所等的管理。1902 年武昌警察总局颁布的《鄂垣警察章程》就有二十四条，对涉及公共卫生的内容都有明文的规定。[1]

由于经费紧缺，湖北警政当局自认无力应付全部卫生事宜，故唯清道一项事务尚属办有成效。1908 年，湖北警务公所在给民政部奏报办理卫生事务情况时陈述道："唯清道一事武汉尚有效果，其他事项均限于财力，故尚阙如。"[2]

武汉警政当局对公共厕所和私窖的管理也取得了一定的成效。公共卫生基础设施薄弱，特别是几乎没有公共厕所，人畜粪便都需要人工来运输和处理。因此，对运输和处理粪便窖夫的管理便成为警方的重要职责。据皮明庥先生考证，在 19 世纪初的武汉三镇有专门负责粪便运输和处理的窖户 1125 人，其中包括武昌 586 人、汉口 418 人、汉阳 111人。[3] 人口的快速增长和缺乏有效的管理致使武汉三镇人口密集的地方私窖卫生环境脏乱不堪。私窖多建在人口密集之处和交通便利的地方且

---

①　《鄂垣警察章程》，《申报》，1902 年 6 月 10 日。

②　《巡宪调查公共卫生事》，《汉口中西报》，1908 年 1 月 28 日，转引自路彩霞《辛亥前后的汉口公共卫生管理》，《城市史研究》2011 年第 27 期。

③　皮明庥：《近代武汉城市史》，中国社会科学出版社 1993 年版，第 125 页。

多十分简陋，窖户因只希望通过售卖粪便以获取利润，故卫生观念十分淡薄，这对于公共环境卫生多有影响。湖北警政当局曾计划在武汉三镇推行私窖改公和官方出资修建公厕的厕所官营尝试，具体办法是警方通过出资收购私窖和修建公厕，将三镇的公厕都纳入公共管理的范畴。1908年，巡警道冯启钧仿上海成例，出资购买汉口延寿寺、定坊庵附近两处私窖，委托仁纪公司改建成新式的公共厕所。① 同时，冯还派员调查汉口各地其他私窖厕所情况，拟通过购买的方式将私窖厕所收归官办。警方的计划威胁到民间私窖粪业的利益，故遭到强烈反对。以窖户叶茂顺为首的四十余名代表赴江汉关请愿，要求官方颁发公厕行业章程并发给公厕样式图纸，以便窖户自行建造并自行办理经营，明确反对官办。② 巡警道冯启钧坚持官办有利于公共环境卫生，后因购买私窖耗资颇巨而警政经费困难乃拟延期办理，后冯被参去职，此项计划最终作罢。但通过警方对私窖的管理，武汉三镇的公厕卫生环境普遍有所改善。同时警察对于明令禁止的不良卫生习惯加以告示，对违反者进行惩罚，例如若有当街便溺者，一经发现便罚款小洋银两角以示之惩。③

1903年，沙市警察局开办后，警政当局对城市街道卫生的管理也屡见成效。沙市警察局为加强对警察的管理和明确清道夫的责任，于"每一地段必悬一小牌，标明警察勇某人，清道夫某人，俾市人一望而知设，遇事故不至互相推诿，其法可谓善矣"④。沙市每值水果上市唯甘蔗最多，摊贩市民往往将甘蔗渣皮随意倾倒路面，于沙市街面卫生多有影响。针对这种情况，警察局制定并张贴告示规则三条："一、各乡种户先在田中将蔗根、蔗稍削去方准卖与贩户，准其加价以作酬劳之费；二、贩卖甘蔗者应备篾筐一只收拾皮渣，收摊时自行送僻静地方倾弃；三、游行之人食蔗吐渣须在墙角堆弃一处。以上三条违者或罚或

---

① 《巡宪允准清厕要政》，《汉口中西报》，光绪三十四年四月初二。
② 《官宪批驳颁给厕所建造章程》，《汉口中西报》，光绪三十四年五月十六。
③ 《便溺罚款》，《申报》，1902年9月16日。
④ 《荆沙人语》，《申报》，1904年9月5日。

责，决不宽贷。"① 经过警方的努力，沙市街面卫生状况大为改观。

警察对卫生防疫的管理。早在1902年武昌警察总局成立后不久，就面临着武汉一带时疫流行的威胁，警察局总办梁鼎芬下令在局内开设诊所，招聘名医专治感染时疫之人，并贴出告示于当年的农历六月初六日开诊。② 警察局诊所面向普通百姓接诊后反响良好，由于前来就诊的人数越来越多，警局诊所不堪重负。梁鼎芬乃令警局刊发卫生传单解析时疫流行的缘由，散发给民众阅读，普及卫生知识以期起到预防的作用。警局所发传单内劝解居民从五个方面加以注意：一选食物、二保身体、三慎饮水、四洁宇舍、五慎起居，传单最后明示如果百姓果能谨遵五训，疫疠或可因之而轻。③ 疫情稳定后，警局诊所随即裁撤，但此后便形成了警局每年在夏季天气炎热时疫渐兴之时于各段分局开设医局以惠病人的传统。④ 时疫流行之时，为解决贫苦之人求医问药的困难，武汉警政当局遵从鄂督之令，乃在各路警察局开设施医局，贫民求诊不取号金，免费施药以求造福一方。⑤ 警察局限于近代专业医学人才的缺乏，一般警察往往在时疫蔓延之时束手无策。为提高警察的专业防疫知识水平，1903年，署理湖广总督端方延请日本医学专家神保君到武汉警察各局讲授防疫之法。⑥

清末的武汉曾爆发了数次重大的疫情，警政当局在疫情中发挥了重要的作用。1908年，长江流域爆发了严重的疫情，其中以武汉最为严重，大量的居民在瘟疫的肆虐下丧生。据湖北警务公所记载，仅1908年6月25日前往武昌城区内各警局进行问诊的病人就多达349人，其中东局53人、西局86人、南局41人、北局23人、中局21人、上下局共115人。⑦ 面对来势汹汹的疫情，湖北警务公所严令武汉所辖的十

① 《沙渚秋鸿》，《申报》，1903年11月6日。
② 《著手成春》，《申报》，1902年7月21日。
③ 《警局发刊》，《申报》，1902年7月24日。
④ 《警局施医》，《申报》，1903年8月4日。
⑤ 《庾楼抱爽》，《申报》，1904年8月4日。
⑥ 《军医讲疫》，《申报》，1903年9月1日。
⑦ 《记疫》，《汉口中西报》，光绪三十四年六月二十九。

二个分局格外注意卫生并广施医药以求于控制疫情。① 同时，为防止疫情进一步扩散，警政当局下令取缔赛龙舟②、中元灯会③等聚众性的活动。警局还拨出专款 800 串文和部分警察的捐款雇用夫役，会同各处善堂将散落于长春观、落架山等处因感染时疫亡故而无人认领的露尸浮棺集中迁葬。为安定人心，巡警道冯启钧亲自督率警察、夫役认真打扫街道和制备药物以及避疫药水沿街遍洒以加强防疫。④

　　湖北警政当局为防止疫情进一步发展，乃制定并公示防疫章程，加派各警局医生施医送药，号召居民通过打扫卫生、开通沟渠、喷洒药水等举措以御疫情，同时申明禁止露宿，如有不遵即按照违警处罚。

　　一、各局加聘医官。查拟章程，各局延医官二人。现因时症繁兴，每局加聘医官三人，午后仍有医官在各局施诊。如有急症不能赴诊者，报明后即由医官往诊。

　　二、施送救急药剂。本公所现配就辟瘟救急各种药剂，分发各专局施送，如有猝得急症者，无论早晚可向各专局领取。

　　三、加意打扫地方。查时症发生，渣草熏蒸亦致病之由。现谕清道委员督率扫夫，无论僻街小巷打扫干净，以绝微菌之源。

　　四、禁止露宿。居民畏暑贪凉，往往在外露宿连日，阴寒之气中于不觉，霍乱诸症即因之而起，宜厉行禁止，勿贪一时之凉爽，致染后来之疫症。如有不遵者，即以违警论。

　　五、开通各街沟渠。污水潴积易生微菌，省垣沟渠年久失修，致形淤塞者。本年雨水过多，常泛滥淹没街衢。惟现值夏令，一经翻动，臭气上腾，于卫生大有关碍，俟秋凉后一律请款疏浚。

　　六、遍洒辟秽药水。公共厕屋暨街头巷尾小便等处，不免秽

---

① 《巡宪宣示卫生禁条》，《汉口中西报》，光绪三十四年七月初六；《巡宪注重卫生警察》，《汉口中西报》，光绪三十四年八月初三。

② 《巡宪禁送龙船》，《汉口中西报》，光绪三十四年四月二十七。

③ 《警务公所严禁灯会》，《汉口中西报》，光绪三十四年七月二十五。

④ 《警局巡警道清道防疫》，《申报》，1908 年 8 月 25 日。

气，现议由各局遍洒辟秽药水，以消疠气。①

根据湖北警务公所对各警局诊所接诊病人数和各局辖区疫毙人数的调查统计，到 1908 年夏，因这场时疫病故的人数如下：武昌城区内上局 500 人、下局 600 人、东局 300 人、西局 180 人、南局 270 人、北局 190 人、中局 100 余人。② 另据当时的媒体披露这场疫情导致武汉疫情病亡人数统计如下：

一、西厂口至魏家巷共死三百余人。

二、陆军第八镇右旗共死百三十余人，左旗共死四十余人。

三、保安门十字街一带共死一百余人。

四、通湘门附近一带共死二十余人。

五、宾阳门内共死八十余人。

六、花堤至豹头堤共死三十余人。

七、营防口得胜庙共死三十余人。

八、大朝、小庙两街共死二十余人。

九、红墙、广福坊、司湖，共死百六十余人。

十、粮道街至巡道、棋盘街共死七十余人。

十一、沙井营坊、候补街、四衙巷共死五十余人。

以上共死一千余人。现下花园上一带，疫气方甚，尚未调查总数。③

由材料可知，1908 年的时疫浩劫于武汉的损失是很惨重的，同时由于警方的努力又在一定程度上减少了时疫所带来的损失。

武汉的疫情基本控制后，警局又对武昌城内外贫穷人家给予救济，救济户分为极贫和次贫两类，极贫每户恤银四两，次贫每户恤银

---

① 《警局防疫章程》，《申报》，1908 年 8 月 10 日。
② 《武昌警局死人之最近调查》，《汉口中西报》，光绪三十四年七月初十。
③ 《鄂垣时疫死亡人数》，《申报》，1908 年 8 月 24 日。

三两。①

1910 年，由东北爆发的鼠疫疫情迅速扩散到武汉，湖北警政当局采取了多种措施严防疫情，取得了明显的成效。湖北巡警道会同江汉关道禀准鄂督，在汉口火车站旁的刘家庙设立防疫公所。该公所建有房屋六百间，配有军医、外国专业防疫医生和职业女医生，为此官方专门划拨防疫经费三万两。② 同时，警务公所禀请鄂督联络民政部和京津要员，委派医生前往京津火车站查验来汉的乘客，以示慎重。③ 为切断鼠疫传播的渠道，鄂督令署理巡警道黄祖徽晓谕武汉居民制备捕鼠用具，凡捕获老鼠一只即可至各警局领取铜元二枚。④ 在湖北当局和警方的努力下，这场浩劫一时的鼠疫灾难在武汉得以严控，大大降低了损失。

警察对医药行业的管理。官方对近代武汉医药行业的管理出现在清末，当时没有医生资质和从业的考核标准，主要是中医比较普遍，西医尚未普及，在民间庸医和伪药害人性命的事情时有发生。1907 年，鄂督札谕警局严令庸医不得挂牌营业、伪药不得入肆。⑤ 同年 7 月，鄂督秘派人员访查庸医伪药，并严令如有发现即行拿办。⑥ 据皮明麻先生的统计，1910 年前后武汉三镇共有医户 917 家、催产户 142 家。⑦ 医生开办医院须经警察当局核准。1909 年，湖北留日医科毕业生汪正闿禀请鄂督陈夔龙，拟在武昌调查局内开设卫生会。鄂督以卫生一事，于个人身体健康、国民之程度发达皆有关系，且亦为地方自治之要点，乃以关系重大为由，特饬调查局会同警察局核查。⑧ 1911 年，医生洪金鼎向巡

---

①　《督宪饬拨疫户恤银》，《汉口中西报》，光绪三十四年六月十九；《巡宪宣示抚恤被疫户口银两数目》，《汉口中西报》，光绪三十四年十一月二十二。

②　《汉口防疫事》，《大公报》，1911 年 2 月 20 日。

③　《武汉防疫之周密》，《盛京时报》，宣统三年二月初四。

④　《汉上亦起鼠疫恐慌矣》，《申报》，1911 年 2 月 6 日。

⑤　《巡宪宣示卫生禁条》，《汉口中西报》，光绪三十三年七月初六。

⑥　《巡宪取缔医药》，《汉口中西报》，光绪三十四年七月初九。

⑦　皮明麻：《近代武汉城市史》，中国社会科学出版社 1993 年版，第 668 页。

⑧　《禀办卫生研究所》，《大公报》，1909 年 6 月 6 日。

警道王履康申请在汉创设中华医院，由于种种原因，最终未获批准。①
由此可见，清末时期对医药行业的管理也是湖北警政的重要职能。

## 四、交通路政

　　警察管理路政交通的职能是顺应近代城市路政工程和交通的发展而
产生的，湖北警政创始之初便与路政交通有着紧密的联系。1902 年，
在武昌警察总局颁布的《鄂垣警察章程》中就对道路、沟渠、招牌、
街棚、路灯、车辆、瓦木、建筑等涉及路政交通之事有明文规定，并将
其直接纳入警察的管辖职能范围之内。② 湖北警政当局管理路政交通的
职能主要体现在修建和维修道路、安设和管理路灯、维护交通秩序、审
批和规范建筑标准等方面。

　　在行政体制上，警察局整合归并马路工程局的业务，进一步加强了
对路政交通的管理。清末新政期间，武汉城区兴起了筑路高潮，特别是
租界一带修筑了一些马路。伴随着经济的发展和人口的增加，汉口地区
的后城马路等纷纷建成，为加强管理，官方在汉口、武昌成立马路工程
局专办路政管理业务。1906 年，汉口马路工程局所管辖的城垣马路共
有八段十七棚，每棚有勇丁两名、油灯夫八名、清道夫十三名。③ 民政
部成立后，尚书善耆就提议拟将各省的马路工程局裁撤，其应办之事责
成警察局办理，不另付薪金而节靡费。④ 1908 年，巡警道冯启钧详禀鄂
督赵尔巽，称马路局所办之业务纯属警察性质范畴，恳请将马路局撤并
于警察局后改派警察站岗巡查以统一事权。⑤ 1909 年，陈夔龙督鄂后以
经费困难为由乃归并马路局于警务公所建筑股内以节省开支。⑥

---

① 《巡警道知谕医院难舍之理由》，《汉口中西报》，宣统三年闰六月十六。
② 《鄂垣警察章程》，《申报》，1902 年 6 月 10 日。
③ 《马路工程局之调查》，《申报》，1906 年 11 月 15 日。
④ 《巡警道兼管路政》，《大公报》，1908 年 5 月 23 日。
⑤ 《汉口归并马路局》，《中外日报》，1908 年 1 月 13 日。
⑥ 《马路局归并警务公所》，《时报》，1909 年 3 月 30 日。

　　警察修建和维修道路。1903 年，武昌大朝街到宾阳门一带的马路因年久失修而致道路崎岖不平，武昌警察局总办梁鼎芬下令警察局赶紧修补道路以利行人并限期开工。① 1904 年，在武昌本属低洼之地的芝麻岭被填高修建菜场后，临近的街心道路因地势更低极易积水，每当阴雨之际过往行人都不得不趟水前行。武昌警察总局为解民困，乃拨款于当年的四月初六日开工改造低洼之涉事马路。② 1904 年，汉口大智坊清道局鉴于夏口厅境内道路崎岖、一遇阴雨天气道路积水即可没过行人脚踝的状况，乃设法筹集资金后委派把戎袁春山督率人夫认真修缮道路，使得夏口厅内的路况大有改观。③ 1908 年，马路工程局裁撤归并警察局后，巡警道冯启钧为筹措路政经费，与官钱局协商后拨款六万元经费作为管理和修筑马路之用。④ 此后，武汉地区马路的修建和维修都在警政当局的主持下统一筹划和实施。

　　警察安设和管理路灯。武昌警察总局建立后就有专责管理燃点路灯的官员和专业警勇。1902 年颁布的《鄂垣警察章程》规定："安设路灯以照行人，既经捐有警察经费，不另取民间一文。"⑤ 1903 年 8 月，原武昌警察北局充任管点路灯差事的周光宗守戎被调任外城警察局任事。⑥ 1904 年，鄂督为推广电灯，下令武汉所有重要路段未通电之处一律添设电杆。⑦ 1903 年，宜昌警察局创建后不久即负责在城内外及西壩河东西两侧按照灯杆编号架设路灯数百盏，并于当年的十月初一一律点燃以利行人。⑧ 1904 年，沙市警察局开办后，苦于经费困难，荆宜兵备道乃下令江陵县令拨灯捐作为资金以应时局，可见沙市警察局已有安设

---

①　《饬修马路》，《申报》，1903 年 3 月 28 日。

②　《江城笛韵》，《申报》，1904 年 6 月 2 日。

③　《鄂省官场纪事》，《申报》，1904 年 5 月 20 日。

④　《请款修筑马路》，《申报》，1908 年 5 月 15 日。

⑤　《鄂垣警察章程》，《申报》，1902 年 6 月 10 日。

⑥　《守戎改差》，《申报》，1903 年 8 月 18 日。

⑦　《汉上嬉春》，《申报》，1904 年 4 月 29 日。

⑧　《宜郡纪事》，《申报》，1903 年 12 月 5 日。

和管理路灯之举。① 1904 年，汉口警局因安设路灯向绅商收取的灯捐就达到每月两千余串。② 由此可见，安设和管理路灯是湖北警政当局重要的职能。

警察维护交通秩序。19 世纪末期以前，轿子在武汉三镇是常见的交通工具，在三镇的内街、沿江处、河道渡口等处常有轿点，居民出行租用轿子较为便利。③ 据资料记载，1880 年在汉口的租界出现了湖北地区第一辆人力车后，武汉三镇的人力车（亦称东洋车或黄包车）数量便开始大增，甚至人力车夫还成立了自己的行业协会。随着时间的推移，其他如小推车、马车、汽车等也都涌上了街头，加之街市繁盛之处人口密集，致使路政管理的问题不断涌现。1902 年，武昌警察总局在颁行的《鄂垣警察章程》中明文规定："街车、东洋车只准随到随行，不准沿街乱摆，争先驰逐，致碍行人，尤不准与人打架，违者罚。"④ 警察作为管理路政交通的执法者，实际上承担了维护交通的职责。湖北警政当局在颁布一系列交通规则的同时，也对违反交通规则的人员进行处罚。诸如交通规则规定一辆人力车只能载客一人，警察就对武昌司门口的一辆人力车载客两人的行为进行处罚，车夫被责打五十板、两名客人被各罚款小洋银二枚以示惩戒。⑤ 据 1903 年武汉警方的初步统计，武昌地区的人力车不下数百辆。一些人力车的车主为贪图利润，常将破败不堪的车辆滥竽充数，致使事故频发。为加强对人力车的安全管理，武昌警察总局便规定各车主每月拉车来局查验一次。⑥ 当时的武汉地区，货物一般运送进城依靠独轮小车推运，由于天长日久加之货物往往沉重，致使马路损坏比较普遍。武汉警政当局为此出示晓谕，禁止独轮

---

① 《沙市琐闻》，《申报》，1904 年 1 月 4 日。

② 《江汉炳云》，《申报》，1904 年 6 月 4 日。

③ 武汉地方志编纂委员会：《武汉公用事业志，1840—1985 年》，武汉出版社 1990 年版，第 29 页。

④ 《鄂垣警察章程》，《申报》，1902 年 6 月 10 日。

⑤ 《警察街道罚款》，《申报》，1902 年 9 月 16 日。

⑥ 《警察验车》，《申报》，1903 年 6 月 6 日。

小推车入城，并明令如有违章推入者，即将小推车充公。① 湖北警政当局虽颁有交通规则，但部分警察在执法中徇私枉法之事时有发生。武昌警察后局警察胡某因公用独轮小推车托运湖北警务公所年终赈济灾民的大米于武胜门正街往来推行，为某士绅以有损马路为由劝阻。孰料胡某竟以公事为辞且谓警章非为警察而设，并肆意谩骂该士绅，后警察胡某等人竟欲将独轮小推车自行推翻以诬赖该士绅。士绅受辱后投诉于警局正巡官但未被理睬，后又投诉于湖北警务公所。公所总务科长明令禁止后，该警察胡某才改用他车运送大米，但警察当局却并未惩罚胡某等劣警，遂引起绅界中人大愤。② 人力车捐是警局经费的重要来源，由于经费困难，警局一再增加人力车捐的缴纳数额，这引起了人力车夫的不满，甚至最终演变成人力车夫罢业的群体性事件。1907 年，汉口警察局以修筑马路经费不足为由，谕令增加人力车捐。汉口人力车本已数量过多，以致生意寥落，于是人力车夫不满警局增加捐税乃群相罢业。警务公所派警察前往弹压，后经公记车行士绅调停，事件终以依照旧章减人力车捐钱二十文了事，罢业人力车夫方才散去。③

警察审批和规范建筑标准。清末的武汉三镇居民房舍密布、街市栉比，居民房屋中不少又为木质结构，因此一旦出现火灾往往过街延烧造成人员和财产损失惨重的后果。警察局为疏通消防通道，便对修建房屋时街道的宽度等做出了一些规定。

> 凡临街房屋修建时，应让出官街三尺。即非失慎地方，但系改造房屋，无论铺面、住宅、公所，亦均应让出官街三尺。务令房主于事前禀报警察局，督同勘明较原造基址所让官街三尺确系相符，方许兴工，永为定例。倘有不遵，虽修成以后，亦必勒令拆卸。④

---

① 《禁止小车入城》，《申报》，1907 年 3 月 4 日。
② 《营弁即可不遵警章耶》，《申报》，1910 年 2 月 15 日。
③ 《车夫因捐罢业》，《申报》，1907 年 6 月 3 日。
④ 《1902 年武昌警察总局告示》，藏于湖北警察史博物馆。

在这份告示中，武昌警方明确规定，凡临街修建房屋时必须要让出官街三尺，以让出消防通道，如违规，虽房屋已经修建亦勒令拆除。这体现了武汉警方为注重消防而规范建筑物标准的尝试。

湖北警政当局除了管理路政交通的职能外还负责审批公共交通的运营。1909年，湖北留日学生张振艺有感于国外电车之便利，乃禀请鄂督在武汉首创电车。鄂督令巡警道冯启钧复议，冯以武汉街道狭窄，不易修筑电车轨道且电车在市区通行易于伤人为由予以拒绝。①

## 五、办理消防

清末时期，武汉地区的气候、地理位置、房屋结构、消防条件等，容易引发火灾事故，从而造成重大人员伤亡和财产损失。汉口以码头而兴，自开埠后内河航运贸易进一步发展，其外来居民临码头而居者很多，而居民房屋又多竹木结构，加之居所密集、街道狭窄，故一旦遇有失火即易形成燎原之势。史料记载的清代汉口火灾事故层出不穷，仅《中国火灾大典》记载的清代汉口较大的火灾就多达620起，位居全国之冠，至于其他零星的小型因火失慎之事就多如牛毛了。这些火灾的缘由有自然火害、兵火浩劫，但更多的是生活失火。武汉近代警察建立之前，三镇的消防力量主要有政府的军队和绅商主导的民间消防组织。清末三镇都有驻军，他们也有消防救火的职责，在民间则有士绅领导的笆斗局、水龙会等专门消防救火组织，与此同时各商会、善堂等也组织了一些救火会、水会。

　　考汉口水龙之设，创自清嘉庆年间，经咸丰乙卯发逆肆虐，汉皋荡为平地，盛举就湮。及收复后，棚户鳞次，尤虞火警。前郡守刘倡率绅商复置水龙，分布城镇各善堂、善局。绅商士民闻风兴起，相率举办，或由独力仔肩，或由众情集腋，均能恤灾捍患，踊

---

① 《武汉碍难创行电车》，《北洋官报》，1909年8月11日。

跃从公。此清宣统前地方遇警救患之情形也。①

由资料可知，清末武汉地区官方倡导的民间绅商自办性质的救火机构在消防中扮演了重要角色。

近代武汉警察机构创建后，官办消防主要依靠警察来负责，因此警察从创建起就担负了城市消防的职能。1902 年，武昌警察总局在颁布的《鄂垣警察章程》里就明确了警察的消防职责："防火。如有火患，本段局员、局勇全来救护，甚者，总局、他局全来，并由局勇督率，先将左右邻屋拆毁，开出火路，免致延烧多家。所拆者，事后查系实在寒苦之人，无力重造，由南北两头二十家助资造回。如不拆此屋，延烧必多，所费何止此也。"② 1907 年，巡警道冯启钧上任后，有鉴于警局内消防力量不足的现状，于警务公所内创办消防队，招募勇丁数十人分别派驻各段逡巡以应火患。③ 1908 年，湖北警务公所建立，其行政科内设有消防股，专司全省消防事宜。武汉三镇水网密布，遇到水上船只失火，湖北警方往往缺乏专业的水上消防船只而使救援效率大打折扣。1910 年，鄂督瑞澂令湖北布政使和巡警道从汉口扬子机器制造公司订购两艘水上消防救火船，每艘船只价值为一万九千五百两，船身长六十三英尺、宽十二英尺、深六英尺，速率十海里，遇有火灾即可于水上、岸边开机喷水救助灭火，其性能较为便利。购船经费由签捐、彩票局、副票盈余项下动支，按期移交巡警道照付，如有不敷即在款生息项下补给，此举表明鄂督和湖北警政当局以弭火患而重消防的态度。④ 湖北警政当局注重对建筑物防火标准的管理，以教育居民提高防火意识。1902 年，《鄂垣警察局章程》就对涉及消防安全和救火的事项作了规定："街棚，席棚、板片易引火，不准搭盖，此后准用布棚随时收

① 吕寅东、侯祖畲：《夏口县志・建置志》1920 年铅印版。
② 《鄂垣警察章程》，《申报》，1902 年 6 月 10 日。
③ 《警局添购消防队》，《申报》，1907 年 12 月 5 日。
④ 《鄂督水上消防之规划》，《申报》，1910 年 12 月 19 日。

卷，违者仰令拆去。"① 从规定中可以看出，警方为注重消防进行了初步的布置，既有防火的预防举措，也有具体救火的机构人员、防止火势蔓延的办法和灾后补救的措施。1906 年，武昌警察总局贴出告示，要求临街房屋修建时，应让出官街三尺以畅通消防通道而利救火：

### 武昌警察总局告示

武昌警察总局为出示禁止事。案奉湖广总督部堂张札开：照得武汉三镇，地广人稀，街道窄狭，民间一遇失慎等事，往往过街延烧，纵有各衙署、局所、善堂等处水龙竭力灌救，而市房栉比，触处障碍，以致施救为难，动辄延烧多处，向使街道宽广，何至救护无从措手。亟应严定章程，此后遇有失慎地方，凡临街房屋修建时，应让出官街三尺。即非失慎地方，但系改造房屋，无论铺面、住宅、公所，亦均应让出官街三尺。务令房主于事前禀报警察局，督同勘明，较原造基址所让官街三尺确系相符，方许兴工，永为定例。倘有不遵，虽修成以后，亦必勒令拆卸。即日由该局刊刷告示，遍贴通衢，俾家喻户晓，以弥火患而卫民生。除行北臬司、汉黄德道外，合亟札饬。札行该局，即便遵照，务需实力奉行，随时稽查整顿，勿少疏忽迁就等因。奉此。合行出示晓谕。为此示仰军民人等一体知悉，嗣后尔等修造房屋，务需遵照，先赴本总局报明，听候查勘，确系让出官街三尺，方准兴工。如敢违抗，定即带局究惩，并勒令拆卸。勿违。切切特示。光绪三十二年闰四月。②

从这则告示中我们可以看出，武昌警察总局为应对消防救火隐患而对临街居民建筑做出必须让出官街三尺规范的要求，这是警察履行消防职能的体现。

---

① 《鄂垣警察章程》，《申报》，1902 年 6 月 10 日。
② 原件藏于湖北警察史博物馆。

　　湖北警政当局在全力参与消防灭火、追查起火原因、分别火灾事故权责的同时，也注重对灾后灾民的抚恤救济。1902 年 8 月，武昌城发祥巷黄姓官宦之家失火，警察局勇丁闻火而动，并全力施救，加上失火处临近学堂，故很多学生也奋力救火，由于人多且施救及时，最终火势很快被扑灭，户主房屋也只是烧毁两个屋角。① 1902 年 10 月，武汉三镇的察院坡礼德公米店、粮道街德鑫钱店、水陆街某姓家同日于晚间先后不慎失火。闻火警后，警局立即出动巡勇协助民众将火扑灭。事后警察将两个店主和某姓三人带至警察局，警察局总办金鼎乃曲予矜全，言明失火缘由虽是自不小心造成，但客观上也是天时久旱所致，最后三人每人被罚款洋银二十元方免深究办。② 1905 年，汉口发生大火，火势借着风势前烧至陶家巷口夹街，后烧至后堤满春茶园为止，上烧至埠提庵，下烧至福建庵为止，共烧毁四五千家之多，且以贫民居多，大火共造成两百多人丧生。火灾发生后，汉口警察局除派人参与救火外，还加强对失火区域的巡逻，当场拘捕趁火打劫的匪徒六十余名，并全部关押收监。警察还将奋不顾身从火势中抢救出来的衣物等物品集中堆放，并派人看守以待失者领取，同时警察还积极倡导地方士绅捐款捐物帮助和安置灾民。③ 此次汉口大火后的灾情非常严重，当时的署湖北布政使梁鼎芬亲自前往灾区考察情况，并于事后禀陈鄂督筹款抚恤。④

　　湖北警政当局参与和履行消防职能的努力取得了一些成效，一定程度上保护了百姓的生命安全，减少了百姓的财产损失。当时的报刊媒体刊登湖北警察当局消防救火、灾后抚恤的新闻时有所闻并给予较高的正面评价。湖北警方设立官方消防机构，制定并实施消防规则，引导消防的宣传、预防、施救，注重火灾后的救助与抚恤等各种尝试，表明了官方对公共安全消防事务的重视，也标志着政府的公权力参与城市社会公

---

① 《鄂垣火警》，《申报》，1902 年 8 月 31 日。
② 《鄂垣火警》，《申报》，1902 年 10 月 29 日。
③ 《汉口大火志》，《申报》，1905 年 11 月 10 日。
④ 《梁署臬振恤火灾》，《申报》，1905 年 11 月 14 日。

共事务管理的进一步强化。

# 小　　结

　　晚清以来，湖北社会秩序失范，政府原有的治安体制已是纰漏百出且运转效率低下。清政府开始引入西方警政制度而创办警察，以期建立新的社会治安防控体系从而引导社会秩序走入正轨。同时，官方也希望通过警政制度的引入强化政府的公权力对社会的控制并达到长治久安的目的。湖北警政当局在行使警察职能的过程中通过警察参与社会事务的方式来加强对社会的管理。警察局在打击犯罪、管理户籍、抚恤游民、监查报刊与社会结社集会、规范和管理市场秩序、管控黄赌毒等方面取得了一定的成绩。同时，警察当局还在涉及近代城市市政建设管理的卫生、路政、交通、消防等方面积极介入并发挥作用。警方的这些举措在某些方面改善了城市的生态环境并影响了居民的生活习性，这表明政府的公权力对社会公共事务参与的加强和政府管理社会职能在基层地方事务中的扩展。但我们也清晰地看到，由于新旧交替时期的湖北警察在数量、经费、自身素质、执法理念等方面的缺陷，湖北警政当局在参与社会管理事务中也出现了很多问题，在某些方面遭到了百姓的抵制和反对，甚至引发了群体性事件。

# 第四章　湖北警民关系的考察

警察执法活动主要面对的是底层社会的普通民众，因此警察与民众的关系是影响警政建设效果和发展的重要因素。清末湖北警政推行期间，警察群体与民众的关系既有依存、合作也有冲突与对抗，这也从侧面反映了湖北警政建设的成效与困境。

## 第一节　警察的合作者：士绅

自鸦片战争以来，随着中国传统社会开始向近代社会转型，作为中央政府的清廷日益衰微，国家权力对地方事务的干涉相对减弱。地方精英扮演了各种活跃的角色，他们的经济、政治势力和社会影响持续增长，甚至在一定领域内与国家权力相争而导致冲突。在民间绅士和商人的推动下，传统的"公"① 领域呈现扩张趋势。在近代城市社会中，"公"领域扩张的重要标志之一是各种城镇公益事业的首次制度性整合。② 19 世纪特别是最后二十年，处于国家官僚之外、在城市服务和社

---

① "公"领域实为公家政权与基层社会广大中间过渡地带，它上同国家政权相粘连，下连接由家庭、家族和商铺、作坊等组成的"私"社会，与西方近代早期的"公众领域"不同，中国传统"公"的领域中，国家与社会关系主要呈现出一种合作协调的倾向。马敏：《官商之间——社会剧变中的绅商》，华中师范大学出版社 2003 年版，第 231~232 页。

② 参见马敏：《官商之间——社会剧变中的绅商》，华中师范大学出版社 2003 年版，第 233 页。

会福利中逐渐扩张的武汉地区"公"领域的发展体现为地方精英群体在城市公益事业领域中扮演着更为积极而突出的角色。他们建立的各种善堂、会所组织数量不断增加，① 并越来越主动关注整个社会生活，积极参与城市建设，在城市警政、消防、治安、救生、卫生、社会救济等诸多方面发挥越来越重要的作用。

1887 年，武昌知府李有棻在论及士绅在处理地方事务的作用时曾写道：

> 所以收其利而杜其弊者，不外委绅得人之一法。而得人之妙用，又不外由迩以及远，由彼以及此。现于城内设立总局，择各乡正绅夏建寅等十人总习其事……县凡三乡，为里者四十八，为屯者十三，为州者一，各举二绅或三绅，统谓之里绅，悉为总局所遴选，分司各里、各屯与州之事，复各有保正以供奔走，造册以十户为牌，立牌长，十牌为甲，立甲长，大族则更立族长，皆统于里绅。总局复统各里绅而督率之。颇有指臂相使之势。②

在材料中，李有棻以委绅得人誉为办理地方保甲有所成效的重要条件，基层地方保甲制度作用的发挥主要也是依赖于地方士绅的操持。因此，地方治安秩序的维持在很大程度上取决于地方士绅所办理的保甲组织。

清末时期，士绅是官方办理地方警政重要的参与者。关于士绅与地方警政的相互关系和特殊作用，时人赵征宇在《改良地方警察应以绅士为主体评议》一文中多有论述：

> 自吾国之兴办警察也，于今数年矣。立宪诏下，促地方警察之

---

① 据罗威廉的研究，汉口的善堂组织主要出现在同光之际。建于道、咸年间的善堂共 10 间，仅占汉口善堂总数的 29%。而建立在同光年间的善堂数达 25 间，占总数的 71%。

② 李有棻：《武郡保甲事宜摘要》卷 1，《督同江夏设局举办保甲禀》。

成立也，又一年矣。而成效之卓著者，仅见于二三冲要之都会。其所谓地方警察者，或只规则略备，或只形式之粗成，求一完全之组织应地方之需要者，盖尤尤乎其难之！一二贤有司，劳精敝神，以求警务之发展，非不殷殷其望治也，而财力既苦于支绌，地方绅士又不能透彻警察与人民间重要之关系，故往往持破坏主义，以阻其进行。而彼未受教育之巡警，又不善活用警权，墨守警察之成法，与人以种种不便，或超轶于范围之外，侵犯个人之自由。因之非难之声，一倡百和。军学界之少年喜事者，更时恃其团体之团结，号召多数以抑制少数，为不规则之举动。坐是，地方警察之甫有端倪者，经此屡屡挫折，所谓萌蘖之生，斧斤又从而伐之者……捐除此恶因，以求完好之善果也。敢为地方士绅一详述之。

一、宜提倡警察之知识也。孟子有云，巨室之所慕，一国慕之，则知地方之风气应视一方绅士之倾向为转移，而在今日，则其影响尤有甚焉者。咨议局之选举也，自治会之选举也，惟士绅乃具备完全之资格焉。故凡地方之兴一利、除一弊，士绅之言论实能左右地方全体之意思，而统一其不齐之见解。教育之兴也，实业之兴也，地方应有之事，一一竭其提振之力而鼓吹之，士绅固未遑多让焉。而独于保护治安、防御危险之警察，特度外置之者，此盖由我办理地方警务诸君，不能呈圆满之状况，或更有以招地方之一切恐怖、猜忌、怨恨诸恶感，遂令士绅亦无从为力乎？不然，何地方警察之思想至今犹未能普及也，以先知觉后知，古人有明训矣。吾窃愿地方士绅之有以振发之。

二、宜筹划警察之款项也。考各国警察之制度，有中央警察与地方警察之别，中央警察之费用则以国库支办之，地方警察之费用则以地方之积益金支销之。吾国丁此过渡时代，国家税与地方税之界限尚未有统一之规定，然既属于地方警察，则一切费用自以地方之供给为主体，而由官力辅助之。颇闻各地方之兴办警察也，因公家财政之支绌，以致停滞不前，或稍稍敷衍其面目，而藉口于经费之无从筹措。夫值此百度更新、公私交困之际，吾亦何敢苛责地方以求公用之取赢，但警察性质为保全地方生命财产重要之机关，果警察之设备完全，则地方人民于暗默中自能增进其福利，以视地方种种公益及其他慈善事业，其缓急轻重之序，明眼人自能见之。吾又愿地方士绅之知所先务也。

三、宜解释警察之嫌怨也。凡地方兴办一事，其宗旨所在苟为众人之所共谅，则两者间之猜忌自然消泯于无形，况警察一役为地方任保护之责，则依赖信仰之不暇，而何至嫌怨之丛生？虽然，此其间亦自有辨。疲敝之习惯何地无之，一二之无意识者窟穴于其中也既久，一旦欲以警察之力铲除而廓清之，则因资以为利者不便其私图，以致牵动全局，至成为一哄之市而不可收拾，意中事也。警察之当局者，又不能善藏其锋，以表著其知机如神之智。故比年以来，警察之风潮日积日甚，其散见于各新闻中者，盖不可以曲指计矣。然苟使地方士绅能消患于未萌，清议之所主持，私力之所制裁，先有以除敝风而革陋俗，则不种恶因，自不生恶果，两方面之冲突度亦可以涣然冰释矣。是在我地方之士绅，绸缪于未雨之先而已。

综以上三者而观之，则地方警察欲不以地方绅士为主体也，得乎？依记者之所闻见，今日地方之明达士绅热心警察职务，持毅力以巩固其基础者，诚不乏人，然偏陬下邑，以士绅反对，或基于右记原因之一行，令地方警察之毫无成效者，盖未尝无其事也。要知警察占国家行政之一大部分，为立宪国之通例，乃者朝廷筹备宪政，则警察之推行，自不能随地方之爱憎以误其成立之期限。用敢抉择地方警察诸受病之由，而与我地方士绅一商榷其补救之策。有不以斯言为河汉，而着手于警察之改良者，则固我警察前途之幸，其实则仍为地方全体之福也。记者将拭目以观其成效矣。①

在材料中，作者认为警政是国家行政的重要组成部分，也是宪政的

---

① 《湖北警务杂志》1910 年第 2 期。

基础，然各地地方警政建设成效却寥寥无几。究其缘由，官方在推行地方警政建设时，未能发挥士绅的主体作用是导致警政建设成绩不佳的重要因素。同时作者强调，在地方警政建设过程中，士绅能在向民众普及和提倡警政知识、筹措警政经费、促进警民关系三个方面发挥较大作用，而这些将对政府推行地方警政建设大有裨益。纵观全文，作者反复强调士绅在推行地方警政建设中的特殊作用，实际上是将士绅视作警察的合作者角色。在清末的武汉地区，绅商在消防、救护、禁烟、治安、社会救济等方面一定程度上弥补了官方警政的不足。

民间士绅多有牵头集资筹办团防救火会、斗篷会等组织，它们在很大程度上弥补了官方之不足。

> 夏口一邑，人烟稠密，厥惟汉口偶一失慎，势成燎原，特置水龙，星奔扑救……前郡守刘倡率绅商集资复置水龙，分布城镇各善堂、善局。绅商士民闻风兴起，相率举办，或独立仔肩，或由众情集腋，均能恤灾捍患，踊跃从公。①

> 汉口商会日前开会公议，谓汉上近来匪徒出没无常，火警时见而警察照顾不暇，商界生命财产危险已积，非设立团防保甲，不足以资辅助。刻已议定章程，拟由商界捐款招募团防兵丁二百八十名、弁目九名，驻扎商会之内，以保卫市面，藉助巡警之所不逮。一俟详准，当道即行举办。②

这些由绅商发起成立的民间自助救火、防盗组织多由官方倡导、地方士绅支持、普通民众参与，对官方的警政工作起到了较好的辅助作用。

由绅商主导的民间消防组织在清末武汉的消防中发挥了重要作用，有力地弥补了官方的不足。1909年3月，汉口大夹街一带的绅商，仿

---

① 《中国地方志集成·湖北府县志辑·夏口县志·建置志》，江苏古籍出版社2001年版，第82页。
② 《商界组织团防之计划》，1908年6月22日。

照上海救火会章程，带头集资成立公益救患会，"以地方自治为宗旨，从救火、卫生、演说为人手办法"。由于效果良好，且影响日益扩大，不久，汉口其他地段的商民也纷纷仿效，成立以救火为宗旨的各类民间自治组织，如"公益救患会""公善保安会""永济消防会""郭乐保邻会""四区公益会""汉口慈善会""商防义成社"等①。1910年，汉口成立永济消防会，"专为研究消防，保卫治安起见"②。永宁救火会由绅商"群力组合而成，以救火清道为务"③。1911年4月，以上各会共同发起组织"研究消防、联络感情之总机关——汉口各团联合会"。武昌亦有类似保安会的消防组织，以善堂为中心，设置水龙，不过组织不如汉口各会健全，大体类似汉口传统水龙局。汉口各地段自治会都设有救火队长一职，一般由士绅担任队长之职，平时由队长召集本地段各店铺、行栈派出的店员、工人、学徒，组成义务消防队，时常加以训练。如成立于1910年的商防义成社，建有社所，所内陈设救火器具极全，内容完备，章法井然，附设操场，青年人早晚不时操演。救火队平时严正以待，一遇火灾，即星奔扑救，弭灾捍患。1906年，在湖广总督张之洞的授权和支持下，汉口大商人宋炜臣联合其他汉口富有商绅，在汉口后城马路张美芝巷口集资筹股，创建汉口既济水电有限公司。当时公司建造了一座七层楼41.32米高的水塔，同时在水塔塔顶建立消防瞭望台，交由当地的民办消防组织清和保安会派出瞭望人员4人，日夜轮流巡视。瞭望台设有铜质警钟一具，每遇火警，便敲钟报警。一旦瞭望人员发现有地段失火，则敲钟示警。具体办法是先敲乱钟30响，稍停，再按事先区域划分的9个地段敲钟报警。水塔上也挂标识示意，白天悬红旗、晚间挂红灯。水塔的建立极大地改善了武汉地区的消防环境。这些新组建的由士绅倡办的消防组织具备了近代民间消防治安体系

---

① 《筹设汉口消防队》，《湖北警务杂志》1910年第3期。

② 中国人民政协会议湖北省暨武汉市委员会编：《武昌起义档案资料选编》上卷，湖北人民出版社1981年版，第260页。

③ 中国人民政协会议湖北省暨武汉市委员会编：《武昌起义档案资料选编》上卷，湖北人民出版社1981年版，第257页。

的特征。

武汉江河密布，湖泊云集，民间居民落水遇险之事时有所闻，一些绅商自筹资金购买救生船只，以弥补水上巡警救援之不足。"救生局由敦实堂创办……邑绅戚席臣、周芸青、刘步瀛、刘晋侯创议筹款造红船二艘，常年上下弋游，遇险护救。"①

武汉当地的士绅出资修建保良所等机构后，联合警方设法解救和安置了一些被逼为娼的贫苦妇女。清末湖北社会动荡，不少因天灾人祸、贫病等原因被逼入烟花之地的女子生活十分悲惨。"汉阳职绅朱竹瞻君以现在灾民四散，难免无妇女误陷烟花情事，特具禀巡警道，拟在郡城修德、潜修、潜龙三善堂内附设保良所，准被迫为娼之妇女前往呼冤，由绅董问明来历情节，移送警局设法安置，其中经费由士绅等筹措，无需官款，当奉巡警道冯观察批准试办。"②

1908年，禁烟运动兴起后，湖北各地的士绅还协助警方参与了一系列的禁烟活动。不少士绅在舆论方面积极鼓吹禁烟之必要的同时，还通过成立民间戒烟协会、出资修建禁烟机构、自费配制禁烟药丸免费发放等方式，积极投身于禁烟运动。"夏口厅金煦生司马因禁烟一事中外瞩目。业与商董孙筱甫、王芝舫、宋伟臣诸君议定，共同筹款创建戒烟善会，并由前商会协理刘歆生捐助地皮六千方为会所之用，会所未成以前暂假商会为议事处，并定于十八日开会请各公所、善堂、会馆董事捐以经费以期持久。"③

罗威廉认为，社仓、普济堂、育婴堂、清节堂和善堂等非官方公共机构的建立，"使地方非官僚人物逐渐增加了权力，产生了官方政策的批评者"④。尽管地方绅商在"公"领域中发挥了重要作用，但仍受到官方的制约。特别是到了新政时期，为了加强国家控制从而削弱对地方

①　《中国地方志集成·湖北府县志辑·夏口县志·建置志》，江苏古籍出版社2001年版，第82页。

②　《警道准办妇女保良所》，《申报》，1910年5月11日。

③　《官商合办戒烟善会》，《申报》，1909年2月10日。

④　[美]罗威廉：《汉口：一个中国城市的商业和社会（1796—1889）》，江溶、鲁西奇译，中国人民大学出版社2005年版，第183页。

绅商的依赖，政府在"公"的范围内建立了很多新式的机构，慢慢将这些领域的实际控制权从绅商个人之手转到政府控制的机构手中。但国家向地方绅商让权的总体趋势并未改变，到辛亥革命之时，权力从政府转向绅商则表现得更为显著。

新政的陆续推进致使官方的财政支出持续增加，政府对绅商的依赖程度进而显得越来越重，士绅的"公"权力渐有加强的趋势。以警政经费为例，湖北警政开办之初，政府需要绅商的捐税和舆论支持。随着湖北新政的开展，政府各种捐税负担逐渐加重。湖北商民多有向总督署请求减免和整顿捐税之举动①，社会对捐税抱怨不断，"命令下来，征集印花税和军需开支，不考虑人民的负担能力。所有这些，都是在无人敢反对的一片改良的喧哗声浪中进行的……但是，绝大多数的新政仅是赝品，我们尽其所有的千百万钱财花掉了，却没有得到一点实际报偿。这样的新政，仅仅是一个蒙蔽我们的弥天大谎，以此作为由头来经常榨取我们的财富而已"②。面对这些情况，湖北官方于警政经费方面，亦做出过一些让步。例如，警方曾发布免除小户房捐的告示，"警察局免去小户房捐。照得省城警察局经费，抽收房捐充用，以该户房租核计，按租价十捐其一，主客各半，收取数百文以至二百文不等，历经该住户遵纪无异"③。同时，由于警政的扩张和腐败等原因，官方对民间的警政捐税不断激增。再者，因警方的无能导致社会治安无序，士绅的合法权益很难保证，为此一些绅商通过举办商团一类的武装以自卫④，但却为官方所压制⑤。甚至原来由民间绅商出资开办且富有成效的清道局也

---

① 张之洞：《批汉镇商帮等禀商力困惫商情未舒一案》《批道员庄庚良呈茶商条陈》，苑书义等主编：《张之洞全集》卷164，河北人民出版社1998年版，第4721、4739页。

② ［美］周锡瑞：《改良与革命：辛亥革命在两湖》，杨慎之译，第146页。

③ 张之洞：《咨府院查复牛皮捐章程》，苑书义等主编：《张之洞全集》卷164，河北人民出版社1998年版，第4739页。

④ 《汉口商人妥筹自卫政策》，《申报》，1910年1月7日；《商界组织团防之计划》，《申报》，1908年6月22日。

⑤ 《鄂督不以商团为然》，《申报》，1908年1月21日。

被官方强令归并改办警察，而改办后又日益腐败，这些都招致很多绅商的不满。① 1907 年，汉口警察局曾因经费支绌，不得不依赖于绅商而将警局改为官督商办。② 在湖北地方基层州县和广大村镇，士绅更是拥有代表官方向民众收取警捐的权力。一些士绅通过谋取警政权力以提高自身的政治与经济地位，这实与政府办警的初衷相违背。

囿于警政人才与经费匮乏的困局，清政府对士绅参与警政活动基本持肯定的态度，然官府允许和鼓励士绅参与警政建设，但并非完全放权于士绅，而是将士绅局限于"但助官力，不侵官权"的范畴以内。③ 为鼓励地方士绅积极帮办警务，1908 年清政府下令"各省绅士所办乡村巡警，一年成绩准照三年请奖"④。每遇士绅与官府因争夺警权而发生冲突之时，当地士绅通常采取拒缴警捐等经济手段和直接上访、通过当地自治机构申诉弹劾等政治手段对警政当局施压抗争。一些地方士绅素质良莠不齐，其中虽不乏热心警政、品行良正之人，但一些劣绅充任绅董而获取警政权力，从而鱼肉良民而挟私自肥。源于士绅的警政腐败容易使地方百姓怨恨丛生，甚至酿成民变。针对此种情势，清政府亦严令"务当慎选牧令，善用士绅"⑤。1907 年 12 月，清政府因各省州县乡镇警政全赖由巡董维持，而巡董多由市侩劣绅把持而窒碍滋生，乃下令派员赴各省会同巡警道实行整顿，以甄别巡董是否具有任职之资格和是否有把持局务的情状。⑥ 关于湖北基层州县乡镇士绅与警方的冲突，当时的媒体多有报道：

> 湖北宜昌郡城警局坐办舒直牧承荫，因欲加抽警捐，未与该地议事会商榷，又拟裁郡城内外保甲局以扩充巡警，致宜郡全体绅乡

① 《绅商要求改良警察》，《申报》，1905 年 4 月 6 日。
② 《警政改归绅办之先声》，《申报》，1907 年 6 月 21 日。
③ 《劝办广东全省警保总局章程》，《振华五日大事记》第 6 册，1907 年 5 月 11 日。
④ 《四月中外大事表》，《汇报》第 985 号，1908 年 6 月 6 日。
⑤ 金毓黻编：《宣统政纪》第 37 卷，宣统二年六月丁酉。
⑥ 《民政部拟甄查各省巡董》，《大公报》，1910 年 12 月 30 日。

齐与为难。又因舒直牧咨责为绅造谣之地甲，诸绅谓巡警无刑人之权，遂以违章苛捐、滥刑无辜等词，陈请咨议局核准纠举。瑞制军当札饬宜昌川监厘局李道孺查办。舒直牧以此后事愈棘手，自愿交卸。李观察以舒直牧办事不无操切、绅亦迹近把持等语，禀复到院。瑞制军特饬巡警道将舒直牧撤差，并饬警道会同宜观道酌察情形，迅将保甲局裁改警区，不准劣绅把持。①

汉口巡警定章，凡遇失火，无论巨细、已未成灾，向由巡警局分别情节轻重，酌量罚办。乃本月初七日，小夹街袁震和调锻号失慎未成，照章应传火头讯罚。讵有四段商防保安会出面阻止，函致巡警局，谓查明该号并未保有火灾，实系大意失慎，经会员公拟薄罚六串文呈缴前来，并称此举为维持治安，变通办法起见，嗣后传讯火头，应由会中审查公议。又谓保安会宗旨，原辅地方行政所不及，各段业已实行。警局总办严令愈当查各段保安救火会立案章程，载明专讲自治范围，不得违背法律，只有祛除灾患之条，并无准其罚办火头之语，是以据情禀请警道核示。黄警道以保安会均属自治团体，其办理救火事，只能于平日研究弭火之法，临时尽其救济之责任，至事后惩罚该火头一事属行政，断非该会所能干预，若此风一开，实于警察行政大有滞碍，特移请汉口总商会转饬各该保安会，此后不得逾越范围，凡关于警权以内之事仍由警局直接办理，以专责成而清界限。惟各保安会以巡警罚办火头，每施其鱼肉手段，商民实不堪其扰，已选开会议，仍欲争获此议罚权云。②

从材料可知，清末湖北基层不少地方存在着士绅与官方争夺警政权的博弈。警政当局对士绅通常是采取既利用又控制的方式，这就不可避免地侵犯了士绅的某些利益。因此，清末湖北地区的士绅不仅在捐税等经济领域与警方抗争，还不时与政府争夺对警政的控制权。第一段材料

① 《警务官绅冲突下场》，《申报》，1910 年 11 月 21 日。
② 《保安会侵越警权之争执》，《申报》，1910 年 1 月 14 日。

中，宜昌士绅因反对警方加抽警捐和裁撤保甲局以扩充警政的举动而与警局坐办为难，士绅的纠举行为甚至惊动了鄂督瑞澂。最终鄂督将宜昌警局坐办撤差的同时，严令不准地方劣绅把持地方警政。第二段材料中，汉口地方绅商主持的消防组织保安会与汉口警方争夺行政处罚权。湖北署理巡警道黄祖徽虽重申保安会属于民间救火组织，不得逾越警方行政处罚权，但保安会仍然欲与警方争夺行政处罚权。

19世纪最后十年，各地商团、商会如雨后春笋般建立，成为绅商在社会领域地位不断加强的重要体现。最早的这些商团、商会一般与官方都有着千丝万缕的联系，基本受官方的控制。如1898年成立的汉口商务总局，其总理为候补道程仪洛、王秉恩，机构宗旨是"以开发商智、联络商情为要义"①，各商董基本上亦为有官方背景之人。绅商虽对政府控制的手段多有不满，然因限于实力亦无可奈何。

20世纪初，清政府在预备立宪基础上颁布了《城乡地方自治章程》，武汉地区的地方自治局、自治研究会、自治研究所等地方自治机构在政府的授意下纷纷成立。与此同时，武汉的民间团体与自治机构也纷至沓来。据考证，1909年到1911年，汉口的自治团体和机构，如自治戒烟会、自治会、保安会、邻济保安会、化布街商防义成社、汉口公益救患会、永宁救火社、清真自治公益会、小董家巷筹办地方自治会、仁寿宫四段保安会、四官殿至堤口商防保安会等相继成立，总计类似机构超过30个。这些机构后联合成立了汉口各团联合会。这些组织多以治安、消防、慈善、卫生、救济等为宗旨，其主要成员以商绅和城市居民为主，其内部组织通常选举产生正副会长、书记员、评议员、会计员、调查员。凡涉及自治区域内的公益、救助等事宜，均唯该组织是从，这类似于城市基层政权的雏形。清政府则希望控制联合会再发挥其职能。1911年，作为官商共议的汉口市政会成立。其以巡警道为该会议长，由汉口警政人员中选16人作为警方的议员；以汉口各商会董事为议董。官商代表，每月举行常会两次，讨论汉口警方职责内有关公益

---

① 《中国地方志集成·湖北府县志辑·夏口县志·商务志十》，江苏古籍出版社2001年版，第138页。

等事宜。① 汉口市政会作为官方与绅商联合的市政管理机构，起到了融合官方与民间市政管理的效果，显示出汉口市政管理体制趋向近代化的特征，同时也反映绅商权力的扩张，地方商绅对警政干预的加强。

辛亥革命期间，武汉地区的绅商在维护地方治安秩序等方面发挥了重要的作用。武昌首义爆发后，清政府的警政机构解体，警政人员不断逃亡，湖北军政府所创立的湖北临时警察筹办处力量又严重不足，地方治安秩序一度混乱。武汉绅商以维护治安为由，纷纷建立保安会将地方秩序管理权归并到自己手中。在汉口，以蔡辅卿、李紫云等为代表的绅商，组织商团巡缉土匪而保治安，以辅湖北临时警察筹办处力量的不足。在汉阳，绅商张仁芬、万昭度等人在武昌起义后，"组织商团，维持秩序，借以辅助官力所不及"②。在武昌，商会总会长吕逵先联络柯逢时、汤化龙等要员和保安社以卫武昌地方之秩序，"经众人推举柯逢时为总绅，设事务所二，一设山前武昌会，一设山后武昌医院，共设十一处"③。武昌起义后，社会治安秩序大乱，汉口各商团联合会召集联络二十二个团体，出资出力协助革命军以卫地方秩序，④ "士绅李国镛等联名赴部呈请倡办保安社，以为防火、防盗、自卫计"⑤。湖北临时警察筹办处对此评价："照得起义以来，军务倥偬，地方治安混乱。幸赖官绅与各社团互相担负省垣内外保安。各社分段成立，凡有关于公共安宁之事，靡不殚精竭虑，设法维持，故人民之仓皇出走，逃窜他方，而房屋、家具赖以保存无失者，不一而足，弥莫善于户尽悬

---

① 《汉口商团保安会纪略》，武汉市工商局档案资料。转引自马敏：《官商之间——社会剧变中的绅商》，华中师范大学出版社2003年版，第266页。

② 中国人民政协会议湖北省暨武汉市委员会等编：《武昌起义档案资料选编》上卷，湖北人民出版社1981年版，第243页。

③ 中国史学会编：《辛亥革命》（五），上海人民出版社1957年版，第174页。

④ 中国人民政协会议湖北省暨武汉市委员会等编：《武昌起义档案资料选编》上卷，湖北人民出版社1981年版，第245页。

⑤ 中国人民政协会议湖北省暨武汉市委员会等编：《武昌起义档案资料选编》上卷，湖北人民出版社1981年版，第276页。

灯，募夫巡夜，以补济警察力之未逮，行之数月，无贰无虞，功效昭垂。"①

由此可见，到清末最后十年，武汉地区已经初步形成了一种新的权力配置，政府权力在不少市政管理层面的官方与半官方行动中的作用已有明显降低的趋势。一个以行会为主体的、实质层面上的市政管理机构已逐步形成。绅商阶层自 19 世纪后期在社会中的作用不断提高，使绅权在 1911 年的革命政治危机中得到了全面的发展和表现。

## 第二节　湖北警民冲突考察——以 1908 年汉口摊贩罢市风潮中的警民冲突为例

中国近代城市化的演进导致城市经济的多样化，摊贩作为城市中非正式经济②和非正式就业③的典型群体，给城市带来了快捷、便利的服务和生机勃勃的街头文化，但同时也带来了城市管理和治安控制等方面的社会问题。晚清警察成立于城市近代化初期，对非正式就业人群管理经验显然不足。1908 年的汉口摊贩罢市风潮这一群体性事件的直接起因便是摊贩与警察的冲突，风潮最终虽在官府和商绅的联合调解下得以平息，其间警政腐败、地方政府反应迟钝、处置手段生硬、舆论疏通不灵等问题反映出中国城市近代化初期市民社会的群体诉求与政府市政管理的矛盾。

---

① 湖北省博物馆编：《武昌起义档案资料续编》，中国文史出版社 1991 年版，第 427 页。

② 非正式经济这一概念由经济学家哈特第一次提出，从广义上说，非正规部门由以为有关人员创造机会和提供收入为根本目的而从事产品生产和劳务的单位构成，其特点是组织水平低，作为生产要素的劳动力和资本之间基本没有分工，生产规模小。

③ 非正式就业相对于正式就业，是指具有非正式的雇佣关系、未进入政府监管体系、就业性质和效果处于低层次和边缘地位的劳动就业。

## 一、1908 年的汉口警政与汉口摊贩

1861 年开埠以来，汉口作为传统的码头城市，伴随着贸易的发展、流动人口的剧增，城市面积的扩大，成为当时经济发展较快的华中重镇。1908 年，日本驻汉口领事水野幸吉描述道："与武昌、汉阳鼎力之汉口者，贸易年额一亿三千万两，凤超天津，近凌广东，今也位于清国要港之二，将进而摩上海之垒，使观察者艳称为东方之芝加哥。"①

据 1908 年的统计，夏口厅共有 47941 户，人口 244892 人，人口密度达到了每平方公里 703.7 人，远远高于同期的武昌每平方公里 168 人和汉阳的每平方公里 210.1 人，而此时湖北省的平均人口密度为每平方公里 124.2 人。② 人口的聚集和地处交通要冲，使得经商成为不少汉口市民谋生的主要手段。湖广总督陈夔龙在论述清末汉口的商业繁盛与摊贩众多的景象时曾描述道："天下大镇四，曰河南朱仙、曰江西景德、曰广东佛山、曰湖北汉口。自丰工决口河流横啮，朱仙化为一片砂砾场，不成商市；景德但营业陶工一部分；佛山近海，市场较大，然据武汉上游。推内地商埠第一，莫如汉口，凡西南若滇若蜀，西北若秦陇、若豫晋，五方百货均奔辏于此，以灌输于东南。该镇背湖枕江，一线长提廿余里廛市鳞集，惟限于地势，凡细民无力居肆者，咸于肆旁设摊贸易不下千余家，均借此谋生活由来久矣。"③ "（汉口）仁寿、二上铺、田家坑地广数十号，贫民比屋而居，类皆负贩营生，朝出暮归，意颇自得。"④

城市化的进程不可避免地中断了一部分劳动力的传统谋生方式，加之西方列强的掠夺、本国政府与豪强地主的盘剥、天灾人祸相继而来，

---

① ［日］水野幸吉：《汉口——中央支那事情》，昌明公司 1908 年版，第 1 页。

② 参见谭崇台主编：《中国人口·湖北分册》，中国财政经济出版社 1988 年版，第 55 页。

③ 陈夔龙：《梦蕉亭杂记》，北京古籍出版社 1985 年版，第 21 页。

④ 《小贩失措》，《申报》，1902 年 6 月 22 日。

如此种种使得大量农村人口涌向城市以求得生活之机会。在城市里亦有很多人口由于经济凋敝、因病破产等因素而日益贫困化，最终演变成失业、无业的贫民和游民。对于他们而言，摊贩作为一种投资小、经营简单、流动性强、便于操作的谋生方式而成为理想的栖息之业，汉口地区的摊贩很多都是临近的乡民和城市中的破产失业者。然而摊贩流动性、分散性、随意性等特点与传统社会的治安理念和近代市政的管理要求是相背离的，这不可避免地带来了一系列的问题和矛盾。

20 世纪初，作为与武汉城市近代化相配套的现代化管理制度之一的武汉近代警察制度开始建立。1902 年 5 月，湖广总督张之洞裁撤保甲、绿营，在武昌创设警察总局，揭开了武汉三镇建警的序幕。1903年，张之洞改夏口保甲局为清道局，开始在汉口地区为建立新式警察队伍而做准备。翌年 10 月，夏口清道局更名为夏口警察局，同年，汉阳也成立了汉阳警察局。至此，武汉三镇的近代警察机构正式建立。①1907 年，依照清政府中央官制改革的旨令，湖北设立巡警道，统一管理全省警务事宜。

在武汉警政创建初期，摊贩便成为其管控的重点对象之一。1902年的《鄂垣创行警察示》中记载："（警察局）总以兴利除害，保卫地方为第一义，如开通沟渠、清理街道业已先后开办。"② 警方的管理方法是明令禁止货摊的任意摆放。"货摊，各项货摊俟菜鱼售尽，空出市亭再行摆列，不准仍摆街旁，违者罚；筐担，卖菜者、卖鱼者各挑至市亭售卖，南货、海菜、水果等铺，各种扁筐只准排列自己檐下，皆不准仍摆街旁，违者罚。"③ 警方对诸如十字路口等特殊路段则具文详令："凡遇十字路口及转弯所在，不准摆设货摊，其余各处摊子亦宜收束紧靠两旁屋沿，如食物摊子不准将板凳靠在街心，一面摆列小菜摊子只准尽一边靠屋暂设，不准两摆林列致碍行人，如违即由巡勇扭送，由局立

---

① 邹俊杰：《近代武汉警察制度发展简论》，《湖北警官学院学报》2013 年第4 期。

② 《鄂垣创行警察示》，《申报》，1902 年 6 月 9 日。

③ 《鄂垣警察章程》，《申报》，1902 年 6 月 10 日。

时驱逐，将来建造市亭成时，所有各摊应一律迁移入亭，不准在街摆立。"①

市政当局不仅采用令行禁止的法律方式，还辅以疏导的手段。政府曾指示警察局花巨资修建菜市场，为流动的摊贩营造固定的营业场所："街衢所设各项摊肆责令一律迁去，以免有碍行人。另于省城内外择空旷之处，陆设摊肆十六所，拟饬江夏县陈芥庵大令核度地势，筹款兴工。"② "省垣长街一带经鄂督张宫保筹款起造鱼菜熟食廊四所，小贩营生各早已纷纷迁入，惟因无定章，强弱互争纷纷不已。张督知之，现已饬警察总局厘订章程，俾归尽一而免向隅。"③ 但由于很多菜场、市亭修建在相对比较偏僻之地，人迹较少，于生意大有影响。另外，不少摊贩已经习惯了流动性的经营模式，陡然令其改变经营状态，一时便难以适应，故摊贩对此普遍抵制。据《申报》记载："鄂省开办警察事宜之后，即严禁各小贩当街摆设菜摊，嗣因市亭尚未落成，其禁暂弛，刻已一律工竣。署武昌府兼警察总办梁集庵太守因谕令各菜摊迁入其中，各菜摊主多置若罔闻，顽梗情形殊为可恶，不知太守将何以处之。"④ 警察不得不采用行政手段强令迁入。"日前警察局总办金峙生太守，以所造市亭无人顾问，拟饬省中各小押店一律迁入，违即发封。"⑤ 但这种禁令还是难以阻止摊贩在利益驱动下的流动经营，从而成为市政管理的难题和警民冲突的导火索。

## 二、汉口警民冲突之缘起

鉴于摊贩对市政管理的种种弊端，湖北巡警道冯启钧早已产生取缔之意。1908年4月，陈夔龙任湖广总督，适原任湖广总督赵尔巽调任

---

① 《严令清道》，《申报》，1903年11月19日。

② 《筹兴摊肆》，《申报》，1902年5月7日。

③ 《计书鱼菜廊善后章程》，《申报》，1907年1月6日。

④ 《鄂中人语》，《申报》，1902年7月2日。

⑤ 《拟迁小押店》，《申报》，1903年2月23日。

四川总督，交接打点完毕，赵尔巽拟从武昌去汉口的各国领事馆拜会后即从汉口乘船赴川就任。于是"巡道冯观察因赵制台起程往川，到汉时须登陆往各处辞行，深恐街道狭窄，马车不能行驶，又于十二晨由电话传谕警察一局、二局、四局，迅将各货摊驱逐，一时各该局地段内货摊均各歇业"①。摊贩原以为只是暂时取缔，待风头一过即可重操旧业。三日之后，各小贩正待复摊，怎知冯启钧传令系永久取缔，由此舆情大愤，警民矛盾一触即发。

陈夔龙也有记录："适巡警道冯观察启钧锐于市政，早欲将镇中摊市一律肃清，而又未曾预择广漠之场。为移此就彼之计，遽闻某制军来镇拜客，将计就计传谕合镇一律拆摊清道，以备大府贡临，摊商以为暂时拆卸，不得不遵守。时已三日，群拟回营生理，冯观察又传谕摊经拆去不准再设，另各择地谋生，于是大拂商情。"②

为执行巡警道冯启钧的命令，从 1908 年 4 月 11 日起，汉口警察局便开始知晓沿街摊贩，拟将摊贩取缔。《时报》记录道："汉口警察因奉警察道命令切实整顿清道事宜，遂于本月十一日传谕沿街肉鱼、小菜、熟食以及各项杂货等摊，概行撤去。十二日，又由专局正巡官率领区员哨弁人等，逐段驱逐，勒令立刻迁徙。"③ 巡警道为取悦官长，甚至不惜滥用武力粗暴执法，导致冲突不断升级。"二局委员何守贤操切从事，临时勒驱货摊，更有武弁金开山用斧示威，至动众怒，流氓地痞从而滋闹。"④ 流氓、地痞、无赖平日素来早已忌恨警察，见此时机不由从中蛊惑煽动、造谣生事，以挑起事端。正好"警察三局出示永远取缔该管街道货摊，凡卖熟食、鱼肉、菜蔬、京广杂货者，概令迁于大火路、硚口、存仁巷、静室庵四处交易，以便让宽街道，并申明准于十四日实行其事。各小贩以警局所指定之地过于偏僻，无异绝其生路，已跃

---

① 《志汉口摊贩风潮》，《申报》，1908 年 5 月 16 日。
② 陈夔龙：《梦蕉亭杂记》，北京古籍出版社 1985 年版，第 28 页。
③ 《时报》，1908 年 4 月 19 日。
④ 《时报》，1908 年 5 月 5 日。

跃欲试"①。加之"（三局）该局巡丁不善弭乱，反将滋事之人带至分局，以致群相鼓噪，破扉而入，大肆强暴，并遗火烧毁寺屋一所"②。

更多的摊贩采取了请愿的方式来申诉。适逢赵尔巽在汉口会客，见此情景，众摊贩即拦阻申诉、呼求做主。"群执香向有司衙门请求复业。某制军是日仍复拜客，易舆而骑，正驰驱市中，众商遮拦马首呈诉……某制军一见众商拦阻，勒回马头拼命狂奔，竟驾扁舟而逸。众商见其飞奔示怯，一时人声鼎沸，相率穷追。镇中无业游民做多，所谓大摆队、二摆队者不下千余人附和滋事，焚烧抢掠纷扰。"③

赵尔巽的胆怯、逃避和不作为的态度，使得摊贩的不满情绪更为高涨，参加罢市的人数和冲突的烈度都迅速增加，事态逐渐失控。"及至赵制台乘轮赴宜，各小贩重理旧业，忽被巡警干涉，谓系永久禁止。群情大愤，遂于十四日下午聚集数千人，头插香枝，分赴巡警局、汉关道署、夏口厅署、都司署及武昌鄂督署要求弛禁。"④ 在此紧急关头，巡警道冯启钧不得不下令暂时放弃取缔摊贩的指令，出面安民道："此事系由警局误会，今制台已去，毋庸让宽街道，尔等各安生业，照常贸易，勿得聚众滋事。各小贩闻谕后，多有散去者。"⑤

到了 4 月 14 日晚间，原本事件已得到了控制，然而"惟三局地段内各小贩，因见各局境内均可照旧，不无怨望，仍在途煽惑，聚集万余人，至夜间九句钟时已途为之塞。各店铺见势不佳，相率闭门。众人遂拥至警察三局，将局房打毁后，又将一二三四局一并拆毁"⑥。《时报》详细描述了这一过程："……而人则愈聚愈多，至八九千人之谱。忽然呼哨分途而去，将警察各专局、分区全行捣毁，站岗警勇遇之即驱，抛砖掷瓦，路断行人。"⑦ "巡士中之受伤者以三局为最，有罗景云、朱玉

① 《详志汉口摊贩风潮》，《申报》，1908 年 5 月 18 日。
② 《时报》，1908 年 4 月 25 日。
③ 陈夔龙：《梦蕉亭杂记》，北京古籍出版社 1985 年版，第 34 页。
④ 《详志汉口摊贩风潮》，《申报》，1908 年 5 月 18 日。
⑤ 《详志汉口摊贩风潮》，《申报》，1908 年 5 月 18 日。
⑥ 《详志汉口摊贩风潮》，《申报》，1908 年 5 月 18 日。
⑦ 《时报》，1908 年 4 月 19 日。

辉二人，在三局四区天宝巷被殴，罗之头脑竟被劈去，左边腰间亦有重伤；朱之头面则削去一半，二指亦劈断。"① "惟警兵则为乱民所不容，遇之即殴，头破血流，断筋折骨者比比皆是。是以四方奔避，鲜有见者。"②

暴乱抢掠的范围很快扩大到在汉的外国人。"十四日夜，忽有小贩五千人恃众闹事，捣毁各街商店，店伙受伤者不计其数，记日本商店亦几全毁，其势颇为猛烈，现有华兵一队、中国兵船数艘开来弹压，然仍无济于事。租界西人业以预备，设或势更凶险，外国兵船亦将至，现惟乱民乘机放火耳。"③

眼见情势已然失控，政府当局不得不下令当地驻军弹压，"各营兵丁负枪齐至弹压不散，直至（凌晨）两点钟时始渐平静"④。但由于当时的汉口驻军有限，武昌方面的援军亦一时难以抵汉，事态只是得到一定程度的缓解。

4月15日早晨，情势突变，局势骤然紧张。市面上传来谣言，"忽谣言大起，云官场将严拿首要，共有数百人之多，拟一一处之死刑。汉镇大小各商闻之，恐如此办理势必激变，遂于九点钟时一律罢市以避凶险"⑤。"十五日上午各店铺已开门交易，九句钟时，忽来流痞及小贩数千人，勒令各店闭门。有不及取下招牌及闭门稍迟者，悉被打毁……所有沿街卖熟食之店铺、米铺，均被抢掠一空，卖蔬菜之小贩一入街市，即被众人将担掀倒。"⑥ 暴乱人群甚至直接抢劫外国人在汉经营的店铺。"十五晨又堵截各铺不准开市。龙王庙河街有日本洋货店一二、泰信等数家启门挂牌，乱民蜂拥而至，被日人开枪乱击，立毙数名。然该店卒为乱民捣毁一空。所有日人男妇二十余口，均经兵队护送至关道署暂

---

① 《志汉口摊贩风潮再续》，《申报》，1908 年 5 月 20 日。
② 《时报》，1908 年 4 月 23 日。
③ 《志汉口摊贩风潮》，《申报》，1908 年 5 月 16 日。
④ 《详志汉口摊贩风潮》，《申报》，1908 年 5 月 18 日。
⑤ 《详志汉口摊贩风潮》，《申报》，1908 年 5 月 18 日。
⑥ 《志汉口摊贩风潮续》，《申报》，1908 年 5 月 19 日。

避。"① 由于部分地痞无赖等人的造谣蛊惑煽动，并且用暴力手段打砸小贩之摊铺、逼迫沿街店铺关门，从而刚刚稍有平息的局势再次失控。"所有该马路之路灯及所设之警棚全被打毁一空。沿街路灯、警棚、便桶，凡属警察敷设之物，无一存者。"② "各局巡士、巡勇自十五日遇变，一律逃散，惟留受伤者数名躺卧局中，呻吟不绝，目下沿途竟不见警局员弁一人。"③ 见此情景，巡警道和不少政府官员出面试图将人群劝散，但己身几不保，最后只能狼狈保命逃窜。"十五日十时，冯巡道由武圣庙赴三局弹压，众小贩竟将冯拦住，围之数匝，欲行野蛮手段，幸铁路营勇闻警赶到，始得护送至营。晚七句钟，复由省中各营保护出险。"④

## 三、1908 年汉口警民冲突之应对

面对突如其来的严峻事态，武汉地方当局亦采取了相应的紧急措施以期控制持续恶化的事态。

调集军队弹压。4 月 15 日，从武昌方面调动的军队奉命进入汉口地区配合当地军警弹压。"余远在武昌，闻警后立派张统制彪、黎协统元洪，各带军队驰往，先保护铁路电杆及一码头等处，与租界联属之地恐匪徒拦入界内，致烦交涉，又虑军队入市场滋惊扰。夙谂镇中商办救火会最得力，札令该会彻夜巡逻，以防未然。"⑤ 另外陈夔龙严令："各司道等大员皆渡江妥为弹压……一面檄调襄河、长江各水师炮船，分扎各码头，以期镇慑。"⑥ "当日除岸有陆军，各码头有水师炮船外，另有兵轮楚同、楚有两号，奉饬在汉沿江游弋，以防不测。"⑦

---

① 《时报》，1908 年 4 月 21 日。
② 《时报》，1908 年 4 月 23 日。
③ 《志汉口摊贩风潮再续》，《申报》，1908 年 5 月 20 日。
④ 《志汉口摊贩风潮再续》，《申报》，1908 年 5 月 20 日。
⑤ 陈夔龙：《梦蕉亭杂记》，北京古籍出版社 1985 年版，第 37 页。
⑥ 《时报》，1908 年 4 月 20 日。
⑦ 《时报》，1908 年 4 月 21 日。

加强舆论疏导。事变当日政府即贴出告示："略谓驱逐货摊，乃因赵制军在汉，有碍马车。刻下制军已经起节，着一律照常贸易，俟市亭修成后，再行迁徙云云。"为了强化对舆情的控制，政府当局在 14 日晚联络商会，"经商会各帮议董数十人连夜沿街开导，声称奉新制军手谕，命尔等各安业，照旧设摊，不得再滋事端……（15 日）午后陈小帅又致函商会总协理，嘱其传集各帮商董，劝谕开市，并颁发告示多张，沿途张贴；其时天又大雨，故市面尚无变动。十六日照常开市"①。鉴于情况紧急，商会将鄂督的紧急手令直接传达给各商户，"传谕商民切勿误会，所有招牌摊户一律照常摆设，各按生理，免于深究，切勿听信谣言，妄自惊疑，如敢不遵，定即查明，分别严办"②。各商董担心事态进一步失控而危及自身的利益，为了尽快平息此次风潮，一改风潮初期消极与政府当局合作的态度，此时亦积极谋划协助官方平息事态，他们向官方进言："此次万不可拿获一人，公家即无严办之意，亦不可打草惊蛇，以致复行惹起暴动。"③ 与此同时，在汉口的各国租界如临大敌，调集军舰和军队加强守备，以防暴乱蔓延至租界地面。

陈夔龙刚刚抵汉就任湖广总督，基本处于人地生疏的境地，他哀叹道："余指挥虽定，究以鄂省人心浮动，使者莅新未久，恩信未孚，将士能否用命均难臆测外，虽持以镇定私衷，不无惴惴。"④ 同时他又庆幸道："荷天公作美，由宵达旦大雨时行延至次日（15 日）午后始止，连江烽火乃为一雨洗净，兵气无光。"⑤ 歹徒在抢掠之时沿街放火，好在当时逢雨，故因火灾所受损失不大，否则以汉口屡受火患侵害之地，一旦火势蔓延，情况将一发不可收拾。经过政府当局的一系列软硬兼施的举措，加上从 14 日晚开始大雨如注，雨势一直持续到 15 日午后方止，抗议人群遂逐渐散去，风潮终得以平息。

---

① 《汉口中西日报》，1908 年 4 月 20 日。
② 《汉口中西日报》，1908 年 4 月 20 日。
③ 《汉口中西日报》，1908 年 4 月 20 日。
④ 陈夔龙：《梦蕉亭杂记》，北京古籍出版社 1985 年版，第 35 页。
⑤ 陈夔龙：《梦蕉亭杂记》，北京古籍出版社 1985 年版，第 35 页。

## 四、汉口警民冲突之善后

罢市风潮平息之后，官方亦采取了相应的善后措施。

惩处相关煽惑滋事匪徒。在处罚肇事者的过程中，官方将摊贩与煽惑鼓动之匪棍地痞区别对待。摊贩一般为争取生计之摊户，在罢市过程中基本能坚持和平情愿，故当局为维护社会稳定，缩小打击面，最终只是将煽惑滋事的匪徒加以惩处。"十五日上午各店铺已开门交易，九句钟时，忽来流痞及小贩数千人，勒令各店闭门。有不及取下招牌及闭门稍迟者，悉被打毁，闻主使之人实系巨痞韩老六等。"① "汉埠摊商滋事拆毁警局一案前由夏口厅拿货熊狗子、徐富狗、刘老五、金二得等十余人。嗣因其中牵涉之人甚多，大半取保开释，惟将熊、徐、刘三犯解省，金二得等仍收厅监候讯。现闻解省三犯已由首县援照地棍滋事例，将倡首之熊狗子永远监禁，刘、徐二犯各予监禁二十年。乃爰书已定，而该犯又攀出张才喜、何锁等人。昨日夏口厅已派差将张拿获，听候严办。"② 后各为首肇事之人亦被陆续缉拿归案，并分别判处有期徒刑，当局用杀鸡儆猴的方式来达到以儆效尤之效果。

处分责任官员。鄂督陈夔龙在给军机处呈送的奏折中写道："……此次滋事在冯启钧饬迁货摊，系为保护地方治安起见，与警章本无不合，惟既未别筹小民贸易场所，事先亦未据禀报，遂行出示迁理，未免草率，应将该道先行记大过三次，仍责成妥办善后，安静地方……夏口厅同知金世甫于四月十三日到任，惟究属疏于防范，亦应一并记大过三次，以示薄惩；江汉关道桑耀珊于本管地方商民情形未能察觉，致酿事端，亦难辞咎，惟后筹维补救尚能尽心，请从宽记大过二次，仍有夔龙随时督饬藉观后效。"③ "（汉口警察局）三局巡官撤差，仍记过三次，

① 《志汉口摊贩风潮续》，《申报》，1908 年 5 月 19 日。
② 《汉口拿获滋事匪首》，《申报》，1908 年 9 月 7 日。
③ 《鄂督惩戒官员》，《申报》，1908 年 5 月 26 日。

停委二年。"①

抚恤受伤员警。事变中汉口警察局人员和财物损失颇为严重,"摊民打毁警察各局损失各物约计共值一万余金"②,警察在事件中"断筋折骨者。比比皆是"③。因警察三局损失最巨,为安抚警察的情绪,事后湖北巡警道冯启钧发布谕令,对有关警察进行抚恤:"一、第三局三区烧失衣物等件查明筹补;二、第三局所正、所总暂回堂休息;三、过江警卫之所正、所总暨巡警一律捐贴慰劳;四、第三局受伤之所正、所总,俟医痊后挨次提升,不幸而成残废,永远助恤。"④

赔偿日商损失。在本次事件中,由于暴徒的趁火打劫,部分日商损失颇巨。"日本店铺之被毁者,除泰信外,一为回春药房、一为河西药铺,并有店伙二人身受重伤,其余若前田洋行、一二洋行、东益洋行,亦略有损伤。"⑤ 为避免国际纠纷,经湖北当局与日本驻汉口领事协商,并现场勘查核实日商损失后,由湖北政府当局从官钱局的经费中赔偿白银三万二千余两。"汉口摊户滋事,所有受损之日商各店,会经关道会同张镇军与该国高桥领事,估计偿银三万二千余两已录前报。兹悉鄂督以札官钱局总办将偿银如数发交,日本高桥领事以便转发各日商了结此案。"⑥ "汉口华界各日商店因此次摊户滋扰,所受损失已由鄂督派员会同驻汉日领事高桥君将所损实数查明,议以三万二千四百六十六两为赔偿之费,已在汉口行户商捐项下先行拨交,日领事传集被损各日商分摊。"⑦ 在此次事件中各日商及个人所获之赔偿数额详见表4.1。

---

① 《时报》,1908 年 4 月 23 日。
② 《汉口中西日报》,1908 年 4 月 19 日。
③ 《时报》,1908 年 4 月 23 日。
④ 《汉口中西日报》,1908 年 4 月 19 日。
⑤ 《志日商损失》,《申报》,1908 年 5 月 20 日。
⑥ 《汉口日商赔款实数》,《申报》,1908 年 6 月 5 日。
⑦ 《时报》,1908 年 4 月 23 日。

表 4.1　　　　　　　　**1908 年汉口摊贩风潮中赔偿日商损失表**

| 赔偿日商和人员名称 | 赔偿数额 |
|---|---|
| 泰信洋行行主　植村金吾 | 一万八千九百一十一两五钱六分 |
| 鸭川分行行主　鸭川明治 | 七千八百四十两 |
| 川西洋行行主　川西长次郎 | 一千八百两 |
| 日德洋行行主　三木君 | 八百六十四两 |
| 浅井洋行行主　浅井梅松 | 一千四百四十两 |
| 尾崎洋行行主　尾崎源太郎 | 三十二两四钱 |
| 高桥弥五郎 | 一百八十两 |
| 高桥弥七郎 | 一百零八两 |
| 今木由松 | 一百四十四两 |
| 高桥列宗 | 二百一十六两 |
| 林木夕个 | 一百四十四两 |
| 潜田次郎 | 一百二十九两六钱 |
| 荻野藤吉 | 九十九两 |
| 广田丰次郎暨渡边传五郎 | 共得银五十七两零五钱 |
| 日本领事馆调查员办公费 | 五百两 |
| 共计 | 三万两千四百六十六零六分 |

资料来源：《汉口日商赔款实数》，《申报》，1908 年 6 月 1 日。

## 五、汉口警民冲突之总结与反思

　　鄂督陈夔龙在事件平息之后给清廷的奏折中总结道："鄂省之汉镇为数省水陆通衢，市廛尤极繁盛，巡警道冯启钧因该处街道狭窄，火警频繁，意在推行警章，廓清街市，因所饬所有商户摘去碍路招牌，沿街摆摊售物，小民一律将摊迁徙，户均已遵办。惟摆摊者多系贫民，人数甚众，一经迁摊，并无他处市亭可资买卖，即恐顿失生计且疑警局藉此夺其权利，群情不顾迁议，遂于本月十四日约同赴局求免。适有地方棍痞，闻之此事，趁机拨弄。"① 陈夔龙将此事归咎于棍痞的煽惑，看似不无道理，实则有失偏颇，究其直接原由乃为警察平日仗势欺人，摊贩商民人等早已心生不满，临事警察又简单粗暴野蛮执法，激起群愤所致。当时的舆论对警察处理事态失误之处指出："此次摊户始而集议至百千人，嘈杂至两日之久，巡勇岂有不知？是未发之时，不往报局阻禁，其误一；拥而上街跪香、打毁各棚及路灯，局所又岂未见？不知报局阻止，其误二。"② 当时在汉口的警察加上其他各种军事力量人员可达三千余人，如处理及时完全是有能力将风潮平息于萌芽阶段。由此可见，警方没有及时向政府当局通报情况以致耽误了此次事件的处理，进而导致事态愈演愈烈，并最终演变成群体事件。再者，当局没有及时疏通舆情，给造谣生事分子以可乘之机。风潮初期，政府仅仅以张贴告示的方式公告讯息，加之告示的出台从酝酿到出示的流程缓慢，政府亦不时因出尔反尔致使公信力下降等原因，故简单的张贴告示这种传统方式已不能适应事态发展的紧急态势。后期政府通过商会，借助商绅出面，来传递政府信息以平息谣言和安抚民众的情绪，从而达到疏通舆论的目的，最终控制了舆情，使风潮得以平息。

武汉警政管理不善、警察的腐败和警方简单粗暴野蛮执法直接导致此次风潮的发生。湖北巡警道冯启钧，"（于）巡警章制毫不讲求，信用私人，纵容劣弁，徇利忘义，厚自封殖，驯致所谓保卫商民之巡警反以扰害商民，扰害商民且不足，复波及于往来行旅，人言藉藉，群相指目……所辖之员弁长士则统计殆三千人矣，所委人员大都不由学生出身，非候补之牧令，即绿营之旧弁，下至游民劣役，大都窟穴其中，直以警卫之区视若逋逃之地，岁费二十万巨款以养此无用人才，又不加意教练以致警政不修，诸多废弛"③。此次直接导致摊贩罢市风潮中的"二局专办何守贤大令系市侩出身，平常好以官派凌人，又喜刑杖小

---

① 《鄂督之反思》，《申报》，1908 年 5 月 26 日。
② 《汉口中西日报》，1908 年 4 月 19 日。
③ 《鄂督参劾冯启钧》，《申报》，1910 年 5 月 28 日。

窃"①。"此次汉口摊商肇事,起于二局委员何守贤操切从事,临时勒驱货摊,更有武弁金开山用斧示威,至动众怒,流氓地痞从而滋闹。"②二局清道委员金开山,"率同多人持有巨斧等件,如摊户收歇稍迟,即用大斧捣毁或用锯断招牌,各摊户婉言相求,金反以为众人畏己,益复肆行其野蛮手段,击人毁物无所不至,以故大动公愤,演出恶剧"③。风潮平息以后对相关官员的处罚中,当时媒体亦愤愤不平地评论:"此事起于二局,而累及三局。然事平之后,三局巡官撤差,仍记过三次,停委二年;二局巡官则竟逍遥事外。说者谓是张统制彪之私人,故得免于参处。然武汉警界中多为之不平,有拟各具禀为方鸣冤者,恐亦无补大事云。"④ 可见当时的湖北警政已是日渐腐化。

1908 年 4 月的汉口摊贩罢市风潮后,汉口警政亦随之陷入窘境。自事件之后,巡警连日不敢上岗,"摊户异常恃横,大街摊货竟摆在街心,行人异常拥挤。河街一带丐者无数,较之从前巡警站街时景象为之大变"⑤。原来相对平静的社会秩序因缺少警察的执法监管而陷入混乱无序的状态。"汉口巡警自摊民滋事之后,异常腐败。各店铺所认缴房捐亦抗不完纳,虽经出示催缴,遵者寥寥。"⑥ 武汉警政经费本已亏空甚巨,如若各商户拒不完纳捐税,汉口警务当陷入绝境。为缓和危机,巡警道冯启钧委托商会劝谕各商户照常缴纳捐税,以免警务中辍,然效果并不理想,警察当局为此一筹莫展。摊警交斗之时,汉口警察当局人员和财物损失颇为严重。除伤残各警员以外,各巡士均有损失衣物等件,加之警局、警棚、电灯等俱被毁坏,需资金加以修复。冯启钧无奈,向鄂督陈夔龙申请酌加薪水,"汉口警察局各局专办,定章月支薪水钱五十串,值此米珠薪桂,颇难自给。巡警道冯少竹观察,现已禀准

---

① 《申报》,1908 年 5 月 20 日。
② 《志汉口摊贩风潮再续》,《时报》,1908 年 5 月 5 日。
③ 《汉口中西日报》,1908 年 4 月 20 日。
④ 《时报》,1908 年 4 月 23 日。
⑤ 《汉口摊贩罢市风潮余闻》,《申报》,1908 年 5 月 23 日。
⑥ 《警政棘手之一斑》,《申报》,1908 年 6 月 20 日。

鄂督陈小帅，每月加支改为一百元以资办公"①。警察与摊贩交恶，其必然的结局就是两败俱伤，得不偿失。

摊贩将城市非正式的空间作为谋生场所的根本原因在于城市化导致人口的空间流动加剧，但由于经济发展水平低下等原因，城市对人口的容纳能力相对有限。作为市政管理者的警察，首先就要切实正视作为弱势群体的摊贩因为生计而表达诉求的需要；其次，作为城市空间参与者和设计者的警察，应当从摊贩的谋生手段这一基本事实寻求根本原因，做好规划和调整空间布局，从根本上制度化非正式空间占用问题；再次，作为市政管理执法者的警察，需要加强自身的建设，提高自身的素质，切实做到文明守法、严格执法、耐心细致地解决矛盾；最后，提高政府的公信力，及时有效的沟通，注重了解民情、疏通民意、强化对舆论监管疏导等，这些都有现实的借鉴意义。

# 小　　结

清末湖北警政人员从早期的由军改警、由候补官员到专业警学人才的变化表明警政人员逐步走向专业化和正规化，但清末湖北警政人员始终兼具传统与现代并存的特点，这也是明显的时代特征。由于制度性的缺陷、经费的奇缺、人才的匮乏等因素的制约，警政人员近代化的进程相对缓慢，这对湖北警政的发展产生了深远影响。士绅参与警政建设的尝试有效地弥补了清末湖北警政力量的不足，但由于涉及警权的核心问题，官方又在一定程度上制约了士绅参与警政建设效能的发挥。以警察为代表的公权力的弱化进一步扩充了绅权，以至于清末最后十年士绅在湖北警政领域的作用有日益强化的趋势。

清末警察的涌现，实际上是国家权力向社会基层的延伸，警政推进的过程也是这种国家权力深入的体现。传统社会对基层控制，主要是由

---

① 《加给警员薪水》，《申报》，1908 年 6 月 28 日。

以士绅为代表的社会力量来实现的。警察的出现，一定程度上打破了原有的格局，但清末警察处于创始阶段，尚无力来完全填补传统社会力量骤然退出后留下的空间。由于警政是新兴事物，故其与传统的地方势力在社会管控方式上不可避免地存在着诸多的分歧，这也是导致湖北清末警政推广不力的重要因素之一。另外，由于传统观念和意识形态的束缚，底层民众一时也难以接受和适应新办之警政区别于传统治安力量社会职能的监管。

清末中央对于警察的认知观念尚处于把警察视为军事力量的起始阶段，警政设计者早期改军为警实则是将警察作为军事力量的补充看待，故官方称警察为"巡警军"，因而清末警察实则带有浓厚的保甲和绿营等传统军事力量的痕迹。特别是在处理具体的警务过程中，在操作层面上大多沿袭了旧有的做法，如镇压、弹压等。加之在经济层面上警税的不断加增和部分警察对于民众的盘剥，这些不仅激化了社会冲突，亦在一定程度上导致了警民对立局面的形成。清末最后十年，湖北的警政已深入扩展至社会生活的各个层面，与之形成鲜明对比的是警政在人才、经费、管理等方面则又多因陋就简，由此滋生制度性的缺陷更是制约清末湖北警政良性发展的决定性因素。

清末湖北警察的职能已经远超出传统社会治安力量维护社会秩序的基本职能，警察从诸多方面的实绩考察都难以完全承担起负责地方治安、进行市政改革和推进社会改良等近代化之重任。

# 第五章　辛亥革命期间的湖北警政

　　1911 年的辛亥武昌起义，给晚近社会带来了深刻变革，湖北临时警察筹办处开风气之先，成为中华民国最早的警察机构。这一机构诞生之初是为了填补清廷倒台后的治安空白，在运行过程中它克服战事频繁、秩序混乱、经济困窘、人员奇缺等诸多困难，客观上起到了襄助革命、颠覆清廷的作用，最终成为辛亥革命成果的一部分。

## 第一节　武昌首义中的湖北临时警察筹办处

　　1911 年 10 月 10 日晚，武昌起义爆发，翌日，革命军占领武昌。此时的武昌还处于混乱之中，清政府的警政机构瓦解。原清政府湖北巡警道王履康随湖广总督瑞澂于起义爆发当夜仓皇逃于长江上的楚豫号军舰上。"所有警棚全行拆毁，各警士皆将制服、制帽脱下弃于道旁而循。警区中空无一人，警务公所内原寄藏有军械，各叛兵拥入劫掠一空。科员等皆已逃散，巡警道王履康业已微服出城，众搜寻不得。"① 警察中除了少部分稍作抵抗外，多数纷纷自行溃散。但也有不少警察，特别是清政府开办的警察学堂和警察教练所的很多师生都毅然剪掉辫子投身革命军营参加作战。"省城站岗警兵逃避一空，岗位警兵及宪兵被杀数十人。凡巡警岗位及城门，均由革命军驻守。居民仍可出入，惟须盘诘数

---

　　① 《革命军起事记》，《申报》，1911 年 10 月 15 日。

语。苟为旗人，即被拘或被杀。"①

清政府对武昌的社会管理已不复存在，而革命党人此时正忙于组织革命军清剿残敌和对抗南下清军，无暇管理城市，因而武昌的城市管理基本处于真空状态。"模范监狱暨分监看守所、拘留所各犯俱被释出……武昌居民良莠麇集，当起义间，地方流痞乘隙假冒义军名义，到处骚扰，或于居民之家，以保护为名，讹索钱文；或于巷街，以搜查为题，掠劫行人囊……"② 与此同时，清军的残余势力乘机放火投毒，制造事端，社会上的屑小之徒浑水摸鱼，趁乱打劫，以致市区之内抢匪横行，盗贼嚣张，寻衅私仇，滥杀无辜。一时间，武昌城内的社会秩序大乱。

"省城之原有行政、司法各机关，俱已解散。民国方兴，除都督府而外，新机关概未萌芽……"市井一片混乱，湖北高等巡警学堂③的学生革命党人高元藩和同学汪秉乾、杨澧等人商量，他们认为："战事自有军人准备，此时省中秩序紊乱，吾等当筹设一警察机关，维持治安，庶民不致立于恐慌之地。"④ 于是，他们主动向湖北军政府都督黎元洪提出"市面不可任其破坏，欲镇抚之，非筹办警察不可"⑤ 之建议。"提请组织临时警察，维持地方公安，以减轻军队负担。""备说警察关系之重要"并向黎元洪拟呈早已起草的《湖北临时警察暂行章程》（简称《章程》）。⑥

---

① 《湖北革命实录长编》，《武昌起义档案资料选编》下卷，湖北人民出版社1983年版，第620页。

② 《湖北革命实录长编》，《武昌起义档案资料选编》下卷，湖北人民出版社1983年版，第631页。

③ 1903年，前清湖广总督张之洞在武昌开设的武昌警察学堂，用以培养高级警官。后改称湖北巡警学堂。

④ 徐陶生等：《汪秉乾事略》，《武昌起义档案资料选编》中卷，湖北人民出版社1982年版，第370页。

⑤ 徐陶生等：《高元藩事略》，《武昌起义档案资料选编》中卷，湖北人民出版社1982年版，第594页。

⑥ 《湖北临时警察筹办处拟行章程》，《湖北军政府文献资料汇编》，武汉大学出版社1986年版，第82页。编者按：下文所引《章程》内容皆出于此，不另注。

　　《章程》共四章二十九条。全文分总则、内部细则、外部细则、附则四部分。总则分别就其宗旨、关防、人员、经费、装备情况予以说明。"中华民国鄂省恢复伊始，军士疲于搜索，因筹办临时警察，藉以息兵安民为其宗旨。""暂以军政府所颁中华民国湖北巡警道关防借用。""其经费暂由军政府拨给。凡办察警一切人员，均系纯粹义务，除每日口食外，概不给薪。""其人员除巡警总理一由军政府都督札任外，余均由总理札派委用。""组织分内外两部，内以总务、行政、司法等科为限，外以东、西、南、北、中五区。""除内部人员服装随时指定外，凡外部各区，均禀定一律着用军服，携带枪套，军装枪套，除就警务公所原有取用据数报告外，所有不敷之处，由本处随时禀请军政府指拨。现值戒严时节，凡内外人等，均由本处发给徽章，以杜奸细。"

　　内部细则就其机构设置、人员、职务、职责、考勤分别予以说明。其机构中"总务科附设文牍、庶务、关防、军需、收发、文件等科。行政科附设调查科，司法科附设侦探科，以便统一"。"三科设正、副科长各一名，科员若干名，书记若干员，杂役若干名；所附各科，惟文牍、庶务事务繁颐，得照设科长、科员、书记、杂役等名目；关防、军需、调查、侦探、收发等科，只按事务繁简，派一人或数人，以专责成，无阶级之分配；凡各正科长，总理本科一切事宜，副科长助之，对于所属各员，均有指挥、监督及升降、黜陟之权；科员分理各科事务；书记供本科文件缮校之用。""凡关于内、外两部一切筹划事宜，属总务科，又随时有清调各科应办职务之责；关于一切违反治安及补益治安之事，属行政科；关于一切违反治安已经审查发觉之罪犯，一切审判之事，属司法科；文牍专主稿本处一切往来应酬公文之见；庶务办理本处一切日行杂物；关防专司铃印盖用之事；军需掌发一切关于军用之物；收发专司公文出入存根之登记；调查系职掌外部关于行政有无遗漏及缺点之事；侦探职掌调查罪证，为司法补助之事，但值此戒严之时，而探询奸细，注目敌情等事情，亦责成之。各科在职人员，不得擅越权限，凡事须禀由各科长核准施行；侦探、调查等科未置科长者，须得所附某科之科长核准，但文牍、庶务两科科长，又须得总务科科长之许可。有事辞职时亦同。""凡在职人员，必须逐日考程，除随时各科报告备查外，总务科长得行不时之稽核，报明总理，分别勤惰，以为黜陟标准。"

外部细则就其各区人员、职务、职责、辖区划分等情况予以了详细的说明。"外部分东、西、南、北、中五区，中区附设本处；南区就望山门外警察上区旧址；西区就汉阳门内斗级营警察后区旧址；北区借设武胜门外稼圃小学校；东区借设宾阳门内游民习艺所。""各区设区长一员，副区长一员，警员十二员，书记一员，巡士一百零八名，杂役无定额。各区长主持本区一切事务，副区长协理之，均有指挥、监督所属各员之责任；警员受正、副区长之命令，有整率巡队实行服务之责任；巡士以服从长官命令，忍苦耐劳、日夜巡查为职务；书记司本区公文缮写之事。各区于职务内有不能实行、擅离职守者，巡士以下，由警员报本区正、副区长处分；副区长以下，由各区长禀报本处总务科核示处分；区长由本处总务科随时派委稽查员据区查核，报本处总理请示处分；如有特别事件请假者，亦各须得该管长官之许可。""各区所辖地方，均出一定路线，然后职务有所归宿。划定中区自大朝街沿平湖门、文昌门、望山门、保安门至蛇山前西大朝街为限；东区自蛇山前宾阳门沿通湘门、中和门至保安门正街与中区相接之界为限；西区自蛇山后沿汉阳门、武胜门、忠孝门至抵蛇山一带为限；南区辖旧上区地，自平湖门外沿文昌门、望山门、保安门、通湘门、中和门至宾阳门外为限；北区辖属下区地，至平湖门、汉阳门、武胜门，忠孝门至宾阳门外为限。"

附则强调"因此时经费尚未筹足，卫生一科暂不添设"。

高元藩等人的"建警之请"深合军政府之意，"黎公极意嘉纳，命速期兴办"。在高元藩等人的推动下，10月12日，湖北军政府奉都督黎元洪之命发出《谕湖北各府州县政务及自治公所电》①，要求"全鄂地方改为共和政体"，各地应成立自治公所，施行各厅、州、县政务。"各该公所应办事务，以警政、民团为第一要着。应即日兴办警察，以维护秩序、清查奸宄、惩治痞匪、保卫闾里为主。团练以驱逐乱民、抵

①  曹亚伯：《武昌革命真史》（中）《黎都督谕湖北各府州县政务及自治公所电》，《湖北军政府文献资料汇编》，武汉大学出版社1986年版，第8页。

御外侮为主。均不准藉端讹诈，扰累无辜。"①

与此同时，军政府制定并发派《通告各省城镇乡地方巡警电》。其文曰："为通告事：武昌起义，各省响应，雪仇之心，不约而同，人心如此，天意可知。本军政府担光复之重任，指日即率师大举。深恐饥寒无告之民，乘间窃发，势难兼谋并顾。所有保护人民之生命财产，维护地方之安宁秩序，皆惟我同胞巡警是赖。理应通告全省巡警父老兄弟，共谋同胞之幸福，方不负本军政府吊民伐罪之本意。凡我义师所到之处，为地方巡警者，上至长官，下至巡警，左手均缠以白布，局中高悬白旗，晓谕安民，以示诚意。其守巡逻之规则，官弁长警之薪饷，概照向章办理。至义旗将到，切勿自相惊恐，畏缩不前，是为切要。倘临事之时，官警齐局先逃，置人民于不顾，致使同胞受掳掠之害，本军政之惟有派探拿获，从重治罪，深望亲爱同胞巡警所鉴谅者也。特此通告，即维施行。"②

从军政府的各项通电内容可知，军政府希望借助原清政府的地方警政力量以维护社会治安秩序。

同日，高元藩被黎元洪委以"总理湖北全省警务"，其机构命名为"湖北临时警察筹办处"，令高元藩着手筹办临时警察事宜并拨款银千元开办。③ 高元藩以同学汪秉乾为协理、杨澧为总务，召集参加起义的20余名警校同学，迅速接管了原清湖北警务公所和高级巡警学堂，并招录了500余名留学警务归国学生、在汉警校学生、起义警察以及一批热血青年组建警队。简单准备之后，1911年10月14日，湖北临时警察筹办处正式宣告成立，其地址设于武昌百寿巷原湖北警务公所院内。④

---

① 曹亚伯：《武昌革命真史》（中）《黎都督谕湖北各府州县政务及自治公所电》，《湖北军政府文献资料汇编》，武汉大学出版社1986年版，第8页。
② 曹亚伯：《武昌革命真史》（中）《黎都督谕湖北各府州县政务及自治公所电》，《湖北军政府文献资料汇编》，武汉大学出版社1986年版，第11页。
③ 徐陶生、王声淇：《湖北警察筹办记》，《武昌起义资料汇编》上卷，湖北人民出版社1982年版，第417~418页。
④ 徐陶生等：《汪秉乾事略》，《武昌起义档案资料选编》中卷，湖北人民出版社1983年版，第370页。

自此，民国第一警局——湖北临时警察筹办处登上了历史舞台。

# 第二节 湖北临时警察筹办处与阳夏之战

为迅速恢复社会治安，湖北临时警察筹办处在湖北军政府的支持下陆续采取了一些措施。湖北军政府于 10 月 16 日和 10 月 20 日分别发布了《中华民国军政府鄂军都督布告》①（简称《布告》）和《中华民国鄂军政府告示》②（简称《告示》）。《布告》分为四点：第一，不要扰害各国租界、不要害外国人性命财产、不要烧领事署及教堂；第二，要各人照旧做事；第三，不要奸掳烧杀；第四，不要与我军为敌。《告示》以通俗易懂的文字要求"家喻户晓，凛遵毋忘"，其文突出社会治安的重要性："照得保卫治安，首在除暴安良，流氓乘批抢掠，最为扰害地安，警察严密巡逻，文明法律彰彰，兼派巡防各队，保护医院教堂，地方不扰秋毫，商民毋得惊惶，讯明匪类抢劫，即以军律主张。"

从以上告示内容可以看出，湖北军政府已经认识到恢复社会秩序的重要性并采取措施切实为之努力。

湖北临时警察筹办处成立后，高元藩等人以身作则，时常带队巡逻和外出办案。军政府成立时，财政困难，经费奇缺，警官和警员均没有薪水，所享待遇仅每日饭食而已。遇上雨天，也无雨衣、雨靴等装备，艰苦的生活环境可想而知。为了激励大家的斗志，高元藩等人"亲冒风雨，逐署开导"，他们深入基层警区做巡警们的思想工作，并跟大家一起风餐露宿，带头顶着风雨领队巡逻。由于昼夜不辞辛劳，警务处总办高元藩终积劳成疾，甚至咯血。在官长的鼓舞下，众巡警们"遂无分昼夜晴雨，供职不怠"。

---

① 《中华民国军政府鄂都督布告》，《大汉报》，1911 年 10 月 16 日，辛亥革命武昌起义纪念馆、政协湖北省委员会文史资料研究委员会合编：《湖北军政府文献资料汇编》，武汉大学出版社 1986 年版，第 24 页。

② 陈春林：《武昌首义》，武汉出版社 2000 年版，第 61 页。

时值南北鏖战之际，北军派出很多奸细，在侦察革命军军情的同时竭力进行各种破坏活动。在此情况下，肃奸成了当时湖北临时警察筹办处的重要工作。"维时，汉奸丛集，而日有破获。武昌未遭毒者，大半皆昼夜循环、露立街衢之警士之力。"①"奸细充斥，或乘间放火，或遇井投毒，巡查捉获，日恒数起。""汉奸以药毒民。（农历九月）二十九日晨，有汉奸二人，身着便服，在小朝街水井暗投毒药，企图暗杀，被国民军警发现见疑，其手持木桶，站立井旁，必系歹人，旋在身搜出毒药数包，腰中并搜出药料包皮，即扭赴执法局，当经执法官讯明枭首，并派人沿各街衢鸣锣警告，阖城同胞，慎勿随便汲饮井水致中毒谋。"②

在这些警察们的努力下，武昌城内的治安状况逐渐好转。"武昌秩序已恢复如旧，军威大震。"③"以城内外地面如此辽阔，人烟如此繁茂，旦暮安居若素，略无惊扰者，饬巡警保护之力居多。"④ 时人更赞许道："武昌未遭毒者，大半皆昼夜循环、露立街衢之警士之力。自总理至巡士，月余焉，日餐饭已。"⑤"起义之夕，前清武昌巡警纷纷逃散无余，站岗职守皆以军队充之。无何备战在急，乃由部出示招考东西洋留学警察及省城高等警察、或速成警察毕业各生，得五百余人。仍前清警务公所署址，组织湖北临时警察筹办处机关。以高等警察毕业生高元藩为总理，仿各国非常警察集合制，划分五区驻巡，以防奸细、以卫治安。厥后，于兵事急剧之时，屡获巨奸，讯供正法。复日夜梭巡，维持市面，安宁秩序，颇资得力。"⑥

---

① 徐陶生、王声淇：《湖北警察筹办记》，《武昌起义资料汇编》上卷，湖北人民出版社1981年版，第417页。

② 《民立报》，1911年10月27日。

③ 胡石庵：《湖北革命实见记》，《辛亥革命在湖北史料选辑》，湖北人民出版社1981年版，第37页。

④ 徐陶生、王声淇：《汪秉乾事略》，《武昌起义档案资料选编》中卷，湖北人民出版社1982年版，第370页。

⑤ 徐陶生、王声淇：《湖北警察筹办记》，《武昌起义资料汇编》上卷，湖北人民出版社1981年版，第417页。

⑥ 《武昌起义资料汇编》上卷，湖北人民出版社1982年版，第276页。

不久，战局逐渐恶化。革命军总司令黄兴率队反攻清军时，高元藩闻讯甚慰，当即带病赶往各区警署，"挑选各署勇悍警兵数百人，渡江充当黄兴军预备队，协助湘军会战于汉口"。这数百警察在湖北临时警察筹办处协办汪秉乾队长的统领下，跟随反攻大军渡过长江，于战场上倾力奋战，直至汉口失守。①

汉口失守后，民军大部撤返武昌，警察预备队则仍随黄兴所率革命军部队渡过汉江，撤往汉阳，继续奋战，直至停战，方撤回武昌。

这批湖北临时警察筹办处的警政人员在汉口、汉阳参与军事行动期间还主动与当地商会民团组织联系，筹组治安队伍，以弥补警力之不足。如汉口二十二个商会民团，会员千余人，"开会筹议，以保卫地方，协助民军"②。汉阳富绅万昭度、张仁芬等"组织商团，维持秩序，借以辅助官力所不及"③，这些商团民团在当地士绅的领导和支持下，在一定程度上辅助了警力之不足，有利于稳定汉口、汉阳的社会秩序。时人评道："照得起义以来，军务倥偬，地方治安混乱。幸赖官绅与各社团互相担负省垣内外保安。各社分段成立，凡有关公共安宁之事，靡不殚精竭虑，设法维持，故人民之仓皇出走，逃窜他方，而房屋、家具赖以保存无失者，不一而足，弥莫善于户尽悬灯，募夫巡夜，以补济警察力之未逮，行之数月，无贰无虞，功效昭垂。"④

在积极做好内卫治安、外助民军的同时，临时警察筹办处还担负着执行军政府内务部交予的一系列任务，如"剪发之令"。"其时城门通

① 《高元藩事略》，《武昌起义档案资料选编》中卷，湖北人民出版社1982年版，第595页。
② 《汉口各团联合会协助民军纪实》，《武昌起义档案资料选编》上卷，湖北人民出版社1981年版，第245页。
③ 《汉阳商团大概记》，《武昌起义档案资料选编》上卷，湖北人民出版社1981年版，第243页。
④ 《湖北临时警察筹办处照会》：《武昌起义档案资料续编》，中国文史出版社1991年版，第427页。

衢，多有持剪刀执行剪发之任务者"①，如于各城门及街头所见仍蓄长辫者，"严令警士干涉，勒令剪去。未及三日，武汉之头颅一新"②。再者如"保护文庙之令"③。对于武昌文庙，"无论军民人等，车马往来，均须绕道而行，不得径行直撞。如违，即由警察押送武昌（湖北军政府）罚办，决不姑宽"。④ 又如"严禁洋烟之令"，遵令"从严查禁"等。⑤

汉口、汉阳失手以后，"武昌市廛震动，敌炮隔江而射，一夕数惊"⑥，鄂军"都督府也被炮击中，火光冲天、全城黯然"。于是武昌城内人心惶惶，莫知所措，谣言四起，警报频传。一时间店铺关门，人民纷扰，"城内外居民纷纷束装迁徙，武昌大势汲汲不可终日"⑦。此时的武昌，再次陷入混乱之中。"武昌愈滨于危险，（警察）筹办者咸虑警备稍疏，贻害大局"，于是，高元藩等人筹议，为配合战时总司令部的军事行动，乃将"警署暂移洪山，高命令各署职员巡士，分队巡逻，誓与城共存亡"。他们还根据战事进展，对警政、警力予以适当调整。"划分城内外地段为十五区，城内为一至九区，城外为十至十五区。每区各设一警察署，均归武昌警察筹办处直辖。各区署设署长一员，一等

---

① 胡祖舜：《六十谈往》，《辛亥革命在湖北史料选辑》，湖北人民出版社1981年版，第92页。

② 《内务司实录》，《武昌起义资料汇编》上卷，湖北人民出版社1981年版，第310页。

③ 当时武昌文庙有两座：一是武昌府文庙（府学），在玉带街（今大成路市十中）；一是当时江厦县文庙（县学）在觉巷（今农讲所）。

④ 《内务部关于尊崇文庙的告示》，辛亥革命武昌起义纪念馆、政协湖北省委员会文史资料研究委员会合编：《湖北军政府文献资料汇编》，武汉大学出版社1986年版，第717页。

⑤ 《内务部关于严禁洋烟的告示》，辛亥革命武昌起义纪念馆、政协湖北省委员会文史资料研究委员会合编：《湖北军政府文献资料汇编》，武汉大学出版社1986年版，第723页。

⑥ 胡祖舜：《武昌开国实录》，1948年铅印本，第69页。

⑦ 《内务司实录》，《武昌起义档案资料选编》上卷，湖北人民出版社1982年版，第325页。

警官一员，二、三等警官二员，一等警长一名，二、三等警长二名，警士三十六名，门岗三名。每区酌定岗位十二所，分警士三十六名，为甲、乙、丙三班更番值岗。"① 小警区的划分，有利于更好地管控社会治安秩序。警官们一面"激励各区警官警士认真防守，以维秩序保治安焉"，一面派警员"将已经迁徙之民房会同保安社绅注册加封，以防损害人民财产和器物"。为了安定人心，揭穿各种谣言，临时警察筹办处还派出由善于言辞的警员组成的宣传队配合军政府工作人员开展工作，"十余人分赴各城门街市演说"，要求市民"慎勿听信浮言，群相迁徙，以致内丧财产，外贻流离困苦之忧也。如是者连日，市面乃渐复常观焉"②。

"武昌城内除学生军如常供职外，余皆为警察兵。竟夜巡逻，一夕数惊，诸赖保卫。"这些警察都是不避艰险，认真警惕地分巡各区。一日傍晚，警官朱秀槐、张开选等人带队"分巡各区，查看情形，傍晚归至东仓口街，突遇龟山炮弹击来，同行者死至四五人，而槐、选以工于掩护获免，亦可见其时危险之一斑矣"③。

清军在攻占汉口、汉阳后，为了加强统治，也重新建立了警察机构和警察队伍。清政府任命申保亨为湖北巡警道，并从天津调来大批巡警，试图维持其统治。

> 闻巡警道申保亨因天津南来之巡警不谙当地风俗习惯，且语言不通，不仅警备上诸多不便，且有时引起居民之暗中反抗，故于二三日前离此去孝感。汉口、汉阳之警卫暂由官军撤退时留下之约二百名巡警担任。但因有上述困难，并以少量之巡警毕竟难担此重任，故当地商务总会已招募乡团补充巡警之不足。此次因巡警道离

---

① 《武昌临时警察筹办处编订武昌临时警察十五署区制简章》，《武昌起义档案资料续编》，中国文史出版社1991年版，第429页。

② 《内务司实录》，《武昌起义档案资料选编》上卷，湖北人民出版社1981年版，第326页。

③ 《内务司实录》，《武昌起义档案资料选编》上卷，湖北人民出版社1981年版，第328页。

去，增益其重要性，闻乡团于二、三日内，即可代替官军方面所留之巡警维持地方治安云。①

汉阳之巡警，系官军撤退时留置陆军第十一旅士兵百二十名，再加由汉阳府辖地居民中招募之若干名巡警组合而成。昨据江汉关道黄开文对本馆馆员谈：“自革命军在阳逻、金口等地登陆后，汉阳一带事实上已完全归于革命军势力范围。迨汉口巡警撤退后，武昌革命军即派人向汉阳巡警劝降，全部巡警业于二十八日宣誓完全服从革命军命令，因此汉阳巡警全归入革命军之手。然由官军任命之汉阳府，仍在衙署内执行政务，故一见颇有奇妙之感。”②

汉阳府姚知府于汉阳北兵巡警撤退时，即至武昌都督府投降，都督府复任为汉阳知事，命办理汉阳一带之善后事宜。③

由材料可知，清政府于阳夏战役后曾有意识地重组清廷原有的警政机构并力图维护社会治安秩序，后由于清政府失败的大势所趋，原清政府的警政人员除部分随北洋军撤退外，所遗之警政人员则多向革命军投降。同时，在原清政府警政力量退出的治安真空期间，汉口、汉阳的绅商也纷纷组织乡团等力量，一定程度上弥补了湖北军政府治安力量的不足。

南北议和停战期间，汉口大量外逃的百姓陆续归来，而“其间混入不肖之徒，盗窃之事甚多，良民颇受其害。而地方警察制度松弛，住民不能安居乐业，故汉口商务总会特组织乡团，以补助警察之不足”④。“官革两军在沪订停战协定，决定官军后撤百华里，维持治安由警察担任。唯所留警察汉口、汉阳两地不过二百余名，武昌革命军曾通过驻汉

① 存萃学社编：《辛亥革命资料汇辑》第二册，香港大东图书公司印行1980年版，第117~118页。

② 存萃学社编：《辛亥革命资料汇辑》第二册，香港大东图书公司印行1980年版，第126页。

③ 存萃学社编：《辛亥革命资料汇辑》第二册，香港大东图书公司印行1980年版，第130页。

④ 存萃学社编：《辛亥革命资料汇辑》第二册，香港大东图书公司印行1980年版，第116页。

英国领事，要求将两地警察收归革命军管理，但段总督尚未认可等情，已志前报。其后汉口商务总会以官军留此少量巡警，不足维持治安，决议自行筹募乡团，以资补助。目下已招足原定额七百名，担当地方警卫之责。官军方面感觉留此少数警察不仅难达维持治安效果，且更受人民反对，勿宁以撤走警察，全部委托商务总会担当警察事务为得策，因为决定全部撤走，已于二十三日夜间撤毕。"①"自官军撤退后，汉口尚未得武昌革命军之保护，商民虽逐渐归来，惟均感生命财产无人保护。商务总会虽已组织乡团，但保安力量仍不充分，顷决定雇用巡警三百名，以加强乡团及原有巡警力量……兹悉裕昌祥（棉布商）店主王开庭被公选为事务总理。"②

　　南北议和后，清军陆续从汉口、汉阳撤退。湖北军政府接管汉口后，任命徐声金为首任夏口县知事。徐声金就职后深感"非赋予警察权不能有所作为"。他决定设立汉口警察局，自兼汉口警察局总办，以军事参议官胡祖舜为帮办，协同办理警政。不久，汉口警察总局正式成立，设局址于旧笺捐局，其下设上（今江岸一带）、中（今江汉一带）、下（今硚口一带）、后（今汉口华景街一带）四局，各置局长一人，胡祖舜兼任上局局长、黄中赞任中局局长、刘长庚为下局局长、金汝梁为后局局长。汉口警察总局成立后，立即着手履行"清除道路、招抚流亡、复兴商场、辑捕盗贼，解决财产纠纷等责任。市面赖之稳定……一时人心大定，离汉商民，逐渐复业"③。

# 第三节　湖北临时警察筹办处的制度建设

　　战事平息后，武汉地区的治安局势逐渐好转，湖北临时警察筹办处

　　①　存萃学社编：《辛亥革命资料汇辑》第二册，香港大东图书公司印行1980年版，第120~121页。

　　②　存萃学社编：《辛亥革命资料汇辑》第二册，香港大东图书公司印行1980年版，第130页。

　　③　何峰：《辛亥革命武昌起义后的警察权之争》，《湖北档案》2006年第8期。

也开始了一系列的警政建设措施。由于湖北临时警察筹办处的作用受到了军政府的肯定，"于是推广范围，自不能不多需款项。况值戎马仓皇之时，派赴各属警长既与地方争款，复与团练争权，函电纷驰，积不相下……旋于十月二十六日（1911 年 12 月 16 日）详准大都督准改湖北临时警察筹办处为武昌临时警察筹办处，缩小权限，直隶本部，实行监督。一面通谕各属，除武汉、荆沙、宜昌、樊城、老河口各处商埠所在，急应赶办成立外，其余各属治安警察均从缓办，以舒国用而息争端"①。

早在十月初四（1911 年 11 月 24 日），湖北军政府就令高元藩迁任军政府理财部参议，而委任东区警长顾庆云继任武昌临时警察筹办处总理。"旋又改武昌临时警察筹办处为武昌巡警厅，厅以下分设平行十五署。"②

湖北临时警察筹办处是在特殊的环境下组建的，因此所募之警员能力水平难免良莠不齐，且不少人未经任何训练即上岗，执法及勤务素质不甚理想。迨局势稍稳，高元藩即着手整顿、补充、培养专业警政人员。为了不断充实更新高素质警务人才，高元藩等人力倡开办专业警校，"鄂垣高等警察学堂开办，即应招入校，练习警政，借广法律知识，以造成革命中有用人才"。阴历十月初三（1911 年 11 月 23 日），高元藩即奉批"开巡警教练所在即，刻因军事方急，筹款维艰，暂从缓办，着该处分饬各区，责成警员轮班教练，以为一时通融之计"。

不久，高元藩因病奉调迁任军政府理财部参议，前东区警长顾庆云继任其职，顾到任后，秉承高之计划立即着手筹办警校。在顾庆云给军政府的呈文中，他重点强调了开办警校的原因和应当采取的措施：

> 窃维武昌警察当筹办之初，正值军书旁午，伪清原有巡士暨教练所学生，胆怯者纷纷逃窜，奔命弗遑，有志之士大都投效军营，因成立在即。但期得人应募。布置就绪，并无暇衡文论品，苟以相

---

① 《武昌起义档案资料选编》上卷，湖北人民出版社 1981 年版，第 294 页。
② 《武昌起义档案资料选编》上卷，湖北人民出版社 1981 年版，第 294 页。

绳。故各署警士，多半不甚合格，非严加淘汰，难去害焉而收实效。然警察之机关，无稍间断，社会之状态，迭幻波澜，因应失宜，撼摇必剧。如以警士不驯，辄尽数斥革而廓清之，旋进旋退，罔为根本之计，是犹农夫之乏肥料，而徒冀苗荣，工人之乏利品，而贪社物美。不种良因，安有善果乎？警察欲臻进步而靡一般，执行警察权之警士，亦欲北辕南辕，终无达点之日……现在武汉军事稍平，实行共和政体，讲求内治，警界之担负责任甚鸿；武昌为起义首都，附凤攀龙，人材济济，辇毂之下，商民辐辏，军政骈麇，中外观瞻，所系秩序，贵维持而不紊；危害必御防于未然。以故，各署警官，表面则昼夜梭巡，异常加紧，而内容之承宣计划，又极浩繁，洵属责有专归，日无暇晷，勤敏之员，随时撷取各项规则大义，口头诰语，因事鞭策之余，实再无间按时授课；加以警士单班服务，每日例定钟点，万难旷课；休息中赴差遣，或趋不宿之召集；一人之精神有限，瘁躬求学未堪遽信，即令勉强行之，亦属灒洗之举，大概出乎敷衍，更或疲茶颠跻，亦受影响于倦勤。敝处有鉴于此，责无旁贷，拟迅设巡警学校，招选合格学生百名，择暂时职务上所必须者，分科教授，期限两年，毕业后派往外署，以补开除之额，仍于毕业未派之前续考二班，预备急需。总期款不虚糜，警皆知学，庶警政日有起色，间阎渐泯刁风。校中所有职员，除管理员常川住校，籍资约束，书记员专司来往文牍暨一切缮写事宜，应另延聘，照章支给津贴、伙食外，其它如校长、教习、庶务、会计各员，均由筹办处办事员中遴其精干耐劳、警学素娴者，从长兼任，只领茶点洋拾元，不另支津，以示区别；若再学生膳资、夫役工食以及课本、纸笔、油腊、茶水一切经费，总计额支每月共需洋一百五十元、钱六百六十串文。以敝处收入人力车捐与房租，除开销马路工程外之盈余作抵，力求撙节，尚觉仅可支。①

---

① 《武昌起义档案资料续编》，中国文史出版社1991年版，第420~421页。

在文中顾庆云介绍了警察临时筹办处警政人员源于革命战争的特殊环境，这导致他们素质良莠不齐且无暇学习，但随着革命形势的好转，提高原有警政人员的素养和培养专业警政人才是顺应时代发展所亟待解决的现实问题，因此开办警校便由此而提出。同时，顾庆云还对所办警校从人员、经费等方面做了初步的计划。从材料可以看出，当时开办警校以培养专业警政人才是推广警政的重要现实途径。

1912 年 3 月 21 日，湖北军政府内务司经报黎元洪大都督核准，在武昌举行了一次大规模的巡警官考试，以备遴选人才，推广警政。

《巡警官考试章程》分为报考资格、考试规则、考试科目、考试等次、附则五部分。① 报考的资格要求年二十五岁以上、四十五岁以下、确无恶习嗜好、无精神病且曾在外国或本国学习警察或法政，得有毕业文凭或修业文凭者。若曾办理警务，尚有札委呈验者亦可报考。考试规则要求所有投效警务人员，由内务部选派精通法学及确有经验者五人会同考试，并请稽查处派员监场。考试分笔述与口问两场。笔试时间不得超过四小时，口问随时应对。考试员阅文和问话时，不得品评考生之长短。各卷阅毕，即时出榜。考试科目为法学通论与警察学，每科各分三题。考试等次分一、二、三等。考列一等者，委充武汉巡警厅科长与署长，或各州县警务长；考列二等者，委充各州县科员或署长；考列三等者，委充各州县警官或所员。"未几举行警官考试，计取最优等吴德薰等十九名，优等徐励锋等三十六名，中等鲁暄等八十八名，备取周倬等一百八十五名。当即注册，以次任用。"② 巡警官考试的圆满举办为湖北的警政建设推广储备了大量的专业人才，有利于湖北地区警政的进一步发展。其后，湖北军政府又及时发出《通告各省城、镇、乡地方巡警电》。电文勉励各地巡警坚守职事："深恐饥寒无告之民，乘间窃发，施其抢劫之手段，而本军政府军事旁午之际，势难兼谋并顾，所有保护

---

① 《内务司实录》，《武昌起义资料汇编》上卷，湖北人民出版社 1981 年版，第 295~296 页。

② 胡祖舜：《武昌开国实录》，1948 年铅印本，第 71 页。

人民之生命财产，维持地方之安宁秩序，皆惟我同胞巡警是赖。"①

末几，武昌巡警学校经湖北军政府批准宣告成立。乃"招选合格生百名"，学习课程计有"警察要旨、临时警察暂行章程、司法警察章程、服务规则、法政浅义、侦探术、武昌地理、操法礼式……择暂时职务上所必须者，分科教授，期限两年，毕业后派往外署。以补开除之额，仍于毕业未派之前续考二班，预备急需。总期款不虚糜，警皆知学，庶警政日有起色，间阎渐泯刁风"②。

袁世凯掌权后，为加强中央集权，削弱革命党人在南方诸省的势力，在警政上开始着手警察权的集中统一。1912 年 4 月，他通令各省裁撤清朝设置的巡警道，在省会或大商埠（如上海）等地改设军事巡警厅或省会巡警厅，其直隶于省长。与此同时，袁世凯下令，将武昌临时警察筹办处改为湖北全省警视总厅，明令"所有全省警务，皆归该总厅管辖"。自此，湖北临时警察筹办处退出了历史舞台。

# 小　　结

纵观湖北临时警察筹办处的历史，其有许多可圈可点之处。首先，它是民国时期革命党人成立的第一个警察局，具有开创性的意义。其次，它所进行的行政体制的重构与警政制度的近代化尝试过程中注重维护社会秩序、培养警政人才、规范制度建设等一系列具有近代警政理念的管理制度和运行模式，对其后的民国警政的发展产生了一定影响。再次，诞生于辛亥革命历程中的它在一定程度上发挥了维护治安、襄助革命的作用，在辛亥革命的历史上写下了光辉的一笔。

---

① 曹亚伯：《武昌革命真史》，《湖北军政府文献资料汇编》，武汉大学出版社 1986 年版，第 12 页。

② 胡祖舜：《武昌开国实录》，1948 年铅印本，第 73 页。

# 结论  湖北警政建设之评价

## 一、湖北警政建设的实效与困境

自 1902 年 6 月张之洞武昌创警至 1911 年 12 月湖北临时警察筹办处被改编而退出历史舞台，清末湖北的警政建设走过了近十年的历史进程。这十年也是湖北社会急剧变化的时期，自然经济的解体和商品经济的发展、工业化进程的推进、城市化进程的加快等都导致了人口的大规模流动。这使得传统的治安体制面临着前所有未的冲击，这是近代警政得以推广的重要内在因素。在这段特殊的时期内，警政的设计者和建设者们在西方社会思潮的侵染和因救亡图存而借鉴、学习、践行西制的时代背景下，克服种种先天不良与后天不利的困局，因陋就简地创办并运行警政，不可否认其中有诸多因循守旧、敷衍塞责、贪腐横行，甚至祸害百姓的弊端，但在这十年之间，湖北警政由此初具规模并逐渐走入正轨。湖北警政的规章制度、人员机构、组织结构、警察教育等在形式上已然颇具雏形，在警察职能的运行上也已初步具备某些近代警政的特征。正是经过清末十年渐进而曲折的发展，近代的警察制度在湖北终得以生根发芽。清政府当局力图在湖北构建的城乡二元警察体系，是政府权力在地方基层扩展的表现，其在一定程度上揭开了湖北传统治安制度转型的序幕，对清末湖北社会的发展变化起到了推动作用，也为民国的警政发展奠定了一定的基础。由传统逐渐向近代转型的清末十年，湖北警政建设是从传统国家兵警不分的体制转变到职业警察体制、民间社会警察转变为国家警察的过程，警察权力的逐步规范和统一，体现了近代民族国家垄断暴力的趋势。因此，对警政问题的探讨是湖北现代化进程研究不可或缺的一部分。

清末十年，湖北的警政建设已粗具规模，然徒具形而神未至，因此成效有限。十年间，从总体而言，湖北警政从无到有且逐步发展壮大，其在外观、规模等形式方面已粗具近代警察的雏形，但论其本质则在一定程度上还是传统治安体制的改头换面，新瓶装旧酒导致积习相沿、弊病难除。在某种程度上说，清末湖北警政在成立、人事制度、机构设置、考核铨叙、职能运作等方面，都体现了明显的"新旧兼具"的时代特征，这展现了传统治安体制向近代的过渡转型。

究其缘由，首先表现在政治上，清末湖北的警政建设正处于内忧外患的时代背景下，明显缺乏正常、健康的社会政治生态环境。清末的中国处于积贫积弱、内外交困的处境，政治始终为帝国主义国家所牵绊而难入正轨。湖北地方社会在大的环境影响下表现为民族矛盾激化、天灾人祸不断、贪腐横行、民不聊生，这些都使清末湖北的政治生态持续恶化。在这种不良的政治环境下，湖北警政建设虽起步早却后劲乏力，一步步落后并滋弊成痛而积重难返。

其次，经济上财政困窘，警政经费似到无款可筹的境地，这使得清末十年湖北的警政建设举步维艰，经费始终是制约湖北警政发展的瓶颈。清末各项新政的推进都耗资巨大，湖北当局在筹款时对百姓竭泽而渔，却依然经费困窘。湖北警政建设的逐步推进，其警政费用也不断增大，然警政经费却是逐年亏空，以致入不敷出而甚至依靠借款度日。近代西方的警政制度是与近代的工业文明相运而生的，中国在清末从西方植入的警政制度因缺乏经济支撑而显得先天不良，因此警政发展十分缓慢。经费的匮乏容易产生警政运行效率低和大面积滋生腐败。就地抽捐、寓禁于征的筹款方式不仅使警政受制于征收税款的士绅，纵容滋生腐败而激化了警民关系，使警民对立加剧从而有碍于警察职能的发挥，也严重损害了警察的形象。警政经费的难筹又使得警察、士绅、民众的关系处于一种恶性循环的境地。基层警察在经济、政治等方面的恶劣境遇反过来又进一步损坏了警察的职业形象，造成社会对警察职业的负面认识。

最后，在思想文化上，中国传统社会有着强烈的特权等级观念、浓烈的官本位思想，加之因重视精英教育而国民文化素质普遍相对较低，这些又与作为宪政重要组成部分的近代警政是不相匹配的，因此思想文化上的不利因素也成为近代中国警政发展的阻碍。

鉴于各种原因，各省在创办警政之初便不得不因陋就简，以至于警政在清末徒具形式而成效寥寥。刘锦藻在《清朝续文献通考》里对清政府办理警政公然持否定态度，他对清政府一味仿效西法，办理警政劳民伤财却毫无实效的境况表达了不满：

> 外观似觉整肃，而核其实仍不出旧法范围也……而一概铲除旧制，尽用洋法，平空添出许多衙署、许多官缺、许多名目，而军装、军械、衣服、冠履等费，专就京城论，每岁增出四五百万之多，益加小民负担，亦胡为者？然果能弭盗，尚为费不虚靡，乃行已数年，奸盗更甚于前，京都舆辇之下，白昼公然抢夺，外省可知，于此见从古无不弊之法，而在行法之人，苟得其人，古法亦可治，不得其人，良法反为秕政。①

1903年，在清政府严旨下，各省陆续开始创办警察，然其成效却为舆论所诟病："不意自开办以迄今日，屈指已阅半年余，所费资财不知凡几，而何处曾破巨案，何处能获粱盗，令人称道巡勇之力而颂警察局之功者，则竟绝无所见，此其故何哉，盖尝静默察而知有治法无治人，其弊固与无法同当，不可不及早整顿也。"②

各省创办警政以来，警政之弊不断涌现，警察病民之举不断见诸舆论，人们开始关注和反思清政府办理警察的误区，"警察推行愈广而民

---

① 刘锦藻：《清朝续文献通考·职官考六》卷120，第8808页。
② 《论各省兴办警察事》，《申报》，1903年9月10日。

之受害者愈多……警察之只能为害于地方而不能有益于地方也"①。"中国办警察之误。一误于以保甲之法办警察……二误于以租界巡捕之法办警察。"②

伴随着警政的逐渐推进，各种困难接踵而至，时人也思考过在中国办理警政的困难及其原因：

> 历数警察权之不能实行，而其困难有五：专部立矣，而各省于此往往择一候补闲曹，藉以统摄，究其实权，与他之例差曾不少异。位卑则权不属。膺斯任者，或兼他差，或同故事，唯仰承大吏之鼻息，不得独立活动以尽厥职。警察权之难于实行，此其一。缙绅子弟、显宦仆从，藉父兄家主之势以横行道路，虽躬犯违警之罪，而警吏莫敢言何，不纠则扰及警政，纠则势且不敌。警察权之难于实行，此其二。巡士有保安闾阎之责，而身为扰民之实者有之，名为实行其权，而实陷于滥用。大吏为治安计，不得不惩儆若辈，藉慰舆情。警察权之难于实行，此其三。外人游历内地，因有领事裁判权，不服从中国法律，道路所经，偶与华人启讼，虽任意践踏，而媚外之风已成华人第二之天性。彼警察者既不敢干涉，则为鹄立以作壁上观。警察权之难于实行，此其四。对于平民违警，宜若有权可以干涉矣，而犯者或直接以乞援豪门，或间接与豪族仆隶有旧，乍见警吏之尊，而巨绅之名刺忽至，许释则溺职，不许恐得罪于巨室。警察权之难于实行，此其五。综此五难，故中国警务日事整顿而日形腐败。
>
> ……而所以下改良之于实者，易则吾且述其原因于左。其一，旧社会之观念贱视武士也……其二，一般充警察者无法律上之普通学识也。③
>
> 警察者，所以维持国家之治安，防御人民之危害者也。为一国

---

① 《论近日警察之扰民》，《申报》，1905 年 7 月 23 日。
② 《论中国办理警察之误》，《申报》，1905 年 3 月 3 日。
③ 《论中国实行警察权之难及其原因》，《申报》，1906 年 2 月 6 日。

治理机关所不可缺者，即一国内政之要素也……据是以观，则我国所办之警察，非惟无益于人民，而反有害于地方矣……要而言之，皆警察制度之不完备及警察人员之不自爱有以致之也，其咎不得不归诸办理警察者矣，此我国警察之弊害也。①

这些议论与评价实际上在一定程度上也反映了清末十年湖北警政建设的实效与困境。

## 二、湖北警政建设的时代特征

湖北近代警政建设的内涵十分丰富。张之洞所设想和进行的一系列警政活动与实践和形成的一系列警政理念，都在湖北近代警政史上留下了浓墨重彩的一笔。湖北的警政伴随着湖北一系列洋务活动的开展而产生了很多种类的警察，诸如水警、铁路警察、矿业警察、宪兵警察、督辕守卫警察等，这些既是时代发展的需求表现，也是警政与时代的生动互动。

清末湖北近代警政存在着租界与华界两种格局完全不同的警察。从最早英国在汉口设立租界时开始建立的近代警政机构到1902年张之洞在武昌创设武昌警察总局，这两种风格与理念完全迥异的警政机构在清末湖北的社会背景下并驾齐驱。华界与租界的警政之间的区别正是两种不同体制下在湖北社会的并存，表现出了鲜明的时代特征，这正是当时中国所处半殖民地半封建社会的生动写照。

清末湖北近代警政承载了诸多的历史使命。从清末新政最早提出创设巡警军时将警察视为军事力量的补充所体现的强军以自立的构想，我们可以看出当时中国与西方国家之间激烈的民族矛盾。其后，由于人们对警政了解的逐步深入，袁世凯、张之洞等地方大员在办理警政时于维持社会治安秩序、镇压革命等职能中，我们又能看出当时社会也存在着

---

① 《论我国警察之弊及其整顿之方》，《申报》，1909年9月17日。

尖锐的阶级矛盾。在清末最后十年里与警政相联系的新政、改良、革命、战争等此起彼伏，这正是通过警政的视角所反映清末湖北社会鲜明的时代特征。

清末湖北近代警政思想与警政制度所体现的中西古今的融合与冲突具有鲜明的时代特征。从传统的保甲、团练、绿营等治安力量到近代湖北新式警察的建立，这一历史过程承载了太多的融合与冲突的同时，又凝聚了中国人太多的辛酸、屈辱与苦闷。从最早期的国人将警察视为洪水猛兽到逐渐理解、接受直到学习模仿、移植实践，这个过程充满了中西文化、传统与现代的融合与博弈。于湖北近代警政而言，这些融合与冲突便勾画出了近代湖北警政鲜明的时代特征。传统警政与近代警政两种不同方式实际上在清末的湖北是双轨并行的，"新旧兼具"便具有显著的转型特色和时代特征。

从清末湖北近代警政所体现的时代特征上来看，近代中国社会转型的色彩在湖北地区有突出表现，这也是我们研究清末近代湖北警政的意义所在。

## 三、湖北警政建设的历史地位

1902 年武昌警察总局的创建标志着张之洞在湖北创建的中国近代第一个以"警察"二字命名的警政机构的诞生。如果以近代警政四个标准，即警政机构国家层面的开办、警政经费由政府政策性的保障、警政人员与制度的建设、警政管理市政与社会服务职能的体现，而不仅仅是传统纯粹军事力量的补充来看，实际上可以视武昌警察总局为中国近代最早的警政机构。这不仅奠定了张之洞作为警政制度设计者、警政机构创设者的历史地位，而且也奠定了清末湖北警政在中国警政史上名副其实的历史地位，这对近代湖北警政史而言也具有一定的学术意义。

1902 年张之洞所公派日本学习警政的首批留学生据考证为目前所知的最早地方公派警察留学生，这不仅在张之洞的教育实践层面上有一定的历史意义，在湖北的警政教育史上具有一定的影响，也在中国教育史上留下了厚重的一笔。

1911 年，辛亥革命武昌首义后，蜕变于清末旧式警察队伍中的革命党人于战火中创设湖北临时警察筹办处，它有力地支援了如火如荼的革命战争，在一定程度上发挥了维护治安，襄助革命的作用，在辛亥革命的历史上写下了光辉的一笔。同时，湖北临时警察筹办处作为第一个由革命党人成立的具有资产阶级性质的警政机构，也成为辛亥革命的成果之一，由此奠定了其民国第一警局的地位，具有一定开创性的意义。其后，湖北临时警察筹办处在进行行政体制的重构与警政制度的近代化尝试过程中，注重维护社会秩序、培养警政人才、规范制度建设等一系列具有近代警政理念的管理制度和运行模式，对其后的民国警政的发展产生了重要影响。总之，这些意义都奠定了湖北临时警察筹办处作为民国第一警局的历史地位，在近代湖北警政史上乃至中国警政史上写下了浓墨重彩的篇章。

# 参 考 文 献

## 一、史料

### （一）档案

中国第一历史档案馆馆藏：巡警部档案 30 余卷，民政部档案 50 余卷。

湖北省档案馆藏警政部分档案 120 余卷。

武汉市档案馆藏警政部分档案 160 余卷。

公安部档案馆藏清朝部分档案 48 卷。

湖北省公安厅档案馆藏 1949 年以前部分档案 70 余卷。

中国社会科学院近代史研究所图书馆藏：张之洞电稿甲 182—190。

### （二）报刊

1. 报纸

《北洋官报》《大汉报》《国风报》《湖北官报》《汇报》《警钟日报》《两湖官报》《民立报》《四川官报》《内阁官报》《时报》《神州日报》《盛京时报》《时事新报》《顺天时报》《申报》《湘报》《新闻报》《新民丛报》《中外日报》《大公报》《汉口中西报》

2. 刊物

《东方杂志》《广东警务官报》《广东警务杂志》《直隶警务杂志》

《四川警务官报》《江南警务杂志》《警高月刊》《警察月刊》《警光季刊》《湖北警务杂志》《食货月刊》

### （三）文集

端方：《端忠敏公奏稿》，沈云龙主编：《近代中国史料丛刊初编·第9辑》，台湾文海出版社1966年版。

陈夔龙：《庸菴尚书奏议》，沈云龙主编：《中国近代史料丛刊初编·第51辑》，台湾文海出版社1966年版。

周馥：《秋浦周尚书（玉山）全集》，沈云龙主编：《近代中国史料丛刊初编·82辑》，台湾文海出版社1966年版。

徐世昌：《退耕堂政书》，沈云龙主编：《近代中国史料丛刊初编·第225辑》，台湾文海出版社1966年版。

锡良：《锡清弼制军奏稿》，沈云龙主编：《近代中国史料丛刊续编·101辑》，台湾文海出版社1976年版。

胡思敬：《退庐全集》，沈云龙主编：《近代中国史料丛刊续编·第443—448辑》，台湾文海出版社1979年版。

夏东元编：《郑观应集》，上海人民出版社1982年版。

廖一中、罗真容整理：《袁世凯奏议》，天津古籍出版社1987年版。

《李文忠公全集（奏稿）》，海南出版社1997年版。

赵树贵、曾利雅编：《陈炽集》，中华书局1997年版。

苑书义等编：《张之洞全集》，河北人民出版社1998年版。

胡林翼：《胡林翼集》，岳麓书社1999年版。

北京市档案馆编：《那桐日记》，新华出版社2000年版。

黄遵宪著，钱仲联笺注：《人境庐诗草》，中国青年出版社2000年版。

恽毓鼎著，史晓风整理：《恽毓鼎澄斋日记》，浙江古籍出版社2004年版。

陈铮编：《黄遵宪全集》，中华书局2005年版。

汪叔子、张求会编：《陈宝箴集》，中华书局2006年版。

恽毓鼎著，史晓风整理：《恽毓鼎澄斋奏稿》，浙江古籍出版社2007年版。

赵德馨编：《张之洞全集》，武汉出版社2008年版。

陈山榜编：《张之洞教育文存》，人民教育出版社2008年版。

郑敦谨、曾国荃编：《胡文忠公遗集》，全国图书馆文献缩微复制中心2007年版。

### （四）史料汇编

朱轼纂修：《钦定大清律》。

李有棻：《武郡保甲事宜摘要》，1887年自刊本。

章宗祥：《留日学生指南》，1901年自刊本。

京师警察厅编：《京师警察法令汇纂》，1915年自刊本。

朱寿朋编：《光绪朝东华录》，中华书局1958年版。

故宫博物院明清档案部编：《义和团档案史料》，中华书局1959年版。

故宫博物院明清档案馆编：《戊戌变法档案史料》，中华书局1959年版。

钱实甫：《清季新设职官年表》，中华书局1961年版。

《宣统三年冬季职官录》，沈云龙主编：《近代中国史料丛刊初编·第290辑》，台湾文海出版社1966年版。

《皇朝经世文编》，沈云龙主编：《近代中国史料丛刊初编·第731辑》，台湾文海出版社1966年版。

席裕福编：《皇朝政典类纂》，成文出版社1969年版。

台北"故宫博物院"、故宫文献委员会编：《宫中档光绪朝奏折》，台北"故宫博物院"1973年版。

《戊戌变法档案史料》，沈云龙主编：《近代中国史料丛刊续编·第32辑》，台湾文海出版社1974年版。

故宫博物院明清档案部编：《清末筹备立宪档案史料》，中华书局1979年版。

存萃学社编：《辛亥革命资料汇辑》，香港大东图书公司1980年版。

湖南历史资料编辑室：《湖南历史资料》第2辑，湖南人民出版社1981年版。

中国人民政协会议湖北省暨武汉市委员会编：《武昌起义档案资料选编》，湖北人民出版社1981年版。

中国人民政治协商会议武汉委员会文史资料研究委员会编：《武汉文史资料》第3辑，湖北人民出版社1981年版。

武汉大学历史系中国近代史教研室编：《辛亥革命在湖北史料选编》，湖北人民出版社1981年版。

湖北省图书馆辑：《辛亥革命武昌首义史料辑录》，社会科学文献出版社1981年版。

《北洋公牍类纂》，沈云龙主编：《近代中国史料丛刊三编·第56辑》，台湾文海出版社1982年版。

张振鹤、丁元英整理：《清末民变年表》，《近代史资料》1982年第4期。

郑湘垓：《湖北革命历史文件汇集》，湖北省档案馆1985年版。

中国人民政治协商会议湖北省委员会文史资料研究委员会编：《湖北文史资料·第2辑》，湖北人民出版社1985年版。

戴鸿映编：《旧中国治安法规选编》，群众出版社1985年版。

陈夔龙：《梦蕉亭杂记》，北京古籍出版社1985年版。

中国第一历史档案馆、北京师范大学历史系选编：《辛亥革命前十年间民变档案史料》，中华书局1985年版。

徐珂：《清稗类钞》，中华书局1986年版。

辛亥革命武昌起义纪念馆、政协湖北省委员会文史资料研究委员会合编：《湖北军政府文献资料汇编》，武汉大学出版社1986年版。

马端临：《文献通考》，中华书局1986年版。

金毓黻辑：《宣统政纪》，中华书局1987年版。

张廷玉著：《清朝文献通考》，浙江古籍出版社1988年版。

政协武汉市武昌区委员会编：《武昌文史》，武汉出版社1990年版。

湖北省博物馆编：《武昌起义档案资料续编》，中国文史出版社1991 年版。

吴剑杰主编：《湖北咨议局文献资料汇编》，武汉大学出版社1991 年版。

公安部公安史资料征集研究领导小组办公室：《公安史资料》1992 年第 4 期。

中国第一历史档案馆：《清末筹备立宪档案史料补遗》，《历史档案》1993 年第 3 期。

穆和德：《近代武汉经济与社会——海关十年报告：汉口江汉关（1892—1901）》，武汉出版社1993 年版。

清史委员会编：《清代人物传稿》，辽宁人民出版社1993 年版。

卞孝萱、唐文权编：《民国人物碑传集》，团结出版社1995 年版。

中国第一历史档案馆编：《光绪朝朱批奏折》，中华书局1995 年版。

中国第一历史档案馆编：《光绪宣统两朝上谕档》，广西师范大学出版社1996 年版。

田涛、郭成伟整理：《清末北京城市管理法规，1906—1910 年》，北京燕山出版社1996 年版。

《清朝末期至中华民国户籍管理法规：光绪三十四年调查户口章程》，群众出版社1996 年版。

秦国经主编：《清代官员履历档案全编》，华东师范大学出版社1997 年版。

官箴书集成编撰委员会编：《官箴书集成》，黄山书社1997 年版。

武汉市档案馆编：《大武汉旧影》，湖北人民出版社1999 年版。

刘锦藻：《清朝续文献通考》，浙江古籍出版社2000 年版。

中国第二历史档案馆编：《湖北旧影》，湖北教育出版社2001 年版。

昆冈等：《大清会典事例》，上海古籍出版社2003 年版。

全国图书馆文献缩微复制中心：《民政部奏折汇存》，2004 年版。

全国图书馆文献缩微复制中心：《清宪政编查馆奏稿汇订》，2004 年。

中国第一历史档案馆编：《清代军机处电报档汇编》，中国人民大学出版社 2005 年版。

宪政编查馆编：《清末民初宪政史料辑刊》，北京图书馆出版社 2006 年版。

章开沅、罗福惠、严昌洪主编：《辛亥革命史资料新编》，湖北人民出版社 2006 年版。

《清德宗实录》，华文书局 2010 年版。

《大清法规大全续编》，商务印书馆 2011 年版。

《大清新法令：1901—1911》，商务印书馆 2011 年版。

贺长龄、盛康：《清朝经世文正续编》，广陵书社 2011 年版。

赵志飞、邹俊杰主编：《清末警事大辑》，武汉出版社 2013 年版。

## （五）方志

同治《应山县志》。

光绪《黄冈县志》。

民国《巴县志》。

民国《咸丰县志》。

民国《钟祥县志》。

民国《奉天通志》。

王葆心：《汉口小志·户口志》，商务印书馆 1915 年版。

侯祖畬修，吕寅东纂：《夏口县志》，商务印书馆 1920 年版。

武昌县志编纂委员会：《武昌县志》，武汉大学出版社 1989 年版。

武汉地方志编纂委员会：《武汉市志》，武汉大学出版社 1989 年版。

吕调元、刘承恩、张仲、杨承喜等：《湖北通志·职官》第二册，上海古籍出版社 1990 年版。

武汉公用事业志编纂委员会：《武汉公用事业志，1840—1985 年》，武汉出版社 1990 年版。

湖北省地方志编纂委员会：《湖北省志·财政》，湖北人民出版社 1995 年版。

湖北省地方志编纂委员会：《湖北省志·军事》，湖北人民出版社1996年版。

湖北省地方志编纂委员会：《湖北省志·政权》，湖北人民出版社1996年版。

《武汉市容环境卫生志（1900—1995）》，武汉市档案馆，1997年。

武汉地方志编纂委员会主编：《武汉市志·司法》，湖北人民出版社1998年版。

湖北省地方志编纂委员会：《湖北省志·司法》，湖北人民出版社1998年版。

湖北省地方志编纂委员会：《湖北省志·卫生》，湖北人民出版社2000年版。

江苏古籍出版社编：中国地方志集成《湖北府县志辑·夏口县志》，江苏古籍出版社2001年版。

《汉口租界志》编纂委员会：《汉口租界志》，武汉出版社2003年版。

《湖北公安志》，2010年。

湖北省地方志编纂委员会办公室：《湖北通志》，湖北人民出版社2014年版。

## 二、著作

阮光铭：《警政概论》，商务印书馆1930年版。

南京国民政府内务部警政司：《中国行政警察》，商务印书馆1933年版。

闻钧天：《中国保甲制度》，商务印书馆1935年版。

陈允文：《中国的警察》，商务印书馆1935年版。

胡存忠：《中国警察史》，中央警官学校1935年版。

李士珍：《现代各国警察》，商务印书馆1937年版。

余秀豪：《现代警察行政》，中国文化服务社东北区社 1946 年版。

余秀豪：《警察学大纲》，商务印书馆 1946 年版。

张继煦编：《张文襄公治鄂记》，湖北通志馆 1947 年版。

李秀生：《中国警察行政》，商务印书馆 1947 年版。

李士珍：《警察行政之理论与实际》，中华警察学术研究社 1948 年版。

中国史学会编：《辛亥革命》，上海人民出版社 1957 年版。

［美］鲍威尔著，陈泽宪、陈霞飞译：《1895—1912 年中国军事力量的兴起》，中华书局 1979 年版。

［加］陈志让：《军绅政权——近代中国的军阀时期》，生活·读书·新知三联书店 1980 年版。

小横香室主人：《清朝野史大观》，上海书店 1981 年版。

苏云峰：《中国现代化区域研究（湖北省 1860—1916）》，台湾"中研院"近代史研究所 1981 年版。

曹亚伯：《武昌革命真史》，上海书店 1982 年版。

［日］实藤惠秀著，谭汝谦等译：《中国留学日本史》，生活·读书·新知三联书店 1983 年版。

张朋园：《中国现代化的区域研究（湖南省 1860—1916）》，台湾"中研院"近代史研究所 1983 年版。

何刚德：《春明梦录》，上海古籍出版社 1983 年版。

何刚德：《客座偶谈》，上海古籍出版社 1983 年版。

罗尔纲：《绿营兵制》，中华书局 1984 年版。

王家俭：《清末民初我国警察制度现代化研究（1901—1928）》，台湾商务印书馆 1984 年版。

［美］费正清主编：《剑桥中国晚清史》（上、下），中国社会科学院历史研究所编译室译，中国社会科学出版社 1985 年版。

郭嵩焘：《伦敦与巴黎日记》，钟叔河主编：《走向世界丛书》，岳麓书社 1985 年版。

黄遵宪：《日本杂事诗》，钟叔河主编：《走向世界丛书》，岳麓书社 1985 年版。

斌椿：《乘槎笔记》，钟叔河主编：《走向世界丛书》，岳麓书社 1985 年版。

王韬：《漫游随录》，钟叔河主编：《走向世界丛书》，岳麓书社 1985 年版。

何如璋：《甲午以前日本游记五种》，钟叔和：《走向世界丛书》，岳麓书社 1985 年版。

中国社会科学院法学研究所法律史研究室编著：《中国警察制度简论》，群众出版社 1985 年版。

皮明庥：《武汉近百年史》，华中工学院出版社 1985 年版。

叶调元著，徐明庭、马昌松校注：《汉口竹枝词》，湖北人民出版社 1985 年版。

［澳］莫理循著，骆慧敏编：《清末民国政情内幕》，知识出版社 1986 年版。

朱勇：《清代宗族法研究》，湖南教育出版社 1987 年版。

嵇璜等：《清朝通志》，浙江古籍出版社 1988 年版。

刘子扬编：《清代地方官制考》，紫禁城出版社 1988 年版。

汪士铎：《胡文忠公抚鄂记》，岳麓书社 1988 年版。

费孝通、吴晗：《皇权与绅权》，天津人民出版社 1988 年版。

李权、皮明庥：《武汉通览》，武汉出版社 1988 年版。

王尔敏：《清季军事史论集》，台湾联经出版社 1990 年版。

［美］孔飞力著，谢亮生等译：《中华帝国晚期的叛乱及敌人》，中国社会科学出版社 1990 年版。

陈学恂、田正平编：《留学教育》，上海教育出版社 1991 年版。

冯天瑜、何晓明：《张之洞评传》，南京大学出版社 1991 年版。

皮明庥：《武汉史稿》，中国文史出版社 1992 年版。

皮明庥：《近代武汉城市史》，中国社会科学出版社 1993 年版。

韩延龙、苏亦工：《中国近代警察制度》，中国人民公安大学出版社 1993 年版。

林维业等：《中国警察史》，辽宁人民出版社 1993 年版。

朱绍侯主编：《中国古代治安制度史》，河南大学出版社 1994 年版。

［美］杜赞奇：《文化、权力与国家：1900—1942 年的华北农村》，江苏人民出版社 1994 年版。

［美］吉尔伯特·罗兹曼：《中国的现代化》，江苏人民出版社 1995 年版。

王大伟：《英美警察科学》，中国人民公安大学出版社 1995 年版。

徐凌霄，徐一士著：《凌霄一士随笔》，山西古籍出版社 1996 年版。

［意］马西尼：《现代汉语词汇的形成——十九世纪汉语外来词研究》，黄河清译，汉语大词典出版社 1997 年版。

庄练：《中国近代史上的关键人物》，中华书局 1998 年版。

卫道治：《中外教育交流史》，湖南教育出版社 1998 年版。

刘声木：《苌楚斋三笔》，中华书局 1998 年版。

［英］安东尼·吉登斯著，胡宗泽等译：《民族-国家与暴力》，生活·读书·新知三联书店 1998 年版。

陈鸿彝：《中国古代治安简史》，群众出版社 1998 年版。

［美］任达著，李仲贤译：《新政革命与日本、中国，1898—1912》，江苏人民出版社 1998 年版。

赵尔巽等撰：《清史稿》，中华书局 1998 年版。

罗福惠：《湖北通史》晚清卷，华中师范大学出版社 1999 年版。

金林祥主编：《中国教育制度通史》，山东教育出版社 1999 年版。

陈春林主编：《武昌首义》，武汉出版社 2000 年版。

韩延龙、苏亦工等：《中国近代警察史》，社会科学文献出版社 2000 年版。

马小泉：《国家与社会：清末地方自治与宪政改革》，河南大学出版社 2001 年版。

刘振华：《八一前后的南昌公安局：人民公安机关初创阶段的研究》，江西高校出版社 2001 年版。

刘雨珍、孙雪梅编：《日本政法考察记》，上海古籍出版社 2002 年版。

陈鸿彝：《中国治安史》，中国人民公安大学出版社 2002 年版。

马敏：《官商之间——社会剧变中的绅商》，华中师范大学出版社 2003 年版。

李细珠：《张之洞与清末新政研究》，上海书店出版社 2003 年版。

瞿同祖：《清朝地方政府》，法律出版社 2003 年版。

田正平：《中外教育交流史》，广东教育出版社 2004 年版。

［美］魏斐德著，章红等译：《上海警察，1927—1937》，上海古籍出版社 2004 年版。

杨国安：《明清两湖地区基层组织与乡村社会研究》，武汉大学出版社 2004 年版。

［澳］C. P. 菲茨杰拉尔德著，郇忠、李尧译：《为什么去中国——1923—1950 年在中国的回忆》，山东画报出版社 2004 年版。

何一民主编：《近代中国城市发展与社会变迁（1840—1949 年）》，科学文献出版社 2004 年版。

［美］罗威廉著，江溶、鲁西奇译：《汉口：一个中国城市的商业和社会（1796—1889）》，中国人民大学出版社 2005 年版。

［日］松井茂著，吴石译：《警察学纲要》，中国政法大学出版社 2005 年版。

邵雍：《中国近代妓女史》，上海人民出版社 2005 年版。

黄遵宪著，吴振清等点校：《日本国志》，天津人民出版社 2005 年版。

黄晋祥、邹丽霞：《晚清的警政》，群言出版社 2005 年。

董纯朴：《中国警察史》，吉林人民出版社 2005 年版。

［美］杜赞奇著，王福明译：《文化、权力与国家 1900—1942 年的华北农村》，江苏人民出版社 2006 年版。

王笛：《街头文化——成都公共空间、下层民众与地方政治，1870—1930》，中国人民公安大学出版社 2006 年版。

孟庆超：《中国警制近代化研究——以法文化为视角》，中国人民公安大学出版社 2006 年版。

万川：《中国警政史》，中华书局 2006 年版。

殷莉：《清末民初新闻出版立法研究》，新华出版社 2007 年版。

［美］周锡瑞著，杨慎之译：《改良与革命，辛亥革命在两湖》，江苏人民出版社 2007 年版。

马洪根：《中国侦查史》，群众出版社 2007 年版。

冯客著，徐有威等译：《近代中国的犯罪、惩罚与监狱》，江苏人民出版社 2008 年版。

赵志飞：《湖北警察史》，武汉出版社 2009 年版。

来新夏编：《清代经世文全编》，学苑出版社 2010 年版。

王笛：《茶馆——成都的公共生活和微观世界（1900—1950）》，社会科学文献出版社 2010 年版。

赵志飞：《首义警事》，群众出版社 2011 年版。

［美］魏斐德著，芮传明译：《上海歹土：战时恐怖活动与城市犯罪（1937—1941）》，人民出版社 2011 年版。

［美］魏斐德著，梁禾译：《红星照耀上海城（1942—1952）》，人民出版社 2011 年版。

杨国安：《国家权力与民间秩序：多元视野下的明清两湖乡村社会史研究》，武汉大学出版社 2012 年版。

黄浚：《花随人圣庵摭忆》，中华书局 2013 年版。

封野、何家男：《民国警史藏品鉴赏》，江苏美术出版社 2013 年版。

茅海建：《戊戌变法的另一面：张之洞档案阅读笔记》，上海古籍出版社 2014 年版。

［日］水野幸吉著，邓红译：《中国中部事情：汉口》，武汉出版社 2014 年版。

# 三、论文

付美英、方裕谨：《辛亥革命前清政府对革命书刊的封禁》，《历史档案》1982 年第 2 期。

季羡林：《中国留学人辞典题词》，《徐州师范学院学报》1995 年第 2 期。

陈兴建：《警察的产生初探》，《河南公安高等专科学校学报》1996 年第 1 期。

帅建祥：《清末巡警制度论述》，《四川师范学院学报》1997 年第 2 期。

沈晓敏：《清末广东巡警（警察）制度述略》，《政法学刊》1997 年第 3 期。

林 琳：《关于中国警察制度史》，《中学历史教学参考》1997 年第 8 期。

黄晋祥：《日本与清末警政》，《历史教学》1998 年第 3 期。

苏全有：《徐世昌与中国军警近代化》，《福建论坛》1999 年第 6 期。

袁小红：《黄遵宪警政思想述略》，《公安大学学报》1999 年第 1 期。

袁小红：《中国近代警察教育考略》，《湖南警察高等教育专科学校学报》1999 年第 2 期。

王先明：《晚清保甲制的历史演变与乡村权力结构》，《史学月刊》2000 年第 5 期。

沈晓敏：《清末民初的广东警察》，《广东史志》2001 年第 2 期。

吴沙：《清末传统治安制度向近代警察制度的转变》，《公安研究》2001 年第 2 期。

吴沙：《论郑观应的警政思想》，《公安研究》2001 年第 7 期。

王飏：《袁世凯与近代巡警制度》，《湖南公安高等教育专科学校学报》2001 年第 5 期。

田玉洪：《黄遵宪的警政思想及其实践活动探析》，《山东教育学院学报》2002 年第 4 期。

谢明刚：《清末直隶警政述论》，河北师范大学硕士学位论文，2002 年。

［日］大江平和：《宏文学院与中国留学生生活》，中国社会科学院硕士学位论文，2002 年。

黄晋祥、毕苑：《绅商与清末的办警方式及其经费问题》，《晋阳学刊》2002 年第 6 期。

穆玉敏：《中国近代警察诞生在哪里》，《人民公安》2002 年第 2 期。

夏敏：《晚清时期中国近代警察制度建设》，《江苏警官学院学报》2003 年第 4 期。

夏敏：《北洋政府时期的地方警政建设》，《江苏警官学院学报》2003 年第 6 期。

杨玉环：《论中国近代警察制度的开创》，《辽宁大学学报》2003 年第 6 期。

徐乃龙：《中国近代警察高等教育述论》，《公安教育》2003 年第 12 期。

黄晋祥：《论清末警政发展的历史轨迹》，《安庆师范学院学报》2003 年第 2 期。

郭玉家、马学春：《清末新政与中国警政近代化》，《许昌学院学报》2003 年第 3 期。

郑晓红：《中国近代警政的滥觞：湖南保卫局》，《安庆师范学院学报》2003 年第 5 期。

赵平：《论近代警察制度在中国的形成与发展》，《郑州航空工业管理学院学报》2004 年第 4 期。

公一兵：《北京近代警察制度之区划研究》，《北京社会科学》2004 年第 4 期。

李协京：《近代中国的赴日留学生：学术研究领域无亮点》，《教育史研究》2004 年第 3 期。

刘增合：《鸦片税收与清末警政改革》，《江苏社会科学》2004 年第 4 期。

桑兵：《近代的中国与知识制度的转型》，《中山大学学报》2004 年第 6 期。

唐国军：《新桂系广西警政史略》，《广西地方志》2004 年第 1 期。

王先明、张海荣：《论清末警察与直隶、京师等地的社会文化变迁——以〈大公报〉为中心的探讨》，《河北师范大学学报》2005 年第 3 期。

柳卫民：《试论张之洞的警察教育思想》，《湖北警官学院学报》2005 年第 4 期。

孟庆超、牛爱菊：《试论近代中国警员警管区域制》，《江西公安专科学校学报》2005 年第 2 期。

孟庆超、牛爱菊：《中国警政近代化过程中的阻力——兼论落后教育的影响》，《湖南公安高等教育专科学校学报》2005 年第 4 期。

孟庆超：《战争环境对中国警察近代化的遏制》，《江苏警官学院学报》2005 年第 3 期。

孟庆超，牛爱菊：《试论近代中国警政》，《山东警察学院学报》2005 年第 1 期。

王银：《1910—1911 年东北鼠疫及防治研究》，苏州大学硕士学位论文，2005 年。

赵丽娜：《民国时期湖北保甲制度研究（1927—1937）》，武汉大学硕士学位论文，2005 年。

周章琪、何峰：《张之洞创办近代湖北警察》，《湖北警官学院》2005 年第 3 期。

徐胜：《民国武汉城市警政研究（1927—1937）》，湖北大学硕士学位论文，2006 年。

彭雪芹：《1927—1937 年河南警政研究》，河南大学硕士学位论文，2006 年。

孟庆超：《论近代中国警察权力行使的统一化》，《武警学院学报》2006 年第 2 期。

郭华清：《孙中山第三次在广州建立政权时期广州的警察》，《广东省社会主义学院学报》2006 年第 1 期。

何峰：《日本东京宏文学院与湖北警察教育》，《湖北警官学院学报》2006 年第 5 期。

何峰：《辛亥革命武昌起义后的警察权之争》，《湖北档案》2006 年第 8 期。

金泽璟：《清末东北奉天警察制度研究》，北京师范大学硕士学位论文，2006 年。

贾蕊华：《试论清末广东警政》，暨南大学硕士学位论文，2006 年。

李长莉：《黄遵宪〈日本国志〉推迟行世原因解析》，《近代史研究》2006 年第 2 期。

关晓红：《从幕府到职官：清季外官制改革中的幕职分科治事》，《历史研究》2006 年 5 期。

黄霞：《二十世纪三四十年代四川警政建设》，四川师范大学硕士学位论文，2006 年。

黄霞、李德彪：《20 世纪 20 年代末 30 年代前期南京国民政府基层警政建设浅论》，《宜宾学院学报》2006 年第 1 期。

丘华东、史群：《张謇的警政思想及其实践》，《南通大学学报》（社科版）2006 年第 5 期。

郭艳波：《清末东北新政研究》，吉林大学博士学位论文，2007 年。

潘洪刚：《中国传统社会中的具文现象——以清代禁赌禁娼为例的讨论》，《学习与实践》2007 年第 5 期。

宋青：《南京国民政府时期警察职能的历史考察》，《山东警察学院学报》2007 年第 2 期。

王良胜：《清末警察与天津城市管理的近代化》，《乐山师范学院学报》2007 年第 1 期。

王智军：《警察的古代源流及其与国家的产生》，《警史钩沉——湖北警官学院学报 2007 年专刊》2007 年。

赵志飞：《1902·张之洞建警》，《武汉公安干部学院学报》2007 年第 3 期。

张利荣：《清末民初甘肃的警政建设》，暨南大学博士学位论文，

2007 年。

张丽婕：《清末知识分子办报的困境》，华中师范大学硕士学位论文，2007 年。

王良胜：《扩张与困顿：从警政经费看晚清地方警政建设》，《贵州文史丛刊》2008 年第 1 期。

杨国安：《晚清两湖地方秩序的解体、重建与基层行政制度演变初探——从团练到保甲局》，《人文论丛》2008 年。

许雪溢：《清末浙江警政建设述论》，浙江大学硕士学位论文，2008 年。

杨雪英：《1902—1929 年山东警政研究》，山东师范大学硕士学位论文，2008 年。

潘洪刚：《清代的赌博与禁赌》，《江汉论坛》2008 年第 9 期。

刘道胜：《清代基层社会的地保》，《中国农史》2009 年第 2 期。

彭雪芹：《近代中国早期警察观念探析》，《河南大学学报》（社会科学版）2009 年第 6 期。

彭雪芹：《纳民轨物：晚清巡警道研究》，中山大学博士学位论文，2010 年。

胡佑伦：《外祖父冯启钧与军政府高层的几次密谈》，《纵横》2011 年第 10 期。

李宜超：《试论绅商与清末警政改革》，《湖北警官学院学报》2011 年第 4 期。

路彩霞：《辛亥前后的汉口公共卫生管理》，《城市史研究》2011 年第 27 期。

郭坤杰：《辛亥革命前十年间湖北民变问题研究》，华中师范大学硕士学位论文，2012 年。

邹俊杰：《近代武汉警察制度发展简论》，《湖北警官学院学报》2013 年第 4 期。

李少军：《甲午战争后六年间长江流域通商口岸日租界设立问题述论》，《近代史研究》2016 年第 1 期。

## 四、外文资料

Bays, Daniel H. China Enters the Twentieth Century: Chang Chihtung and the Issues of a New Age, 1895—1909 [M]. Ann Arbor: University of Michigan Press, 1978.

Cameron, Meribeth Elliott. The Reform Movement in China, 1898—1912 [M]. California : Stanford University Press, 1931.

Joseph Kai Huan Cheng. Chinese Law in Transition: The Late Ching Law Re-form, 1901—1911 [D]. Providence: Brown University, 1976.

Stapleton K E. Police Reform in a Late—Imperial Chinese city: Chengdu, 1902—1911 [D]. Boston: Harvard University, 1998.

Zhou Guangyuan. Beneath the Law: Chinese Local Legal Culture during the Qing Dynasty [D]. CA: Dissertation, California University, 1995.